Lösungen

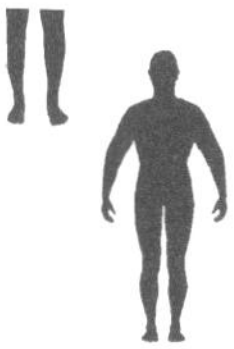

MATHEMATIK
ALLGEMEINE HOCHSCHULREIFE

ESUNDHEIT, ERZIEHUNG UND SOZIALES | KLASSEN **12/13**

Von:
Juliane Brüggemann
Hildegard Michael
Kathrin Rüsch
Susanne Viebrock

unter Mitarbeit der Redaktion

Mit Beiträgen von:
Sebastian Eichholz
Andreas Höing
Volker Schmitt

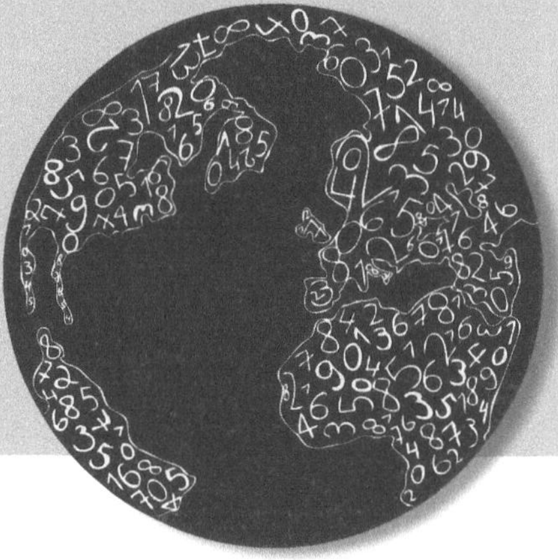

Cornelsen

Mithilfe der Marginalien – z. B. 34 – findet man die Lösung einer Aufgabe unter der gleichen Seitennummer wie die Aufgabenstellung im Lehrbuch.

Redaktion: Angelika Fallert-Müller, Groß-Zimmern; Christian Hering
Grafik: Stephanie Neidhardt, Oldenburg
Umschlaggestaltung: EYES-OPEN, Berlin
Technische Umsetzung: Stephanie Neidhardt, Oldenburg

www.cornelsen.de

Die Webseiten Dritter, deren Internetadressen in diesem Lehrwerk angegeben sind, wurden vor Drucklegung sorgfältig geprüft. Der Verlag übernimmt keine Gewähr für die Aktualität und den Inhalt dieser Seiten oder solcher, die mit ihnen verlinkt sind.

1. Auflage, 2. Druck 2023

Alle Drucke dieser Auflage sind inhaltlich unverändert und können im Unterricht nebeneinander verwendet werden.

© 2016 Cornelsen Schulverlage GmbH, Berlin
© 2023 Cornelsen Verlag GmbH, Berlin

Das Werk und seine Teile sind urheberrechtlich geschützt.
Jede Nutzung in anderen als den gesetzlich zugelassenen Fällen bedarf der vorherigen schriftlichen Einwilligung des Verlages.
Hinweis zu §§ 60 a, 60 b UrhG: Weder das Werk noch seine Teile dürfen ohne eine solche Einwilligung an Schulen oder in Unterrichts- und Lehrmedien (§ 60 b Abs. 3 UrhG) vervielfältigt, insbesondere kopiert oder eingescannt, verbreitet oder in ein Netzwerk eingestellt oder sonst öffentlich zugänglich gemacht oder wiedergegeben werden.
Dies gilt auch für Intranets von Schulen.

Druck: Esser printSolutions GmbH, Bretten

ISBN 978-3-06-451029-6

Inhaltsverzeichnis

Grundlagen   **5**
Grundwissen über ganzrationale Funktionen 5

1 Anwendungen der Differenzialrechnung   **29**
   1.1 Steckbriefaufgaben 29
   1.2 Funktionenscharen 39
   1.3 Extremwertaufgaben 54

2 Untersuchung von Wachstumsprozessen   **78**
   2.1 Exponentialfunktionen 78
   2.2 Wachstumsmodelle 97

3 Integralrechnung   **106**
   3.1 Einführung in die Integralrechnung 106
   3.2 Anwendungen der Integralrechnung 124

4 Lineare Algebra   **150**
   4.1 Lineare Gleichungssysteme 150
   4.2 Matrizen 156

5 Stochastik   **175**
   5.1 Grundlagen der Wahrscheinlichkeitsrechnung 175
   5.2 Zählstrategien 182
   5.3 Bedingte Wahrscheinlichkeit 188
   5.4 Zufallsgrößen 197
   5.5 Binomialverteilung 207
   5.6 Testen von Hypothesen 220

6 Vernetzende und vermischte Übungen   **231**
   6.2 Komplexe Übungen 231
   6.3 Vorbereitung auf die mündliche Prüfung 259

Grundlagen

Grundwissen über ganzrationale Funktionen

1. **a)** Es handelt sich um eine Funktion.

   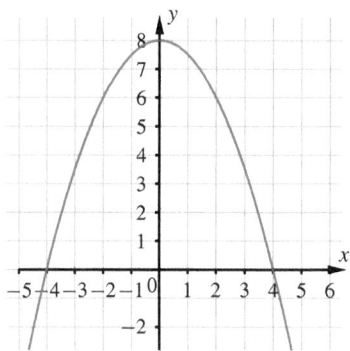

   b) Es handelt sich um eine Funktion.

   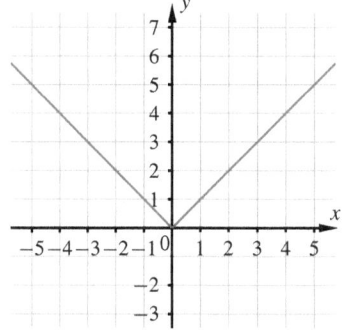

   c) Es handelt sich um eine Funktion.

   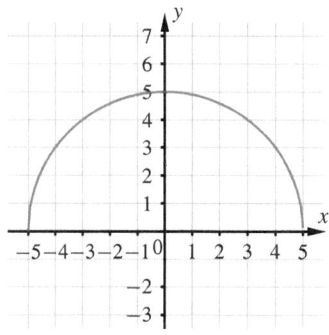

   d) Es handelt sich um eine Funktion.

   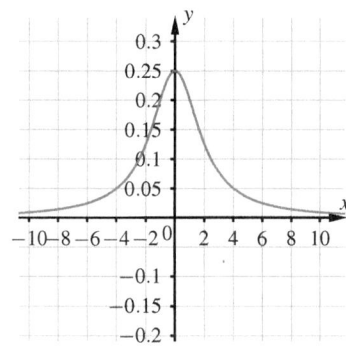

   e) Es handelt sich um eine Funktion.

   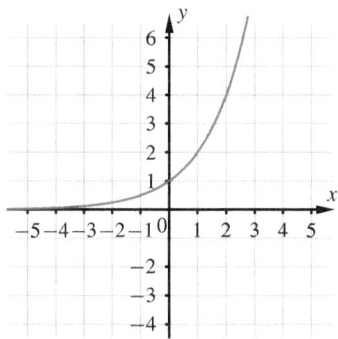

   f) Es handelt sich nicht um eine Funktion, da jedem x-Wert mit $-5 < x < 5$ zwei y-Werte zugeordnet werden.

   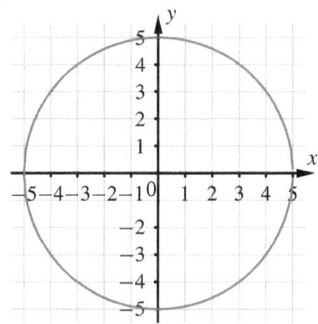

g) Es handelt sich um eine Funktion.

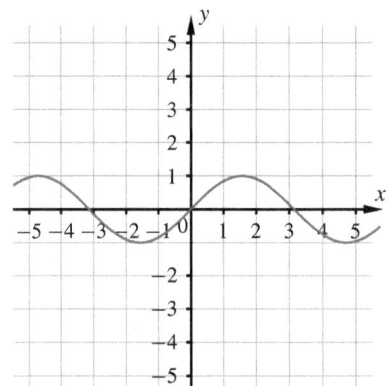

i) Es handelt sich um eine Funktion.

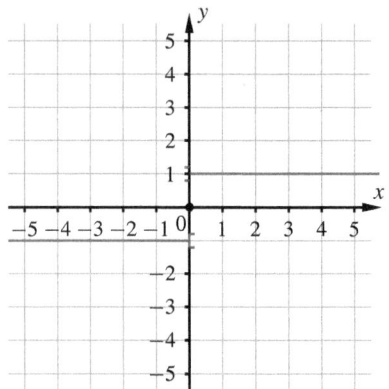

h) Es handelt sich um eine Funktion.

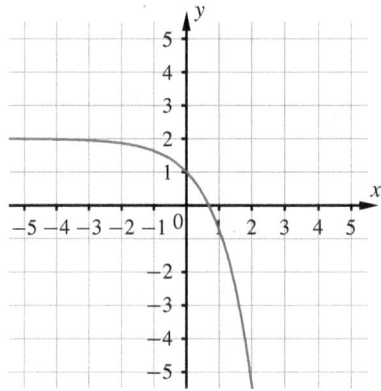

j) Es handelt sich nicht um eine Funktion, denn dem x-Wert 1 werden die y-Werte 1 und 3 zugeordnet.

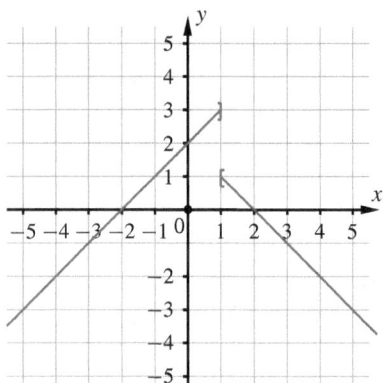

2.
a) $D_f = \mathbb{R}$ $W_f = \mathbb{R}$
b) $D_f = \mathbb{R}$ $W_f = [-18;\infty[$
c) $D_f = \mathbb{R}\setminus\{0\}$ $W_f = \mathbb{R}^+$
d) $D_f = [-2;\infty[$ $W_f = \mathbb{R}_0^+$
e) $D_f = \mathbb{R}$ $W_f =]-\infty;3,2[$
f) $D_f = \mathbb{R}$ $W_f = [-1;1]$
g) $D_f = [-7;7]$ $W_f = [0;7]$
h) $D_f = \mathbb{R}$ $W_f = \mathbb{R}^-$
i) $D_f = \mathbb{R}\setminus\{3\}$ $W_f = \mathbb{R}\setminus\{0\}$
j) $D_f = \mathbb{R}$ $W_f = \{3\}$

3. a) $D_f = [0;24]$ b) $D_f = \mathbb{R}_0^+$ c) $D_f = [0;64]$

4.
a) $7 = 4\cdot 0 - 7 \Leftrightarrow 7 = -7$ Falsche Aussage, also ist P nicht Punkt des Graphen.
$-5 = 4\cdot 3 - 7 \Leftrightarrow -5 = 5$ Falsche Aussage, also ist Q nicht Punkt des Graphen.
$0 = 4\cdot 1,75 - 7 \Leftrightarrow 0 = 0$ Wahre Aussage, also ist R Punkt des Graphen.

b) $-12 = 2\cdot 4^2 - 12\cdot 4 \Leftrightarrow -12 = -16$ Falsche Aussage, also ist P nicht Punkt des Graphen.
$10 = 2\cdot(-1)^2 - 12\cdot(-1) \Leftrightarrow 10 = 14$ Falsche Aussage, also ist Q nicht Punkt des Graphen.
$-13,5 = 2\cdot 1,5^2 - 12\cdot 1,5$
$\Leftrightarrow -13,5 = -13,5$ Wahre Aussage, also ist R Punkt des Graphen.

Grundwissen über ganzrationale Funktionen

  c) $0 = -5^3 + 4 \cdot 5 + 5 \Leftrightarrow 0 = -100$ Falsche Aussage, also ist P nicht Punkt des Graphen.
  $0 = -(-1)^3 + 4 \cdot (-1) + 5 \Leftrightarrow 0 = 2$ Falsche Aussage, also ist Q nicht Punkt des Graphen.
  $5 = -2^3 + 4 \cdot 2 + 5 \Leftrightarrow 5 = 5$ Wahre Aussage, also ist R Punkt des Graphen.
  d) $-6 = 1^4 - 4 \cdot 1^2 + 1 - 4$
  $\Leftrightarrow -6 = -6$ Wahre Aussage, also ist P Punkt des Graphen.
  $-6 = (-2)^4 - 4 \cdot (-2)^2 + (-2) - 4$
  $\Leftrightarrow -6 = -6$ Wahre Aussage, also ist Q Punkt des Graphen.
  $192 = 4^4 - 4 \cdot 4^2 + 4 - 4$
  $\Leftrightarrow 192 = 192$ Wahre Aussage, also ist R Punkt des Graphen.

1. a) Sowohl für $x \to -\infty$ als auch für $x \to +\infty$ gilt $f(x) \to +\infty$. Der Graph verläuft vom II. in den I. Quadranten, ist gestaucht und schneidet die y-Achse in $S_y(0|5)$.

   b) Für $x \to -\infty$ gilt $f(x) \to +\infty$, und für $x \to +\infty$ gilt $f(x) \to -\infty$. Der Graph verläuft vom II. in den IV. Quadranten, ist gestreckt und schneidet die y-Achse in $S_y(0|3)$.

   c) Sowohl für $x \to -\infty$ als auch für $x \to +\infty$ gilt $f(x) \to +\infty$. Der Graph verläuft vom II. in den I. Quadranten, ist gestaucht und schneidet die y-Achse in $S_y(0|0)$.

   d) Für $x \to -\infty$ gilt $f(x) \to -\infty$, und für $x \to +\infty$ gilt $f(x) \to +\infty$. Der Graph verläuft vom III. in den I. Quadranten, ist gestreckt und schneidet die y-Achse in $S_y(0|0)$.

2. a) Der Funktionsterm enthält eine Potenz von x mit geradzahligem und eine mit ungeradzahligem Exponenten. Also ist der Graph weder punktsymmetrisch zum Ursprung noch achsensymmetrisch zur y-Achse. Als Graph einer quadratischen Funktion ist er achsensymmetrisch zur Senkrechten durch den Scheitelpunkt.
   Rechnung: $f(-x) = 3 \cdot (-x)^2 - (-x) = 3x^2 + x$ und $-f(x) = -3x^2 + x$, also gilt weder $f(-x) = -f(x)$ noch $f(-x) = f(x)$.

   b) Der Funktionsterm enthält nur eine Potenz von x mit ungeradzahligem Exponenten. Also ist der Graph punktsymmetrisch zum Ursprung.
   Rechnung: $f(-x) = -4 \cdot (-x) = 4x = -f(x)$

   c) Der Funktionsterm enthält nur Potenzen von x mit ungeradzahligen Exponenten. Also ist der Graph punktsymmetrisch zum Ursprung.
   Rechnung: $f(-x) = 2 \cdot (-x)^3 - 4 \cdot (-x) = -2x^3 + 4x = -f(x)$

   d) Der Funktionsterm enthält nur Potenzen von x mit geradzahligen Exponenten. Also ist der Graph achsensymmetrisch zur y-Achse.
   Rechnung: $f(-x) = \frac{1}{5} \cdot (-x)^4 - 3 \cdot (-x)^2 - 5 = \frac{1}{5} \cdot x^4 - 3 \cdot x^2 - 5 = f(x)$

3. Die Funktion f ist eine ganzrationale Funktion 3. Grades mit negativem Leitkoeffizienten, deshalb gilt $f(x) \to +\infty$ für $x \to -\infty$ und $f(x) \to -\infty$ für $x \to +\infty$. Diese Bedingungen erfüllt nur der blau gezeichnete Graph.

Die Funktion g ist eine ganzrationale Funktion 4. Grades mit positivem Leitkoeffizienten, deshalb gilt $g(x) \to +\infty$ sowohl für $x \to -\infty$ als auch für $x \to +\infty$. Außerdem enthält der Funktionsterm eine Potenz von x mit geradzahligem und eine mit ungeradzahligem Exponenten. Deshalb ist der Graph nicht achsensymmetrisch zur y-Achse. Diese Bedingungen erfüllt nur der gelb gezeichnete Graph.

Die Funktion h ist eine ganzrationale Funktion 3. Grades mit positivem Leitkoeffizienten, deshalb gilt $h(x) \to +\infty$ für $x \to +\infty$ und $h(x) \to -\infty$ für $x \to -\infty$. Diese Bedingungen erfüllt nur der rot gezeichnete Graph. Da der Funktionsterm zudem nur zwei Potenzen von x mit ungeradzahligem Exponenten enthält und der y-Achsenabschnitt 0 ist, ist der Graph punktsymmetrisch zum Ursprung. Auch diese Bedingung erfüllt nur der rot gezeichnete Graph.

Die Funktion k ist eine ganzrationale Funktion 4. Grades mit positivem Leitkoeffizienten und einem Term, der nur Potenzen von x mit geraden Exponenten enthält. Deshalb gilt $k(x) \to +\infty$ sowohl für $x \to -\infty$ als auch für $x \to +\infty$, und der Graph ist achsensymmetrisch zur y-Achse. Diese Bedingungen erfüllt nur der grün gezeichnete Graph.

1. a) f ist eine ganzrationale Funktion 2. Grades (quadratische Funktion) mit den Nullstellen 0 und -3.

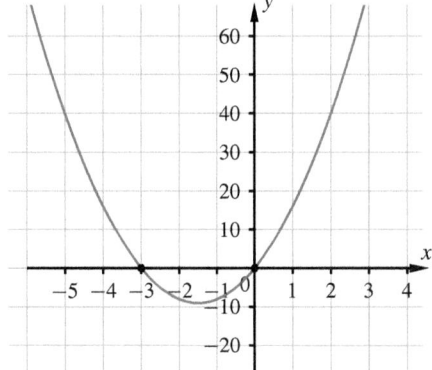

c) f ist eine ganzrationale Funktion 4. Grades mit der doppelten Nullstelle 0 sowie den einfachen Nullstellen -7 und 2.

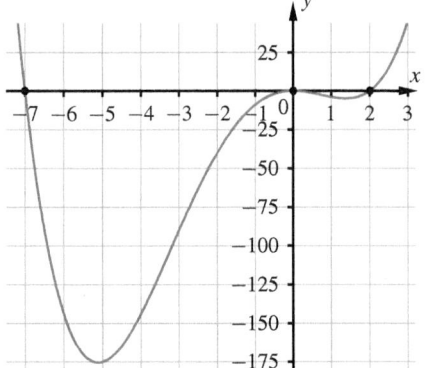

b) f ist eine ganzrationale Funktion 3. Grades mit der dreifachen Nullstelle 4.

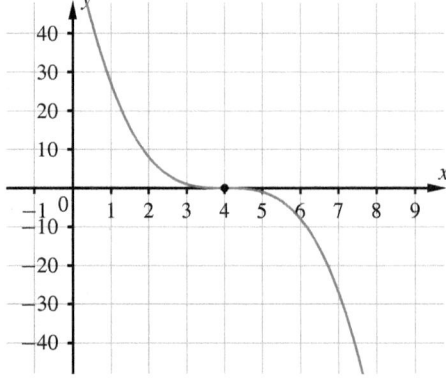

d) f ist eine ganzrationale Funktion 3. Grades mit den Nullstellen -2; 2 und 6.

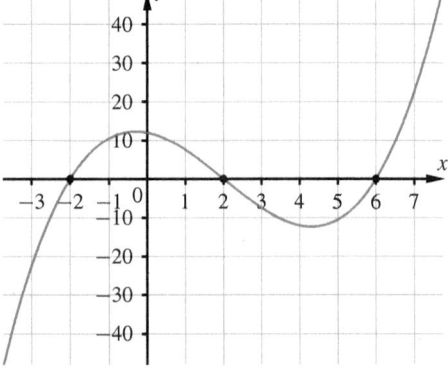

2. a) $f(x) = a(x+8)(x-2); a \in \mathbb{R}\setminus\{0\}$ **c)** $f(x) = ax^2(x-3)^2; a \in \mathbb{R}\setminus\{0\}$
   b) $f(x) = a(x+1)^3; a \in \mathbb{R}\setminus\{0\}$ **d)** $sf(x) = a(x^2+c)(x-2); a \in \mathbb{R}\setminus\{0\}; c \in \mathbb{R}^+$

1. a) $N(-6|0)$

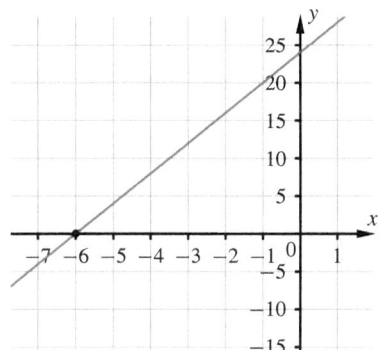

d) $N_{1,2}(-3|0)$ Berührpunkt; $N_3(0|0)$

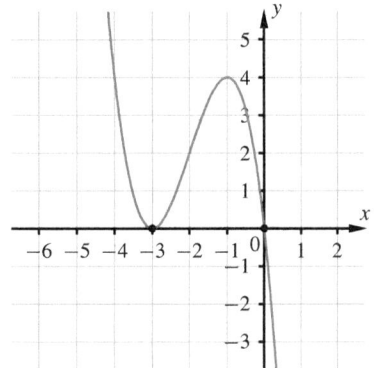

b) $N_{1,2}(3|0)$ Berührpunkt

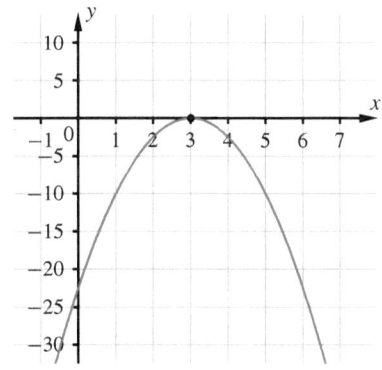

e) $N_{1,2}(0|0)$ Berührpunkt; $N_3(2|0)$

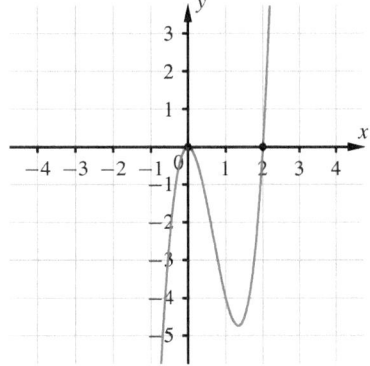

c) $N_1(-1|0); N_2(4|0)$

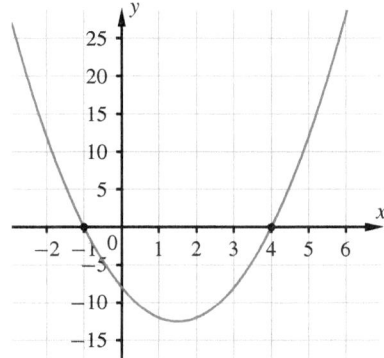

f) $N(1|0)$

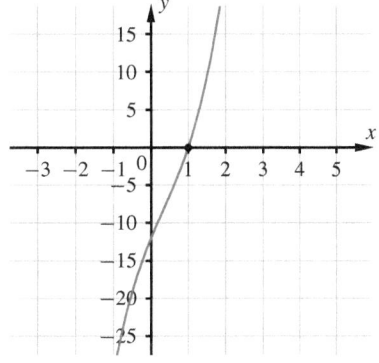

g) $N_1(-2|0)$; $N_{2,3}(1|0)$ Berührpunkt; $N_4(2|0)$ **i)** $N_1(-2|0)$; $N_{2,3,4}(5|0)$ Wendepunkt

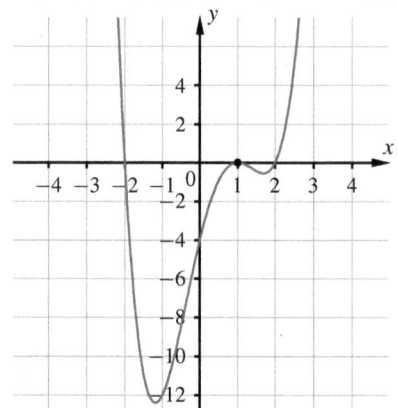 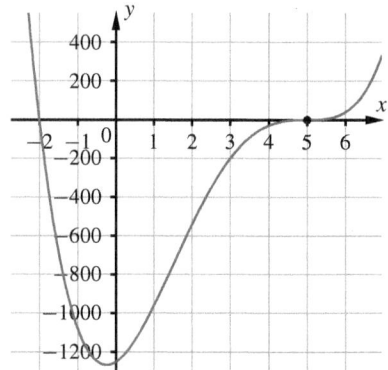

h) $N_{1,2,3,4}(6|0)$ Berührpunkt

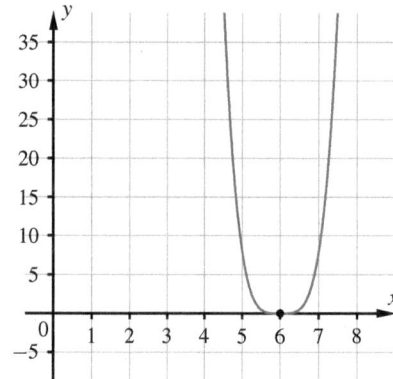

2. *Hinweis*: Fehler im 1. Druck der 1. Auflage: Die Aufgabenstellung lautet: Berechnen Sie die Nullstellen der Funktion f und geben Sie die x-Achsenschnittpunkte des Graphen an. ...

a) $f(x_N) = 0 \Leftrightarrow \frac{1}{3}x_N^3 - \frac{5}{3}x_N^2 - 2x_N = 0$
$\Leftrightarrow \frac{1}{3}x_N(x_N^2 - 5x_N - 6) = 0$
$\Leftrightarrow \frac{1}{3}x_N = 0 \lor x_N^2 - 5x_N - 6 = 0$
$\Leftrightarrow x_N = 0 \lor (x_N + 1)(x_N - 6) = 0$
$\Leftrightarrow x_N = 0 \lor x_N = -1 \lor x_N = 6$

x-Achsenschnittpunkte: $N_1(-1|0)$; $N_2(0|0)$; $N_3(6|0)$

b) $f(x_N) = 0 \Leftrightarrow -2x_N^3 + 8x_N^2 - 10x_N + 12 = 0$
$\Leftrightarrow x_N^3 - 4x_N^2 + 5x_N - 6 = 0$
$\Leftrightarrow (x_N - 3)(x_N^2 - x_N + 2) = 0$ ▶ Polynomdivision
$\Leftrightarrow x_N - 3 = 0 \lor x_N^2 - x_N + 2 = 0$
$\Leftrightarrow x_N = 3 \lor (x_N - 0,5)^2 = -1,75$ → keine weitere reelle Lösung

x-Achsenschnittpunkt: $N(3|0)$

Grundwissen über ganzrationale Funktionen

c) $f(x_N) = 0 \Leftrightarrow \frac{1}{4}x_N^3 + 6x_N^2 = 0$
$\Leftrightarrow \frac{1}{4}x_N^2(x_N + 24) = 0$
$\Leftrightarrow \frac{1}{4}x_N^2 = 0 \vee x_N + 24 = 0$
$\Leftrightarrow x_N = 0 \vee x_N = 0 \vee x_N = -24$

x-Achsenschnittpunkte: $N_1(-24|0)$; $N_{2,3}(0|0)$ Berührpunkt

d) $f(x_N) = 0 \Leftrightarrow -\frac{2}{3}x_N^3 + 2x_N^2 + 4x_N - 12 = 0$
$\Leftrightarrow x_N^3 - 3x_N^2 - 6x_N + 18 = 0$
$\Leftrightarrow (x_N - 3)(x_N^2 - 6) = 0$ ▶ Polynomdivision
$\Leftrightarrow x_N - 3 = 0 \vee x_N^2 - 6 = 0$
$\Leftrightarrow x_N = 3 \vee x_N = -\sqrt{6} \vee x_N = \sqrt{6}$

x-Achsenschnittpunkte: $N_1(-\sqrt{6}|0)$; $N_2(\sqrt{6}|0)$; $N_3(3|0)$

e) $f(x_N) = 0 \Leftrightarrow x_N^3 - 6x_N^2 + 12x_N - 8 = 0$
$\Leftrightarrow (x_N - 2)(x_N^2 - 4x_N + 4) = 0$ ▶ Polynomdivision
$\Leftrightarrow x_N - 2 = 0 \vee x_N^2 - 4x_N + 4 = 0$
$\Leftrightarrow x_N = 2 \vee (x_N - 2)^2 = 0$
$\Leftrightarrow x_N = 2 \vee x_N = 2 \vee x_N = 2$

x-Achsenschnittpunkte: $N_{1,2,3}(2|0)$ Wendepunkt

f) $f(x_N) = 0 \Leftrightarrow 1{,}5x_N^3 - 7{,}5x_N = 0$
$\Leftrightarrow 1{,}5x_N(x_N^2 - 5) = 0$
$\Leftrightarrow 1{,}5x_N = 0 \vee x_N^2 - 5 = 0$
$\Leftrightarrow x_N = 0 \vee x_N = -\sqrt{5} \vee x_N = \sqrt{5}$

x-Achsenschnittpunkte: $N_1(-\sqrt{5}|0)$; $N_2(0|0)$; $N_3(\sqrt{5}|0)$

g) $f(x_N) = 0 \Leftrightarrow x_N^4 - 10x_N^3 + 9x_N^2 = 0$
$\Leftrightarrow x_N^2(x_N^2 - 10x_N + 9) = 0$
$\Leftrightarrow x_N^2 = 0 \vee x_N^2 - 10x_N + 9 = 0$
$\Leftrightarrow x_N = 0 \vee x_N = 0 \vee (x_N - 1)(x_N - 9) = 0$
$\Leftrightarrow x_N = 0 \vee x_N = 0 \vee x_N = 1 \vee x_N = 9$

x-Achsenschnittpunkte: $N_{1,2}(0|0)$ Berührpunkt; $N_3(1|0)$; $N_4(9|0)$

h) $f(x_N) = 0 \Leftrightarrow \frac{1}{3}x_N^4 + 2x_N^2 + \frac{5}{3} = 0$
$\Leftrightarrow x_N^4 + 6x_N^2 + 5 = 0$ ▶ substituiere $x_N^2 = z$
$\Leftrightarrow z^2 + 6z + 5 = 0$
$\Leftrightarrow (z + 1)(z + 5) = 0$
$\Leftrightarrow z = -1 \vee z = -5$ ▶ resubstituiere $z = x_N^2$
$\Leftrightarrow x_N^2 = -1 \vee x_N^2 = -5 \quad \rightarrow$ keine reellen Lösungen

x-Achsenschnittpunkte: keine

i) $f(x_N) = 0 \Leftrightarrow -\frac{1}{9}x_N^4 + 2x_N^2 - 9 = 0$
$\Leftrightarrow x_N^4 - 18x_N^2 + 81 = 0$ ▶ substituiere $x_N^2 = z$
$\Leftrightarrow z^2 - 18z + 81 = 0$
$\Leftrightarrow (z - 9)^2 = 0$
$\Leftrightarrow z = 9 \vee z = 9$ ▶ resubstituiere $z = x_N^2$
$\Leftrightarrow x_N^2 = 9 \vee x_N^2 = 9$
$\Leftrightarrow x_N = -3 \vee x_N = 3 \vee x_N = -3 \vee x_N = 3$

x-Achsenschnittpunkte: $N_{1,2}(-3|0)$ Berührpunkt; $N_{3,4}(3|0)$ Berührpunkt

1. a) $m_t = \lim_{x \to 2} \frac{f(x)-f(2)}{x-2}$
$= \lim_{x \to 2} \frac{x^2-4-(2^2-4)}{x-2}$
$= \lim_{x \to 2} \frac{x^2-4}{x-2}$
$= \lim_{x \to 2} \frac{(x+2)(x-2)}{x-2}$
$= \lim_{x \to 2} (x+2)$
$= 2+2$
$= 4$

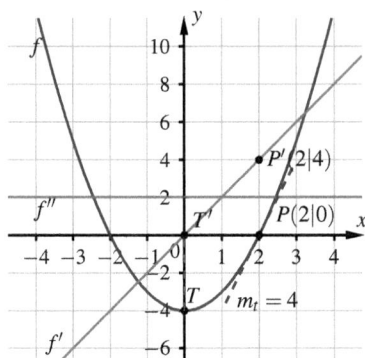

b) $m_t = \lim_{x \to 4} \frac{f(x)-f(4)}{x-4}$
$= \lim_{x \to 4} \frac{\frac{1}{6}x^3-x^2+5-(\frac{1}{6}\cdot 4^3-4^2+5)}{x-4}$
$= \lim_{x \to 4} \frac{\frac{1}{6}x^3-x^2+\frac{16}{3}}{x-4}$
$= \lim_{x \to 4} (\frac{1}{6}x^2 - \frac{1}{3}x - \frac{4}{3})$ ▶ Polynomdivision
$= \frac{1}{6}\cdot 4^2 - \frac{1}{3}\cdot 4 - \frac{4}{3}$
$= 0$

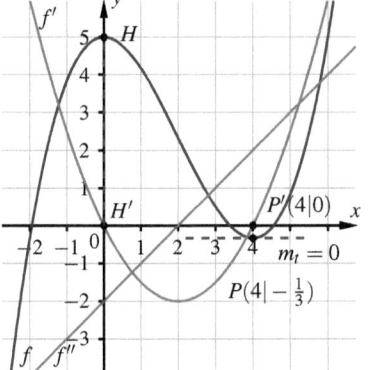

c) $m_t = \lim_{x \to -1} \frac{f(x)-f(-1)}{x-(-1)}$
$= \lim_{x \to -1} \frac{-x^3+2-(-(-1)^3+2)}{x+1}$
$= \lim_{x \to -1} \frac{-x^3-1}{x+1}$
$= \lim_{x \to -1} (-x^2+x-1)$ ▶ Polynomdivision
$= -(-1)^2+(-1)-1$
$= -3$

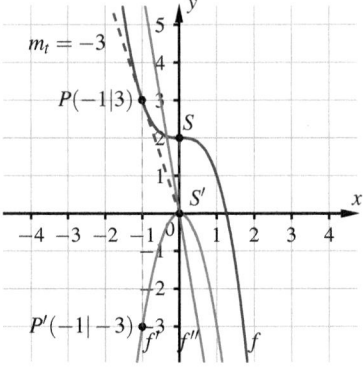

2. a) $f'(x) = 3x^2+10x-4$; $f''(x) = 6x+10$; $f'''(x) = 6$; $f^{(4)}(x) = 0$

b) $f'(x) = 6x^3-6x^2+6$; $f''(x) = 18x^2-12x$; $f'''(x) = 36x-12$; $f^{(4)}(x) = 36$; $f^{(5)}(x) = 0$

c) $f'(x) = \frac{5}{4}x^4+2x^3-3x^2$; $f''(x) = 5x^3+6x^2-6x$; $f'''(x) = 15x^2+12x-6$;
$f^{(4)}(x) = 30x+12$; $f^{(5)}(x) = 30$; $f^{(6)}(x) = 0$

Grundwissen über ganzrationale Funktionen

a) $f'(x) = 3x - 9; \quad f''(x) = 3$
$f'(x_E) = 0 \Leftrightarrow x_E = 3$
$f'(3) = 0 \wedge f''(3) = 3 > 0$
$\quad \Rightarrow 3$ ist Minimalstelle.
$f(3) = -7{,}5 \to T(3|-7{,}5)$

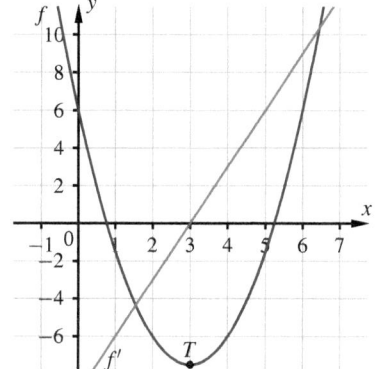

b) $f'(x) = -0{,}4x - 1{,}6; \quad f''(x) = -0{,}4$
$f'(x_E) = 0 \Leftrightarrow x_E = -4$
$f'(-4) = 0 \wedge f''(-4) = -0{,}4 < 0$
$\quad \Rightarrow -4$ ist Maximalstelle.
$f(-4) = 5{,}2 \to H(-4|5{,}2)$

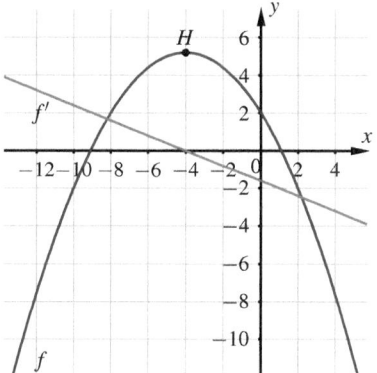

c) $f'(x) = \frac{4}{3}x + 4; \quad f''(x) = \frac{4}{3}$
$f'(x_E) = 0 \Leftrightarrow x_E = -3$
$f'(-3) = 0 \wedge f''(-3) = \frac{4}{3} > 0$
$\quad \Rightarrow -3$ ist Minimalstelle.
$f(-3) = -12 \to T(-3|-12)$

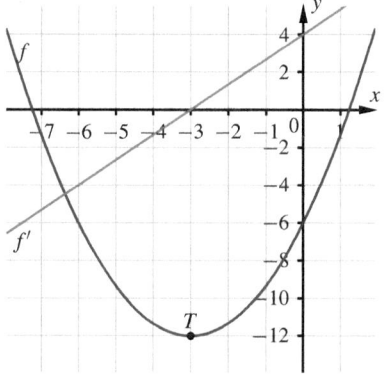

d) $f'(x) = -3x^2 + 3;\quad f''(x) = -6x$
$f'(x_E) = 0 \Leftrightarrow x_E = -1 \vee x_E = 1$
$f'(-1) = 0 \wedge f''(-1) = 6 > 0$
$\Rightarrow -1$ ist Minimalstelle.
$f(-1) = -2 \to T(-1|-2)$
$f'(1) = 0 \wedge f''(1) = -6 < 0$
$\Rightarrow 1$ ist Maximalstelle.
$f(1) = 2 \to H(1|2)$

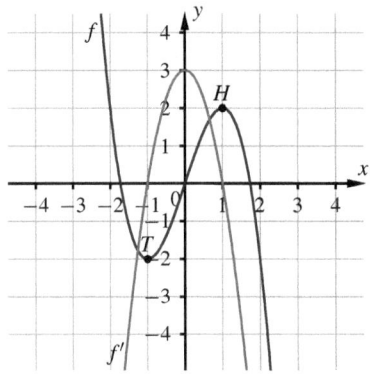

e) $f'(x) = -0{,}9x^2 + 3{,}6x;\quad f''(x) = -1{,}8x + 3{,}6$
$f'(x_E) = 0 \Leftrightarrow -0{,}9x_E(x_E - 4) = 0$
$\Leftrightarrow x_E = 0 \vee x_E = 4$
$f'(0) = 0 \wedge f''(0) = 3{,}6 > 0$
$\Rightarrow 0$ ist Minimalstelle.
$f(0) = 0 \to T(0|0)$
$f'(4) = 0 \wedge f''(4) = -3{,}6 < 0$
$\Rightarrow 4$ ist Maximalstelle.
$f(4) = 9{,}6 \to H(4|9{,}6)$

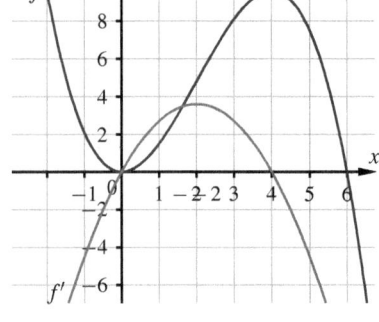

f) $f'(x) = 3x^2 - 6x - 9;\quad f''(x) = 6x - 6$
$f'(x_E) = 0 \Leftrightarrow x_E^2 - 2x_E - 3 = 0$
$\Leftrightarrow (x_E + 1)(x_E - 3) = 0$
$\Leftrightarrow x_E = -1 \vee x_E = 3$
$f'(-1) = 0 \wedge f''(-1) = -12 < 0$
$\Rightarrow -1$ ist Maximalstelle.
$f(-1) = 5 \to H(-1|5)$
$f'(3) = 0 \wedge f''(3) = 12 > 0$
$\Rightarrow 3$ ist Minimalstelle.
$f(3) = -27 \to T(3|-27)$

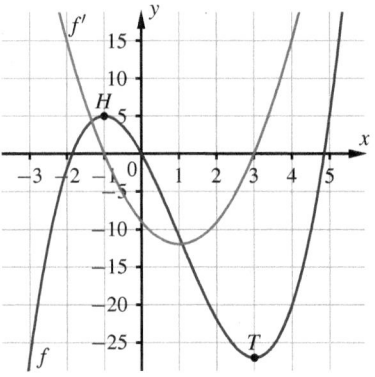

g) $f'(x) = x^2 + 2x + 2;\quad f''(x) = 2x + 2$
$f'(x_E) = 0 \Leftrightarrow x_E^2 + 2x_E + 2 = 0$
$\qquad\quad \Leftrightarrow (x_E + 1)^2 = -1$
Die Gleichung hat keine reelle Lösung, also hat f keine Extremstelle.

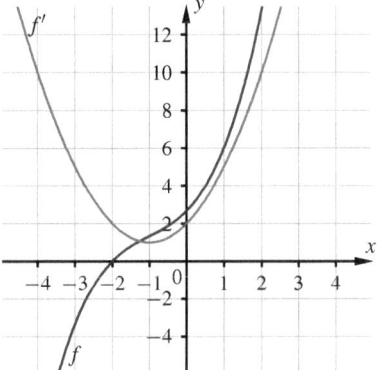

h) $f'(x) = x^3 - 2x;\quad f''(x) = 3x^2 - 2$
$f'(x_E) = 0 \Leftrightarrow x_E(x_E^2 - 2) = 0$
$\qquad\quad \Leftrightarrow x_E = 0 \vee x_E = -\sqrt{2} \vee x_E = \sqrt{2}$
$f'(0) = 0 \wedge f''(0) = -2 < 0$
$\qquad\Rightarrow 0$ ist Maximalstelle.
$f(0) = 0 \to H(0|0)$
$f'(-\sqrt{2}) = 0 \wedge f''(-\sqrt{2}) = 4 > 0$
$\qquad\Rightarrow -\sqrt{2}$ ist Minimalstelle.
$f(-\sqrt{2}) = -1 \to T_1(-\sqrt{2}|-1)$
$f'(\sqrt{2}) = 0 \wedge f''(\sqrt{2}) = 4 > 0$
$\qquad\Rightarrow \sqrt{2}$ ist Minimalstelle.
$f(\sqrt{2}) = -1 \to T_2(\sqrt{2}|-1)$
T_2 ergibt sich auch aus der Symmetrie des Graphen zur y-Achse.

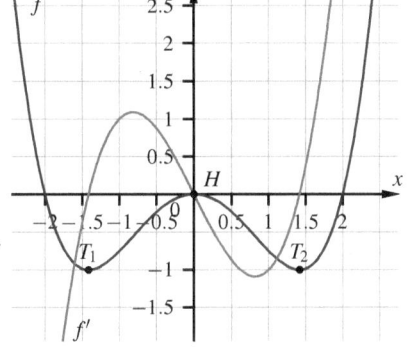

i) $f'(x) = -2x^3 + 8x;\quad f''(x) = -6x^2 + 8$
$f'(x_E) = 0 \Leftrightarrow -2x_E(x_E^2 - 4) = 0$
$\qquad\quad \Leftrightarrow x_E = 0 \vee x_E = -2 \vee x_E = 2$
$f'(0) = 0 \wedge f''(0) = 8 > 0$
$\qquad\Rightarrow 0$ ist Minimalstelle.
$f(0) = -4 \to T(0|-4)$
$f'(-2) = 0 \wedge f''(-2) = -16 < 0$
$\qquad\Rightarrow -2$ ist Maximalstelle.
$f(-2) = 4 \to H_1(-2|4)$
$f'(2) = 0 \wedge f''(2) = -16 < 0$
$\qquad\Rightarrow 2$ ist Maximalstelle.
$f(2) = 4 \to H_2(2|4)$
H_2 ergibt sich auch aus der Symmetrie des Graphen zur y-Achse.

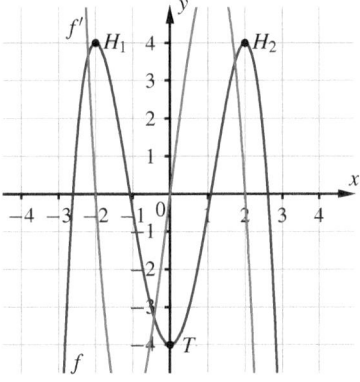

j) $f'(x) = x^3 - 3x^2 - 6x + 8;\quad f''(x) = 3x^2 - 6x - 6$

$f'(x_E) = 0 \Leftrightarrow x_E^3 - 3x_E^2 - 6x_E + 8 = 0$

$\quad\Leftrightarrow (x_E - 1)(x_E^2 - 2x_E - 8) = 0$ ▶ Polynomdivision

$\quad\Leftrightarrow (x_E - 1)(x_E + 2)(x_E - 4) = 0$ ▶ Satz von Viéta

$\quad\Leftrightarrow x_E = 1 \vee x_E = -2 \vee x_E = 4$

$f'(-2) = 0 \wedge f''(-2) = 18 > 0$

$\quad\Rightarrow -2$ ist Minimalstelle.

$f(-2) = -16 \to T_1(-2|-16)$

$f'(1) = 0 \wedge f''(1) = -9 < 0$

$\quad\Rightarrow 1$ ist Maximalstelle.

$f(1) = 4{,}25 \to H(1|4{,}25)$

$f'(4) = 0 \wedge f''(4) = 18 > 0$

$\quad\Rightarrow 4$ ist Minimalstelle.

$f(4) = -16 \to T_2(4|-16)$

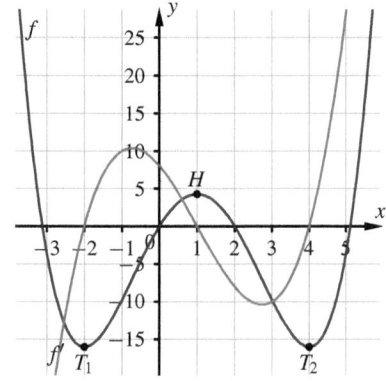

k) $f'(x) = -6x^2 - 12x + 90;\quad f''(x) = -12x - 12$

$f'(x_E) = 0 \Leftrightarrow x_E^2 + 2x_E - 15 = 0$

$\quad\Leftrightarrow (x_E + 5)(x_E - 3) = 0$

$\quad\Leftrightarrow x_E = -5 \vee x_E = 3$

$f'(-5) = 0 \wedge f''(-5) = 48 > 0$

$\quad\Rightarrow -5$ ist Minimalstelle.

$f(-5) = -296 \to T(-5|-296)$

$f'(3) = 0 \wedge f''(3) = -48 < 0$

$\quad\Rightarrow 3$ ist Maximalstelle.

$f(3) = 216 \to H(3|216)$

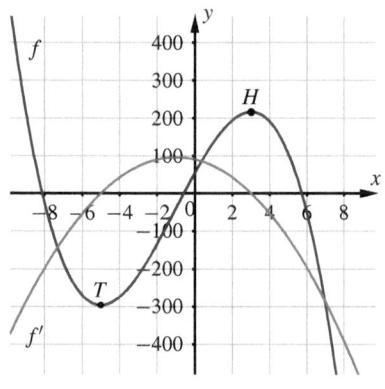

l) $f(x) = 2{,}4x^4 - 43{,}2x^3 + 259{,}2x^2 - 518{,}4x$

$f'(x) = 9{,}6x^3 - 129{,}6x^2 + 518{,}4x - 518{,}4;\quad f''(x) = 28{,}8x^2 - 259{,}2x + 518{,}4$

$f'(x_E) = 0 \Leftrightarrow (x_E - 1{,}5)(x_E^2 - 12x_E + 36) = 0$ ▶ Polynomdivision

$\quad\Leftrightarrow x_E = 1{,}5 \vee x_E = 6 \vee x_E = 6$

$f'(1{,}5) = 0 \wedge f''(1{,}5) = 194{,}4 > 0$

$\quad\Rightarrow 1{,}5$ ist Minimalstelle.

$f(1{,}5) = -328{,}05 \to T(1{,}5|-328{,}05)$

$f'(6) = 0 \wedge f''(6) = 0$

$\Rightarrow$ hinreichende Bedingung nicht erfüllt. Anhand des Graphen von f' sieht man, dass bei $x = 6$ kein Vorzeichenwechsel stattfindet. Folglich ist $x = 6$ nicht Extremstelle von f.

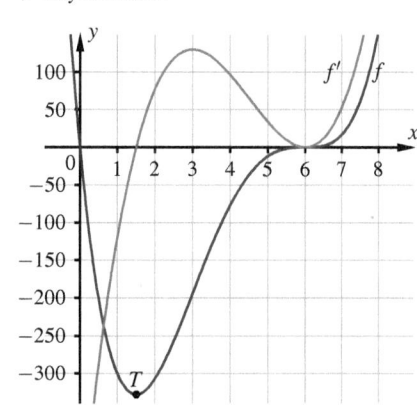

Grundwissen über ganzrationale Funktionen

a) $f'(x) = 6x^2 - 48x + 64;$
$f''(x) = 12x - 48; \quad f'''(x) = 12$
$f''(x_W) = 0 \Leftrightarrow x_W = 4$
$f''(4) = 0 \wedge f'''(4) = 12 > 0$
$\Rightarrow 4$ ist Wendestelle
mit R-L-Übergang des Graphen.
$f(4) = 0 \rightarrow W(4|0)$
$f'(4) = -32 \Rightarrow W$ ist nicht Sattelpunkt.

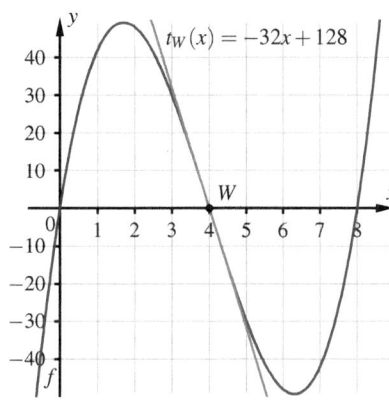

b) $f'(x) = \frac{1}{3}x^3 + 2x^2;$
$f''(x) = x^2 + 4x; \quad f'''(x) = 2x + 4$
$f''(x_W) = 0 \Leftrightarrow x_W(x_W + 4) = 0$
$\Leftrightarrow x_W = 0 \vee x_W = -4$
$f''(-4) = 0 \wedge f'''(-4) = -4 < 0$
$\Rightarrow -4$ ist Wendestelle
mit L-R-Übergang des Graphen.
$f(-4) = -\frac{64}{3} \rightarrow W_1(-4|-\frac{64}{3})$
$f'(-4) = \frac{32}{3} \Rightarrow W_1$ ist nicht Sattelpunkt.
$f''(0) = 0 \wedge f'''(0) = 4 > 0$
$\Rightarrow 0$ ist Wendestelle
mit R-L-Übergang des Graphen.
$f(0) = 0 \rightarrow W_2(0|0)$
$f'(0) = 0 \Rightarrow W_2$ ist Sattelpunkt.

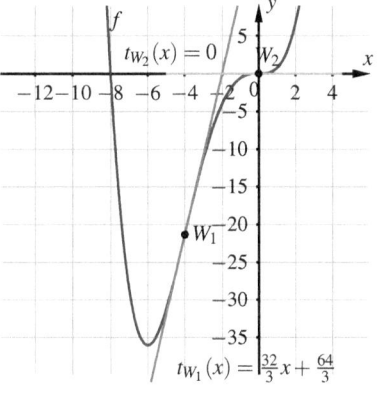

c) $f'(x) = 0{,}4x^3 - 3{,}6x^2 + 9{,}6x;$
$f''(x) = 1{,}2x^2 - 7{,}2x + 9{,}6; \quad f'''(x) = 2{,}4x - 7{,}2$
$f''(x_W) = 0 \Leftrightarrow x_W^2 - 6x_W + 8 = 0$
$\Leftrightarrow (x_W - 2)(x_W - 4) = 0$
$\Leftrightarrow x_W = 2 \vee x_W = 4$
$f''(2) = 0 \wedge f'''(2) = -2{,}4 < 0$
$\Rightarrow 2$ ist Wendestelle
mit L-R-Übergang des Graphen.
$f(2) = 11{,}2 \rightarrow W_1(2|11{,}2)$
$f'(2) = 8 \Rightarrow W_1$ ist nicht Sattelpunkt.
$f''(4) = 0 \wedge f'''(4) = 2{,}4 > 0$
$\Rightarrow 4$ ist Wendestelle
mit R-L-Übergang des Graphen.
$f(4) = 25{,}6 \rightarrow W_2(4|25{,}6)$
$f'(4) = 6{,}4 \Rightarrow W_2$ ist nicht Sattelpunkt.

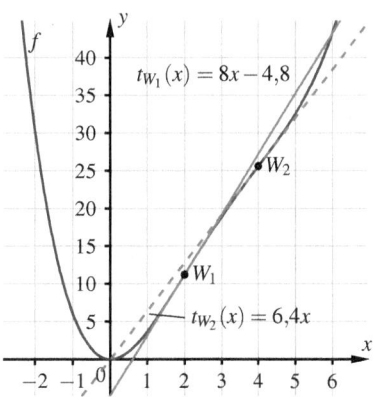

d) $f'(x) = \frac{1}{9}x^2$; $f''(x) = \frac{2}{9}x$; $f'''(x) = \frac{2}{9}$
$f''(x_W) = 0 \Leftrightarrow x_W = 0$
$f''(0) = 0 \land f'''(0) = \frac{2}{9} > 0$
$\Rightarrow 0$ ist Wendestelle
mit R-L-Übergang des Graphen.
$f(0) = 27 \rightarrow W(0|27)$
$f'(0) = 0 \Rightarrow W$ ist Sattelpunkt.

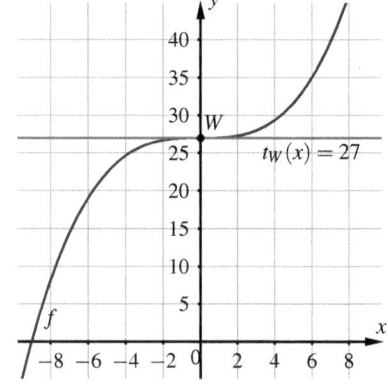

e) $f'(x) = -\frac{1}{12}x^3 + \frac{3}{4}x^2$;
$f''(x) = -\frac{1}{4}x^2 + \frac{3}{2}x$; $f'''(x) = -\frac{1}{2}x + \frac{3}{2}$
$f''(x_W) = 0 \Leftrightarrow -\frac{1}{4}x_W(x_W - 6) = 0$
$\Leftrightarrow x_W = 0 \lor x_W = 6$
$f''(0) = 0 \land f'''(0) = \frac{3}{2} > 0$
$\Rightarrow 0$ ist Wendestelle
mit R-L-Übergang des Graphen.
$f(0) = -6 \rightarrow W_1(0|-6)$
$f'(0) = 0 \Rightarrow W_1$ ist Sattelpunkt.
$f''(6) = 0 \land f'''(6) = -\frac{3}{2} < 0$
$\Rightarrow 6$ ist Wendestelle
mit L-R-Übergang des Graphen.
$f(6) = 21 \rightarrow W_2(6|21)$
$f'(6) = 9 \Rightarrow W_2$ ist nicht Sattelpunkt.

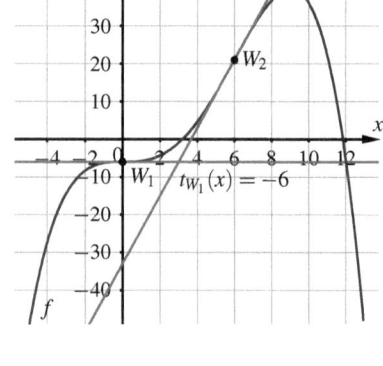

f) $f'(x) = -20x^3 + 60x$;
$f''(x) = -60x^2 + 60$; $f'''(x) = -120x$
$f''(x_W) = 0 \Leftrightarrow x_W^2 - 1 = 0$
$\Leftrightarrow x_W = -1 \lor x_W = 1$
$f''(-1) = 0 \land f'''(-1) = 120 > 0$
$\Rightarrow -1$ ist Wendestelle
mit R-L-Übergang des Graphen.
$f(-1) = 25 \rightarrow W_1(-1|25)$
$f'(-1) = -40 \Rightarrow W_1$ ist nicht Sattelpunkt.
$f''(1) = 0 \land f'''(1) = -120 < 0$
$\Rightarrow 1$ ist Wendestelle
mit L-R-Übergang des Graphen.
$f(1) = 25 \rightarrow W_2(1|25)$
$f'(1) = 40 \Rightarrow W_2$ ist nicht Sattelpunkt.

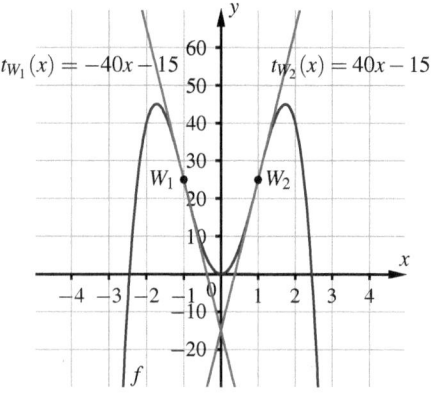

Grundwissen über ganzrationale Funktionen

g) $f'(x) = -x^2 + 12x - 36;$
$f''(x) = -2x + 12; \quad f'''(x) = -2$
$f''(x_W) = 0 \Leftrightarrow x_W = 6$
$f''(6) = 0 \wedge f'''(6) = -2 < 0$
$\Rightarrow 6$ ist Wendestelle
mit L-R-Übergang des Graphen.
$f(6) = -24 \to W(6|-24)$
$f'(6) = 0 \Rightarrow W$ ist Sattelpunkt.

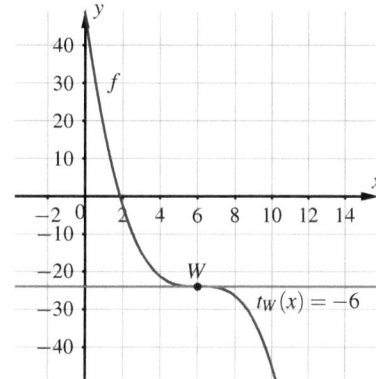

h) $f'(x) = x^3 + 3x^2 + 6x;$
$f''(x) = 3x^2 + 6x + 6; \quad f'''(x) = 6x + 6$
$f''(x_W) = 0 \Leftrightarrow x_W^2 + 2x_W + 2 = 0$
$\Leftrightarrow (x_W + 1)^2 = -1$

Die Gleichung hat keine reelle Lösung, also hat
f keine Wendestellen.

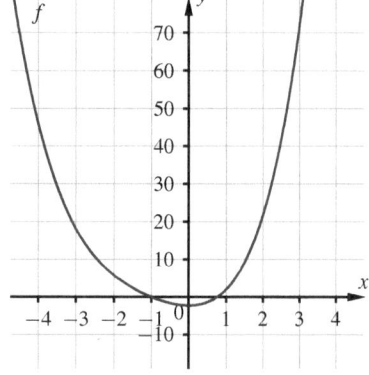

i) $f'(x) = 0{,}8x^3 + 2{,}4x^2 + 4{,}8x;$
$f''(x) = 2{,}4x^2 + 4{,}8x + 4{,}8; \quad f'''(x) = 4{,}8x + 4{,}8$
$f''(x_W) = 0 \Leftrightarrow x_W^2 + 2x_W + 2 = 0$
$\Leftrightarrow (x_W + 1)^2 = -1$

Die Gleichung hat keine reelle Lösung, also hat
f keine Wendestellen.

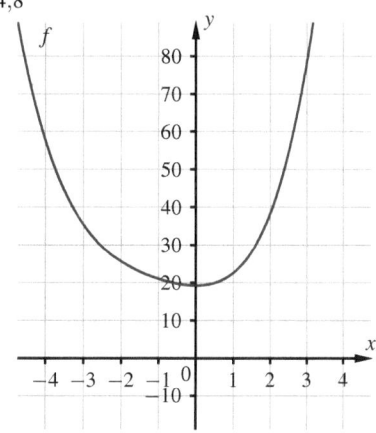

27

a) Die Funktion f ist eine ganzrationale Funktion 2. Grades mit positivem Leitkoeffizienten, deshalb gilt $f(x) \to +\infty$ sowohl für $x \to -\infty$ als auch für $x \to +\infty$. Außerdem enthält der Funktionsterm eine Potenz von x mit geradzahligem und eine mit ungeradzahligem Exponenten. Deshalb ist der Graph nicht achsensymmetrisch zur y-Achse.

Achsenschnittpunkte

$f(0) = 28{,}8 \to S_y(0|28{,}8)$

$\begin{aligned} f(x_N) &= 0 \Leftrightarrow x_N^2 + 10x_N + 16 = 0 \\ &\Leftrightarrow (x_N + 8)(x_N + 2) = 0 \\ &\Leftrightarrow x_N = -8 \vee x_N = -2 \\ &\to N_1(-8|0);\ N_2(-2|0) \end{aligned}$

Ableitungen: $f'(x) = 3{,}6x + 18$; $f''(x) = 3{,}6$

Extrempunkte

$f'(x_E) = 0 \Leftrightarrow x_E = -5$

$f'(-5) = 0 \wedge f''(-5) = 3{,}6 > 0$

$\Rightarrow -5$ ist Minimalstelle

$f(-5) = -16{,}2 \to T(-5|-16{,}2)$

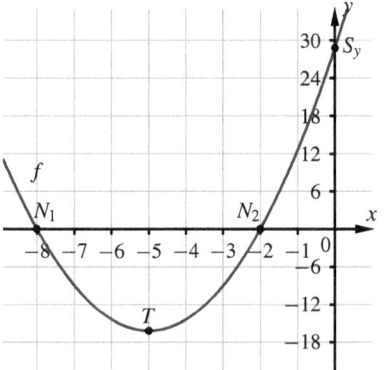

Wendepunkte: Da f'' konstant ist, hat f'' keine Nullstelle, folglich f auch keine Wendestelle.

b) Die Funktion f ist eine ganzrationale Funktion 4. Grades mit negativem Leitkoeffizienten, deshalb gilt $f(x) \to -\infty$ sowohl für $x \to -\infty$ als auch für $x \to +\infty$. Außerdem enthält der Funktionsterm eine Potenz von x mit geradzahligem und eine mit ungeradzahligem Exponenten. Deshalb ist der Graph weder achsensymmetrisch zur y-Achse noch punktsymmetrisch zum Ursprung.

Achsenschnittpunkte

$f(0) = 0 \to S_y(0|0)$

$\begin{aligned} f(x_N) &= 0 \Leftrightarrow x_N^3(x_N - 8) = 0 \\ &\Leftrightarrow x_N = 0 \vee x_N = 0 \vee x_N = 0 \vee x_N = 8 \\ &\to N_{1,2,3}(0|0);\ N_4 = (8|0) \end{aligned}$

Ableitungen: $f'(x) = -\frac{1}{6}x^3 + x^2$;
$f''(x) = -\frac{1}{2}x^2 + 2x$; $f'''(x) = -x + 2$

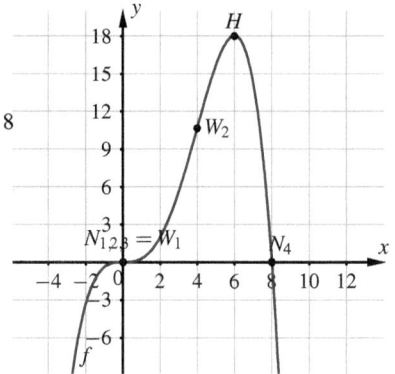

Extrempunkte

$\begin{aligned} f'(x_E) &= 0 \Leftrightarrow -\frac{1}{6}x_E^2(x_E - 6) = 0 \\ &\Leftrightarrow x_E = 0 \vee x_E = 0 \vee x_E = 6 \end{aligned}$

$f'(0) = 0 \wedge f''(0) = 0 \Rightarrow$ hinreichende Bedingung ist nicht erfüllt.
Da 0 doppelte Nullstelle von f' ist, berührt der Graph von f' bei 0 die x-Achse, d. h., es findet kein Vorzeichenwechsel statt. Also ist 0 nicht Extremstelle von f.

$f'(6) = 0 \wedge f''(6) = -6$

$\Rightarrow 6$ ist Maximalstelle

$f(6) = 18 \to H(6|18)$

Wendepunkte

$f''(x_W) = 0 \Leftrightarrow -\frac{1}{2}x_W(x_W - 4) = 0$

$ \Leftrightarrow x_W = 0 \vee x_W = 4$

$f''(0) = 0 \wedge f'''(0) = 2 > 0$

$\Rightarrow 0$ ist Wendestelle mit R-L-Übergang des Graphen.

$f(0) = 0 \rightarrow W_1(0|0)$

$f'(0) = 0 \Rightarrow W_1$ ist Sattelpunkt.

$f''(4) = 0 \wedge f'''(4) = -2 < 0$

$\Rightarrow 4$ ist Wendestelle mit L-R-Übergang des Graphen.

$f(4) = \frac{32}{3} \rightarrow W_2(4|\frac{32}{3})$

$f'(4) = \frac{16}{3} \Rightarrow W_2$ ist nicht Sattelpunkt.

c) Die Funktion f ist eine ganzrationale Funktion 4. Grades mit positivem Leitkoeffizienten und einem Term, der nur Potenzen von x mit geraden Exponenten enthält. Deshalb gilt $f(x) \rightarrow +\infty$ sowohl für $x \rightarrow -\infty$ als auch für $x \rightarrow +\infty$, und der Graph ist achsensymmetrisch zur y-Achse.

Achsenschnittpunkte

$f(0) = 0 \rightarrow S_y(0|0)$

$f(x_N) = 0 \Leftrightarrow 2{,}25x_N^2(x_N^2 - 8) = 0$

$ \Leftrightarrow x_N = 0 \vee x_N = 0 \vee x_N = -2\sqrt{2} \vee x_N = 2\sqrt{2}$

$\rightarrow N_1(-2\sqrt{2}|0); \; N_{2,3} = (0|0); \; N_4(2\sqrt{2}|0)$

Ableitungen: $f'(x) = 9x^3 - 36x$; $f''(x) = 27x^2 - 36$; $f'''(x) = 54x$

Extrempunkte

$f'(x_E) = 0 \Leftrightarrow 9x_E(x_E^2 - 4) = 0$

$ \Leftrightarrow x_E = 0 \vee x_E = -2 \vee x_E = 2$

$f'(-2) = 0 \wedge f''(-2) = 72 > 0$

$\Rightarrow -2$ ist Minimalstelle.

$f(-2) = -36 \rightarrow T_1(-2|-36)$

$f'(0) = 0 \wedge f''(0) = -36 < 0$

$\Rightarrow 0$ ist Maximalstelle.

$f(0) = 0 \rightarrow H(0|0)$

$f'(2) = 0 \wedge f''(2) = 72 > 0$

$\Rightarrow 2$ ist Minimalstelle.

$f(2) = -36 \rightarrow T_2(2|-36)$

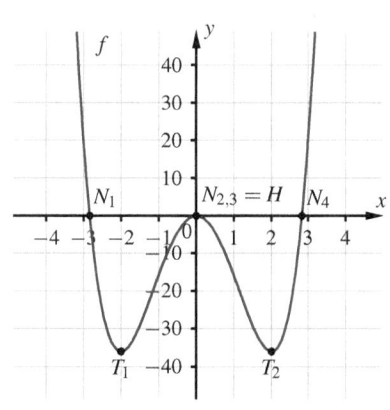

T_2 ergibt sich auch aus T_1 und der Symmetrie des Graphen zur y-Achse.

27

Wendepunkte

$f''(x_W) = 0 \Leftrightarrow x_W^2 - \frac{4}{3} = 0$

$\qquad\qquad \Leftrightarrow x_W = -\frac{2\sqrt{3}}{3} \vee x_W = \frac{2\sqrt{3}}{3}$

$f''(-(\frac{2\sqrt{3}}{3})) = 0 \wedge f'''(-\frac{2\sqrt{3}}{3}) = -36\sqrt{3} < 0$

$\qquad\qquad \Rightarrow -\frac{2\sqrt{3}}{3}$ ist Wendestelle mit L-R-Übergang des Graphen.

$f(-\frac{2\sqrt{3}}{3}) = -20 \rightarrow W_1(-\frac{2\sqrt{3}}{3} | -20)$

$f'(-\frac{2\sqrt{3}}{3}) = 16\sqrt{3} \Rightarrow W_1$ ist nicht Sattelpunkt.

$f''(\frac{2\sqrt{3}}{3}) = 0 \wedge f'''(\frac{2\sqrt{3}}{3}) = 36\sqrt{3} > 0$

$\qquad\qquad \Rightarrow \frac{2\sqrt{3}}{3}$ ist Wendestelle mit R-L-Übergang des Graphen.

$f(\frac{2\sqrt{3}}{3}) = -20 \rightarrow W_2(\frac{2\sqrt{3}}{3} | -20)$

$f'(\frac{2\sqrt{3}}{3}) = -16\sqrt{3} \Rightarrow W_2$ ist nicht Sattelpunkt.

W_2 ergibt sich auch aus W_1 und der Symmetrie des Graphen.

d) Die Funktion f ist eine ganzrationale Funktion 3. Grades mit negativem Leitkoeffizienten, deshalb gilt $f(x) \to +\infty$ für $x \to -\infty$ und $f(x) \to -\infty$ für $x \to +\infty$. Außerdem enthält der Funktionsterm eine Potenz von x mit geradzahligem und eine mit ungeradzahligem Exponenten. Deshalb ist der Graph weder achsensymmetrisch zur y-Achse noch punktsymmetrisch zum Ursprung.

Achsenschnittpunkte

$f(0) = 0 \rightarrow S_y(0|0)$

$f(x_N) = 0 \Leftrightarrow 0{,}3x_N^2(x_N - 12) = 0$

$\qquad\qquad \Leftrightarrow x_N = 0 \vee x_N = 0 \vee x_N = 12$

$\qquad\qquad \rightarrow N_{1,2}(0|0); N_3(12|0)$

Ableitungen: $f'(x) = -0{,}9x^2 + 7{,}2x$; $f''(x) = -1{,}8x + 7{,}2$; $f'''(x) = -1{,}8$

Extrempunkte

$f'(x_E) = 0 \Leftrightarrow 0{,}9x_E(x_E - 8) = 0$

$\qquad\qquad \Leftrightarrow x_E = 0 \vee x_E = 8$

$f'(0) = 0 \wedge f''(0) = 7{,}2 > 0$

$\qquad\qquad \Rightarrow 0$ ist Minimalstelle.

$f(0) = 0 \rightarrow T(0|0)$

$f'(8) = 0 \wedge f''(8) = -7{,}2 < 0$

$\qquad\qquad \Rightarrow 8$ ist Maximalstelle.

$f(8) = 76{,}8 \rightarrow H(8|76{,}8)$

Wendepunkte

$f''(x_W) = 0 \Leftrightarrow x_W = 4$

$f''(4) = 0 \wedge f'''(4) = -1{,}8 < 0$

$\qquad\qquad \Rightarrow 4$ ist Wendestelle mit L-R-Übergang des Graphen.

$f(4) = 38{,}4 \rightarrow W(4|38{,}4)$

$f'(4) = 14{,}4 \rightarrow W$ ist nicht Sattelpunkt.

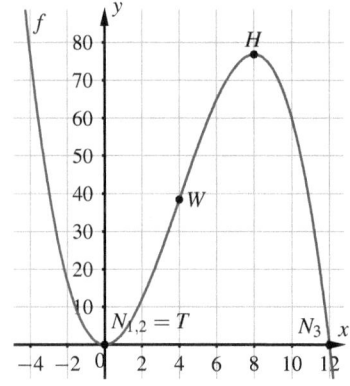

e) Die Funktion f ist eine ganzrationale Funktion 2. Grades mit negativem Leitkoeffizienten, deshalb gilt $f(x) \to -\infty$ sowohl für $x \to -\infty$ als auch für $x \to +\infty$. Außerdem enthält der Funktionsterm eine Potenz von x mit geradzahligem und eine mit ungeradzahligem Exponenten. Deshalb ist der Graph nicht achsensymmetrisch zur y-Achse.

Achsenschnittpunkte

$f(0) = -4 \to S_y(0|-4)$

$$\begin{aligned} f(x_N) = 0 &\Leftrightarrow x_N^2 - 6x_N + 9 = 0 \\ &\Leftrightarrow x_N = 3 \vee x_N = 3 \\ &\to N_{1,2}(3|0) \end{aligned}$$

Ableitungen: $f'(x) = -\frac{8}{9}x + \frac{8}{3}$; $f''(x) = -\frac{8}{9}$

Extrempunkte

$f'(x_E) = 0 \Leftrightarrow x_E = 3$

$f'(3) = 0 \wedge f''(3) = -\frac{8}{9} < 0$
$\Rightarrow 3$ ist Maximalstelle.

$f(3) = 0 \to H(3|0)$

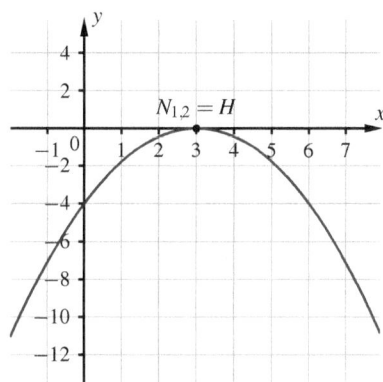

Wendepunkte

Da f'' konstant ist, hat f'' keine Nullstelle, folglich f auch keine Wendestelle.

f) Die Funktion f ist eine ganzrationale Funktion 3. Grades mit negativem Leitkoeffizienten, deshalb gilt $f(x) \to +\infty$ für $x \to -\infty$ und $f(x) \to -\infty$ für $x \to +\infty$. Außerdem enthält der Funktionsterm Potenzen von x mit geradzahligem und mit ungeradzahligem Exponenten. Deshalb ist der Graph weder achsensymmetrisch zur y-Achse noch punktsymmetrisch zum Ursprung.

Achsenschnittpunkte

$f(0) = 15 \to S_y(0|15)$

$$\begin{aligned} f(x_N) = 0 &\Leftrightarrow x_N^3 + 3x_N^2 - 45x_N - 135 = 0 \\ &\Leftrightarrow (x_N + 3)(x_N^2 - 45) = 0 \quad \blacktriangleright \text{Polynomdivision} \\ &\Leftrightarrow x_N = -3 \vee x_N = -3\sqrt{5} \vee x_N = 3\sqrt{5} \\ &\to N_1(-3\sqrt{5}|0); N_2(-3|0); N_3(3\sqrt{5}|0) \end{aligned}$$

Ableitungen: $f'(x) = -\frac{1}{3}x^2 - \frac{2}{3}x + 5$; $f''(x) = -\frac{2}{3}x - \frac{2}{3}$; $f'''(x) = -\frac{2}{3}$

Extrempunkte

$$\begin{aligned} f'(x_E) = 0 &\Leftrightarrow x_E^2 + 2x_E - 15 = 0 \\ &\Leftrightarrow (x_E + 5)(x_E - 3) = 0 \\ &\Leftrightarrow x_E = -5 \vee x_E = 3 \end{aligned}$$

$f'(-5) = 0 \wedge f''(-5) = \frac{8}{3} > 0$
$\Rightarrow -5$ ist Minimalstelle.

$f(-5) = -\frac{40}{9} \to T(-5|-\frac{40}{9})$

$f'(3) = 0 \wedge f''(3) = -\frac{8}{3} < 0$
$\Rightarrow 3$ ist Maximalstelle.

$f(3) = 24 \to H(3|24)$

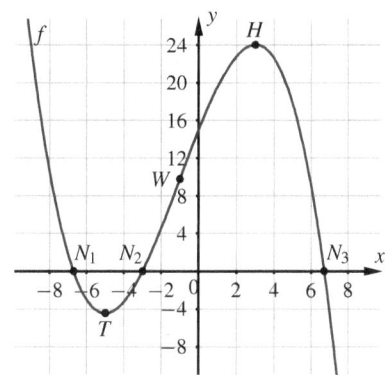

Wendepunkte

$f''(x_W) = 0 \Leftrightarrow x_W = -1$

$f''(-1) = 0 \wedge f'''(-1) = -\frac{2}{3} < 0$

$\Rightarrow -1$ ist Wendestelle mit L-R-Übergang des Graphen.

$f(-1) = \frac{88}{9} \to W(-1|\frac{88}{9})$

$f'(-1) = \frac{16}{3} \to W$ ist nicht Sattelpunkt.

g) *Hinweis*: Fehler im 1. Druck der 1. Auflage: Die Funktionsgleichung lautet:
$f(x) = -0{,}4x^3 - 1{,}8x^2 - 5$.

Die Funktion f ist eine ganzrationale Funktion 3. Grades mit negativem Leitkoeffizienten, deshalb gilt $f(x) \to +\infty$ für $x \to -\infty$ und $f(x) \to -\infty$ für $x \to +\infty$. Außerdem enthält der Funktionsterm eine Potenz von x mit geradzahligem und eine mit ungeradzahligem Exponenten. Deshalb ist der Graph weder achsensymmetrisch zur y-Achse noch punktsymmetrisch zum Ursprung.

Achsenschnittpunkte

$f(0) = -5 \to S_y(0|-5)$

$f(x_N) = 0 \Leftrightarrow x_N^3 + 4{,}5x_N^2 + 12{,}5 = 0$

$\qquad \Leftrightarrow (x_N + 5)(x_N^2 - 0{,}5x_N + 2{,}5) = 0 \quad \blacktriangleright$ Polynomdivision

$\qquad \Leftrightarrow x_N = -5 \vee (x_N - 0{,}25)^2 = -2{,}4375 \to$ keine weitere reelle Lösung

$\qquad \to N(-5|0)$

Ableitungen: $f'(x) = -1{,}2x^2 - 3{,}6x$; $f''(x) = -2{,}4x - 3{,}6$; $f'''(x) = -2{,}4$

Extrempunkte

$f'(x_E) = 0 \Leftrightarrow -1{,}2x_E(x_E + 3) = 0$

$\qquad \Leftrightarrow x_E = 0 \vee x_E = -3$

$f'(0) = 0 \wedge f''(0) = -3{,}6 < 0$

$\qquad \Rightarrow 0$ ist Maximalstelle.

$f(0) = -5 \to H(0|-5)$

$f'(-3) = 0 \wedge f''(-3) = 3{,}6 > 0$

$\qquad \Rightarrow -3$ ist Minimalstelle.

$f(-3) = -10{,}4 \to T(-3|-10{,}4)$

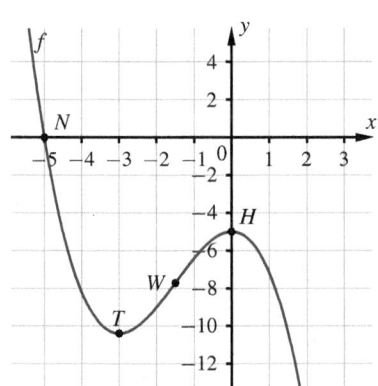

Wendepunkte

$f''(x_W) = 0 \Leftrightarrow x_W = -1{,}5$

$f''(-1{,}5) = 0 \wedge f'''(-1{,}5) = -2{,}4 < 0$

$\qquad \Rightarrow -1{,}5$ ist Wendestelle mit L-R-Übergang des Graphen.

$f(-1{,}5) = -7{,}7 \to W(-1{,}5|-7{,}7)$

$f'(-1{,}5) = 2{,}7 \to W$ ist nicht Sattelpunkt.

h) Die Funktion f ist eine ganzrationale Funktion 4. Grades mit positivem Leitkoeffizienten, deshalb gilt $f(x) \to +\infty$ sowohl für $x \to -\infty$ als auch für $x \to +\infty$. Außerdem enthält der Funktionsterm Potenzen von x mit geradzahligen und mit ungeradzahligen Exponenten. Deshalb ist der Graph weder achsensymmetrisch zur y-Achse noch punktsymmetrisch zum Ursprung.

Achsenschnittpunkte

$f(0) = 0 \to S_y(0|0)$

$\begin{aligned}
f(x_N) = 0 &\Leftrightarrow \tfrac{1}{4}x_N(x_N^3 + 4x^2 - 8) = 0 \\
&\Leftrightarrow x_N = 0 \vee (x_N + 2)(x_N^2 + 2x_N - 4) = 0 \quad \blacktriangleright \text{Polynomdivision} \\
&\Leftrightarrow x_N = 0 \vee x_N = -2 \vee (x_N + 1)^2 = 5 \\
&\Leftrightarrow x_N = 0 \vee x_N = -2 \vee x_N = -1 - \sqrt{5} \vee x_N = -1 + \sqrt{5} \\
&\to N_1(-1-\sqrt{5}|0);\ N_2(-2|0);\ N_3(0|0);\ N_4(-1+\sqrt{5}|0)
\end{aligned}$

Ableitungen: $f'(x) = x^3 + 3x^2 - 2;\ f''(x) = 3x^2 + 6x;\ f'''(x) = 6x + 6$

Extrempunkte

$\begin{aligned}
f'(x_E) = 0 &\Leftrightarrow x_E^3 + 3x_E^2 - 2 = 0 \\
&\Leftrightarrow (x_E + 1)(x_E^2 + 2x_E - 2) = 0 \quad \blacktriangleright \text{Polynomdivision} \\
&\Leftrightarrow x_E = -1 \vee (x_E + 1)^2 = 3 \\
&\Leftrightarrow x_E = -1 \vee x_E = -1 - \sqrt{3} \vee x_E = -1 + \sqrt{3}
\end{aligned}$

$f'(-1-\sqrt{3}) = 0 \wedge f''(-1-\sqrt{3}) = 6 > 0$
$\Rightarrow -1 - \sqrt{3}$ ist Minimalstelle.
$f(-1-\sqrt{3}) = -1 \to T_1(-1-\sqrt{3}|-1)$
$f'(-1) = 0 \wedge f''(-1) = -3 < 0$
$\Rightarrow -1$ ist Maximalstelle.
$f(-1) = 1{,}25 \to H(-1|1{,}25)$
$f'(-1+\sqrt{3}) = 0 \wedge f''(-1+\sqrt{3}) = 6 > 0$
$\Rightarrow -1 + \sqrt{3}$ ist Minimalstelle.
$f(-1+\sqrt{3}) = -1 \to T_2(-1+\sqrt{3}|-1)$

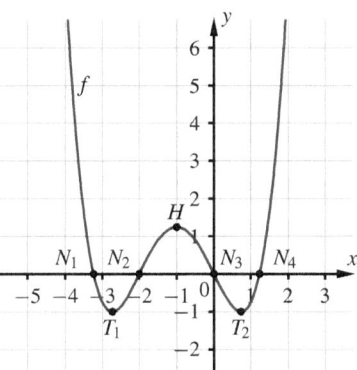

Wendepunkte

$f''(x_W) = 0 \Leftrightarrow 3x_W(x_W + 2) = 0$
$\Leftrightarrow x_W = 0 \vee x_W = -2$

$f''(0) = 0 \wedge f'''(0) = 6 > 0$
$\Rightarrow 0$ ist Wendestelle mit R-L-Übergang des Graphen.
$f(0) = 0 \to W_1(0|0)$
$f'(0) = -2 \to W_1$ ist nicht Sattelpunkt.
$f''(-2) = 0 \wedge f'''(-2) = -6 < 0$
$\Rightarrow -2$ ist Wendestelle mit L-R-Übergang des Graphen.
$f(-2) = 0 \to W_2(-2|0)$
$f'(-2) = 2 \to W_2$ ist nicht Sattelpunkt.

i) Die Funktion f ist eine ganzrationale Funktion 3. Grades mit positivem Leitkoeffizienten, deshalb gilt $f(x) \to +\infty$ für $x \to +\infty$ und $f(x) \to -\infty$ für $x \to -\infty$. Da der Funktionsterm zudem nur zwei Potenzen von x mit ungeradzahligem Exponenten enthält und der y-Achsenabschnitt 0 ist, ist der Graph punktsymmetrisch zum Ursprung.

Achsenschnittpunkte

$f(0) = 0 \to S_y(0|0)$

$f(x_N) = 0 \Leftrightarrow \frac{4}{3}x_N(x_N^2 - 108) = 0$

$ \Leftrightarrow x_N = 0 \vee x_N = -6\sqrt{3} \vee x_N = 6\sqrt{3}$

$ \to N_1(-6\sqrt{3}|0); N_2(0|0); N_3(6\sqrt{3}|0)$

Ableitungen: $f'(x) = 4x^2 - 144; f''(x) = 8x; f'''(x) = 8$

Extrempunkte

$f'(x_E) = 0 \Leftrightarrow x_E^2 - 36 = 0$

$ \Leftrightarrow x_E = -6 \vee x_E = 6$

$f'(-6) = 0 \wedge f''(-6) = -48 < 0$

$ \Rightarrow -6$ ist Maximalstelle.

$f(-6) = 576 \to H(-6|576)$

$f'(6) = 0 \wedge f''(6) = 48 > 0$

$ \Rightarrow 6$ ist Minimalstelle.

$f(6) = -576 \to T(6|-576)$

T ergibt sich auch aus H und der Symmetrie des Graphen.

Wendepunkte

$f''(x_W) = 0 \Leftrightarrow x_W = 0$

$f''(0) = 0 \wedge f'''(0) = 8 > 0$

$ \Rightarrow 0$ ist Wendestelle mit R-L-Übergang des Graphen.

$f(0) = 0 \to W(0|0)$

$f'(0) = -144 \to W$ ist nicht Sattelpunkt.

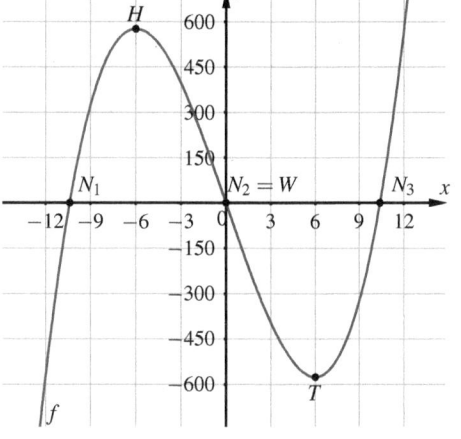

j) Die Funktion f ist eine ganzrationale Funktion 3. Grades mit positivem Leitkoeffizienten, deshalb gilt $f(x) \to +\infty$ für $x \to +\infty$ und $f(x) \to -\infty$ für $x \to -\infty$. Außerdem enthält der Funktionsterm Potenzen von x mit geradzahligen und mit ungeradzahligen Exponenten. Deshalb ist der Graph weder achsensymmetrisch zur y-Achse noch punktsymmetrisch zum Ursprung.

Achsenschnittpunkte

$f(0) = 20 \to S_y(0|20)$

$f(x_N) = 0 \Leftrightarrow x_N^3 + 3x_N^2 + 6x_N + 40 = 0$

$ \Leftrightarrow (x_N + 4)(x_N^2 - x_N + 10) = 0 \quad \blacktriangleright \text{Polynomdivison}$

$ \Leftrightarrow x_N = -4 \vee (x_N - 0{,}5)^2 = -9{,}75 \to$ keine weitere reelle Lösung

$ \to N(-4|0)$

Ableitungen: $f'(x) = 1{,}5x^2 + 3x + 3; f''(x) = 3x + 3; f'''(x) = 3$

Extrempunkte

$f'(x_E) = 0 \Leftrightarrow x_E^2 + 2x_E + 2 = 0$
$ \Leftrightarrow (x_E + 1)^2 = -1$

Die Gleichung hat keine reelle Lösung, folglich hat f keine Extremstellen und der Graph keine Extrempunkte.

Wendepunkte

$f''(x_W) = 0 \Leftrightarrow x_W = -1$
$f''(-1) = 0 \wedge f'''(-1) = 3 > 0$
$\Rightarrow -1$ ist Wendestelle
 mit R-L-Übergang des Graphen.
$f(-1) = 18 \to W(-1|18)$
$f'(-1) = 1{,}5 \to W$ ist nicht Sattelpunkt.

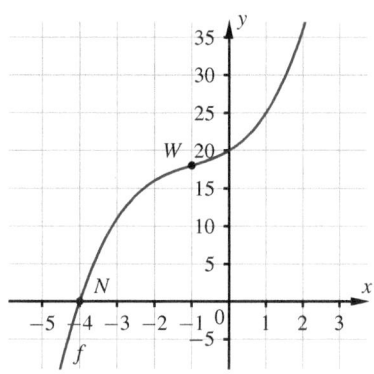

k) Die Funktion f ist eine ganzrationale Funktion 4. Grades mit positivem Leitkoeffizienten, deshalb gilt $f(x) \to +\infty$ sowohl für $x \to -\infty$ als auch für $x \to +\infty$. Außerdem enthält der Funktionsterm Potenzen von x mit geradzahligen und mit ungeradzahligen Exponenten. Deshalb ist der Graph weder achsensymmetrisch zur y-Achse noch punktsymmetrisch zum Ursprung.

Achsenschnittpunkte

$f(0) = 0 \to S_y(0|0)$

$f(x_N) = 0 \Leftrightarrow 0{,}5x_N(x_N^3 + 4x_N^2 + 6x_N + 4) = 0$
$ \Leftrightarrow x_N = 0 \vee (x_N + 2)(x_N^2 + 2x_N + 2) = 0$ ▶ Polynomdivison
$ \Leftrightarrow x_N = 0 \vee x_N = -2 \vee (x_N + 1)^2 = -1 \to$ keine weitere reelle Lösung
$ \to N_1(-2|0); N_2(0|0)$

Ableitungen: $f'(x) = 2x^3 + 6x^2 + 6x + 2$; $f''(x) = 6x^2 + 12x + 6$; $f'''(x) = 12x + 12$

Extrempunkte

$f'(x_E) = 0 \Leftrightarrow x_E^3 + 3x_E^2 + 3x_E + 1 = 0$
$ \Leftrightarrow (x_E + 1)(x_E^2 + 2x_E + 1) = 0$ ▶ Polynomdivison
$ \Leftrightarrow x_E = -1 \vee (x_E + 1)^2 = 0$
$ \Leftrightarrow x_E = -1 \vee x_E = -1 \vee x_E = -1$

$f'(-1) = 0 \wedge f''(-1) = 0 \Rightarrow$ hinreichende Bedingung ist nicht erfüllt.

Da f' bei -1 eine dreifache Nullstelle, also eine Wendestelle hat, findet dort auf jeden Fall ein Vorzeichenwechsel statt, und zwar von „$-$" nach „$+$" wegen des positiven Leitkoeffizienten von f'.
Folglich ist -1 Minimalstelle von f.

$f(-1) = -0{,}5 \to T(-1|-0{,}5)$

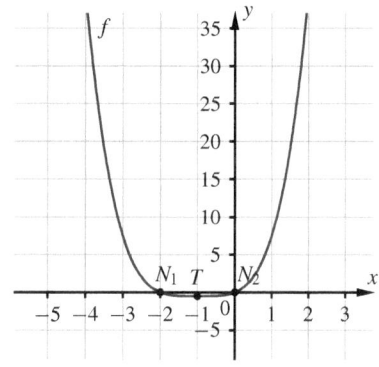

Wendepunkte

$f''(x_W) = 0 \Leftrightarrow x_W^2 + 2x_W + 1 = 0$

$\Leftrightarrow x_W = -1 \vee x_W = -1$

Da bereits gezeigt wurde, dass -1 Minimalstelle ist, hat f keine Wendestelle und damit der Graph keinen Wendepunkt.

1) Die Funktion f ist eine ganzrationale Funktion 3. Grades mit positivem Leitkoeffizienten, deshalb gilt $f(x) \to -\infty$ für $x \to -\infty$ und $f(x) \to +\infty$ für $x \to +\infty$. Außerdem enthält der Funktionsterm Potenzen von x mit geradzahligen und mit ungeradzahligen Exponenten. Deshalb ist der Graph weder achsensymmetrisch zur y-Achse noch punktsymmetrisch zum Ursprung.

Achsenschnittpunkte

$f(0) = -14{,}4 \to S_y(0|-14{,}4)$

$f(x_N) = 0 \Leftrightarrow x_N^3 - 12x_N^2 + 48x_N - 72 = 0$

$\Leftrightarrow (x_N - 6)(x_N^2 - 6x_N + 12) = 0$ ▶ Polynomdivison

$\Leftrightarrow x_N = 6 \vee (x_N - 3)^2 = -3 \to$ keine weitere reelle Lösung

$\to N(6|0)$

Ableitungen: $f'(x) = 0{,}6x^2 - 4{,}8x + 9{,}6$; $f''(x) = 1{,}2x - 4{,}8$; $f'''(x) = 1{,}2$

Extrempunkte

$f'(x_E) = 0 \Leftrightarrow x_E^2 - 8x_E + 16 = 0$

$\Leftrightarrow (x_E - 4)^2 = 0$

$\Leftrightarrow x_E = 4 \vee x_E = 4$

$f'(4) = 0 \wedge f''(4) = 0 \Rightarrow$ hinreichende Bedingung ist nicht erfüllt.

Da f' bei 4 eine doppelte Nullstelle hat, der Graph von f' also bei 4 die x-Achse berührt, findet dort kein Vorzeichenwechsel statt. Folglich hat f keine Extremstelle und der Graph von f keinen Extrempunkt.

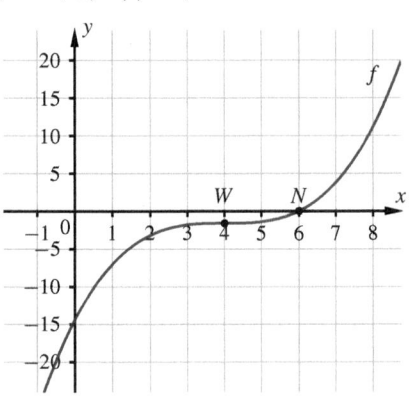

Wendepunkte

$f''(x_W) = 0 \Leftrightarrow x_W = 4$

$f''(4) = 0 \wedge f'''(4) = 1{,}2 > 0$

$\Rightarrow 4$ ist Wendestelle mit R-L-Übergang des Graphen.

$f(4) = -1{,}6 \to W(4|-1{,}6)$

$f'(4) = 0 \to W$ ist Sattelpunkt.

1 Anwendungen der Differenzialrechnung

1.1 Steckbriefaufgaben

1. a) $f(x) = ax^2 + bx + c \quad f'(x) = 2ax + b$
   - (I) Punkt P: $\quad f(-1) = 4 \Leftrightarrow a - b + c = 4$
   - (II) Punkt N: $\quad f(3) = 0 \Leftrightarrow 9a + 3b + c = 0$
   - (III) Tangentensteigung bei N: $f'(3) = 2 \Leftrightarrow 6a + b = 2$

   $f(x) = 0{,}75x^2 - 2{,}5x + 0{,}75$

   b) $f(x) = ax^3 + bx^2 + cx + d \quad f'(x) = 3ax^2 + 2bx + c$
   - (I) Punkt T: $\quad f(0) = -1 \Leftrightarrow d = -1$
   - (II) T Tiefpunkt: $\quad f'(0) = 0 \Leftrightarrow c = 0$
   - (III) Punkt P: $\quad f(1) = 1 \Leftrightarrow a + b + c + d = 1$
   - (IV) Tangentensteigung bei P: $f'(1) = 4{,}5 \Leftrightarrow 3a + 2b + c = 4{,}5$

   $f(x) = 0{,}5x^3 + 1{,}5x^2 - 1$

   c) $f(x) = ax^4 + bx^3 + cx^2 + dx + e \quad f'(x) = 4ax^3 + 3bx^2 + 2cx + d \quad f''(x) = 12ax^2 + 6bx + 2c$
   - (I) Punkt S: $\quad f(0) = 0 \Leftrightarrow e = 0$
   - (II) S Sattelpunkt: $\quad f'(0) = 0 \Leftrightarrow d = 0$
   - (III) S Sattelpunkt: $\quad f''(0) = 0 \Leftrightarrow c = 0$
   - (IV) Punkt W: $\quad f(3) = 3 \Leftrightarrow 81a + 27b + 9c + 3d + e = 3$
   - (V) W Wendepunkt: $f''(3) = 0 \Leftrightarrow 108a + 18b + 2c = 0$

   $f(x) = -\frac{1}{27}x^4 + \frac{2}{9}x^3$

2. a) $f(x) = ax^2 + bx + c \quad f'(x) = 2ax + b$
   - (I) $f(0) = 5 \Leftrightarrow c = 5$
   - (II) $f(1) = 2 \Leftrightarrow a + b + c = 2$
   - (III) $f'(1) = -4 \Leftrightarrow 2a + b = -4 \quad f(x) = -x^2 - 2x + 5$

   b) $f(x) = ax^2 + bx + c \quad f'(x) = 2ax + b$
   - (I) $f(-4) = -18 \Leftrightarrow 16a - 4b + c = -18$
   - (II) $f(2) = 9 \Leftrightarrow 4a + 2b + c = 9$
   - (III) $f'(2) = 0 \Leftrightarrow 4a + b = 0 \quad f(x) = -0{,}75x^2 + 3x + 6$

   c) $f(x) = ax^2 + bx + c \quad f'(x) = 2ax + b$
   - (I) $f(2) = 0 \Leftrightarrow 4a + 2b + c = 0$
   - (II) $f'(2) = 0 \Leftrightarrow 4a + b = 0$
   - (III) $f(-1) = 11{,}25 \Leftrightarrow a - b + c = 11{,}25 \quad f(x) = 1{,}25x^2 - 5x + 5$

   d) $f(x) = ax^2 + bx + c \quad f'(x) = 2ax + b$
   - (I) $f'(3) = 0 \Leftrightarrow 6a + b = 0$
   - (II) $f(1) = 4{,}5 \Leftrightarrow a + b + c = 4{,}5$
   - (III) $f'(1) = 2 \Leftrightarrow 2a + b = 2 \quad f(x) = -0{,}5x^2 + 3x + 2$

   e) $f(x) = ax^2 + bx + c \quad$ Symmetrie zur y-Achse $\to b = 0$
   $f(x) = ax^2 + c \quad f'(x) = 2ax$
   - (I) $f(-4) = 2 \Leftrightarrow 16a + c = 2$
   - (II) $f'(-4) = 1 \Leftrightarrow -8a = 1 \quad f(x) = -\frac{1}{8}x^2 + 4$

34

f) $f(x) = ax^2 + bx + c \quad f'(x) = 2ax + b \quad g'(x) = 2x$
    (I)   wegen $g(1) = 1$: $\quad f(1) = 1 \quad \Leftrightarrow \quad a + b + c = 1$
    (II) wegen $g(-2) = 4$: $f(-2) = 4 \quad \Leftrightarrow \quad 4a - 2b + c = 4$
    (III) wegen $g'(1) = 2$: $\quad f'(1) = -\frac{1}{2} \Leftrightarrow 2a + b = -\frac{1}{2} \quad f(x) = \frac{1}{6}x^2 - \frac{5}{6}x + \frac{5}{3}$

g) $f(x) = ax^3 + bx^2 + cx + d \quad f'(x) = 3ax^2 + 2bx + c \quad f''(x) = 6ax + 2b$
    zu (II): Jede ganzrationale Funktion 3. Grades ist punktsymmetrisch zum Wendepunkt, also ist P Wendepunkt.
    (I) $f(-1) = 0 \Leftrightarrow \quad -a + b - c + d = 0$
    (II) $f''(-1) = 0 \Leftrightarrow \quad -6a + 2b \quad\quad\quad = 0$
    (III) $f(2) = 0 \Leftrightarrow \quad 8a + 4b + 2c + d = 0$
    (IV) $f'(2) = 1 \Leftrightarrow \quad 12a + 4b + c = 1 \quad f(x) = \frac{1}{18}x^3 + \frac{1}{6}x^2 - \frac{1}{3}x - \frac{4}{9}$

h) $f(x) = ax^3 + bx^2 + cx + d \quad$ Symmetrie zum Ursprung $\to b = 0; d = 0$
    $f(x) = ax^3 + cx \quad f'(x) = 3ax^2 + c$
    (I) $f(2) = -4 \Leftrightarrow \quad 8a + 2c = -4$
    (II) $f'(2) = 0 \Leftrightarrow \quad 12a + c = 0 \quad f(x) = 0{,}25x^3 - 3x$

i) $f(x) = ax^3 + bx^2 + cx + d \quad f'(x) = 3ax^2 + 2bx + c \quad f''(x) = 6ax + 2b$
    (I) $f(0) = 0 \Leftrightarrow \quad\quad\quad\quad\quad d = 0$
    (II) $f'(2) = 0 \Leftrightarrow \quad 12a + 4b + c = 0$
    (III) $f''(4) = 0 \Leftrightarrow \quad 24a + 2b \quad\quad\quad = 0$
    (IV) $f'(4) = -4 \Leftrightarrow 48a + 8b + c = -4 \quad f(x) = \frac{1}{3}x^3 - 4x^2 + 12x$

j) $f(x) = ax^3 + bx^2 + cx + d \quad f'(x) = 3ax^2 + 2bx + c$
    (I) $f(0) = 7{,}2 \Leftrightarrow \quad\quad\quad\quad\quad d = 7{,}2$
    (II) $f'(0) = 0 \Leftrightarrow \quad\quad\quad\quad c = 0$
    (III) $f(-2) = 0 \Leftrightarrow \quad -8a + 4b - 2c + d = 0$
    (IV) $f(3) = 0 \Leftrightarrow \quad 27a + 9b + 3c + d = 0 \quad f(x) = 0{,}2x^3 - 1{,}4x^2 + 7{,}2$

k) $f(x) = ax^3 + bx^2 + cx + d \quad f'(x) = 3ax^2 + 2bx + c \quad f''(x) = 6ax + 2b$
    (I) $f(0) = 0 \Leftrightarrow \quad\quad\quad\quad d = 0$
    (II) $f(1) = 2 \Leftrightarrow \quad a + b + c + d = 2$
    (III) $f'(1) = 0 \Leftrightarrow \quad 3a + 2b + c = 0$
    (IV) $f''(1) = 0 \Leftrightarrow 6a + 2b \quad\quad\quad = 0 \quad f(x) = 2x^3 - 6x^2 + 6x$

l) $f(x) = ax^4 + bx^3 + cx^2 + dx + e \quad$ Symmetrie zur y-Achse $\to b = 0; d = 0$
    $f(x) = ax^4 + cx^2 + e \quad f'(x) = 4ax^3 + 2cx$
    (I) $f(-2) = 0 \Leftrightarrow \quad 16a + 4c + e = 0$
    (II) $f(1) = -3 \Leftrightarrow \quad a + c + e = -3$
    (III) $f'(1) = -1 \Leftrightarrow \quad 4a + 2c = -1 \quad f(x) = 0{,}5x^4 - 1{,}5x^2 - 2$

35

m) $f(x) = ax^3 + bx^2 + cx + d \quad f'(x) = 3ax^2 + 2bx + c$
    (I) $f(0) = 0 \Leftrightarrow \quad\quad\quad\quad d = 0$
    (II) $f(-3) = 0 \Leftrightarrow \quad -27a + 9b - 3c + d = 0$
    (III) $f'(3) = 0 \Leftrightarrow \quad 27a + 6b + c = 0$
    (IV) $f(3) = -6 \Leftrightarrow 27a + 9b + 3c + d = -6 \quad f(x) = \frac{1}{6}x^3 - \frac{1}{3}x^2 - \frac{5}{2}x$

1.1 Steckbriefaufgaben

n) $f(x) = ax^3 + bx^2 + cx + d$ $\quad f'(x) = 3ax^2 + 2bx + c$ $\quad f''(x) = 6ax + 2b$
(I) $\quad f(4) = 0 \quad \Leftrightarrow \quad 64a + 16b + 4c + d = 0$
(II) $\quad f'(4) = 0 \quad \Leftrightarrow \quad 48a + 8b + c = 0$
(III) $f''\left(\frac{8}{3}\right) = 0 \quad \Leftrightarrow \quad 16a + 2b = 0$
(IV) $f'\left(\frac{8}{3}\right) = -\frac{4}{3} \quad \Leftrightarrow \quad \frac{64}{3}a + \frac{16}{3}b + c = -\frac{4}{3} \quad f(x) = 0{,}25x^3 - 2x^2 + 4x$

o) $f(x) = ax^4 + bx^3 + cx^2 + dx + e$ $\quad f'(x) = 4ax^3 + 3bx^2 + 2cx + d$ $\quad f''(x) = 12ax^2 + 6bx + 2c$
(I) $\quad f(-1) = 0 \quad \Leftrightarrow \quad a - b + c - d + e = 0$
(II) $\quad f'(-1) = 0 \quad \Leftrightarrow \quad -4a + 3b - 2c + d = 0$
(III) $\quad f'(2) = 0 \quad \Leftrightarrow \quad 32a + 12b + 4c + d = 0$
(IV) $\quad f''(2) = 0 \quad \Leftrightarrow \quad 48a + 12b + 2c = 0$
(V) $\quad f(2) = 6{,}75 \quad \Leftrightarrow \quad 16a + 8b + 4c + 2d + e = 6{,}75 \quad f(x) = 0{,}25x^4 - x^3 + 4x + 2{,}75$

3. Aufgrund des Kurvenverlaufs kommt eine ganzrationale Funktion 4. Grades in Frage.
Höhe in m: $f(x) = ax^4 + bx^3 + cx^2 + dx + e \quad$ x: horizontale Entfernung in km
$f'(x) = 4ax^3 + 3bx^2 + 2cx + d \quad f''(x) = 12ax^2 + 6bx + 2c$
(I) $\quad f(0) = 0 \quad \Leftrightarrow \quad e = 0$
(II) $\quad f'(3) = 0 \quad \Leftrightarrow \quad 108a + 27b + 6c + d = 0$
(III) $\quad f''(3) = 0 \quad \Leftrightarrow \quad 108a + 18b + 2c = 0$
(IV) $\quad f'(9) = 0 \quad \Leftrightarrow \quad 2916a + 243b + 18c + d = 0$
(V) $\quad f(9) = 810 \quad \Leftrightarrow \quad 6561a + 729b + 81c + 9d + e = 810$
$f(x) = -\frac{10}{9}x^4 + \frac{200}{9}x^3 - 140x^2 + 360x$

4. a)

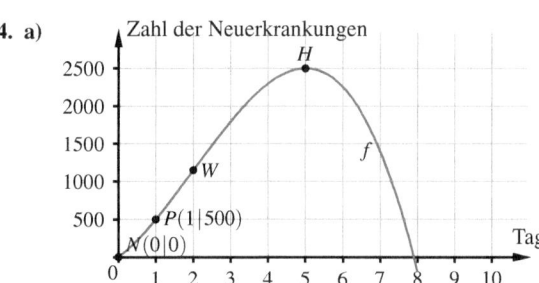

b) Zahl der Neuerkrankungen: $f(x) = ax^3 + bx^2 + cx + d \quad$ x: Tag
$f'(x) = 3ax^2 + 2bx + c \quad f''(x) = 6ax + 2b$
(I) $\quad f(1) = 500 \quad \Leftrightarrow \quad a + b + c + d = 500$
(II) $\quad f(0) = 0 \quad \Leftrightarrow \quad d = 0$
(III) $\quad f''(2) = 0 \quad \Leftrightarrow \quad 12a + 2b = 0$
(IV) $\quad f'(5) = 0 \quad \Leftrightarrow \quad 75a + 10b + c = 0 \quad f(x) = -25x^3 + 150x^2 + 375x$

c) $f'(x) = -75x^2 + 300x + 375 \quad f''(x) = -150x + 300 \quad f'''(x) = -150$
$f(1) = 500 \to$ am 1. Tag 500 Neuerkrankungen
$f(0) = 0 \to$ am Tag zuvor keine Meldung von Krankheitsfällen
$f''(2) = 0 \wedge f'''(2) < 0 \to$ bei 2 L-R-Wendestelle, d.h. am 2. Tag größter Anstieg der Neuerkrankungen
$f'(5) = 0 \wedge f''(5) < 0 \to$ bei 5 Maximalstelle, d.h. am 5. Tag die meisten Neuerkrankungen

d) $f(5) = 2500$ Die Höchstzahl der Neuerkrankungen an einem Tag betrug 2500.

e) $f'(2) = 675$ Die maximale Zunahme der Neuerkrankungen an einem Tag betrug 675 pro Tag.

f) $f(x_N) = 0 \Leftrightarrow -25x_N(x_N^2 - 6x_N - 15) = 0$
$x_{N_1} = 3 - \sqrt{24} \approx -1{,}90;\ x_{N_2} = 0;\ x_{N_3} = 3 + \sqrt{24} \approx 7{,}90$
Vom 8. Tag an war nicht mehr mit Neuerkrankungen zu rechnen.

5. a) Zu Beginn des Jahres sinken die Niederschläge und erreichen im Februar ihr absolutes Minimum. Dann steigen sie und erreichen ihr absolutes Maximum im Juli. Danach fallen die Werte erneut und erreichen einen relativen Tiefstand im November. Zum Ende des Jahres hin steigen die Niederschläge wieder an.

b)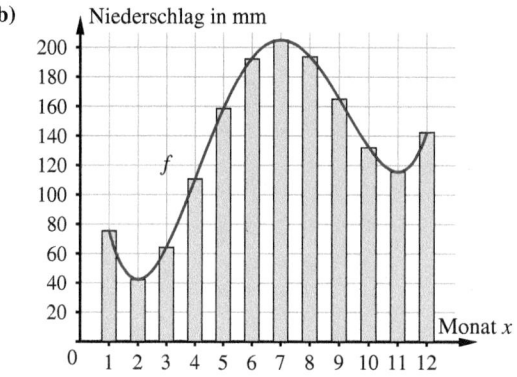

Aufgrund des Kurvenverlaufs kommt eine ganzrationale Funktion 4. Grades in Frage.
Niederschlag in mm: $f(x) = ax^4 + bx^3 + cx^2 + dx + e$ x: Monat
$f'(x) = 4ax^3 + 3bx^2 + 2cx + d$
Bedingungsgleichungen, z.B.

(I) $f(2) = 42{,}5 \Leftrightarrow 16a + 8b + 4c + 2d + e = 42{,}5$
(II) $f(7) = 205 \Leftrightarrow 2401a + 343b + 49c + 7d + e = 205$
(III) $f'(2) = 0 \Leftrightarrow 32a + 12b + 4c + d = 0$
(IV) $f'(7) = 0 \Leftrightarrow 1372a + 147b + 14c + d = 0$
(V) $f'(11) = 0 \Leftrightarrow 5324a + 363b + 22c + d = 0$

$f(x) = 0{,}3x^4 - 8x^3 + 67{,}8x^2 - 184{,}8x + 200{,}1$

c) jährliche Niederschlagsmenge in mm:
$f(1) + f(2) + \ldots + f(12) = 75{,}4 + 42{,}5 + 64{,}2 + 110{,}5 + 158{,}6 + 192{,}9 + 205{,}0 + 193{,}7$
$\qquad\qquad\qquad\qquad\qquad + 165{,}0 + 132{,}1 + 115{,}4 + 142{,}5$
$\qquad\qquad\qquad\qquad = 1597{,}8$
mittlere monatliche Niederschlagsmenge: $\frac{1597{,}8\ \text{mm}}{12} = 133{,}15\ \text{mm}$

d) Aufgrund des Kurvenverlaufs kommt eine ganzrationale Funktion 4. Grades in Frage.
Temperatur in °C: $g(x) = ax^4 + bx^3 + cx^2 + dx + e$ x: Monat
$g'(x) = 4ax^3 + 3bx^2 + 2cx + d$
Bedingungsgleichungen, z.B.
(I) $g(1) = -3{,}6 \Leftrightarrow$ $a + b + c + d + e = -3{,}6$
(II) $g(6) = 18{,}9 \Leftrightarrow$ $1296a + 216b + 36c + 6d + e = 18{,}9$
(III) $g'(1) = 0 \Leftrightarrow$ $4a + 3b + 2c + d = 0$
(IV) $g'(6{,}5) = 0 \Leftrightarrow$ $1098{,}5a + 126{,}75b + 13c + d = 0$
(V) $g'(12) = 0 \Leftrightarrow$ $6912a + 432b + 24c + d = 0$
$g(x) = 0{,}025x^4 - 0{,}65x^3 + 4{,}825x^2 - 7{,}8x$

6. Gewinn in GE: $G(x) = ax^3 + bx^2 + cx + d$ x: Menge in ME
$G'(x) = 3ax^2 + 2bx + c$
(I) $G(3) = 0 \Leftrightarrow$ $27a + 9b + 3c + d = 0$
(II) $G(12) = 0 \Leftrightarrow$ $1728a + 144b + 12c + d = 0$
(III) $G'(8) = 0 \Leftrightarrow$ $192a + 16b + c = 0$
(IV) $G(8) = 400 \Leftrightarrow$ $512a + 64b + 8c + d = 400$ $G(x) = -x^3 + 3x^2 + 144x - 432$

7. a) $g(x) = ax^3 + bx^2 + cx + d$ $g'(x) = 3ax^2 + 2bx + c$
zu (II): $f'(x) = \frac{1}{108}x^2 - \frac{1}{4}$ $f'(0) = -\frac{1}{4}$ Orthogonalitätsbedingung: $g'(0) = -\frac{1}{-\frac{1}{4}} = 4$
zu (III), (IV): $f(x) = \frac{1}{324}x(x^2 - 81) = \frac{1}{324}x(x+9)(x-9)$ Die positive Nullstelle von f ist 9.
(I) $g(0) = 0 \Leftrightarrow$ $d = 0$
(II) $g'(0) = 4 \Leftrightarrow$ $c = 4$
(III) $g(9) = 0 \Leftrightarrow$ $729a + 81b + 9c + d = 0$
(IV) $g'(9) = 0 \Leftrightarrow$ $243a + 18b + c = 0$ $g(x) = \frac{4}{81}x^3 - \frac{8}{9}x^2 + 4x$

b)

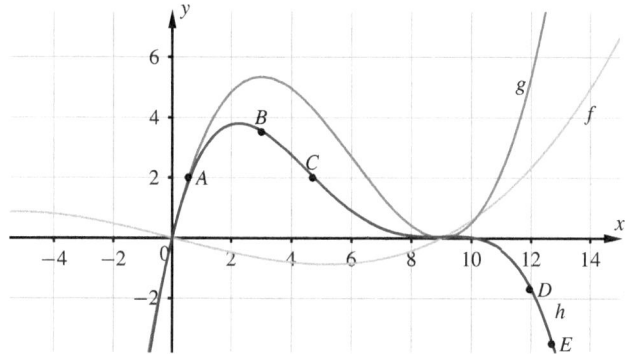

c) Für die gesuchte Funktion h gelten ebenfalls die Bedingungen für g. Zusätzlich muss die Funktion h an der Stelle $x = 9$ einen Sattelpunkt haben, da ihr Graph durch die Punkte D und E gehen soll.
$h(x) = ax^4 + bx^3 + cx^2 + dx + e$ $h'(x) = 4ax^3 + 3bx^2 + 2cx + d$ $h''(x) = 12ax^2 + 6bx + 2c$
(I) $h(0) = 0 \Leftrightarrow$ $e = 0$
(II) $h'(0) = 4 \Leftrightarrow$ $d = 4$
(III) $h(9) = 0 \Leftrightarrow$ $6561a + 729b + 81c + 9d + e = 0$
(IV) $h'(9) = 0 \Leftrightarrow$ $2916a + 243b + 18c + d = 0$
(V) $h''(9) = 0 \Leftrightarrow$ $972a + 54b + 2c = 0$ $h(x) = -\frac{4}{729}x^4 + \frac{4}{27}x^3 - \frac{4}{3}x^2 + 4x$

8. a)

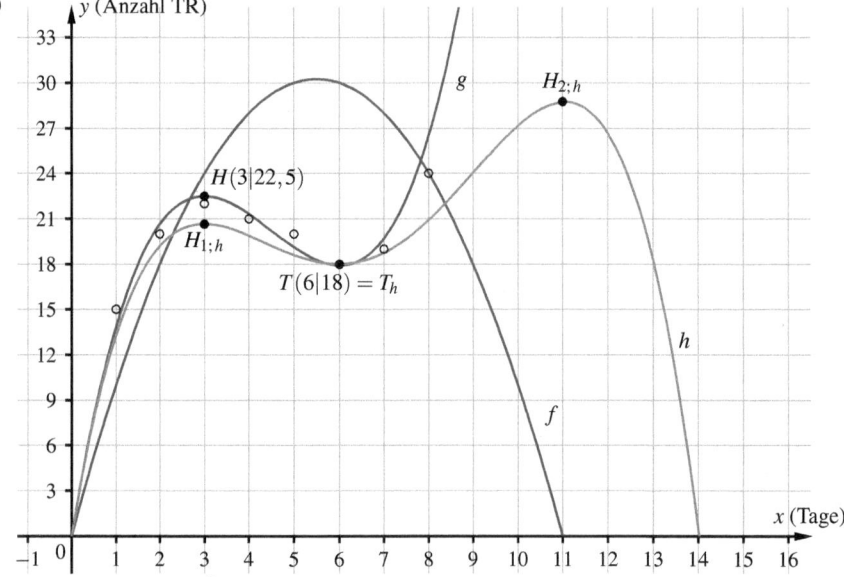

b) Eileen: $f(x) = ax^2 + bx + c$

(I) $f(0) = 0$ $\Leftrightarrow$ $c = 0$
(II) $f(11) = 0$ $\Leftrightarrow$ $121a + 11b + c = 0$
(III) $f(8) = 24$ $\Leftrightarrow$ $64a + 8b + c = 24$
$\to f(x) = -x^2 + 11x$

Dominik: $g(x) = ax^3 + bx^2 + cx + d$ $g'(x) = 3ax^2 + 2bx + c$

(I) $g(0) = 0$ $\Leftrightarrow$ $d = 0$
(II) $g'(3) = 0$ $\Leftrightarrow$ $27a + 6b + c = 0$
(III) $g(6) = 18$ $\Leftrightarrow$ $216a + 36b + 6c + d = 18$
(IV) $g'(6) = 0$ $\Leftrightarrow$ $108a + 12b + c = 0$
$\to g(x) = \frac{1}{3}x^3 - \frac{9}{2}x^2 + 18x$

Judith: $h(x) = ax^4 + bx^3 + cx^2 + dx + e$ $h'(x) = 4ax^3 + 3bx^2 + 2cx + d$

(I) $h(0) = 0$ $\Leftrightarrow$ $e = 0$
(II) $h'(3) = 0$ $\Leftrightarrow$ $108a + 27b + 6c + 6d = 0$
(III) $h(6) = 18$ $\Leftrightarrow$ $1296a + 216b + 216c + 6d + e = 18$
(IV) $h'(6) = 0$ $\Leftrightarrow$ $864a + 108b + 12c + d = 0$
(V) $h'(11) = 0$ $\Leftrightarrow$ $5324a + 363b + 22c + d = 0$
$\to h(x) = -\frac{1}{44}x^4 + \frac{20}{33}x^3 - \frac{117}{22}x^2 + 18x$

Aus $h(3) = \frac{909}{44} \approx 20,66$ folgt, dass die VI. Bedingung $h(3) = g(3) = 22,5$ nur annähernd erfüllt ist, der Hochpunkt des Graphen von h bei $x = 3$ also nur annähernd mit dem Hochpunkt $H(3|22,5)$ des Graphen von g übereinstimmt.

c) Der Graph der Funktion f gibt die Entwicklung der Verkaufszahlen nur ansatzweise wieder. Der Einbruch der Zahlen zwischen dem 3. und 6. Tag wird nicht dargestellt, im Gegenteil: In diesem Bereich nimmt die Funktion f ihr Maximum an.

Der Graph von g gibt die protokollierten Zahlen gut wieder. Allerdings ist er nicht geeignet, die Entwicklung über den 8. Tag hinaus zu prognostizieren, da die Funktionswerte sehr schnell sehr groß werden.

Der Graph von h gibt die vorhandenen Daten nicht so gut wieder wie der Graph von g, hat dafür aber den Vorteil, dass er im weiteren Verlauf besser geeignet ist, die Entwicklung der Verkaufszahlen vorherzusagen.

Sowohl der Graph von g als auch der von h zeigen weiter steigende Verkaufszahlen an, sodass auf jeden Fall eine Nachbestellung getätigt werden sollte.

9. a) und c)

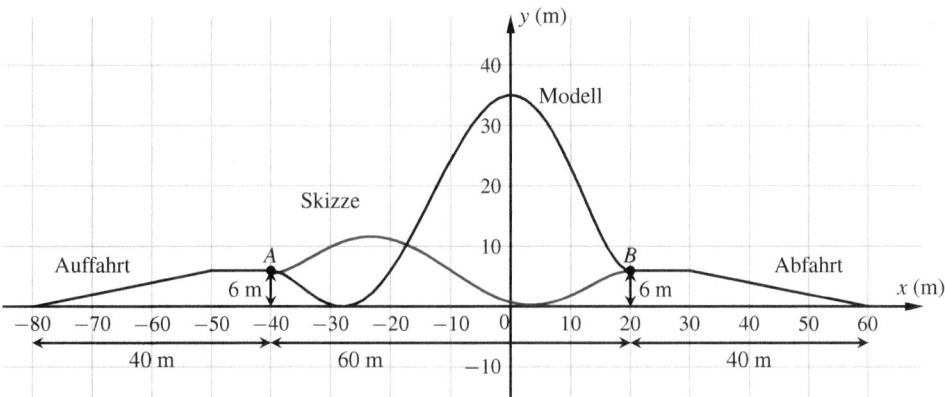

b) Da die Einmündungen waagrecht sein sollen, muss die Ableitung der gesuchten Funktion an den beiden Stellen den Wert 0 haben. Außerdem soll der mittlere Abschnitt zunächst einen Tiefpunkt am Erdboden und dann einen Hochpunkt auf 35 m Höhe haben. Also muss die Ableitung der gesuchten Funktion zwei weitere Nullstellen haben. Sie ist folglich mindestens eine Funktion 4. Grades. Als gesuchte Funktion kommt daher eine ganzrationale Funktion f vom Grad 5 in Frage.

Um den Rechenaufwand möglichst gering zu halten, ist es günstig, die y-Achse so einzuzeichnen, dass auf ihr der Hochpunkt liegt. Für die Funktion f müssen dann die folgenden 6 Bedingungen gelten:

(I) $\quad f(-40) = 6$
(II) $\quad f'(-40) = 0$
(III) $\quad f(0) = 35$
(IV) $\quad f'(0) = 0$
(V) $\quad f(20) = 6$
(VI) $\quad f'(20) = 0$

c) Mit dem GTR/CAS erhält man die Funktionsgleichung
$f(x) = \frac{29}{12\,800\,000}x^5 + \frac{87}{640\,000}x^4 - \frac{29}{32\,000}x^3 - \frac{203}{1600}x^2 + 35$
Skizze und Modell enthalten je einen Tiefpunkt am Erdboden sowie einen Hochpunkt und münden waagrecht in die Abfahrt und in die Auffahrt. Da die skizzierte Bahn nur eine maximale Höhe von etwa 11,7 m erreicht, sind die Teilabschnitte weniger steil und die Einmündungen „glatter" als bei der modellierten Bahn.

d) Auffahrt und Abfahrt könnten durch Entfernen der „Knickstellen" bei $x = -80$ und $x = -50$ bzw. $x = 30$ und $x = 60$ verbessert werden. Dafür müssten die linearen Streckenabschnitte durch gekrümmte Graphen ersetzt werden, die an den genannten Stellen jeweils die Steigung 0 haben. Möglich wäre dies bei der Rampe der Auffahrt durch eine ganzrationale Funktion g dritten Grades mit den Bedingungen $g(-80) = 0$; $g'(-80) = 0$; $g(-50) = 6$ und $g'(-50) = 0$. Die Rampe der Abfahrt könnte entsprechend mithilfe der ganzrationalen Funktion h dritten Grades mit den Bedingungen $h(30) = 6$; $h'(30) = 0$; $h(60) = 0$ und $h'(60) = 0$ modelliert werden.

Test zu 1.1

1. Es ist davon auszugehen, dass es sich bei dem ersten Graphen um eine ganzrationale Funktion 3. Grades und beim zweiten um eine Funktion vierten Grades handelt.
   (1) $f(4) = 0$ passt zu beiden Graphen, da beide bei 4 die x-Achse schneiden.
   (2) $f'(-3) = 0$ passt zum ersten Graphen, da $H(-3|y_H)$ ein Hochpunkt ist. Zum zweiten Graphen passt die Bedingung nicht, da er für $x < 0$ stets streng monoton fällt.
   (3) $f(0) = 0$ passt zum zweiten Graphen, da er durch den Ursprung geht. Beim ersten Graphen ist dies nicht der Fall.
   (4) $f'(2) = 0$ passt zu keinem der beiden Graphen, da beide im Punkt $P(2|y_P)$ offensichtlich nicht die Steigung 0 haben.
   (5) $f'(3) = 0$ passt zu beiden Graphen, da beide hier einen Extrempunkt haben.
   (6) $f''(0) = 0$ passt zu beiden Graphen, da beide hier einen Wendepunkt haben.
   (7) $f(3) = 0$ passt zu keinem der beiden Graphen, da beide hier nicht die x-Achse schneiden oder berühren.
   (8) $f'(0) = 0$ passt zum zweiten Graphen, da er im Ursprung einen Sattelpunkt und somit eine waagrechte Tangente hat. Zum zweiten Graphen passt die Bedingung nicht, da er im y-Achsenschnittpunkt nicht die Steigung 0 hat.

2. a) $f(2) = 5$; $f'(2) = 0$ d) $f(1) = -7$; $f'(1) = 0$
   b) $f(-3) = 7$; $f'(-3) = 2$ e) $f(6) = 9$; $f'(6) = 0$; $f''(6) = 0$
   c) $f(-4) = 0$; $f'(-4) = 0$ (Berührpunkt)   f) $f''(5) = 0$

1.1 Steckbriefaufgaben

3.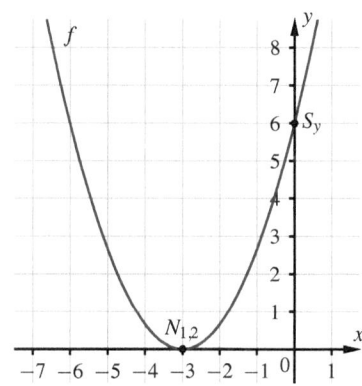

$f(x) = ax^2 + bx + c;\ f'(x) = 2ax + b$
(I) $\quad f(0) = 6 \quad \Leftrightarrow \quad c = 6$
(II) $\quad f(-3) = 0 \quad \Leftrightarrow \quad 9a - 3b + c = 0$
(III) $f'(-3) = 0 \quad \Leftrightarrow \quad -6a + b = 0$
gesuchte Gleichung: $f(x) = \frac{2}{3}x^2 + 4x + 6$

4. a)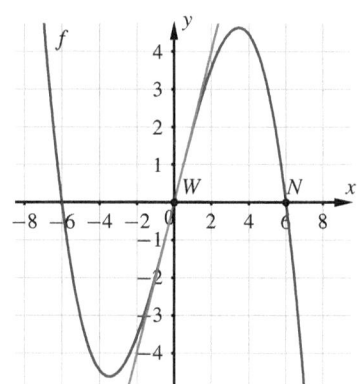

b), c) $f(x) = ax^3 + cx\ ;\ f'(x) = 3ax^2 + c$
▶ $b = 0$ und $d = 0$, wegen der Symmetrie zum Ursprung
(I) $\quad f(6) = 0 \quad \Leftrightarrow \quad 216a + 6c = 0$
(II) $\quad f'(-0) = 2 \quad \Leftrightarrow \quad c = 0$
gesuchte Gleichung: $f(x) = -\frac{1}{18}x^3 + 2x$
Da der Funktionsterm von f nur Potenzen von x mit ungeradzahligen Exponenten enthält, ist der Graph von f punktsymmetrisch zum Ursprung.
Aus $f(6) = 0$ folgt, dass der Graph von f bei $x = 6$ die x-Achse schneidet.
Mit $f'(x) = -\frac{1}{6}x^2 + 2$ erhält man $f'(0) = 2$ und damit für die Tangente im Ursprung die Gleichung $t(x) = 2x$.

5.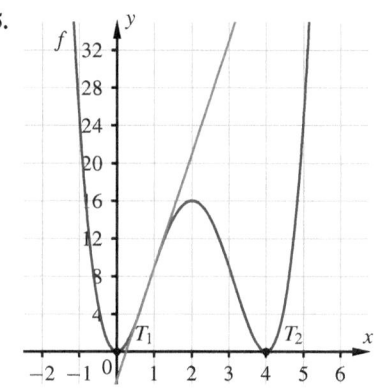

$f(x) = ax^4 + bx^3 + cx^2 + dx + e;$
$f'(x) = 4ax^3 + 3bx^2 + 2cx + d$
(I) $\quad f(0) = 0 \quad \Leftrightarrow \quad e = 0$
(II) $\quad f'(0) = 0 \quad \Leftrightarrow \quad d = 0$
(III) $\quad f(4) = 0 \quad \Leftrightarrow \quad 256a + 64b + 16c + 4d + e = 0$
(IV) $\quad f'(4) = 0 \quad \Leftrightarrow \quad 256a + 48b + 8c + d = 0$
(V) $\quad f'(1) = 12 \quad \Leftrightarrow \quad 4a + 3b + 2c + d = 12$
gesuchte Gleichung: $f(x) = x^4 - 8x^3 + 16x^2$
Tangente: $t(x) = 12x - 3$

6. a)

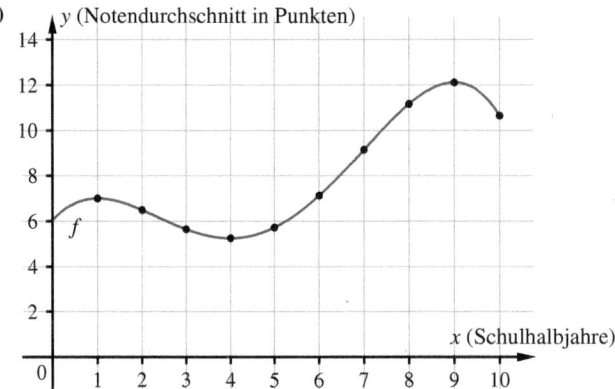

b) Aufgrund des Kurvenverlaufs kommt eine ganzrationale Funktion 4. Grades in Frage.
$f(x) = ax^4 + bx^3 + cx^2 + dx + e$; $f'(x) = 4ax^3 + 3bx^2 + 2cx + d$
Für die Ermittlung eines geeigneten Funktionsterms werden 5 Bedingungsgleichungen benötigt. Diese können z.B. sein:

(I) $f(1) = 7$ $\Leftrightarrow$ $a + b + c + d + e = 7$
(II) $f'(1) = 0$ $\Leftrightarrow$ $4a + 3b + 2c + d = 0$
(III) $f(4) = 5,245$ $\Leftrightarrow$ $256a + 64b + 16c + 4d + e = 5,245$
(IV) $f'(4) = 0$ $\Leftrightarrow$ $256a + 48b + 8c + d = 0$
(V) $f'(9) = 0$ $\Leftrightarrow$ $2916a + 243b + 18c + d = 0$

gesuchte Gleichung: $f(x) = -0,015x^4 + 0,28x^3 - 1,47x^2 + 2,16x + 6,045$

1.2 Funktionenscharen

1. $f_{-3}(x) = -3x + 8$
   $f_0(x) = 5$
   $f_{0,5}(x) = 0,5x + 4,5$
   $f_5(x) = 5x$

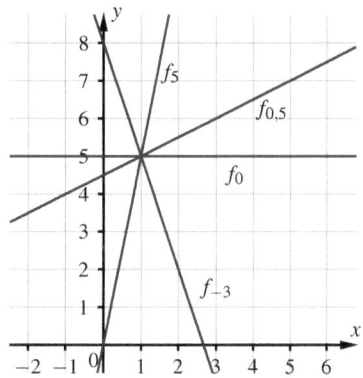

2. a) $f_t(x) = tx + 4;\ t > 0$ d) $f_t(x) = x^2 + t;\ t \neq 0$
   b) $f_t(x) = tx^2 + 3;\ t < 0$ e) $f_t(x) = tx(x^2 - 4);\ -1 < t < 1$
   c) $f_t(x) = t(x-1)(x-5);\ t \neq 0$

3. a) $f_{-1}(x) = x^2 - 4x - 1$
   $f_0(x) = x^2 - 4x$
   $f_4(x) = x^2 - 4x + 4$
   $f_5(x) = x^2 - 4x + 5$

   b) Alle Scharparabeln sind normal weit und nach oben geöffnet. Die x-Koordinate des Scheitelpunkts hat bei allen Scharparabeln den Wert 2, d. h., sie sind um 2 Einheiten nach rechts verschoben. Die y-Koordinate des Scheitelpunkts ist bei allen Scharparabeln verschieden.
   Der y-Achsenabschnitt entspricht dem Scharparameter, also haben je zwei Scharparabeln auch verschiedene y-Achsenschnittpunkte.

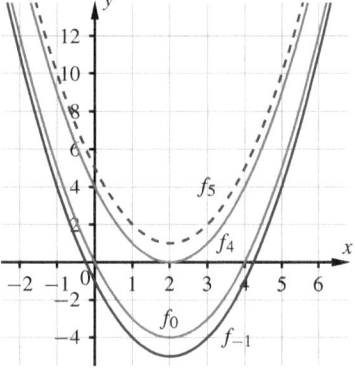

   c) y-Achsenschnittpunkt: $f_t(0) = t$ $\rightarrow$ $S_{y;t}(0|t)$
   x-Achsenschnittpunkte: $f_t(x_N) = 0$ $\Leftrightarrow$ $x_N^2 - 4x_N + t = 0$
   $\Leftrightarrow$ $x_N^2 - 4x_N + 2^2 = 2^2 - t$
   $\Leftrightarrow$ $(x_N - 2)^2 = 4 - t$

   Fall 1: $t = 4$ $(x_N - 2)^2 = 0$
   $\Leftrightarrow$ $x_N = 2$ ▶ doppelte Lösung
   $N_{1,2;4}(2|0)$ Berührpunkt

Fall 2: $t < 4$ $(x_N - 2)^2 = 4 - t$
$\Leftrightarrow x_N - 2 = -\sqrt{4-t} \vee x_N - 2 = \sqrt{4-t}$
$\Leftrightarrow x_N = 2 - \sqrt{4-t} \vee x_N = 2 + \sqrt{4-t}$
$N_{1;t}(2 - \sqrt{4-t}|0); N_{2;t}(2 + \sqrt{4-t}|0)$

Fall 3: $t > 4$ $(x_N - 2)^2 = 4 - t$ hat keine reelle Lösung, also hat f_t keine Nullstellen und der Graph keine x-Achsenschnittpunkte.

Scheitelpunkt: $f_t(x) = x^2 - 4x + t$
$= x^2 - 4x + 2^2 - 2^2 + t$
$= (x-2)^2 - 4 + t$
$T_t(2|-4+t)$

d) $t = -1$: $N_{1;-1}(2-\sqrt{5}|0); N_{2;-1}(2+\sqrt{5}|0); T_{-1}(2|-5)$
$t = 0$: $N_{1;0}(0|0); N_{2;0}(4|0); T_0(2|-4)$
$t = 4$: $N_{1,2;4}(2|0)$ Berührpunkt, also auch Tiefpunkt $T_4(2|0)$
$t = 5$: keine x-Achsenschnittpunkte; $T_5(2|1)$

4. a), d), e)

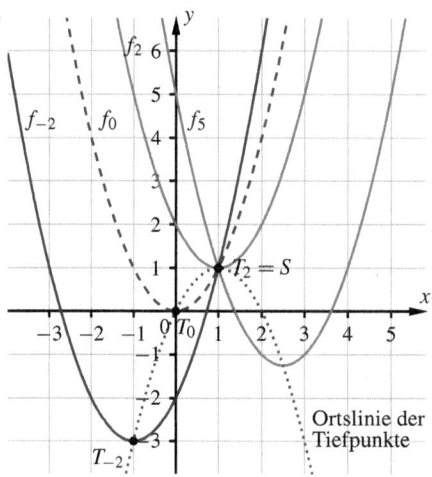

b) Alle Scharparabeln sind nach oben und normal weit geöffnet. Sie haben den Punkt $S(1|1)$ gemeinsam. Sie unterscheiden sich sowohl bezüglich der seitlichen Verschiebung als auch hinsichtlich der Verschiebung parallel zur y-Achse.

c) Wähle zwei reelle Zahlen t_1 und t_2 mit $t_1 \neq t_2$.
Bedingung für Schnittstellen: $f_{t_1}(x_S) = f_{t_2}(x_S)$
$x_S^2 - t_1 x_S + t_1 = x_S^2 - t_2 x_S + t_2$
$\Leftrightarrow -t_1 x_S + t_1 = -t_2 x_S + t_2$
$\Leftrightarrow t_2 x_S - t_1 x_S = t_2 - t_1$
$\Leftrightarrow (t_2 - t_1) x_S = t_2 - t_1$
$\Leftrightarrow x_S = 1$ ▶ wegen $t_1 \neq t_2$

$f_{t_1}(1) = f_{t_2}(1) = 1$
$S(1|1)$ ist Schnittpunkt zweier beliebiger Scharparabeln und damit gemeinsamer Punkt aller Scharparabeln.

d) $f_t(x) = x^2 - tx + (\frac{t}{2})^2 - (\frac{t}{2})^2 + t$
$= (x - \frac{t}{2})^2 + t - \frac{t^2}{4}$

Wegen des positiven Streckfaktors ist der Scheitelpunkt bei allen Scharparabeln ein Tiefpunkt, also $T_t(\frac{t}{2} | t - \frac{t^2}{4})$.

e) Substitution $\frac{t}{2} = u$ für die Koordinaten von T_t:

$\frac{t}{2} = u \Leftrightarrow t = 2u$

$t - \frac{t^2}{4} = 2u - \frac{(2u)^2}{4} = 2u - u^2$

Tiefpunkt in der Variablen u: $T_u(u | -u^2 + 2u)$

Gleichung der Ortslinie: $o(u) = -u^2 + 2u$

f) $f_t(2) = 4 - t \rightarrow B_t(2 | 4 - t)$

$f_t'(x) = 2x - t$

Steigung der Tangente in B_t: $m_t = f_t'(2) = 4 - t$

Einsetzen des Steigungswerts und der Koordinaten von B_t in $y = mx + n$ ergibt:

$4 - t = (4 - t) \cdot 2 + n_t \Leftrightarrow t - 4 = n_t$

Gleichung der Tangente: $g_t(x) = (4 - t)x + t - 4$

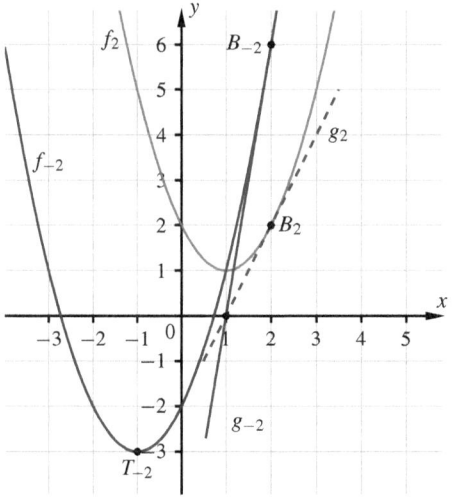
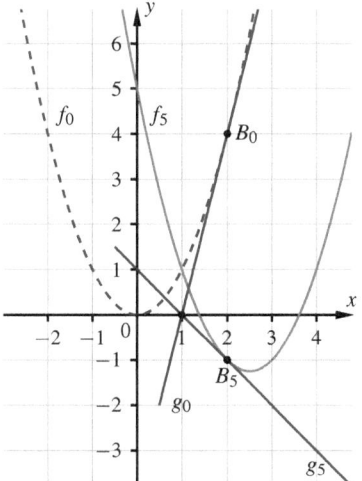

g) Wähle zwei reelle Zahlen t_1 und t_2 mit $t_1 \neq t_2$.

Bedingung für Schnittstellen: $g_{t_1}(x_S) = g_{t_2}(x_S)$

$(4 - t_1)x_S + t_1 - 4 = (4 - t_2)x_S + t_2 - 4$
$\Leftrightarrow 4x_S - t_1 x_S + t_1 = 4x_S - t_2 x_S + t_2$
$\Leftrightarrow t_2 x_S - t_1 x_S = t_2 - t_1$
$\Leftrightarrow (t_2 - t_1)x_S = t_2 - t_1$
$\Leftrightarrow x_S = 1$ ▶ wegen $t_1 \neq t_2$

$g_{t_1}(1) = g_{t_2}(1) = 0$

$Q(1|0)$ ist Schnittpunkt zweier beliebiger Tangenten in B_t und damit gemeinsamer Schnittpunkt aller Tangenten in B_t an den Graphen von f_t.

5. a), b), c)

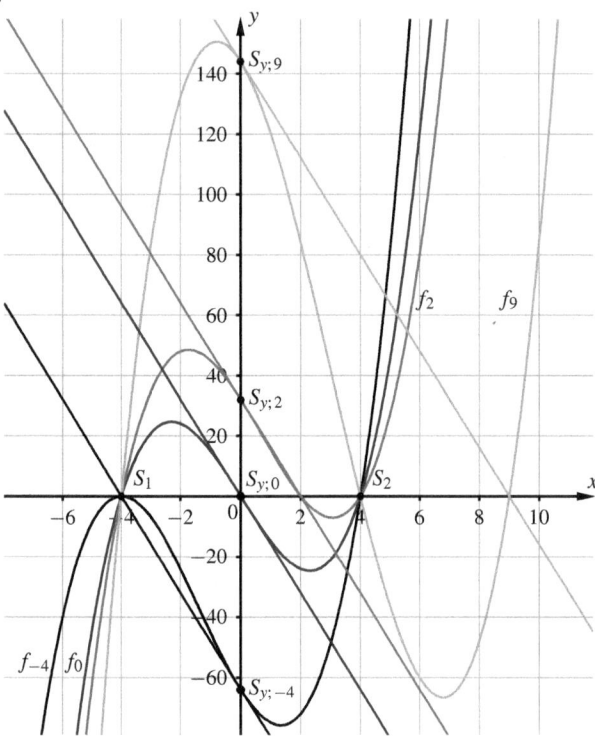

b) Wähle zwei reelle Zahlen t_1 und t_2 mit $t_1 \neq t_2$.
Bedingung für Schnittstellen: $f_{t_1}(x_S) = f_{t_2}(x_S)$

$$(x_S - t_1)(x_S^2 - 16) = (x_S - t_2)(x_S^2 - 16)$$
$$\Leftrightarrow x_S^3 - t_1 x_S^2 - 16x_S + 16t_1 = x_S^3 - t_2 x_S^2 - 16x_S + 16t_2$$
$$\Leftrightarrow -t_1 x_S^2 + 16t_1 = -t_2 x_S^2 + 16t_2$$
$$\Leftrightarrow (t_2 - t_1)x_S^2 = 16(t_2 - t_1)$$
$$\Leftrightarrow x_S^2 = 16 \quad \blacktriangleright \text{ wegen } t_1 \neq t_2$$
$$\Leftrightarrow x_S = -4 \ \vee \ x_S = 4$$

$f_{t_1}(-4) = f_{t_2}(-4) = 0$; $f_{t_1}(4) = f_{t_2}(4) = 0$

$S_1(-4|0)$ und $S_2(4|0)$ sind Schnittpunkte zweier beliebiger Scharparabeln und damit gemeinsame Punkte aller Scharparabeln.

c) $f_t(x) = x^3 - tx^2 - 16x + 16t$
$f_t(0) = 16t \quad \rightarrow S_{y;t}(0|16t)$
$f_t'(x) = 3x^2 - 2tx - 16$
Steigung der Tangente: $m_t = f_t'(0) = -16$
y-Achsenabschnitt: $n_t = 16t$
Gleichung der Tangente: $g_t(x) = -16x + 16t$

1.2 Funktionenscharen

d) $f'_t(x) = 3x^2 - 2tx - 16$; $f''_t(x) = 6x - 2t$; $f'''_t(x) = 6$

$f''_t(x_W) = 0 \Leftrightarrow x_W = \frac{t}{3}$

$f''_t(\frac{t}{3}) = 0 \wedge f'''_t(\frac{t}{3}) = 6 \Rightarrow x_W = \frac{t}{3}$ ist Wendestelle von f_t und der Graph hat hier einen R-L-Übergang.

$f_t(\frac{t}{3}) = -\frac{2t^3}{27} + \frac{32t}{3} \rightarrow W_t(\frac{t}{3} | -\frac{2t^3}{27} + \frac{32t}{3})$

e) Substitution $\frac{t}{3} = u$ für die Koordinaten von W_t:

$\frac{t}{3} = u \Leftrightarrow t = 3u$

$-\frac{2t^3}{27} + \frac{32t}{3} = -2u^3 + 32u$

Wendepunkt in der Variablen u: $W_u(u | -2u^3 + 32u)$

Gleichung der Ortslinie: $o(u) = -2u^3 + 32u$

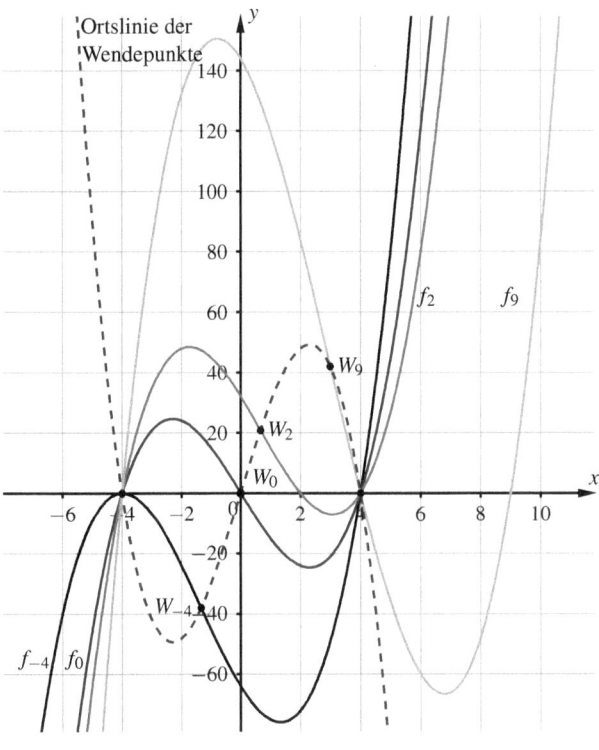

6. a) $f(x) = -0{,}25[x^2 - 16x - 36]$
$= -0{,}25[(x-8)^2 - 100]$
$= -0{,}25(x-8)^2 + 25$
$\to H(8|25)$

$f(x_N) = 0$
$\Leftrightarrow -0{,}25(x_N - 8)^2 + 25 = 0$
$\Leftrightarrow (x_N - 8)^2 = 100$
$\Leftrightarrow x_N = -2 \lor x_N = 18$

Die y-Koordinate des Hochpunkts gibt die maximale Ausdehnung des Biergartens in Nord-Süd-Richtung an, die tatsächlich 25 m beträgt.

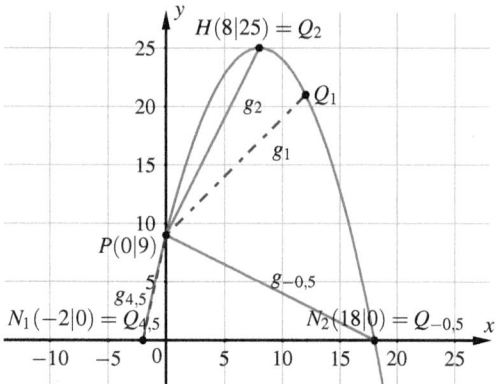

Der Abstand der Nullstellen gibt die Breite des Biergartens an der Hauswand an, die tatsächlich 20 m beträgt. Also ist der Graph von f für die Modellierung des Biergartens geeignet.

b) Da die Kette in einer geraden Linie aufgehängt werden soll, kommt eine Schar linearer Funktionen in Frage. Ein Ende der Kette soll am Baum, also im Punkt $P(0|9)$, befestigt werden, deshalb haben auch die Geraden der Funktionenschar den y-Achsenabschnitt 9. Für die Steigungswerte gelten folgende Bedingungen:
- Die steilste Gerade und damit den größten Steigungswert erhält man, wenn die Kette vom Baum bis zur südwestlichen Ecke des Grundstücks, also bis zum Punkt $N_1(-2|0)$ gespannt wird:
$m_{\max} = \frac{9-0}{0-(-2)} = 4{,}5$
- Den kleinsten Steigungswert erhält man, wenn die Kette bis zur südöstlichen Ecke gespannt wird, also bis zum Punkt $N_2(18|0)$:
$m_{\min} = \frac{9-0}{0-18} = -0{,}5$

Für m können alle Werte aus dem Intervall $[-0{,}5; 4{,}5]$ zugelassen werden.

c)(1) $Q = H: \quad m_1 = \frac{25-9}{8-0} = 2$
$d_1 = \sqrt{(25-9)^2 + (8-0)^2} = 8\sqrt{5} \approx 17{,}89$

Die Kette muss mindestens 17,9 m lang sein.

(2) $Q = N_2: \quad m_2 = -0{,}5$ (siehe b))
$d_2 = \sqrt{(9-0)^2 + (0-18)^2} = 9\sqrt{5} \approx 20{,}12$

Die Kette muss mindestens 20,13 m lang sein.

d) Q_m ist Schnittpunkt der Parabel und der Geraden mit der Gleichung $g_m(x) = mx + 9$.
Bedingung: $f(x_Q) = g_m(x_Q)$
$\Leftrightarrow -0{,}25 x_Q^2 + 4x_Q + 9 = mx_Q + 9$
$\Leftrightarrow -0{,}25 x_Q^2 + 4x_Q - mx_Q = 0$
$\Leftrightarrow x_Q^2 - 16x_Q + 4mx_Q = 0$
$\Leftrightarrow x_Q(x_Q - 16 + 4m) = 0$
$\Leftrightarrow x_Q = 0 \lor x_Q = 16 - 4m$

Für $x_Q = 0$ erhält man den Punkt $S_y(0|9)$ (Baum).
Für $x_Q = 16 - 4m$ erhält man $m(16-4m) + 9 = -4m^2 + 16m + 9$
$\to Q_m(16 - 4m | -4m^2 + 16m + 9)$.

$Q_m = N_1$: Vergleich der x-Koordinaten:
$$16 - 4m = -2 \Leftrightarrow m = 4,5$$
$Q_m = N_2$: Vergleich der x-Koordinaten:
$$16 - 4m = 18 \Leftrightarrow m = -0,5$$

Vergleich der y-Koordinaten für N_1 und N_2:

$-4m^2 + 16m + 9 = 0$
$\Leftrightarrow m^2 - 4m = 2,25$
$\Leftrightarrow (m-2)^2 = 6,25$
$\Leftrightarrow m = -0,5 \lor m = 4,5$

Damit ist das Intervall $[-0,5; 4,5]$ aus Teil b) bestätigt.

Länge der Kette:
$$\overline{PQ_m} = \sqrt{(0-(16-4m))^2 + (9-(-4m^2+16m+9))^2}$$
$$= \sqrt{(4m-16)^2 + (4m^2-16m)^2}$$
$$= \sqrt{(4m-16)^2 + m^2(4m-16)^2}$$
$$= \sqrt{(1+m^2)(4m-16)^2}$$
$$= |4m-16| \cdot \sqrt{1+m^2}$$

e) Gesucht sind Werte für $m \in [-0,5; 4,5]$, sodass gilt: $|4m-16| \cdot \sqrt{1+m^2} < 16,5$

Diese Bedingung ist z. B. für die folgenden Werte erfüllt:

$m = 0$: $\quad 16 \cdot 1 = 16 \quad < 16,5$
$m = 0,5$: $\quad 14 \cdot \sqrt{1,25} \approx 15,65 \quad < 16,5$
$m = -0,1$: $\quad 16,4 \cdot \sqrt{1,01} \approx 16,48 \quad < 16,5$
$m = 2,5$: $\quad 6 \cdot \sqrt{7,25} \approx 16,16 \quad < 16,5$

7. a) **Symmetrie**

Da der Funktionsterm nur Potenzen von x mit geradem Exponenten enthält, sind alle Scharparabeln achsensymmetrisch zur y-Achse.

Globalverlauf: Wegen des positiven Leitkoeffizienten gilt $f_a(x) \to +\infty$ sowohl für $x \to -\infty$ also auch für $x \to +\infty$.

Achsenschnittpunkte

$f_a(0) = 0$ für alle $a \in \mathbb{R} \Rightarrow$ alle Scharparabeln schneiden die y-Achse im Ursprung.

$f_a(x_N) = 0 \Leftrightarrow 0,25 x_N^2 (x_N^2 - 4a) = 0$
$\qquad\qquad \Leftrightarrow 0,25 x_N^2 = 0 \lor x_N^2 - 4a = 0$
$\qquad\qquad \Leftrightarrow x_N = 0 \lor x_N = 0 \lor x_N = -2\sqrt{a} \lor x_N = 2\sqrt{a}$

x-Achsenschnittpunkte: Alle Scharparabeln berühren im Ursprung die x-Achse. Außerdem schneidet der Graph von f_a für jedes $a \in \mathbb{R}$ die x-Achse in $N_{1;a}(-2\sqrt{a}|0)$ und $N_{2;a}(2\sqrt{a}|0)$.

Ableitungen: $f_a'(x) = x^3 - 2ax$; $f_a''(x) = 3x^2 - 2a$; $f_a'''(x) = 6x$

Extrempunkte

$f_a'(x_E) = 0 \Leftrightarrow x_E(x_E^2 - 2a) = 0$
$\qquad\qquad \Leftrightarrow x_E = 0 \lor x_E^2 = 2a$

Fall 1: $a = 0$

Die Gleichung hat die dreifache Lösung 0. $f_0'(0) = 0 \wedge f_0''(0) = 0 \rightarrow$ hinreichende Bedingung nicht erfüllt, d. h. Existenz eines Extremwerts bei 0 ist mit der 2. Ableitung nicht nachweisbar. Jedoch gilt für $f_0'(x) = x^3$, dass bei 0 ein Vorzeichenwechsel von „−" nach „+" stattfindet. Also hat f_0 an der Stelle 0 ein lokales Minimum.

$f_0(0) = 0 \rightarrow T_0(0|0)$

Fall 2: $a < 0$

Die Gleichung hat nur die Lösung 0.
$f_a'(0) = 0 \wedge f_a''(0) = -2a > 0 \Rightarrow$ 0 ist Minimalstelle.
$f_a(0) = 0 \rightarrow T_a(0|0)$

Fall 3: $a > 0$

Die Gleichung hat die drei Lösungen 0; $-\sqrt{2a}$ und $\sqrt{2a}$.
$f_a'(0) = 0 \wedge f_a''(0) = -2a < 0 \Rightarrow$ 0 ist Maximalstelle.
$f_a(0) = 0 \rightarrow H_a(0|0)$

$f_a'(-\sqrt{2a}) = 0 \wedge f_a''(-\sqrt{2a}) = 4a > 0 \Rightarrow -\sqrt{2a}$ ist Minimalstelle.
$f_a(-\sqrt{2a}) = -a^2 \rightarrow T_{1;a}(-\sqrt{2a}|-a^2)$

$f_a'(\sqrt{2a}) = 0 \wedge f_a''(\sqrt{2a}) = 4a > 0 \Rightarrow \sqrt{2a}$ ist Minimalstelle.
$f_a(\sqrt{2a}) = -a^2 \rightarrow T_{2;a}(\sqrt{2a}|-a^2)$

▶ $T_{2;a}(\sqrt{2a}|-a^2)$ ergibt sich auch aus $T_{1;a}(-\sqrt{2a}|-a^2)$ und der Symmetrie der Graphen zur y-Achse.

Wendepunkte: $f_a''(x_W) = 0 \Leftrightarrow x_W^2 = \frac{2a}{3}$

Fall 1: $a = 0$

Die Gleichung hat 0 als doppelte Lösung.
$f_0''(0) = 0 \wedge f_0'''(0) = 0 \rightarrow$ hinreichende Bedingung nicht erfüllt, d. h. Existenz einer Wendestelle ist mit der 3. Ableitung nicht nachweisbar.
Für $f_0''(x) = 3x^2$ gilt, dass bei 0 kein Vorzeichenwechsel stattfindet. Also hat f_0 hier keine Wendestelle.

Fall 2: $a < 0$

Die Gleichung hat keine reelle Lösung. Also hat f_a keine Wendestellen.

Fall 3: $a > 0$

Die Gleichung hat die Lösungen $x_W = -\frac{\sqrt{6a}}{3}$ und $x_W = \frac{\sqrt{6a}}{3}$.
$f_a''(-\frac{\sqrt{6a}}{3}) = 0 \wedge f_a'''(-\frac{\sqrt{6a}}{3}) = -2\sqrt{6a} < 0 \Rightarrow -\frac{\sqrt{6a}}{3}$ ist Wendestelle und der Graph hat dort einen L-R-Übergang.
$f_a(-\frac{\sqrt{6a}}{3}) = -\frac{5a^2}{9} \rightarrow W_{1;a}(-\frac{\sqrt{6a}}{3}|-\frac{5a^2}{9})$
$f_a'(-\frac{\sqrt{6a}}{3}) = \frac{4}{9}\sqrt{6a} \neq 0 \rightarrow W_{1;a}$ ist nicht Sattelpunkt.

$f_a''(\frac{\sqrt{6a}}{3}) = 0 \wedge f_a'''(\frac{\sqrt{6a}}{3}) = 2\sqrt{6a} > 0 \Rightarrow \frac{\sqrt{6a}}{3}$ ist Wendestelle und der Graph hat dort einen R-L-Übergang.
$f_a(\frac{\sqrt{6a}}{3}) = -\frac{5a^2}{9} \rightarrow W_{2;a}(\frac{\sqrt{6a}}{3}|-\frac{5a^2}{9})$
$f_a'(\frac{\sqrt{6a}}{3}) = -\frac{4}{9}\sqrt{6a} \neq 0 \rightarrow W_{2;a}$ ist nicht Sattelpunkt.

▶ $W_{2;a}(\frac{\sqrt{6a}}{3}|-\frac{5a^2}{9})$ folgt auch aus $W_{1;a}(-\frac{\sqrt{6a}}{3}|-\frac{5a^2}{9})$ und der Symmetrie der Graphen zur y-Achse.

1.2 Funktionenscharen

b) Ortslinie der Extrempunkte:
Substitution $\sqrt{2a} = u$ für die Koordinaten von $T_{2;a}$ bzw. $-\sqrt{2a} = u$ bei $T_{1;a}$:
x-Koordinate: $\sqrt{2a} = u \Rightarrow 2a = u^2 \Leftrightarrow a = 0,5u^2$
$\qquad\qquad\quad -\sqrt{2a} = u \Rightarrow 2a = u^2 \Leftrightarrow a = 0,5u^2$
y-Koordinate: $-a^2 = -(0,5u^2)^2 = -0,25u^4$
Gleichung der Ortslinie der Tiefpunkte $T_{1;a}$ und $T_{2;a}$: $o(u) = -0,25u^4$
Da die Ortslinie durch den Ursprung geht, liegen auch der Hochpunkt der Scharparabeln mit $a > 0$ sowie der Tiefpunkt der Scharparabeln mit $a \leq 0$ auf der Ortslinie.
Also ist der Graph der Funktion o mit $o(u) = -0,25u^4$ Ortslinie aller Extrempunkte.

Ortslinie der Wendepunkte:
Substitution $\frac{\sqrt{6a}}{3} = u$ für die Koordinaten von $W_{2;a}$ bzw. $-\frac{\sqrt{6a}}{3} = u$ bei $W_{1;a}$:
x-Koordinate: $\frac{\sqrt{6a}}{3} = u \Rightarrow 6a = 9u^2 \Leftrightarrow a = 1,5u^2$
$\qquad\qquad\quad -\frac{\sqrt{6a}}{3} = u \Rightarrow 6a = 9u^2 \Leftrightarrow a = 1,5u^2$
y-Koordinate: $-\frac{5a^2}{9} = -\frac{5(1,5u^2)^2}{9} = -1,25u^4$
Gleichung der Ortslinie der Wendepunkte: $o_W(u) = -1,25u^4$

c) Grüner Graph: $P(1|4)$ ist Punkt des Graphen, also gilt:
$\qquad\qquad\qquad\quad f_a(1) = 4 \Leftrightarrow 0,25 \cdot 1^4 - a \cdot 1^2 = 4 \Leftrightarrow a = -3,75$
$\qquad\qquad\qquad\quad f_{-3,75}(x) = 0,25x^4 + 3,75x^2$

Roter Graph: $P(1|1)$ ist Punkt des Graphen, also gilt:
$\qquad\qquad\qquad\quad f_a(1) = 1 \Leftrightarrow 0,25 \cdot 1^4 - a \cdot 1^2 = 1 \Leftrightarrow a = -0,75$
$\qquad\qquad\qquad\quad f_{-0,75}(x) = 0,25x^4 + 0,75x^2$

Blauer Graph: $P(2|4)$ ist Punkt des Graphen, also gilt:
$\qquad\qquad\qquad\quad f_a(2) = 4 \Leftrightarrow 0,25 \cdot 2^4 - a \cdot 2^2 = 4 \Leftrightarrow a = 0$
$\qquad\qquad\qquad\quad f_0(x) = 0,25x^4$

Brauner Graph: $P(2|-4)$ ist Punkt des Graphen, also gilt:
$\qquad\qquad\qquad\quad f_a(2) = -4 \Leftrightarrow 0,25 \cdot 2^4 - a \cdot 2^2 = -4 \Leftrightarrow a = 2$
$\qquad\qquad\qquad\quad f_2(x) = 0,25x^4 - 2x^2$

Violetter Graph: $P(3|0)$ ist Punkt des Graphen, also gilt:
$\qquad\qquad\qquad\quad f_a(3) = 0 \Leftrightarrow 0,25 \cdot 3^4 - a \cdot 3^2 = 0 \Leftrightarrow a = 2,25$
$\qquad\qquad\qquad\quad f_{2,25}(x) = 0,25x^4 - 2,25x^2$

Gelber Graph: $P(2|-8)$ ist Punkt des Graphen, also gilt:
$\qquad\qquad\qquad\quad f_a(2) = -8 \Leftrightarrow 0,25 \cdot 2^4 - a \cdot 2^2 = -8 \Leftrightarrow a = 3$
$\qquad\qquad\qquad\quad f_3(x) = 0,25x^4 - 3x^2$

8. a)

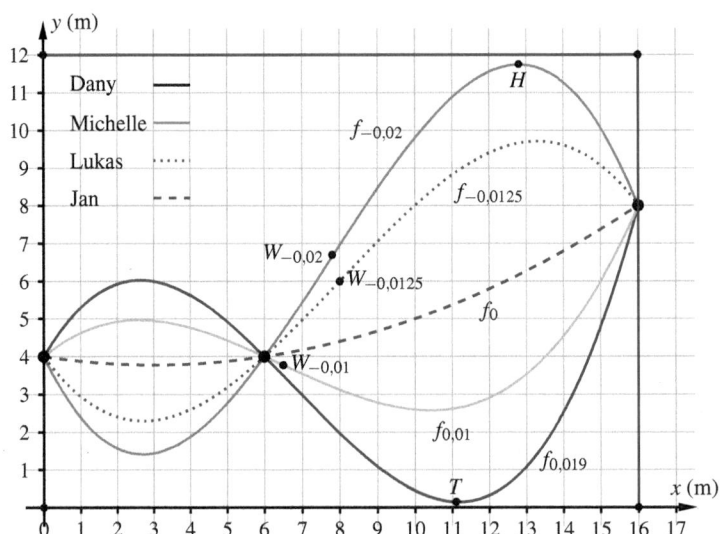

b) $f(x) = ax^3 + bx^2 + cx + d$; $f'(x) = 3ax^2 + 2bx + c$; $f''(x) = 6ax + 2b$

(I) Tor 1: $\quad f(0) = 4 \Leftrightarrow \quad d = 4$
(II) Tor 2: $\quad f(16) = 8 \Leftrightarrow 4096a + 256b + 16c + d = 8$
(III) Wasserstelle: $\quad f(6) = 4 \Leftrightarrow \quad 216a + 36b + 6c + d = 4$
(IV) Wendestelle beim Baum: $f''(7,75) = 0 \Leftrightarrow \quad 46,5a + 2b = 0$

$f(x) = -0,02x^3 + 0,465x^2 - 2,07x + 4$

c) $g(x) = ax^3 + bx^2 + cx + d$; $g'(x) = 3ax^2 + 2bx + c$; $g''(x) = 6ax + 2b$

(I) Tor 1: $\quad g(0) = 4 \Leftrightarrow \quad d = 4$
(II) Tor 2: $\quad g(16) = 8 \Leftrightarrow 4096a + 256b + 16c + d = 8$
(III) Wasserstelle: $\quad g(6) = 4 \Leftrightarrow \quad 216a + 36b + 6c + d = 4$
(IV) Wendestelle bei 6,5: $g''(6,5) = 0 \Leftrightarrow \quad 39a + 2b = 0$

$g(x) = 0,01x^3 - 0,195x^2 + 0,81x + 4$

d$_1$) $f(x) = ax^3 + bx^2 + cx + d$; $f'(x) = 3ax^2 + 2bx + c$; $f''(x) = 6ax + 2b$

(I) Tor 1: $\quad f(0) = 4 \Leftrightarrow \quad d = 4$
(II) Tor 2: $\quad f(16) = 8 \Leftrightarrow 4096a + 256b + 16c + d = 8$
(III) Wasserstelle: $f(6) = 4 \Leftrightarrow \quad 216a + 36b + 6c + d = 4$

$d = 4$ in (II) ergibt (II'): $\quad 4096a + 256b + 16c + 4 = 8 \quad |-4\ |:16$
$\Leftrightarrow 256a + 16b + c = 0,25$

$d = 4$ in (III) ergibt (III'): $\quad 216a + 36b + 6c + 4 = 4 \quad |-4\ |:6$
$\Leftrightarrow 36a + 6b + c = 0$

(II') − (III') ergibt (IV): $\quad 220a + 10b = 0,25 \quad\quad |-220a\ |:10$
$\Leftrightarrow \mathbf{b = 0,025 - 22a}$

(IV) einsetzen in (III') ergibt (IV): $\quad 36a + 6(0,025 - 22a) + c = 0$
$\Leftrightarrow 36a + 0,15 - 132a + c = 0$
$\Leftrightarrow \mathbf{c = 96a - 0,15}$

$f_a(x) = ax^3 + (0,025 - 22a)x^2 + (96a - 0,15)x + 4$

1.2 Funktionenscharen

Als Gleichungssystem mit 3 Gleichungen und 4 Variablen ist das System unterbestimmt, d. h., es hat unendlich viele Lösungen. Folglich gibt es unendlich viele ganzrationale Funktionen 3. Grades, welche die drei Bedingungen erfüllen.

d$_2$) $f(x) = -0,02x^3 + 0,465x^2 - 2,07x + 4$
$a = -0,02 \Rightarrow 0,025 - 22a = 0,465$
$a = -0,02 \Rightarrow 96a - 0,15 = -2,07$
Also gilt: $f(x) = f_{-0,02}(x)$

$g(x) = 0,01x^3 - 0,195x^2 + 0,81x + 4$
$a = 0,01 \Rightarrow 0,025 - 22a = -0,195$
$a = 0,01 \Rightarrow 96a - 0,15 = 0,81$
Also gilt: $g(x) = f_{0,01}(x)$

d$_3$) Der Abbildung ist zu entnehmen, dass der Graph von $f_{-0,02}$ in $H(12,81|11,75)$ den höchsten Punkt hat. Für $a = -0,021$ und $x = 13$ erhält man jedoch schon $f_{-0,021}(13) = 12,008$, d. h., der Weg würde über die nördliche Grundstücksgrenze hinausgehen.

Mithilfe des Schiebereglers erhält man bei Einstellung der Schrittweite $0,001$ den Punkt $T(11,16|0,14)$ als tiefsten Punkt des Graphen von $f_{0,019}$, sodass der zugehörige Weg noch vollständig auf dem Grundstück verläuft.

Für $a = 0,02$ und $x = 11$ erhält man jedoch schon $f_{0,02}(11) = -0,125$, d. h., der Weg würde über die südliche Grundstücksgrenze hinausgehen.

Als geeignetes Intervall für den Scharparameter a ergibt sich $[-0,02; 0,019]$.

e) Gesucht ist a, sodass gilt: $f_a(8) = 6$.
$a \cdot 8^3 + (0,025 - 22a) \cdot 8^2 + (96a - 0,15) \cdot 8 + 4 = 6$
$\Leftrightarrow -128a = 1,6$
$\Leftrightarrow a = -0,0125$
$f_{-0,0125}(x) = -0,0125x^3 + 0,3x^2 - 1,35x + 4$

f) $h(x) = ax^2 + bx + c$
(I) $h(0) = 4 \Leftrightarrow$ $c = 4$
(II) $h(6) = 4 \Leftrightarrow$ $36a + 6b + c = 4$
(III) $h(16) = 8 \Leftrightarrow$ $256a + 16b + c = 8$

$c = 4$ in (II) ergibt (II'): $36a + 6b + 4 = 4$ $|-4\ \ |:6$
$\Leftrightarrow\ 6a + b = 0$
$c = 4$ in (III) ergibt (III'): $256a + 16b + 4 = 8$ $|-4\ \ |:16$
$\Leftrightarrow\ 16a + b = 0,25$

(III') − (II') = (IV): $10a = 0,25$
$\Leftrightarrow\ a = 0,025$
$a = 0,025$ einsetzen in (II') ergibt: $6 \cdot 0,025 + b = 0 \Leftrightarrow b = -0,15$
$h(x) = 0,025x^2 - 0,15x + 4$
Die Funktion h stimmt überein mit der Scharfunktion mit dem Parameterwert 0.

Test zu 1.2

1. a) $f_2(x) = 2x^2 - 4x$ $\quad f_{-1}(x) = -x^2 - x \quad f_{\frac{1}{5}}(x) = \frac{1}{5}x^2 - \frac{1}{25}x \quad f_{\sqrt{3}}(x) = \sqrt{3}x^2 - 3x$

b) $g_4(x) = \frac{1}{2}x + 1 \quad g_{-2}(x) = -x + 1 \quad g_{\frac{1}{2}}(x) = 4x + 1 \quad g_{-0,1}(x) = -20x + 1$

c) $f_4(x) = -4x^2 \quad f_0(x) = -4x^4 \quad f_{\frac{4}{3}}(x) = -\frac{8}{3}x^4 - \frac{4}{3}x^2 \quad f_{-2,5}(x) = -6,5x^4 + 2,5x^2$

2. a) Roter Graph: $\quad -2a = 3 \Leftrightarrow a = -1,5 \quad \rightarrow \quad f_{-1,5}(x) = -x^2 - 1,5x + 3$
Blauer Graph: $\quad -2a = 2 \Leftrightarrow a = -1 \quad \rightarrow \quad f_{-1}(x) = -x^2 - x + 2$
Grüner Graph: $\quad -2a = 0 \Leftrightarrow a = 0 \quad \rightarrow \quad f_0(x) = -x^2$
Gelber Graph: $\quad -2a = -2 \Leftrightarrow a = 1 \quad \rightarrow \quad f_1(x) = -x^2 + x - 2$

b) Gelber Graph: $\quad -2$ ist Nullstelle. $\quad \rightarrow \quad g_{-2}(x) = \frac{1}{9}x^2(x+2)$
Grüner Graph: $\quad 0$ ist dreifache Nullstelle. $\quad \rightarrow \quad g_0(x) = \frac{1}{9}x^3$
Roter Graph: $\quad 3$ ist Nullstelle. $\quad \rightarrow \quad g_3(x) = \frac{1}{9}x^2(x-3)$
Blauer Graph: $\quad 5$ ist Nullstelle. $\quad \rightarrow \quad g_5(x) = \frac{1}{9}x^2(x-5)$

3. a) $f_t(x) = tx + \frac{1}{t}; t \in \mathbb{R}\setminus\{0\}$
$\rightarrow f(x) = f_3(x); \quad g(x) = f_4(x); \quad h(x) = f_{0,25}(x); \quad k(x) = f_{-7,5}(x)$

b) $f_a(x) = x^2 - 2ax + a^2; a \in \mathbb{R}$
$\rightarrow f(x) = f_{-2}(x); \quad g(x) = f_4(x); \quad h(x) = f_{0,5}(x); \quad k(x) = f_{-5,5}(x)$

c) $f_t(x) = -x^2 + tx - t + 1; t \in \mathbb{R}$
$\rightarrow f(x) = f_3(x); \quad g(x) = f_{-2}(x); \quad h(x) = f_0(x); \quad k(x) = f_1(x)$

d) $f_a(x) = \frac{1}{a^2}x^3 - 3ax; a \in \mathbb{R}\setminus\{0\}$
$\rightarrow f(x) = f_3(x); \quad g(x) = f_5(x); \quad h(x) = f_{0,5}(x); \quad k(x) = f_1(x)$

4. a) Wegen des positiven Leitkoeffizienten gilt $f(x) \to -\infty$ für $x \to -\infty$ und $f(x) \to +\infty$ für $x \to +\infty$. Die Graphen sind punktsymmetrisch zu ihrem Wendepunkt, der aber nur für $a = 0$ im Ursprung liegt.

b) Die Nullstellen kann man aus dem in faktorisierter Form gegebenen Funktionsterm ablesen: Für alle $a \in \mathbb{R}$ hat f_a die doppelte Nullstelle 0 und die einfache Nullstelle a. Die Scharfunktion f_0 hat somit 0 als dreifache Nullstelle.

c) $f_a(x) = \frac{1}{9}x^3 - \frac{a}{9}x^2; f_a'(x) = \frac{1}{3}x^2 - \frac{2a}{9}x; f_a''(x) = \frac{2}{3}x - \frac{2a}{9}$
$f_a'(x_E) = 0 \Leftrightarrow \frac{1}{3}x_E(x_E - \frac{2a}{3}) = 0$
$\Leftrightarrow x_E = 0 \vee x_E = \frac{2a}{3}$

$f_a'(0) = 0 \wedge f_a''(0) = -\frac{2a}{9}$

Fall 1: $a < 0$
$f_a''(0) = -\frac{2a}{9} > 0 \Rightarrow 0$ ist Minimalstelle.
$f_a(0) = 0 \to T_a(0|0)$

Fall 2: $a > 0$
$f_a''(0) = -\frac{2a}{9} < 0 \Rightarrow 0$ ist Maximalstelle.
$f_a(0) = 0 \to H_a(0|0)$

Fall 3: $a = 0$
$f_a''(0) = -\frac{2a}{9} = 0$
Die hinreichende Bedingung ist nicht erfüllt, d. h., die Existenz eines Extremwerts an der Stelle 0 ist mit der 2. Ableitung nicht nachweisbar. Für $a = 0$ ist der Graph punktsymmetrisch zum Ursprung und hat folglich dort seinen Wendepunkt, also keinen Extrempunkt.

$f_a'(\frac{2a}{3}) = 0 \land f_a''(\frac{2a}{3}) = \frac{2a}{9}$
Fall 1: $a < 0$
$f_a''(\frac{2a}{3}) = \frac{2a}{9} < 0 \Rightarrow \frac{2a}{3}$ ist Maximalstelle.
$f_a(\frac{2a}{3}) = -\frac{4a^3}{243} \to H_a(\frac{2a}{3}|-\frac{4a^3}{243})$

Fall 2: $a > 0$
$f_a''(\frac{2a}{3}) = \frac{2a}{9} > 0 \Rightarrow \frac{2a}{3}$ ist Minimalstelle.
$f_a(\frac{2a}{3}) = -\frac{4a^3}{243} \to T_a(\frac{2a}{3}|-\frac{4a^3}{243})$

Fall 3: $a = 0$
Die Stelle $x_E = \frac{2a}{3}$ stimmt mit der Stelle $x_E = 0$ überein (vgl. Fall 3 bei der Lösung $x_E = 0$).

Ortslinie der Extrempunkte:
Substitution $\frac{2a}{3} = u$ für die Koordinaten der Punkte $H_a(\frac{2a}{3}|-\frac{4a^3}{243})$ und $T_a(\frac{2a}{3}|-\frac{4a^3}{243})$
x-Koordinate: $\frac{2a}{3} = u \Leftrightarrow a = 1{,}5u$
y-Koordinate: $-\frac{4a^3}{243} = -\frac{u^3}{18}$
Extrempunkte in der Variablen u: $H_u(u|-\frac{u^3}{18})$ für $u < 0$ und $T_u(u|-\frac{u^3}{18})$ für $u > 0$
Gleichung der Ortslinie: $o(u) = -\frac{u^3}{18}$

Da der Graph von o durch den Ursprung geht, liegen auch für $a < 0$ der Tiefpunkt und für $a > 0$ der Hochpunkt auf der ermittelten Ortslinie. Also ist der Graph von o für alle Scharparabeln mit $a \neq 0$ Ortslinie beider Extrempunkte.

d) $f_a(x) = \frac{1}{9}x^3 - \frac{a}{9}x^2$; $f_a'(x) = \frac{1}{3}x^2 - \frac{2a}{9}x$;
$f_a''(x) = \frac{2}{3}x - \frac{2a}{9}$; $f_a'''(x) = \frac{2}{3}$

$f_a''(x_W) = 0 \Leftrightarrow \frac{2}{3}x_W = \frac{2a}{9}$
$x_W = \frac{a}{3}$

$f_a''(\frac{a}{3}) = 0 \land f_a'''(\frac{a}{3}) = \frac{2}{3} > 0$
$\Rightarrow \frac{a}{3}$ ist Wendestelle und der Graph hat dort einen R-L-Übergang.

$f_a(\frac{a}{3}) = -\frac{2a^3}{243} \to W_a(\frac{a}{3}|-\frac{2a^3}{243})$

Ortslinie der Wendepunkte:
Substitution $\frac{a}{3} = u$ für die Koordinaten der Punkte $W_a(\frac{a}{3}|-\frac{2a^3}{243})$
x-Koordinate: $\frac{a}{3} = u \Leftrightarrow a = 3u$
y-Koordinate: $-\frac{2a^3}{243} = -\frac{2u^3}{9}$
Wendepunkt in der Variablen u: $W_u(u|-\frac{2u^3}{9})$
Gleichung der Ortslinie: $o_W(u) = -\frac{2u^3}{9}$

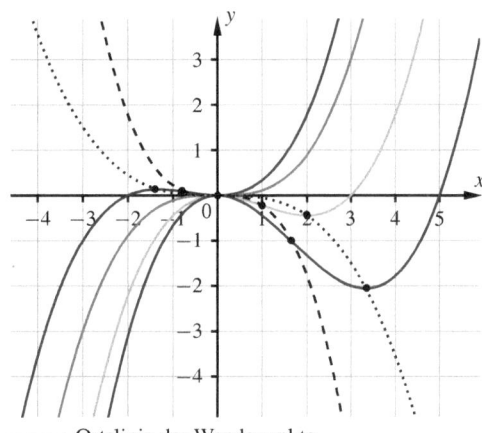

- - - - Ortslinie der Wendepunkte
.... Ortslinie der Extrempunkte

Wendetangente:
Berechnung der Steigung m_a mit der 1. Ableitung.
$m_a = f'_a(\frac{a}{3}) = -\frac{a^2}{27}$
Berechnung des y-Achsenabschnitts n_a durch Einsetzen des Steigungswerts und der Koordinaten von W_a in $y = mx + n$:
$$-\frac{2a^3}{243} = -\frac{a^2}{27} \cdot \frac{a}{3} + n_a$$
$$\Leftrightarrow n_a = \frac{a^3}{243}$$
Gleichung der Wendetangente: $t_a(x) = -\frac{a^2}{27}x + \frac{a^3}{243}$

5. **a)** Der Abbildung ist zu entnehmen, dass alle drei Scharparabeln durch die Punkte $P(20|15)$ und $Q(-20|15)$ gehen. Kuchen mit einem maximalen Durchmesser von 40 cm und einer maximalen Höhe von 15 cm hätten in jedem Fall ausreichend Platz.
Aus der Rechnung $f_a(20) = 400a + 15 - 400a = 15$ folgt, dass P und Q gemeinsame Punkte aller Scharparabeln sind. Also ist die Funktionsschar für die Modellierung geeignet.

b) Die höchste Stelle der Haube entspricht dem y-Achsenabschnitt von f_a. Gesucht ist a, sodass gilt:
$$15 - 400a = 20$$
$$\Leftrightarrow a = -\frac{1}{80}$$
$$f_{-\frac{1}{80}}(x) = -\frac{1}{80}x^2 + 20$$
$$f_{-\frac{1}{80}}(x_N) = 0$$
$$\Leftrightarrow x_N = -40 \lor x_N = 40$$
Bei einer Höhe von 20 cm beträgt der Durchmesser der Haube 80 cm.

c) Der Durchmesser der Haube entspricht dem Abstand der Nullstellen. Wegen der Achsensymmetrie der Graphen ist a gesucht, sodass gilt:
$$f_a(25) = 0 \Leftrightarrow 625a + 15 - 400a = 0$$
$$\Leftrightarrow 225a = -15$$
$$\Leftrightarrow a = -\frac{1}{15}$$
$$f_{-\frac{1}{15}}(x) = -\frac{1}{15}x^2 + \frac{125}{3}$$
Bei einem Durchmesser von 50 cm beträgt die Höhe der Haube $\frac{125}{3} (= 41,\overline{6})$ cm.

d) Die Modelle aus b) und c) haben unhandliche Größen. Da runde Kuchen meist eine annähernd zylindrische Form haben, bleibt bei dem Modell aus b) an den Seiten viel Raum ungenutzt, während bei dem Modell aus c) in der Höhe viel Platz frei bleibt.

1.2 Funktionenscharen

Günstiger ist daher die Modellierung durch eine Schar ganzrationaler Funktionen 4. Grades mit der allgemeinen Gleichung $g_a(x) = ax^4 + e_a$ mit $a < 0$. Da die Graphen durch die Punkte P und Q gehen sollen, gilt:

$g_a(20) = 15 \Leftrightarrow 160\,000a + e_a = 15$
$ \Leftrightarrow e_a = 15 - 160\,000a$
$\rightarrow g_a(x) = ax^4 + 15 - 160\,000a$

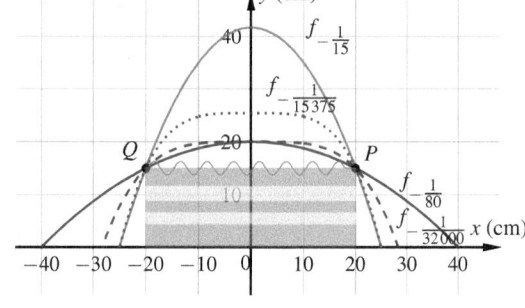

Zu b) Gesucht ist a, sodass gilt:
$15 - 160\,000a = 20$
$\Leftrightarrow a = -\frac{1}{32\,000}$
$\rightarrow g_{-\frac{1}{32\,000}}(x) = -\frac{1}{32\,000}x^4 + 20$
$g_{-\frac{1}{32\,000}}(x_N) = 0$
$\Leftrightarrow x_N = -20\sqrt{2} \lor x_N = 20\sqrt{2}$

Bei einer Höhe von 20 cm beträgt der Durchmesser der Haube $40\sqrt{2}$ ($\approx 56,6$) cm, d. h., es werden etwa 23,4 cm eingespart.

Zu c) Gesucht ist a, sodass gilt:
$g_a(25) = 0 \Leftrightarrow 390\,625a + 15 - 160\,000a = 0$
$ \Leftrightarrow a = -\frac{1}{15\,375}$
$\rightarrow g_{-\frac{1}{15\,375}}(x) = -\frac{1}{15\,375}x^4 + \frac{3125}{123}$

Bei einem Durchmesser von 50 cm beträgt die Höhe der Haube $\frac{3125}{123}$ ($\approx 25,4$ cm), d. h., es werden etwa 16,26 cm eingespart.

1.3 Extremwertaufgaben

61

1. **a)** a, b: Seitenlängen in m
   Hauptbedingung: $A(a, b) = a \cdot b$
   Nebenbedingung: $a + b = 4{,}8 \Leftrightarrow a = 4{,}8 - b$
   Zielfunktion: $A(b) = (4{,}8 - b) \cdot b = -b^2 + 4{,}8b$
   Definitionsbereich: $D_A = [0; 4{,}8]$
   Ableitungen: $A'(b) = -2b + 4{,}8; \quad A''(b) = -2$
   Extremstellen: $A'(b_E) = 0 \Leftrightarrow b_E = 2{,}4$
   $\qquad A'(2{,}4) = 0 \wedge A''(2{,}4) = -2 < 0$
   $\qquad \Rightarrow 2{,}4$ ist Maximalstelle.
   $\qquad A(2{,}4) = 5{,}76 \rightarrow H(2{,}4 | 5{,}76)$
   Randwerte: $A(0) = 0; A(4{,}8) = 0$
   Also ist 5,76 das globale Maximum von A in D_A.
   Übrige Größen:
   $a = 4{,}8 - b \qquad | b = 2{,}4$
   $ = 4{,}8 - 2{,}4 = 2{,}4$
   Für die Seitenlängen $a = 2{,}4$ [m] und $b = 2{,}4$ [m] wird die Fläche maximal und beträgt 5,76 m².

   b) [Graph von $A(b)$ mit Hochpunkt $H(2{,}4 | 5{,}76)$]

2. **a)** a: Grundkantenlänge in m $\quad h$: Quaderhöhe in m
   Hauptbedingung: $V(a, h) = a^2 \cdot h$
   Nebenbedingung: $8a + 4h = 2{,}4 \Leftrightarrow h = 0{,}6 - 2a$
   Zielfunktion: $V(a) = a^2 \cdot (0{,}6 - 2a) = -2a^3 + 0{,}6a^2$
   Definitionsbereich: $D_V = [0; 0{,}3]$
   Ableitungen: $V'(a) = -6a^2 + 1{,}2a; \quad V''(a) = -12a + 1{,}2$
   Extremstellen: $V'(a_E) = 0 \Leftrightarrow a_E = 0 \vee a_E = 0{,}2$
   $\qquad V'(0) = 0 \wedge V''(0) = 1{,}2 \Rightarrow 0$ ist Minimalstelle ($\rightarrow$ Randminimum).
   $\qquad V'(0{,}2) = 0 \wedge V''(0{,}2) = -1{,}2 < 0 \Rightarrow 0{,}2$ ist Maximalstelle.
   $\qquad V(0{,}2) = 0{,}008 \rightarrow H(0{,}2 | 0{,}008)$
   Randwerte: $V(0) = 0; V(0{,}3) = 0$
   Also ist 0,008 das globale Maximum von V in D_V.
   Übrige Größen:
   $h = 0{,}6 - 2a \qquad | a = 0{,}2$
   $ = 0{,}6 - 2 \cdot 0{,}2 = 0{,}2$
   Das Volumen des Quaders wird maximal für eine Grundkantenlänge und eine Höhe von jeweils 0,2 m.

   b) Das maximale Volumen beträgt 0,008 m³.

   c) Mit den berechneten Kantenlängen hat die Laterne Würfelform. Wahrscheinlich hatte Johannes jedoch die Vorstellung von einem Quader mit quadratischer Grundfläche und einer Höhe, die größer ist als die Grundkante.

1.3 Extremwertaufgaben

3. a) Hauptbedingung: $V(r,h) = \frac{1}{3}\pi r^2 \cdot h$
Nebenbedingung:
$$r^2 + h^2 = s^2 \qquad \blacktriangleright \text{Satz des Pythagoras}$$
$$\Leftrightarrow r^2 = s^2 - h^2 \qquad |s = 12$$
$$\to r^2 = 144 - h^2$$
Zielfunktion: $V(h) = \frac{1}{3}\pi \cdot (144 - h^2) \cdot h = -\frac{1}{3}\pi \cdot h^3 + 48\pi \cdot h$
Definitionsbereich: $D_V = [0;\ 12]$
Ableitungen: $V'(h) = -\pi \cdot h^2 + 48\pi;\qquad V''(h) = -2\pi \cdot h$
Extremstellen: $V'(h_E) = 0 \Leftrightarrow h_E = -4\sqrt{3} \vee h_E = 4\sqrt{3}\ (\approx 6{,}93) \qquad |-4\sqrt{3} \notin D_V$
$\qquad V'(4\sqrt{3}) = 0 \wedge V''(4\sqrt{3}) = -8\pi\sqrt{3} < 0 \Rightarrow 4\sqrt{3}$ ist Maximalstelle.
$\qquad V(4\sqrt{3}) = 128\pi\sqrt{3} \approx 696{,}5 \to H(6{,}93|696{,}5)$
Randwerte: $V(0) = 0;\ V(12) = 0$
Also ist $128\pi\sqrt{3}$ das globale Maximum von V in D_V.
Das maximale Volumen beträgt ca. $696{,}5\ \text{cm}^3$.

b) Übrige Größen:
$$r^2 = 144 - h^2 \qquad |h^2 = 48$$
$$\Leftrightarrow r = \sqrt{96} = 4\sqrt{6} \approx 9{,}80$$
Das Volumen wird maximal für $h \approx 6{,}93$ [cm] und $r \approx 9{,}80$ [cm].

c)

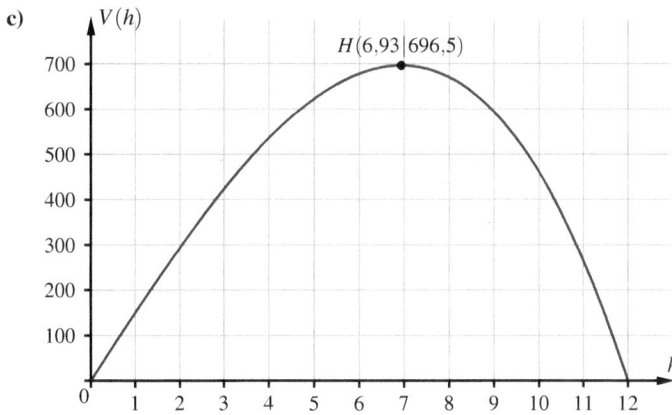

4. a) Hauptbedingung: $V(r, h_1, h_2) = \frac{1}{3}\pi r^2 \cdot h_1 + \frac{1}{3}\pi r^2 \cdot h_2 = \frac{1}{3}\pi r^2 \cdot (h_1 + h_2)$
Nebenbedingungen: (I) $h_2 = 12 - h_1$
$\qquad\qquad\qquad$ (II) $r^2 = h_1 \cdot h_2 \blacktriangleright$ Höhensatz des Euklid
Zielfunktion: $V(h_1) = \frac{1}{3}\pi \cdot h_1 \cdot (12 - h_1) \cdot (h_1 + 12 - h_1) = -4\pi \cdot h_1^2 + 48\pi \cdot h_1$
Definitionsbereich: $D_V = [0;\ 12]$
Ableitungen: $V'(h_1) = -8\pi \cdot h_1 + 48\pi;\qquad V''(h_1) = -8\pi$
Extremstellen: $V'(h_{1,E}) = 0 \Leftrightarrow h_{1,E} = 6$
$\qquad V'(6) = 0 \wedge V''(6) = -8\pi < 0 \Rightarrow 6$ ist Maximalstelle.
$\qquad V(6) = 144\pi \to H(6|144\pi)$
Randwerte: $V(0) = 0$ und $V(12) = 0 \to 144\pi$ ist das globale Maximum von V in D_V.
Übrige Größen: $h_2 = 12 - h_1 = 12 - 6 = 6;\ r = \sqrt{h_1 \cdot h_2} = \sqrt{36} = 6$
Das Volumen des Doppelkegels wird maximal, wenn die beiden Höhen und der Radius jeweils 6 cm lang sind.

b) $V_{max} = V(6) = 144\pi \approx 452{,}4$
$s_1^2 = h_1^2 + r^2$ und $s_2^2 = h_2^2 + r^2$ ▶ Satz des Pythagoras
$s_1^2 = s_2^2 = 6^2 + 6^2 = 72$
$\Rightarrow s_1 = s_2 = \sqrt{72} = 6\sqrt{2} \approx 8{,}49$
Das maximale Volumen beträgt etwa 452,4 cm³. Die Katheten sind jeweils etwa 8,49 cm lang.

5. a) Hauptbedingung: $V(a,h) = \frac{1}{3}a^2 \cdot h$
Nebenbedingung: Nach dem Satz des Pythagoras gilt:
einerseits: $\left(\frac{d}{2}\right)^2 = \left(\frac{a}{2}\right)^2 + \left(\frac{a}{2}\right)^2 = \frac{a^2}{2}$
andererseits: $\left(\frac{d}{2}\right)^2 + h^2 = 3^2 \Leftrightarrow \left(\frac{d}{2}\right)^2 = 9 - h^2$
Kombinieren ergibt: $\frac{a^2}{2} = 9 - h^2 \Leftrightarrow a^2 = 18 - 2h^2$
Zielfunktion: $V(h) = \frac{1}{3} \cdot (18 - 2h^2) \cdot h = -\frac{2}{3}h^3 + 6h$
Definitionsbereich: $D_V = [0;3]$
Ableitungen: $V'(h) = -2h^2 + 6$; $V''(h) = -4h$
Extremstellen: $V'(h_E) = 0 \Leftrightarrow h_E = -\sqrt{3} \vee h_E = \sqrt{3} \;(\approx 1{,}73)$ $\quad |-\sqrt{3}\;(\notin D_V)$
$V'(\sqrt{3}) = 0 \wedge V''(\sqrt{3}) = -4\sqrt{3} < 0 \Rightarrow \sqrt{3}$ ist Maximalstelle.
$V(\sqrt{3}) = 4\sqrt{3} \to H(\sqrt{3}|4\sqrt{3})$
Randwerte: $V(0) = 0$; $V(3) = 0$
Also ist $4\sqrt{3}$ das globale Maximum von V in D_V.
Bei einer Raumhöhe von ca. 1,73 m ist das Volumen des Zeltes maximal.

b) $V(\sqrt{3}) = 4\sqrt{3} \approx 6{,}93$
$a^2 = 18 - 2 \cdot h^2 = 18 - 2(\sqrt{3})^2 = 12$
$\Rightarrow a = \sqrt{12} = 2\sqrt{3} \approx 3{,}46$
Das maximale Volumen beträgt ca. 6,93 m³. Die Grundkante ist dann ca. 3,46 m lang. Die Grundfläche hat eine Größe von 12 m².

c)

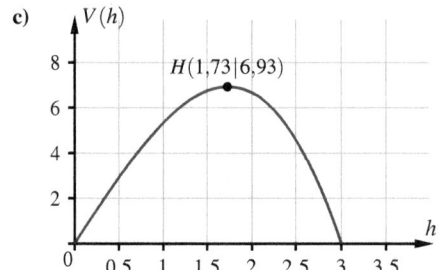

6. a) 1) Alte Gebührenordnung
r: Radius (in cm); l: Länge (in cm)
Hauptbedingung: $V(r,l) = \pi r^2 \cdot l$
Nebenbedingung: $l + 4r = 108 \Leftrightarrow l = 108 - 4r$
Zielfunktion: $V(r) = \pi r^2 \cdot (108 - 4r) = -4\pi r^3 + 108\pi r^2$
Definitionsbereich: $D_V = [0;27]$
Ableitungen: $V'(r) = -12\pi r^2 + 216\pi r$; $\quad V''(r) = -24\pi r + 216\pi$

Extremstellen: $V'(r_E) = 0 \Leftrightarrow -12\pi r_E(r_E - 18) = 0$
$\Leftrightarrow r_E = 0 \vee r_E = 18$
$V'(0) = 0 \wedge V''(0) = 216\pi > 0 \Rightarrow 0$ ist Minimalstelle ($\to$ Randminimum).
$V'(18) = 0 \wedge V''(18) = -216\pi < 0 \Rightarrow 18$ ist Maximalstelle.
$V(18) = 11\,664\pi \approx 36\,643{,}5 \to H(18|36\,643{,}5)$
Randwerte: $V(0) = 0$; $V(27) = 0$
Also ist $11\,664\pi$ das globale Maximum von V in D_V.
Übrige Größen:
$$\begin{aligned} l &= 108 - 4r \quad &|\, r = 18 \\ &= 108 - 4 \cdot 18 = 36 \end{aligned}$$

Bei einem Radius von 18 cm und einer Länge von 36 cm wird das Volumen der Rolle maximal und beträgt ca. $36\,643{,}5$ cm^3.

2) Neue Gebührenordnung

r: Radius (in cm); l: Länge (in cm)
Hauptbedingung: $V(r, l) = \pi r^2 \cdot l$
Nebenbedingung: $l + 2r = 68 \Leftrightarrow l = 68 - 2r$
Zielfunktion: $V(r) = \pi r^2 \cdot (68 - 2r) = -2\pi r^3 + 68\pi r^2$
Definitionsbereich: $D_V = [0;\,34]$
Ableitungen: $V'(r) = -6\pi r^2 + 136\pi r$; $\quad V''(r) = -12\pi r + 136\pi$
Extremstellen: $V'(r_E) = 0 \Leftrightarrow -6\pi r_E(r_E - \frac{68}{3}) = 0$
$\Leftrightarrow r_E = 0 \vee r_E = \frac{68}{3}$ ($\approx 22{,}67$)
$V'(0) = 0 \wedge V''(0) = 136\pi > 0 \Rightarrow 0$ ist Minimalstelle ($\to$ Randminimum).
$V'(\frac{68}{3}) = 0 \wedge V''(\frac{68}{3}) = -136\pi < 0 \Rightarrow \frac{68}{3}$ ist Maximalstelle.
$V(\frac{68}{3}) = \frac{314\,432\pi}{27} \approx 36\,585{,}8 \to H(22{,}67|36\,585{,}8)$
Randwerte: $V(0) = 0$; $V(34) = 0$
Also ist $\frac{314\,432\pi}{27}$ das globale Maximum von V in D_V.
Übrige Größen:
$$\begin{aligned} l &= 68 - 2r \quad &|\, r = \frac{68}{3} \\ &= 68 - 2 \cdot \frac{68}{3} = \frac{68}{3} \approx 22{,}67 \end{aligned}$$

Bei einem Radius und einer Länge von ca. $22{,}67$ cm wird das Volumen der Rolle maximal und beträgt ca. $36\,585{,}8$ cm^3.

b) Vergleich der in a) ermittelten Volumina ergibt: $36\,643{,}5 - 36\,585{,}8 = 57{,}7$

Bei der älteren Gebührenordnung durfte das Volumen der Rolle ca. $57{,}7$ cm^3 größer sein. Folglich hat die neuere Gebührenordnung hinsichtlich des Volumens einen geringfügigen Nachteil für die Kunden.

Bei der älteren Gebührenordnung wird das maximale Volumen bei einer Rolle erreicht, deren Durchmesser mit der Länge übereinstimmt.

Nach der neueren Gebührenordnung darf der Radius nun zwar um ca. $4{,}67$ cm länger sein, aber dafür ist das Verhältnis zwischen Länge und Radius ungünstiger als vorher. So wird das Volumen maximal bei einer Rolle, deren Durchmesser doppelt so groß ist wie die Länge. Das ist jedoch ein vergleichsweise weniger gängiges Format für Päckchen in Rollenform.

Folglich bedeuten die Abmessungen laut neuerer Gebührenordnung insgesamt einen Nachteil für die Kunden.

62

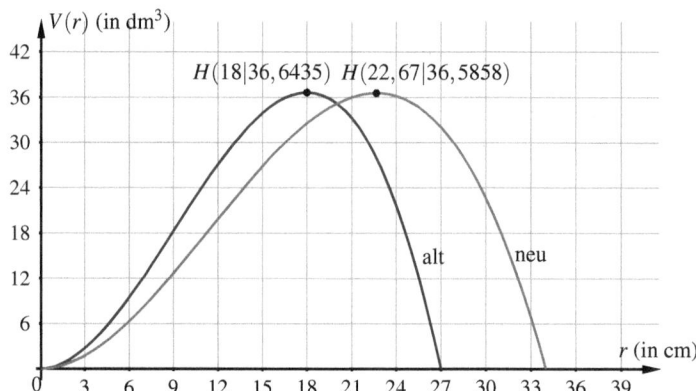

7. r: Zylinderradius (in cm) h: Zylinderhöhe (in cm)
Hauptbedingung: $V(r,h) = \pi r^2 \cdot h$
Nebenbedingung: $r^2 + h^2 = 10^2$ (Satz des Pythagoras) $\Leftrightarrow r^2 = 100 - h^2$
Zielfunktion: $V(h) = \pi \cdot (100 - h^2) \cdot h = -\pi \cdot h^3 + 100\pi \cdot h$
Definitionsbereich: $D_V = [0; 10]$
Ableitungen: $V'(h) = -3\pi \cdot h^2 + 100\pi;$ $V''(h) = -6\pi \cdot h$
Extremstellen: $V'(h_E) = 0 \Leftrightarrow h_E^2 = \frac{100}{3}$
$\Leftrightarrow h_E = -\frac{10\sqrt{3}}{3} \vee h_E = \frac{10\sqrt{3}}{3} (\approx 5{,}77)$ $| -\frac{10\sqrt{3}}{3} \notin D_V$
$V'(\frac{10\sqrt{3}}{3}) = 0 \wedge V''(\frac{10\sqrt{3}}{3}) = -20\pi\sqrt{3} < 0 \Rightarrow \frac{10\sqrt{3}}{3}$ ist Maximalstelle.
$V(\frac{10\sqrt{3}}{3}) = \frac{2000\pi\sqrt{3}}{9} \approx 1209{,}2 \rightarrow H(5{,}77|1209{,}2)$
Randwerte: $V(0) = 0; V(10) = 0$
Also ist $\frac{2000\pi\sqrt{3}}{3}$ das globale Maximum von V in D_V.
Übrige Größen:
$r^2 = 100 - h^2$ $| h^2 = \frac{100}{3}$
$ = 100 - \frac{100}{3} = \frac{200}{3}$
$\Rightarrow r = \frac{10\sqrt{6}}{3} \approx 8{,}16$
Bei einer Höhe von ca. 5,77 cm und einem Radius von ca. 8,16 cm wird das Volumen des Käsestücks maximal und beträgt ca. 1209,2 cm^3.

8. Alle 6 Mittelpunktswinkel sind gleich, also hat jeder von ihnen das Maß $360° : 6 = 60°$.
Für die äußeren Winkel der 6 Dreiecke bleiben wegen der Winkelsumme im Dreieck noch $120°$. Da die Dreiecke gleichschenklig sind, haben also auch alle äußeren Winkel das Maß $60°$. Im Dreieck liegen gleichen Seiten stets gleiche Winkel gegenüber und umgekehrt, deshalb sind die 6 Dreiecke gleichseitig.
Nach dem Satz des Pythagoras gilt: $\left(\frac{a}{2}\right)^2 + b^2 = a^2 \Leftrightarrow b^2 = \frac{3}{4}a^2 \Rightarrow b = \frac{a}{2} \cdot \sqrt{3}$.
Da b die Höhe der 6 Teildreiecke ist, gilt für deren Flächeninhalt (in cm^2):
$A = \frac{1}{2}a \cdot \frac{a}{2} \cdot \sqrt{3} = \frac{1}{4}a^2 \cdot \sqrt{3}$
Grundfläche des Prismas (in cm^2): $G = 6 \cdot A = 1{,}5a^2 \cdot \sqrt{3}$
Höhe des Prismas (in cm): h

Hauptbedingung: $V(a,h) = 1{,}5a^2 \cdot \sqrt{3} \cdot h$

Nebenbedingung: Oberfläche des Prismas (in cm²):

$$\begin{aligned} O &= 2G + 6ah \quad |O = 144 \cdot \sqrt{3} \\ 144 \cdot \sqrt{3} &= 3a^2 \cdot \sqrt{3} + 6ah \\ &\Leftrightarrow 144 \cdot \sqrt{3} - 3a^2 \cdot \sqrt{3} = 6ah \\ &\Leftrightarrow \tfrac{24 \cdot \sqrt{3}}{a} - \tfrac{a \cdot \sqrt{3}}{2} = h \end{aligned}$$

Zielfunktion: $V(a) = 1{,}5a^2 \cdot \sqrt{3} \cdot \left(\tfrac{24 \cdot \sqrt{3}}{a} - \tfrac{a \cdot \sqrt{3}}{2}\right) = 108a - 2{,}25a^3$

Definitionsbereich: $V(a_N) = 0 \Leftrightarrow -2{,}25a_N(a_N^2 - 48) = 0$
$\Leftrightarrow a_N = 0 \lor a_N = -4\sqrt{3} \lor a_N = 4\sqrt{3}$

$D_V = [0; 4\sqrt{3}]$

Ableitungen: $V'(a) = -6{,}75a^2 + 108; \quad V''(a) = -13{,}5a$

Extremstellen: $V'(a_E) = 0 \Leftrightarrow a_E^2 = 16$
$\Leftrightarrow a_E = -4 \lor a_E = 4 \quad (-4 \notin D_V)$
$V'(4) = 0 \land V''(4) = -54 < 0 \Rightarrow 4$ ist Maximalstelle.
$V(4) = 288 \to H(4|288)$

Randwerte: $V(0) = 0; V(4\sqrt{3}) = 0$

Also ist 288 das globale Maximum von V in D_V.

Übrige Größen:
$h = \tfrac{24 \cdot \sqrt{3}}{a} - \tfrac{a \cdot \sqrt{3}}{2} \quad |a = 4$
$\to h = 4\sqrt{3} \approx 6{,}93$

Bei einem Materialverbrauch von $144\sqrt{3}$ cm² wird das Volumen maximal, wenn die Grundkante 4 cm lang ist und die Höhe ca. 6,93 cm beträgt. Das maximale Volumen beträgt 288 cm³.

9. a) r: Grundkreisradius (in cm) $\quad h$: Höhe des Kegels (in cm)

Hauptbedingung: $V(r,h) = \tfrac{1}{3}\pi r^2 \cdot h$

Nebenbedingung: $r^2 + (h-9)^2 = 9^2$ ▶ Satz des Pythagoras
$\Leftrightarrow r^2 = -h^2 + 18h$

Zielfunktion: $V(h) = \tfrac{1}{3}\pi \cdot (-h^2 + 18h) \cdot h = -\tfrac{1}{3}\pi \cdot h^3 + 6\pi \cdot h^2$

Definitionsbereich: $D_V = [0; 18]$

Ableitungen: $V'(h) = -\pi \cdot h^2 + 12\pi \cdot h; \quad V''(h) = -2\pi \cdot h + 12\pi$

Extremstellen: $V'(h_E) = 0 \Leftrightarrow -\pi \cdot h_E(h_E - 12) = 0$
$\Leftrightarrow h_E = 0 \lor h_E = 12$
$V'(0) = 0 \land V''(0) = 12\pi > 0 \Rightarrow 0$ ist Minimalstelle ($\to$ Randminimum).
$V'(12) = 0 \land V''(12) = -12\pi < 0 \Rightarrow 12$ ist Maximalstelle.
$V(12) = 288\pi \approx 904{,}8 \to H(12|904{,}8)$

Randwerte: $V(0) = 0; V(18) = 0$

Also ist 288π das globale Maximum von V in D_V.

Übrige Größen:
$r^2 = -h^2 + 18h \quad |h = 12$
$\to r = \sqrt{72} = 6\sqrt{2} \approx 8{,}49$

Bei einer Höhe von 12 cm und einem Radius von ca. 8,49 cm wird das Volumen des Kegels maximal.

b) Das maximale Volumen beträgt ca. 904,8 cm³.

c)

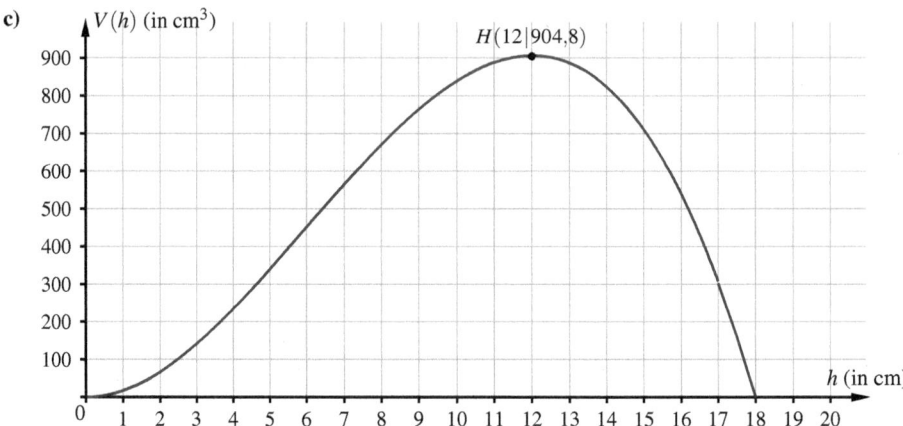

10. a) Hauptbedingung: $A(a,b) = a \cdot b$

Nebenbedingung: $\dfrac{\frac{a}{2}}{\frac{3}{2}} = \dfrac{4-b}{4}$ ▶ nach dem 2. Strahlensatz

$\Leftrightarrow a = \frac{3}{4} \cdot (4-b)$

Zielfunktion: $A(b) = \frac{3}{4} \cdot (4-b) \cdot b = -\frac{3}{4}b^2 + 3b$

Definitionsbereich: $D_A = [0; 4]$

Ableitungen: $A'(b) = -\frac{3}{2}b + 3 \qquad A''(b) = -\frac{3}{2}$

Extremstellen: $A'(b_E) = 0 \Leftrightarrow b_E = 2$

$A'(2) = 0 \wedge A''(2) = -\frac{3}{2} < 0 \Rightarrow 2$ ist Maximalstelle.

$A(2) = 3 \rightarrow H(2|3)$

Randwerte: $A(0) = 0;\ A(4) = 0$

Also ist 3 globales Maximum von A in D_A.

Übrige Größen:

$a = \frac{3}{4} \cdot (4-b) \quad |b = 2$

$\rightarrow a = 1{,}5$

Wandfläche in m^2: $A_W = \frac{1}{2} g \cdot h = \frac{1}{2} \cdot 3 \cdot 4 = 6$

Schrankfläche in m^2: $A_S = 1{,}5 \cdot 2 = 3$

Verhältnis: $A_S : A_W = 1 : 2$

Bei einer Höhe von 2 m und einer Breite von 1,5 m wird die Schrankfläche maximal. Sie beträgt 3 m^2 und füllt damit 50 % der Wandfläche aus.

b)

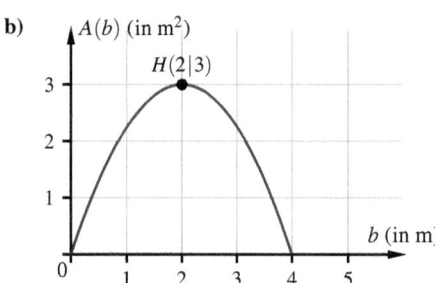

1.3 Extremwertaufgaben

11. a) r: Radius der Grundfläche (in cm) h: Höhe des Zylinders (in cm)

Hauptbedingung: $O(r,h) = 2\pi r^2 + 2\pi r \cdot h$

Nebenbedingung: $V = \pi r^2 \cdot h \quad |V = 250\pi$

$$250\pi = \pi r^2 \cdot h \Leftrightarrow h = \frac{250}{r^2}$$

Zielfunktion: $O(r) = 2\pi r^2 + 2\pi r \cdot \frac{250}{r^2} = 2\pi r^2 + \frac{500\pi}{r}$

Definitionsbereich: $D_O =]0; \infty[$

Ableitungen: $O'(r) = 4\pi r - \frac{500\pi}{r^2}$; $O''(r) = 4\pi + \frac{1000\pi}{r^3}$

Extremstellen: $O'(r_E) = 0 \Leftrightarrow 4\pi r_E^3 - 500\pi = 0$

$\Leftrightarrow r_E^3 = 125$

$\Leftrightarrow r_E = 5$

$O'(5) = 0 \land O''(5) = 12\pi > 0 \Rightarrow 5$ ist Minimalstelle.

$O(5) = 150\pi \approx 471{,}2 \to H(5|471{,}2)$

Randwerte: Sowohl für $r \to 0$ als auch für $r \to \infty$ gilt $O(r) \to \infty$. Also ist 150π globales Minimum von O in D_O.

Übrige Größen: $h = \frac{250}{r^2} \quad |r = 5$

$\to h = 10$

Bei einem Durchmesser von 10 cm und einer Höhe von 10 cm ist der Materialverbrauch minimal.

b) Der minimale Materialverbrauch beträgt ca. $471{,}2$ cm^2.

12. a) Hauptbedingung: $u(a,b) = 2a + 2b$

Nebenbedingung:

$$a^2 + b^2 = 20^2 \quad \blacktriangleright \text{ Satz des Pythagoras}$$

$$\Rightarrow a = \sqrt{400 - b^2}$$

Zielfunktion: $u(b) = 2\sqrt{400 - b^2} + 2b$

Definitionsbereich: $D_u = [0; 20[$ (20 muss ausgeschlossen werden, da für $b = 20$ die Ableitungen nicht definiert sind.)

Ableitungen: $u'(b) = 2 \cdot (-2b) \cdot \frac{1}{2\sqrt{400-b^2}} + 2$

$= -\frac{2b}{\sqrt{400-b^2}} + 2 = -2b \cdot (400-b^2)^{-\frac{1}{2}} + 2$

$u''(b) = -2 \cdot (400-b^2)^{-\frac{1}{2}} + (-2b) \cdot (-2b) \cdot (-\frac{1}{2}) \cdot (400-b^2)^{-\frac{3}{2}}$

$= -\frac{2}{\sqrt{400-b^2}} - \frac{2b^2}{\left(\sqrt{400-b^2}\right)^3}$

$= \frac{-2 \cdot (400-b^2) - 2b^2}{\left(\sqrt{400-b^2}\right)^3}$

$= \frac{-800}{\left(\sqrt{400-b^2}\right)^3}$

Extremstellen: $u'(b_E) = 0 \Leftrightarrow 2b_E + 2\sqrt{400 - b_E^2} = 0$

$\Leftrightarrow b_E = \sqrt{400 - b_E^2}$

$\Leftrightarrow b_E^2 = 400 - b_E^2 \qquad$ da $b_E \in [0; 20[$

$\Leftrightarrow b_E^2 = 200$

$\Leftrightarrow b_E = -10\sqrt{2} \lor b_E = 10\sqrt{2} \;(\approx 14{,}14) \quad (-10\sqrt{2} \notin D_u)$

$u'(10\sqrt{2}) = 0 \land u''(10\sqrt{2}) = -\frac{\sqrt{2}}{5} \Rightarrow 10\sqrt{2}$ ist Maximalstelle.

$u(10\sqrt{2}) = 40\sqrt{2} \approx 56{,}6 \to H(14{,}14|56{,}6)$

Randwerte: Es gilt $u(0) = 40$ und $u(b) \to 40$ für $b \to 20$.

Also ist $40\sqrt{2}$ globales Maximum von u in D_u.

Übrige Größen:
$$a = \sqrt{400-b^2} \quad |b=10\sqrt{2}$$
$$\Rightarrow a = 10\sqrt{2} \approx 14,14$$
Der Umfang wird maximal, wenn alle Rechteckseiten etwa 14,14 cm lang sind. Er beträgt dann ca. 56,6 cm.

b) Hauptbedingung: $A(a,b) = a \cdot b$

Nebenbedingung:
$$a^2 + b^2 = 20^2 \quad \blacktriangleright \text{ Satz des Pythagoras}$$
$$\Rightarrow a = \sqrt{400-b^2}$$

Zielfunktion: $A(b) = \sqrt{400-b^2} \cdot b$

Definitionsbereich: $D_A = [0; 20[$ (20 muss ausgeschlossen werden, da für $b = 20$ die Ableitungen nicht definiert sind.)

Ableitungen:
$$A'(b) = -2b \cdot \frac{1}{2\sqrt{400-b^2}} \cdot b + \sqrt{400-b^2} \quad \blacktriangleright \text{ Produktregel, Kettenregel}$$
$$= \frac{-b^2}{\sqrt{400-b^2}} + \sqrt{400-b^2}$$
$$= \frac{-b^2 + 400 - b^2}{\sqrt{400-b^2}}$$
$$= \frac{400 - 2b^2}{\sqrt{400-b^2}}$$
$$= (400 - 2b^2)(400-b^2)^{-\frac{1}{2}}$$

$$A''(b) = (-4b) \cdot (400-b^2)^{-\frac{1}{2}} + (400-2b^2) \cdot (-2b) \cdot (-\frac{1}{2}) \cdot (400-b^2)^{-\frac{3}{2}}$$
$$= \frac{-4b}{\sqrt{400-b^2}} + \frac{400b - 2b^3}{(\sqrt{400-b^2})^3}$$
$$= \frac{-4b \cdot (400-b^2) + 400b - 2b^3}{(\sqrt{400-b^2})^3}$$
$$= \frac{2b^3 - 1200b}{(\sqrt{400-b^2})^3}$$

Extremstellen:
$$A'(b_E) = 0 \Leftrightarrow \frac{400 - 2b_E^2}{\sqrt{400-b_E^2}} = 0$$
$$\Leftrightarrow 400 - 2b_E^2 = 0 \quad \blacktriangleright \text{ da } b_E \in [0; 20[$$
$$\Leftrightarrow b_E^2 = 200$$
$$\Leftrightarrow b_E = -10\sqrt{2} \vee b_E = 10\sqrt{2} \ (\approx 14,14) \quad (-10\sqrt{2} \notin D_u)$$

$A'(10\sqrt{2}) = 0 \wedge A''(10\sqrt{2}) = -4 \Rightarrow 10\sqrt{2}$ ist Maximalstelle.

$A(10\sqrt{2}) = 200 \rightarrow H(14,14|200)$

Randwerte: Es gilt $A(0) = 0$ und $A(b) \to 0$ für $b \to 20$.

Also ist 200 globales Maximum von A in D_A.

Übrige Größen:
$$a = \sqrt{400-b^2} \quad |b=10\sqrt{2}$$
$$\Rightarrow a = 10\sqrt{2} \approx 14,14$$

Kreisfläche in cm^2: $A_K = \pi r^2 = \pi \cdot 10^2 = 100\pi$

Verschnitt in cm^2: $A_V = 100\pi - 200$

Verhältnis: $A_V : A_K = (100\pi - 200) : 100\pi \approx 0,363$

Die Querschnittsfläche wird maximal, wenn die Rechteckseiten jeweils ca. 14,4 cm lang sind. Die maximale Größe der Querschnittsfläche beträgt 200 cm^2. Der Verschnitt liegt bei etwa 36,3 %.

c)

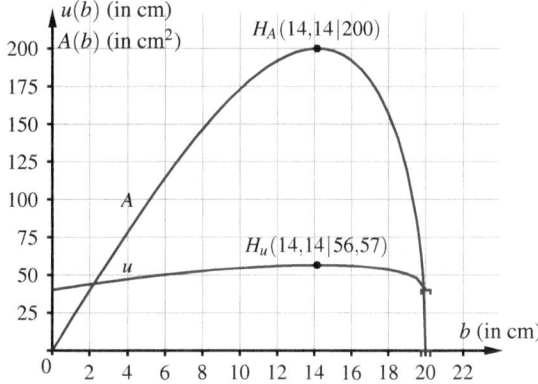

Graph der Funktion u:

Für $b = 0$ fallen die beiden Rechteckseiten a zusammen, d. h., es ergibt sich eine waagrechte (doppelte) Linie durch den Kreismittelpunkt, deren Länge dem Durchmesser entspricht, also $a = 20$ und $u(0) = 40$.

Für $b \to 20$ ergibt sich im Grenzfall eine senkrechte (doppelte) Linie mit der Länge des Durchmessers, also $a \to 0$ und $u(b) \to 40$. Das erklärt die Randwerte.

Der maximale Umfang ergibt sich im Fall $a = b$, also für das Quadrat mit der Seitenlänge $10\sqrt{2}$ cm $\approx 14,14$ cm.

Graph der Funktion A:

Für $b = 0$ erhält man $a = 20$ und der Flächeninhalt ist gleich 0.

Für $b \to 20$ ergibt sich $a \to 0$ und damit auch $A(20) \to 0$. Das erklärt die Randwerte.

Der maximale Flächeninhalt ergibt sich für $a = b$, also für das Quadrat mit der Seitenlänge von $10\sqrt{2}$ cm $\approx 14,14$ cm.

13. a) g: Grundseite des Dreiecks; h: Höhe des Dreiecks; Eckpunkt $C(x|y)$

Hauptbedingung: $A(g, h) = \frac{1}{2} g \cdot h$

Nebenbedingungen: (1) $g = x$

(2) $h = y \quad |y = f(x) = -\frac{1}{3}x^2 + 2x$

$\Rightarrow h = -\frac{1}{3}x^2 + 2x$

Zielfunktion: $A(x) = \frac{1}{2}x \cdot (-\frac{1}{3}x^2 + 2x) = -\frac{1}{6}x^3 + x^2$

Definitionsbereich: $D_A = [0; 6]$

Ableitungen: $A'(x) = -\frac{1}{2}x^2 + 2x; \quad A''(x) = -x + 2$

Extremstellen: $A'(x_E) = 0 \Leftrightarrow -\frac{1}{2}x_E(x_E - 4) = 0$

$\Leftrightarrow x_E = 0 \vee x_E = 4$

$A'(0) = 0 \quad \wedge \quad A''(0) = 2 \Rightarrow 0$ ist Minimalstelle

(wegen $D_A = [0; 6]$ ist 0 Randextremstelle).

$A'(4) = 0 \quad \wedge \quad A''(4) = -2 \Rightarrow 2$ ist Maximalstelle.

$A(4) = \frac{16}{3} \approx 5,33$

Randwerte: $A(0) = 0$; $A(6) = 0$

Also ist $\frac{16}{3}$ globales Maximum von A in D_A.

Übrige Größen:

$h = -\frac{1}{3}x^2 + 2x \quad |x = 4$

$\Rightarrow h = \frac{8}{3} \approx 2{,}67$

Der Eckpunkt ist $C(4|\frac{8}{3})$.

b) Die Katheten des Dreiecks sind dann 4 LE und $\frac{8}{3}$ LE lang.

c)

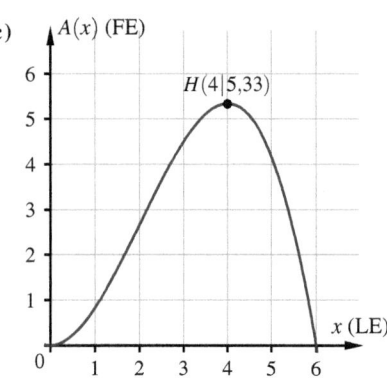

14. a) g: Grundseite des Dreiecks; h: Höhe des Dreiecks; Eckpunkt $P(x|y)$ $(0 \leq x \leq 4)$
Hauptbedingung: $A(g, h) = \frac{1}{2}g \cdot h$
Nebenbedingungen: (1) $g = 2x$
(2) $h = y \quad |y = f(x) = -\frac{1}{4}x^2 + 4$
$\Rightarrow h = -\frac{1}{4}x^2 + 4$
Zielfunktion: $A(x) = \frac{1}{2} \cdot 2x \cdot (-\frac{1}{4}x^2 + 4) = -\frac{1}{4}x^3 + 4x$
Definitionsbereich: $D_A = [0; 4]$
Ableitungen: $A'(x) = -\frac{3}{4}x^2 + 4; \quad A''(x) = -\frac{3}{2}x$
Extremstellen: $A'(x_E) = 0 \Leftrightarrow -\frac{3}{4}x_E^2 = -4$
$\Leftrightarrow x_E = -\frac{4\sqrt{3}}{3} \vee x_E = \frac{4\sqrt{3}}{3} (\approx 2{,}31) \quad (-\frac{4\sqrt{3}}{3} \notin D_A)$
$A'(\frac{4\sqrt{3}}{3}) = 0 \wedge A''(\frac{4\sqrt{3}}{3}) = -2\sqrt{3} < 0 \Rightarrow \frac{4\sqrt{3}}{3}$ ist Maximalstelle.
$A(\frac{4\sqrt{3}}{3}) = \frac{32\sqrt{3}}{9} \approx 6{,}16 \rightarrow H(2{,}31|6{,}16)$
Randwerte: $A(0) = 0; A(4) = 0 \Rightarrow \frac{32\sqrt{3}}{9}$ ist globales Maximum von A in D_A.
Übrige Größen:

$h = -\frac{1}{4}x^2 + 4 \quad |x^2 = \frac{16}{3}$

$\Rightarrow h = \frac{8}{3} \approx 2{,}67$

Das Dreieck hat den größten Flächeninhalt, wenn die Grundseite ca. 4,62 LE und die Höhe ca. 2,67 LE beträgt. Der maximale Flächeninhalt beträgt ca. 6,16 FE.

b) a, b: parallele Seiten des Trapezes; h: Höhe des Trapezes; Eckpunkt $P(x|y)$ $(0 \leq x \leq 4)$
Hauptbedingung: $A(a,b,h) = \frac{1}{2}(a+b) \cdot h$
Nebenbedingungen: (1) $a = 8$ ▶ Abstand der Nullstellen von f
(2) $b = 2x$
(3) $h = y$ $|y = f(x) = -\frac{1}{4}x^2 + 4$
$\Rightarrow h = -\frac{1}{4}x^2 + 4$
Zielfunktion: $A(x) = \frac{1}{2}(8+2x)(-\frac{1}{4}x^2+4) = -\frac{1}{4}x^3 - x^2 + 4x + 16$
Definitionsbereich: $D_A = [0; 4]$
Ableitungen: $A'(x) = -\frac{3}{4}x^2 - 2x + 4$; $A''(x) = -\frac{3}{2}x - 2$
Extremstellen: $A'(x_E) = 0 \Leftrightarrow x_E^2 + \frac{8}{3}x_E = \frac{16}{3}$
$\Leftrightarrow (x_E + \frac{4}{3})^2 = \frac{64}{9}$
$\Leftrightarrow x_E = -4 \vee x_E = \frac{4}{3}$ $(-4 \notin D_A)$
$A'(\frac{4}{3}) = 0 \quad \wedge \quad A''(\frac{4}{3}) = -4 < 0 \Rightarrow \frac{4}{3}$ ist Maximalstelle.
$A(\frac{4}{3}) = \frac{512}{27} \approx 18,96 \rightarrow H(1,33|18,96)$
Randwerte: $A(0) = 16$; $A(4) = 0$
Also ist $\frac{512}{27}$ globales Maximum von A in D_A.
Übrige Größen:
$h = -\frac{1}{4}x^2 + 4$ $|x = \frac{4}{3}$
$\Rightarrow h = \frac{32}{9} \approx 3,56$

Das einbeschriebene Trapez hat den größten Flächeninhalt, wenn die kürzere der beiden parallelen Seiten eine Länge von ca. 2,67 LE hat und die Höhe ca. 3,56 LE lang ist. Der maximale Flächeninhalt beträgt ca. 18,96 FE.

c)

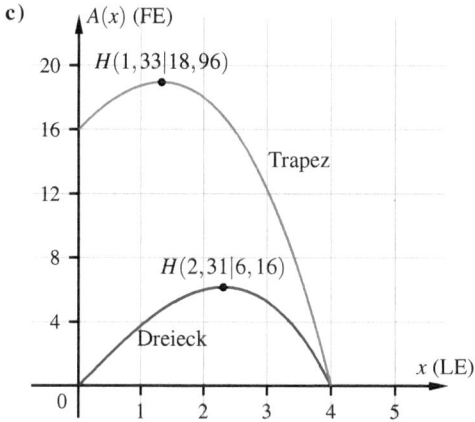

Beide Zielfunktionen sind im Intervall $[0; 4]$ definiert. Die Zielfunktion für das Trapez hat für alle $x \in [0; 4]$ größere Funktionswerte als die Zielfunktion für das Dreieck.
Bei der Zielfunktion für das Dreieck sind beide Randwerte 0 und geben den kleinstmöglichen Flächeninhalt an.
Bei der Zielfunktion für das Trapez ist der linke Randwert 16, denn für $x = 0$ ergibt sich ein Dreieck mit der Grundseite 8 [LE] und der Höhe 4 [LE]. Der rechte Randwert ist 0 und gibt auch hier den kleinstmöglichen Flächeninhalt an.

15. a) $f(0) = 21 \Rightarrow$ maximale Höhe beträgt 21 dm.
$$f(x_N) = 0 \Leftrightarrow x_N^2 = \tfrac{315}{4}$$
$$\Leftrightarrow x_N = -1{,}5\sqrt{35} \vee x_N = 1{,}5\sqrt{35}$$
Maximale Breite: $2 \cdot 1{,}5\sqrt{35}$ dm $\approx 17{,}75$ dm

b) Die Abbildung zeigt, dass ein 12 dm breiter und tiefer Container nicht durch den Bogen hindurch passt.

c) $f(6) = 11{,}4 \Rightarrow$ Bei einer Breite von 12 dm steht nur eine Höhe von 11,4 dm zur Verfügung: ▶ Abb.: Punkt P
$$f(x) = 12 \Leftrightarrow -\tfrac{4}{15}x^2 + 21 = 12$$
$$\Leftrightarrow x^2 = \tfrac{135}{4}$$
$$\Leftrightarrow x = -1{,}5\sqrt{15} \vee x = 1{,}5\sqrt{15}$$
Bei einer Höhe von 12 dm steht nur eine Breite von $2 \cdot 1{,}5\sqrt{15}$ dm $\approx 11{,}62$ dm zur Verfügung:
▶ Abb.: Punkt Q

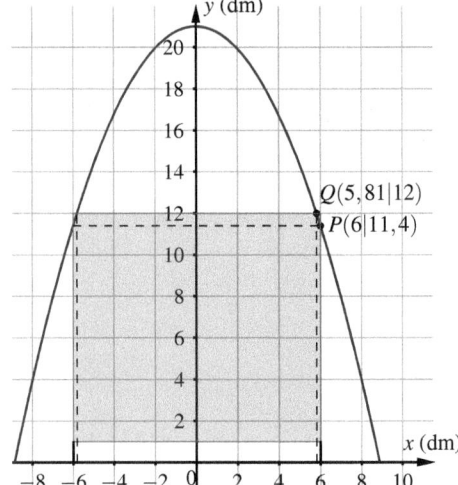

d) Hauptbedingung: $V(a,b) = 15a \cdot b$
Nebenbedingungen: (1) $a = 2x$
(2) $b = f(x) - 1 = -\tfrac{4}{15}x^2 + 20$
Zielfunktion: $V(x) = 15 \cdot 2x \cdot (-\tfrac{4}{15}x^2 + 20) = -8x^3 + 600x$
Definitionsbereich: $V(x_N) = 0 \Leftrightarrow x_N = 0 \vee -\tfrac{4}{15}x_N^2 + 20 = 0$
$$\Leftrightarrow x_N = 0 \vee x_N^2 = 75$$
$$\Leftrightarrow x_N = 0 \vee x_N = -5\sqrt{3} \vee x_N = 5\sqrt{3}$$
$D_V = [0; 5\sqrt{3}]$

Ableitungen: $V'(x) = -24x^2 + 600$; $V''(x) = -48x$
Extremstellen: $V'(x_E) = 0 \Leftrightarrow -24x_E^2 + 600 = 0$
$$\Leftrightarrow x_E^2 = 25$$
$$\Leftrightarrow x_E = -5 \vee x_E = 5 \quad (-5 \notin D_V)$$
$V'(5) = 0 \wedge V''(5) = -240 < 0 \Rightarrow 5$ ist Maximalstelle.
$V(5) = 2000$
Randwerte: $V(0) = 0$; $V(5\sqrt{3}) = 0$
Also ist 2000 globales Maximum von V in D_V.
Übrige Größen:
$a = 2x \quad |x = 5$
$\Rightarrow a = 10$
$b = -\tfrac{4}{15}x^2 + 20 \quad |x = 5$
$\Rightarrow b = \tfrac{40}{3} \approx 13{,}33$

Bei einer Tiefe von 10 dm und einer Höhe von ca. 13,33 dm (ohne Rollen) wird das Volumen des C15-Containers maximal und beträgt 2000 dm³ = 2000 Liter.

1.3 Extremwertaufgaben

16. a)

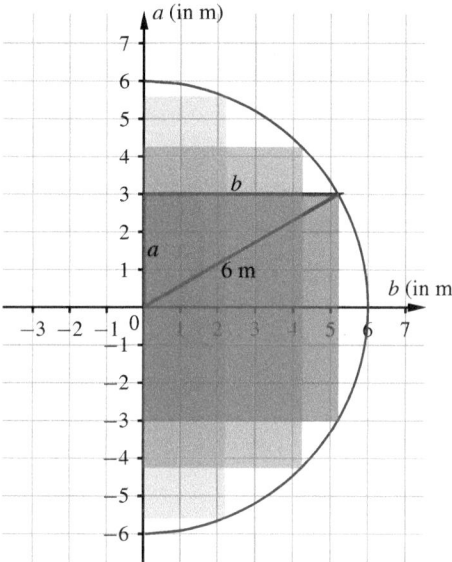

b) Hauptbedingung: $A(a,b) = 2a \cdot b$

Nebenbedingung: $a^2 + b^2 = 6^2$ ▶ Satz des Pythagoras
$$\Rightarrow a = \sqrt{36 - b^2}$$

Zielfunktion: $A(b) = 2b \cdot \sqrt{36 - b^2}$

Definitionsbereich: $D_A = [0; 6[$ ($b = 6$ muss ausgeschlossen werden, da für $b = 6$ die Ableitungen nicht definiert sind.)

Ableitungen:
$$A'(b) = 2\sqrt{36-b^2} + 2b \cdot \frac{-2b}{2\sqrt{36-b^2}} \quad \text{▶ Produktregel, Kettenregel}$$
$$= 2\sqrt{36-b^2} - \frac{2b^2}{\sqrt{36-b^2}}$$
$$= \frac{2(36-b^2) - 2b^2}{\sqrt{36-b^2}}$$
$$= \frac{72-4b^2}{\sqrt{36-b^2}} = (72-4b^2)(36-b^2)^{-0,5}$$

$$A''(b) = -8b \cdot (36-b^2)^{-0,5} + (72-4b^2) \cdot (-2b) \cdot (-0,5)(36-b^2)^{-1,5}$$
$$= \frac{-8b}{\sqrt{36-b^2}} + \frac{72b - 4b^3}{(\sqrt{36-b^2})^3}$$
$$= \frac{-8b \cdot (36-b^2) + 72b - 4b^3}{(\sqrt{36-b^2})^3}$$
$$= \frac{4b^3 - 216b}{(\sqrt{36-b^2})^3}$$

Extremstellen: $A'(b_E) = 0 \Leftrightarrow 72 - 4b_E^2 = 0$
$$\Leftrightarrow b_E^2 = 18$$
$$\Leftrightarrow b_E = -3\sqrt{2} \vee b_E = 3\sqrt{2} \approx 4{,}24 \quad (-3\sqrt{2} \notin D_A)$$

$A'(3\sqrt{2}) = 0 \quad \wedge \quad A''(3\sqrt{2}) = -8 < 0 \Rightarrow 3\sqrt{2}$ ist Maximalstelle.
$A(3\sqrt{2}) = 36$

Randwerte: $A(0) = 0$ und $A(b) \to 0$ für $b \to 6$.

Also ist 36 das globale Maximum von A in D_A.

64

Übrige Größen:

$a = \sqrt{36-b^2} \quad | b = 3\sqrt{2}$

$\Rightarrow a = 3\sqrt{2} \approx 4,24$

Terrassenfläche: $A_T = 0,5\pi \cdot 6^2 = 18\pi$

Abgedeckte Fläche in %: $\frac{36}{18\pi} \approx 63,66\,\%$

Bei einer Breite von ca. 4,24 m und einer Länge von ca. 8,49 m ist die Fläche des Teppichs maximal und beträgt 36 m². Das sind etwa 63,66 % der Terrassenfläche.

c) Siehe Abbildung zu Nr. 17c

17. a)

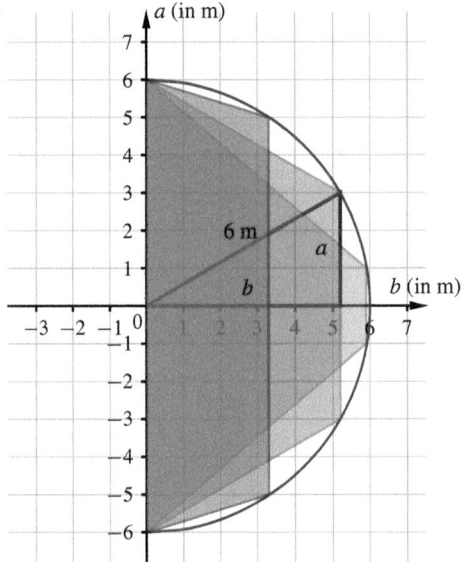

b) Hauptbedingung: $A(a,b) = \frac{12+2a}{2} \cdot b = (6+a) \cdot b$

Nebenbedingung: $a^2 + b^2 = 6^2$ ▶ Satz des Pythagoras

$\Rightarrow a = \sqrt{36-b^2}$

Zielfunktion: $A(b) = 6b + b \cdot \sqrt{36-b^2}$

Definitionsbereich: $D_A = [0;\,6[$ ($b=6$ muss ausgeschlossen werden, da für $b=6$ die Ableitungen nicht definiert sind.)

Ableitungen: $A'(b) = 6 + \sqrt{36-b^2} + b \cdot \frac{-2b}{2\sqrt{36-b^2}}$ ▶ Produktregel, Kettenregel

$= 6 + \sqrt{36-b^2} - \frac{b^2}{\sqrt{36-b^2}}$

$= 6 + \frac{36-b^2-b^2}{\sqrt{36-b^2}}$

$= 6 + \frac{36-2b^2}{\sqrt{36-b^2}} = 6 + (36-2b^2)(36-b^2)^{-0,5}$

$A''(b) = -4b \cdot (36-b^2)^{-0,5} + (36-2b^2) \cdot (-2b) \cdot (-0,5)(36-b^2)^{-1,5}$

$= \frac{-4b}{\sqrt{36-b^2}} + \frac{36b-2b^3}{(\sqrt{36-b^2})^3}$

$= \frac{-4b \cdot (36-b^2) + 36b - 2b^3}{(\sqrt{36-b^2})^3}$

$= \frac{2b^3 - 108b}{(\sqrt{36-b^2})^3}$

Extremstellen: $A'(b_E) = 0 \Leftrightarrow 6 \cdot \sqrt{36 - b_E^2} + 36 - 2b_E^2 = 0$

$\Leftrightarrow \sqrt{36 - b_E^2} = \frac{1}{3}b_E^2 - 6$

$\Leftrightarrow 36 - b_E^2 = \frac{1}{9}b_E^4 - 4b_E^2 + 36 \wedge \frac{1}{3}b_E^2 - 6 > 0$

$\Leftrightarrow \frac{1}{9}b_E^4 - 3b_E^2 = 0 \qquad \wedge b_E^2 > 18$

$\Leftrightarrow \frac{1}{9}b_E^2(b_E^2 - 27) = 0 \qquad \wedge b_E^2 > 18$

$\Leftrightarrow b_E^2 - 27 = 0 \qquad \wedge b_E^2 > 18$

$\Leftrightarrow b_E = -3\sqrt{3} \vee b_E = 3\sqrt{3} \ (\approx 5{,}20) \qquad (-3\sqrt{3} \notin D_A)$

$A'(3\sqrt{3}) = 0 \wedge A''(3\sqrt{3}) = -6\sqrt{3} < 0 \Rightarrow 3\sqrt{3}$ ist Maximalstelle.

$A(3\sqrt{3}) = 27\sqrt{3} \approx 46{,}77$

Randwerte: Aus $A(0) = 0$ und $A(b) \to 36$ für $b \to 6$ folgt, dass $27\sqrt{3}$ das globale Maximum von A in D_A ist.

Übrige Größen:

$a = \sqrt{36 - b^2} \quad |b = 3\sqrt{3}$

$\Rightarrow a = 3$

Nicht parallele Seiten c: $c = \sqrt{b^2 + (6-a)^2} = 6$

Terrassenfläche: $A_T = 0{,}5\pi \cdot 6^2 = 18\pi$

Abgedeckte Fläche in %: $\frac{27\sqrt{3}}{18\pi} \approx 82{,}70\,\%$

Bei einer Breite von ca. 5,2 m sowie parallelen Seiten von der Länge 12 m und 6 m ist die Fläche des Teppichs maximal. Die nicht parallelen Seiten sind dann 6 m lang, und der Flächeninhalt beträgt ca. 46,77 m². Das sind ca. 82,7 % der gesamten Terrassenfläche.

c)

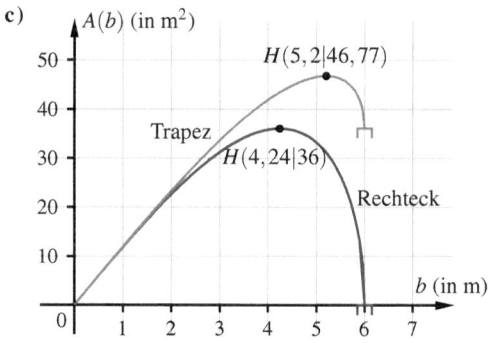

18. a)

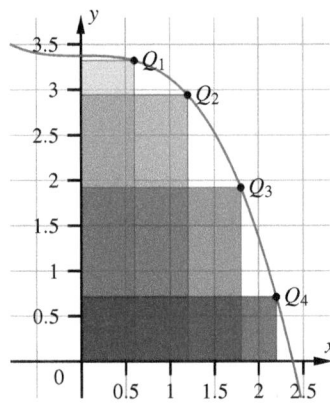

	Q_1	Q_2	Q_3	Q_4
x-Koordinate (LE)	0,6	1,2	1,8	2,2
y-Koordinate (LE)	3,321	2,943	1,917	0,713
Flächeninhalt (FE)	1,9926	3,5316	3,4506	1,5686
Umfang (LE)	7,842	8,286	7,434	5,826

b) Hauptbedingung: $A(u,v) = u \cdot v$
Nebenbedingung: $v = f(u) = -\frac{1}{4}u^3 + \frac{27}{8}$
Zielfunktion: $A(u) = u \cdot \left(-\frac{1}{4}u^3 + \frac{27}{8}\right) = -\frac{1}{4}u^4 + \frac{27}{8}u$
Definitionsbereich: $f(x_N) = 0 \Leftrightarrow x_N = 1,5\sqrt[3]{4}$
$\Rightarrow x_N \approx 2,38$
$D_A = [0; 2,38]$
Ableitungen: $A'(u) = -u^3 + \frac{27}{8}$; $A''(u) = -3u^2$
Extremstellen: $A'(u_E) = 0 \Leftrightarrow u_E^3 = \frac{27}{8} \Leftrightarrow u_E = \frac{3}{2}$
$A'\left(\frac{3}{2}\right) = 0 \wedge A''\left(\frac{3}{2}\right) = -\frac{27}{4} < 0 \Rightarrow \frac{3}{2}$ ist Maximalstelle.
$A\left(\frac{3}{2}\right) = \frac{243}{64} \approx 3,80 \rightarrow H(1,5|3,8)$
Randwerte: $A(0) = 0$; $A(1,5\sqrt[3]{4}) = 0$
Also ist $\frac{243}{64}$ das globale Maximum von A in D_A.
Übrige Größen:
$v = -\frac{1}{4}u^3 + \frac{27}{8} \quad |u = 1,5$
$v = \frac{81}{32} = 2,53125$
Für $u = 1,5$ und $v = 2,53125$ wird der Flächeninhalt des Rechtecks maximal und beträgt $\frac{243}{64}$ FE
$\approx 3,8$ FE.

c) Hauptbedingung: $l(u,v) = 2u + 2v$
Nebenbedingung: $v = f(u) = -\frac{1}{4}u^3 + \frac{27}{8}$
Zielfunktion: $l(u) = 2u + 2 \cdot \left(-\frac{1}{4}u^3 + \frac{27}{8}\right) = -\frac{1}{2}u^3 + 2u + \frac{27}{4}$
Definitionsbereich: $f(x_N) = 0 \Leftrightarrow x_N = 1,5\sqrt[3]{4}$
$\Rightarrow x_N \approx 2,38$
$D_l = [0; 2,38]$
Ableitungen: $l'(u) = -\frac{3}{2}u^2 + 2$; $l''(u) = -3u$

Extremstellen: $l'(u_E) = 0 \Leftrightarrow -\frac{3}{2}u_E^2 = -2$
$\Leftrightarrow u_E^2 = \frac{4}{3}$
$\Leftrightarrow u_E = -\frac{2\sqrt{3}}{3} \vee u_E = \frac{2\sqrt{3}}{3} \; (\approx 1,15) \; (-\frac{2\sqrt{3}}{3} \notin D_l)$

$l'(\frac{2\sqrt{3}}{3}) = 0 \;\wedge\; l''(\frac{2\sqrt{3}}{3}) = -2\sqrt{3} < 0 \Rightarrow \frac{2\sqrt{3}}{3}$ ist Maximalstelle.

$l(\frac{2\sqrt{3}}{3}) = \frac{8\sqrt{3}}{9} + \frac{27}{4}$
$= \frac{243 + 32\sqrt{3}}{36} \approx 8,29$

Randwerte: $l(0) = 6,75$; $l(1,5\sqrt[3]{4}) = 3\sqrt[3]{4} \approx 4,76$

Also ist $\frac{243+32\sqrt{3}}{36} \approx 8,29$ das globale Maximum von l in D_l

Übrige Größen:
$v = -\frac{1}{4}u^3 + \frac{27}{8} \quad |u = \frac{2\sqrt{3}}{3}$
$v = \frac{243 - 16\sqrt{3}}{72} \approx 2,99$

Für $\frac{2\sqrt{3}}{3} \approx 1,15$ und $v = \frac{243-16\sqrt{3}}{72} \approx 2,99$ wird der Umfang des Rechtecks maximal und beträgt $\frac{243+32\sqrt{3}}{36}$ LE $\approx 8,29$ LE.

d) Bei beiden Graphen liegt das globale Maximum im Innern und das globale Minimum am Rand des Definitionsbereichs.

Am Rand des Definitonsbereichs ist jeweils eine der Rechteckseiten 0. Folglich wird der Flächeninhalt des Rechtecks in beiden Fällen 0. Dagegen ergibt sich der Umfang des Rechtecks am linken Rand aus $2v = 6,75$ und am rechten Rand aus $2u \approx 4,76$. Also liegt das globale Minimum des Umfangs am rechten Rand vor.

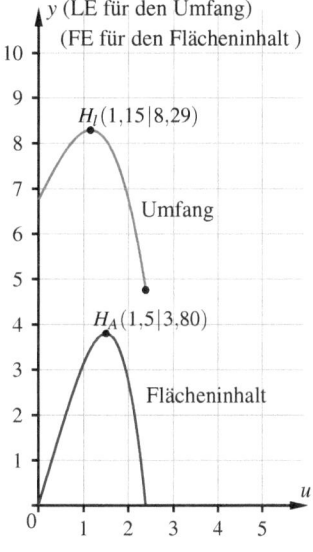

19. a) Hauptbedingung: $d(x) = f(x) - g(x)$
Nebenbedingungen: $f(x) = -37{,}5x^4 + 500x^3 - 2250x^2 + 3900x + 400$
$g(x) = 150x^3 - 1200x^2 + 2700x$
Zielfunktion: $d(x) = -37{,}5x^4 + 350x^3 - 1050x^2 + 1200x + 400$
Definitionsbereich: $D_d = [0; 5]$
Ableitungen: $d'(x) = -150x^3 + 1050x^2 - 2100x + 1200$; $\quad d''(x) = -450x^2 + 2100x - 2100$
Extremstellen: $d'(x_E) = 0 \Leftrightarrow x_E^3 - 7x_E^2 + 14x_E - 8 = 0$
$\Leftrightarrow (x_E - 1)(x_E^2 - 6x_E + 8) = 0 \quad$ ▶ Polynomdivision
$\Leftrightarrow (x_E - 1)(x_E - 2)(x_E - 4) = 0 \quad$ ▶ Satz von Vieta
$\Leftrightarrow x_E = 1 \vee x_E = 2 \vee x_E = 4$

$d'(1) = 0 \wedge d''(1) = -450 < 0 \to 1$ ist Maximalstelle. $d(1) = 862{,}5 \to H_1(1|862{,}5)$
$d'(2) = 0 \wedge d''(2) = 300 > 0 \to 2$ ist Minimalstelle. $d(2) = 800 \to T(2|800)$
$d'(4) = 0 \wedge d''(4) = -900 < 0 \to 4$ ist Maximalstelle. $d(4) = 1200 \to H_2(4|1200)$

Randwerte: $d(0) = 400$ und $d(5) = 462{,}5$
Also ist 400 das Randminimum von d in D_d und 1200 ist das globale Maximum von d in D_d.
Bei Strandpfahl 1 ist der Strand mit 400 m in Nord-Süd-Richtung am schmalsten; bei Pfahl 6 ist der Strand mit 1200 m am breitesten.

b) H_1 und H_2 sind die Hochpunkte des Graphen von d. Folglich sind bei Pfahl 3 und Pfahl 6 die lokal breitesten Stellen. Da der Funktionswert von H_2 größer ist als der von H_1 und größer als die beiden Randwerte ist, liegt an der Stelle 4 das globale Maximum vor, d. h., der Strand hat bei Pfahl 6 seine absolut breiteste Stelle in Nord-Süd-Richtung.

T ist ein Tiefpunkt des Graphen von d. Folglich ist bei Pfahl 4 eine der lokal schmalsten Stellen. Da beide Randwerte kleiner sind als der Funktionswert von T und außerdem der linke Randwert kleiner ist als der rechte, befindet sich bei Pfahl 1 die absolut schmalste Stelle in Nord-Süd-Richtung.

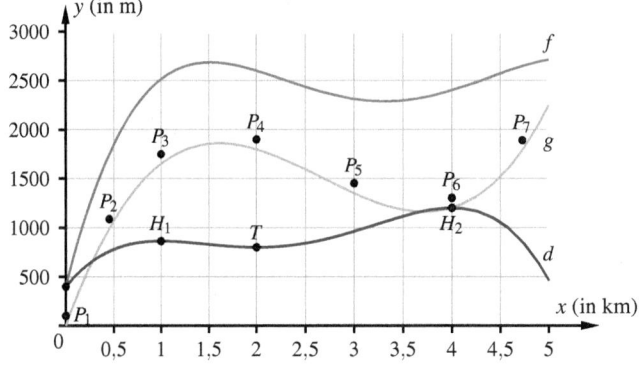

1.3 Extremwertaufgaben

Test zu 1.3

1. Hauptbedingung: $A(a,b) = a \cdot b$
    Nebenbedingungen: (I) Für $b \neq 0$ gilt: $c \cdot \frac{b}{2} = (a-c) \cdot b \Leftrightarrow \frac{c}{2} = a - c \Leftrightarrow a = \frac{3c}{2}$
    (II) $2a + 3b + c = 24 \Leftrightarrow b = 8 - \frac{c}{3} - \frac{2a}{3}$ | (I) einsetzen
    $\Rightarrow b = 8 - \frac{c}{3} - c$
    $\Leftrightarrow b = 8 - \frac{4c}{3}$

    Zielfunktion: $A(c) = \frac{3c}{2} \cdot (8 - \frac{4}{3}c) = 12c - 2c^2$
    Definitionsbereich: $D_A = [0; 6[$ ($c = 6$ muss ausgeschlossen werden, sonst wäre nach (II) $b = 0$,
    im Widerspruch zur Voraussetzung in (I).)

    Ableitungen: $A'(c) = -4c + 12$; $\quad A''(c) = -4$
    Extremstellen: $A'(c_E) = 0 \Leftrightarrow c_E = 3$
    $\quad A'(3) = 0 \quad \wedge \quad A''(3) = -4 < 0 \Rightarrow 3$ ist Maximalstelle.
    $\quad A(3) = 18$
    Randwerte: $A(0) = 0$ und $A(c) \to 0$ für $c \to 6$.
    Also ist 18 das globale Maximum von A in D_A.
    Übrige Größen:
    $a = \frac{3c}{2} \quad |c = 3$
    $\Rightarrow a = 4,5$
    $b = 8 - \frac{4c}{3} \quad |c = 3$
    $\to b = 4$

    Für $a = 4,5$ [m], $b = 4$ [m] und $c = 3$ [m] wird der Flächeninhalt der eingezäunten Fläche maximal und beträgt 18 m².

2. **a)** Hauptbedingung: $A(a,b,c) = a \cdot b \cdot c$
    Nebenbedingungen: (I) $a = 60 - 2c$
    (II) $b = 40 - 2c$
    Zielfunktion: $A(c) = (60 - 2c)(40 - 2c) \cdot c$
    $\quad = (2400 - 200c + 4c^2) \cdot c$
    $\quad = 4c^3 - 200c^2 + 2400c$
    Definitionsbereich: $D_A = [0; 20]$

    b) Ableitungen: $A'(c) = 12c^2 - 400c + 2400$; $\quad A''(c) = 24c - 400$
    Extremstellen: $A'(c_E) = 0 \Leftrightarrow c_E^2 - \frac{100}{3}c_E = -200$
    $\Leftrightarrow (c_E - \frac{50}{3})^2 = \frac{700}{9}$
    $\Leftrightarrow c_E - \frac{50}{3} = -\frac{10\sqrt{7}}{3} \vee c_E - \frac{50}{3} = \frac{10\sqrt{7}}{3}$
    $\Leftrightarrow c_E = \frac{50 - 10\sqrt{7}}{3} \vee c_E = \frac{50 + 10\sqrt{7}}{3} \quad \blacktriangleright \frac{50+10\sqrt{7}}{3} \approx 25,49 \notin D_A$

    $A'(\frac{50-10\sqrt{7}}{3}) = 0 \wedge A''(\frac{50-10\sqrt{7}}{3}) \approx -211,66 < 0$
    $\Rightarrow \frac{50-10\sqrt{7}}{3} \approx 7,85$ ist Maximalstelle.
    $A(\frac{50-10\sqrt{7}}{3}) \approx 8450,45$

    Randwerte: $A(0) = 0$ und $A(20) = 0 \Rightarrow 8450,45$ ist das globale Maximum von A in D_A.

66

Übrige Größen:

$a = 60 - 2c \quad |c \approx 7{,}85$
$\Rightarrow a \approx 44{,}3$

$b = 40 - 2c \quad |c \approx 7{,}85$
$\Rightarrow b \approx 24{,}3$

Bei einer Länge von ca. 44,3 cm, einer Breite von ca. 24,3 cm und einer Höhe von ca. 7,85 cm wird das Fassungsvermögen der Kiste maximal und beträgt ca. 8450,45 cm³.

c) Bei $c = 0$ und $c = 20$, d.h. an den Rändern des Definitionsbereichs, hat die Zielfunktion jeweils eine Nullstelle. Für $c = 0$ ist die Höhe und damit auch das Volumen gleich 0. Für $c = 20$ ist die Breite und damit das Volumen gleich 0.
Bis zur Stelle $c = 7{,}85$ wachsen die Funktionswerte, d.h., mit zunehmender Höhe wird auch das Fassungsvermögen der Kiste größer.
In $H(7{,}85|8450{,}45)$ hat der Graph seinen Hochpunkt. Folglich wird bei einer Höhe von 7,85 cm das größte Fassungsvermögen erreicht. Es wird durch die y-Koordinate angegeben und beträgt also 8450,45 cm³.

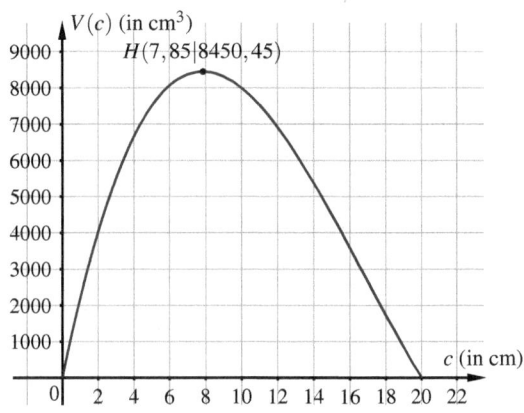

Für $7{,}85 < c < 20$ fällt der Graph, d.h., mit zunehmender Höhe wird das Fassungsvermögen der Kiste kleiner.

3. a)

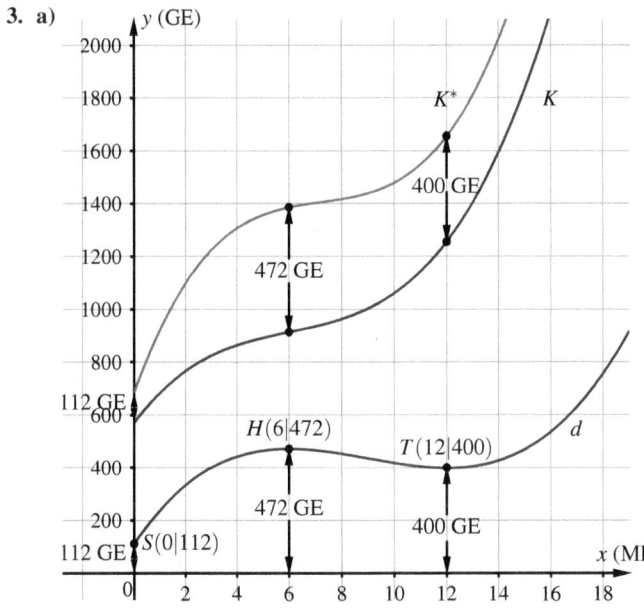

Der y-Achsenabschnitt entspricht den Fixkosten, die 572 GE bzw. 684 GE betragen. Beide Graphen sind überall streng monoton wachsend, d.h., es gibt keine Extrempunkte.
Bei 6 ME hat K und bei ca. 7 ME hat K^* eine Wendestelle, d.h., hier ist der Kostenanstieg jeweils minimal.

b) Hauptbedingung: $d(x) = K^*(x) - K(x)$
Nebenbedingungen: (I) $K(x) = x^3 - 18x^2 + 129x + 572$
(II) $K^*(x) = \frac{5}{3}x^3 - 36x^2 + 273x + 684$
Zielfunktion: $d(x) = \frac{2}{3}x^3 - 18x^2 + 144x + 112$
Definitionsbereich: $D_d = [0; 15]$
Ableitungen: $d'(x) = 2x^2 - 36x + 144$; $d''(x) = 4x - 36$
Extremstellen: $d'(x_E) = 0 \Leftrightarrow x_E^2 - 18x_E = -72$
$\Leftrightarrow (x_E - 9)^2 = 9$
$\Leftrightarrow x_E - 9 = -3 \lor x_E - 9 = 3$
$\Leftrightarrow x_E = 6 \lor x_E = 12$
$d'(6) = 0 \land d''(6) = -12 < 0 \Rightarrow 6$ ist Maximalstelle.
$d(6) = 472 \rightarrow H(6|472)$
$d'(12) = 0 \land d''(12) = 12 > 0 \Rightarrow 12$ ist Minimalstelle.
$d(12) = 400 \rightarrow T(12|400)$

Randwerte: $d(0) = 112$ und $d(15) = 472$

Also ist 472 das globale Maximum von d in D_d. Es wird bei $x = 6$ und bei $x = 15$ (am rechten Rand von D_d) angenommen.

400 ist nur ein lokales Minimum, denn der absolut kleinste Wert von d liegt bei $x = 0$ (am linken Rand von D_d) vor. Er beträgt 112.

Innerhalb des ökonomischen Definitionsbereichs ist der Kostenunterschied maximal bei den Ausbringungsmengen 6 ME und 15 ME. Er beträgt dort jeweils 472 GE. Mit 400 GE ist der Kostenunterschied bei der Ausbringungsmenge von 12 ME lokal minimal.

Der geringste Kostenunterschied liegt mit 112 GE bei der Ausbringungsmenge 0 ME vor.

4. a) a: Grundseite des einbeschriebenen Dreiecks; b: Höhe des einbeschriebenen Dreiecks
Hauptbedingung: $A(a,b) = \frac{1}{2}a \cdot b$

Nebenbedingung: $\frac{\frac{a}{2}}{4} = \frac{5-b}{5}$ ▶ nach dem 2. Strahlensatz
$\Leftrightarrow \frac{a}{2} = \frac{4}{5} \cdot (5-b)$
$\Leftrightarrow \frac{a}{2} = 4 - \frac{4}{5}b$

Zielfunktion: $A(b) = (4 - \frac{4}{5}b) \cdot b = -\frac{4}{5}b^2 + 4b$
Definitionsbereich: $D_A = [0; 5]$
Ableitungen: $A'(b) = -\frac{8}{5}b + 4$; $A''(b) = -\frac{8}{5}$
Extremstellen: $A'(b_E) = 0 \Leftrightarrow -\frac{8}{5}b_E = -4 \Leftrightarrow b_E = 2,5$
$A'(2,5) = 0 \land A''(2,5) = -\frac{8}{5} < 0 \Rightarrow 2,5$ ist Maximalstelle.
$A(2,5) = 5$

Randwerte: $A(0) = 0$; $A(5) = 0$
Also ist 5 globales Maximum von A in D_A.
Übrige Größen:
$\frac{a}{2} = 4 - \frac{4}{5}b \mid b = 2,5$
$\Rightarrow a = 4$

Für eine Grundseite der Länge 4 cm und eine Höhe der Länge 2,5 cm wird der Flächeninhalt des einbeschriebenen Dreiecks maximal.

b) Der maximale Flächeninhalt des einbeschriebenen Dreiecks beträgt 5 cm² (siehe a)). Der Flächeninhalt des gegebenen Dreiecks beträgt $\frac{1}{2} \cdot 8 \cdot 5$ cm² = 20 cm². Die beiden Flächeninhalte stehen im Verhältnis 1 : 4. Die Längen der Grundseiten und die der Höhen stehen jeweils im Verhältnis 1 : 2.

c) a: Grundseite des einbeschriebenen Dreiecks; b: Höhe des einbeschriebenen Dreiecks

Hauptbedingung: $A(a,b) = \frac{1}{2} a \cdot b$

Nebenbedingung: $\frac{\frac{a}{2}}{\frac{c}{2}} = \frac{h-b}{h}$ ▶ nach dem 2. Strahlensatz

$\Leftrightarrow \frac{a}{2} = \frac{c}{2} \cdot \frac{h-b}{h}$

$\Leftrightarrow \frac{a}{2} = \frac{c(h-b)}{2h}$

Zielfunktion: $A(b) = \frac{c(h-b)}{2h} \cdot b = \frac{c}{2} \cdot b - \frac{c}{2h} \cdot b^2$

Definitionsbereich: $D_A = [0; h]$

Ableitungen: $A'(b) = \frac{c}{2} - \frac{c}{h} \cdot b$; $A''(b) = -\frac{c}{h}$

Extremstellen: $A'(b_E) = 0 \Leftrightarrow b_E = \frac{h}{2}$

$A'(\frac{h}{2}) = 0 \wedge A''(\frac{h}{2}) = -\frac{c}{h} < 0 \Rightarrow \frac{h}{2}$ ist Maximalstelle.

$A(\frac{h}{2}) = \frac{c}{2} \cdot \frac{h}{2} - \frac{c}{2h} \cdot (\frac{h}{2})^2$
$= \frac{ch}{4} - \frac{ch}{8} = \frac{ch}{8}$

Randwerte: $A(0) = 0$ und $A(h) = 0$

$\Rightarrow \frac{ch}{8}$ ist das globale Maximum von A in D_A.

Übrige Größen:

$\frac{a}{2} = \frac{c(h-b)}{2h} \quad |b = \frac{h}{2}$

$\Rightarrow a = \frac{c(h-\frac{h}{2})}{h} = \frac{c}{h} \cdot \frac{h}{2} = \frac{c}{2}$

Für $b = \frac{h}{2}$ und $a = \frac{c}{2}$ wird der Flächeninhalt des einbeschriebenen Dreiecks maximal und beträgt $\frac{ch}{8}$ cm².

Folglich hat das einbeschriebene Dreieck genau dann den größten Flächeninhalt, wenn Grundseite und Höhe halb so lang sind wie die entsprechenden Größen des gegebenen Dreiecks. Der Flächeninhalt des einbeschriebenen Dreiecks beträgt dann ein Viertel des Flächeninhalts des gegebenen Dreiecks.

5. a) Hauptbedingung: $V(r,h) = \frac{1}{3} \pi r^2 \cdot h$

Nebenbedingung: $r^2 + h^2 = 12^2$ ▶ Satz des Pythagoras

$\Leftrightarrow r^2 = 144 - h^2$

Zielfunktion: $V(h) = \frac{1}{3} \pi \cdot (144 - h^2) \cdot h = -\frac{1}{3} \pi \cdot h^3 + 48\pi \cdot h$

Definitionsbereich: $D_V = [0; 12]$

Ableitungen: $V'(h) = -\pi \cdot h^2 + 48\pi$; $V''(h) = -2\pi \cdot h$

Extremstellen: $V'(h_E) = 0 \Leftrightarrow -\pi \cdot h_E^2 + 48\pi = 0$

$\Leftrightarrow h_E^2 = 48$

$\Leftrightarrow h_E = -4\sqrt{3} \vee h_E = 4\sqrt{3} \; (\approx 6{,}93) \quad (-4\sqrt{3} \notin D_V)$

$V'(4\sqrt{3}) = 0 \wedge V''(4\sqrt{3}) = -8\pi\sqrt{3} < 0 \Rightarrow 4\sqrt{3}$ ist Maximalstelle.

$V(4\sqrt{3}) = 128\pi\sqrt{3} \approx 696{,}5$

Randwerte: $V(0) = 0$ und $V(12) = 0$

$\Rightarrow 128\pi\sqrt{3}$ ist das globale Maximum von V in D_V.

Übrige Größen:

$r^2 = 144 - h^2 \quad |h^2 = 48$

$\Rightarrow r = \sqrt{96} = 4\sqrt{6} \approx 9{,}80$

Das Volumen wird maximal für eine Höhe von ca. 6,93 cm und einen Radius von ca. 9,8 cm. Das maximale Volumen beträgt ca. 696,5 cm^3.

b) Hauptbedingung: $V(r, h) = \frac{1}{3}\pi r^2 \cdot h$

Nebenbedingung: $\quad r = \frac{d}{2} \quad\quad |d = 6$

$\quad\quad\quad\quad\quad\quad \Rightarrow r = 3$

Zielfunktion: $V(h) = \frac{1}{3}\pi \cdot 3^2 \cdot h = 3\pi \cdot h$

Definitionsbereich: $D_V = [0; \infty[$

Der Graph der Zielfunktion ist eine Gerade mit positiver Steigung, d. h., für $h \to \infty$ gilt $V(h) \to \infty$. Die Funktionswerte werden unendlich groß, also gibt es kein Maximum. Folglich kann der Designer den Auftrag nicht ausführen.

2 Untersuchung von Wachstumsprozessen

2.1 Exponentialfunktionen

2.1.1 Wachstum und Zerfall

73

1. a) $f_1(-2) = 4$ $f_1(-1) = 2$ $f_1(0) = 1$ $f_1(1) = 0,5$ $f_1(2) = 0,25$

   $f_2(-2) = \frac{1}{90} \approx 0,011$ $f_2(-1) = \frac{1}{30} \approx 0,033$ $f_2(0) = 0,1$ $f_2(1) = 0,3$ $f_2(2) = 0,9$

   $f_3(-2) = 32$ $f_3(-1) = 8$ $f_3(0) = 2$ $f_3(1) = 0,5$ $f_3(2) = 0,125$

   $f_4(-2) = -7,2$ $f_4(-1) = -1,2$ $f_4(0) = -0,2$ $f_4(1) = -\frac{1}{30} \approx -0,033$

   $f_4(2) = -\frac{1}{180} \approx -0,0056$

   b)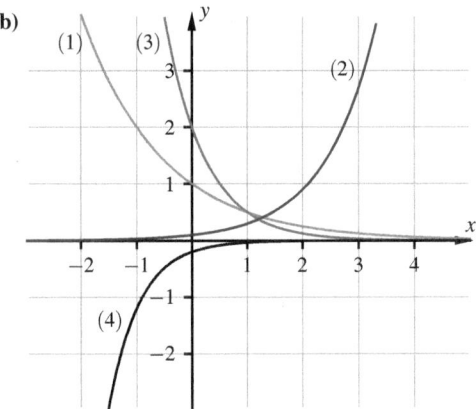

   c) $g_1(x) = 0,5^{-x}$ oder $g_1(x) = 2^x$

   $g_2(x) = 0,1 \cdot 3^{-x}$ oder $g_2(x) = 0,1 \cdot (\frac{1}{3})^x$

   $g_3(x) = 2 \cdot 0,25^{-x}$ oder $g_3(x) = 2 \cdot 4^x$

   $g_4(x) = -0,2 \cdot (\frac{1}{6})^{-x}$ oder $g_4(x) = -0,2 \cdot 6^x$

2. $f_1(x) = 0,25^x$ $f_2(x) = -3^x$ $f_3(x) = 0,5 \cdot 3^x$ $f_4(x) = 4 \cdot 2^x$ $f_5(x) = -3 \cdot 1,5^x$ $f_6(x) = -2 \cdot 0,75^x$

3. *Hinweis:* Fehler im 1. Druck! Die Aufgabenstellung c) soll lauten: … und interpretieren Sie Ihre Beobachtungen aus Aufgabenteil b).

   a) Eine Funktion mit der Basis $b = +1$, also $f(x) = (+1)^x = 1$, ist eine lineare Funktion mit der Steigung 0 und dem Achsenabschnitt 1. Die Parallele zur x-Achse ist keine Exponentialfunktion.

   b)

x	−3	−2,5	−2	−1,5	−1	−0,5	0	0,5	1	1,5	2	2,5	3
$f(x)$	−1	error	1	error	−1	error	1	error	−1	error	1	error	−1

   Beobachtung: Bei ganzzahliger Schrittweite scheinen die y-Werte um die x-Achse zu schwanken von −1 nach +1. Die Schrittweite 0,5 verdeutlicht die nicht zu ermittelnden y-Werte.

   c) $(-1)^{0,5} = \sqrt{(-1)}$. Aus negativen Zahlen kann in der Menge $\mathbb{R}$ keine Quadratwurzel gezogen werden, deshalb existieren die y-Werte nicht und somit muss die Basis b echt größer als 0 sein.

2.1 Exponentialfunktionen

4. a) $f(t) = 1\,000 \cdot 1{,}02^t$

b) $f(18) = 1\,428{,}25$ Nach 18 Jahren beträgt das Kapital 1 428,25 €.

c) x ist die Zeit in Jahren seit Eröffnung des Kontos. Somit ist $x \geq 0$. Banken geben meist nicht länger als 20 Jahre feste Zinssätze. D_f: $0 \leq x \leq 20$

d) Da nicht jährlich der gleiche Betrag zum Anfangskapital hinzukommt, sondern die Zunahme prozentual zum jährlichen Kapital ist, liegt ein exponentieller Prozess vor.

5. a) $f(x) = 2^{x-1}$; $x \in \mathbb{N}$; $1 \leq x \leq 64$

b) 8. Feld: $f(8) = 2^7 = 128$ 20. Feld: $f(20) = 2^{19} = 524\,288$

32. Feld: $f(32) = 2^{31} = 2\,147\,483\,648$ 64. Feld: $f(64) = 2^{63} \approx 9{,}22 \cdot 10^{18}$

6. a) $f(10) = 37{,}909$, ca. 38 Waschbären

$f(20) = 359{,}27$, ca. 360 Waschbären

$f(30) = 3404{,}98$, ca. 3405 Waschbären

b) Der Graph legt nahe, dass nach 25 Jahren die Waschbärenpopulation auf 1 100 angewachsen ist. Probe mit der Funktionsgleichung: $f(25) = 4 \cdot e^{0{,}22489 \cdot 25} \approx 1106$

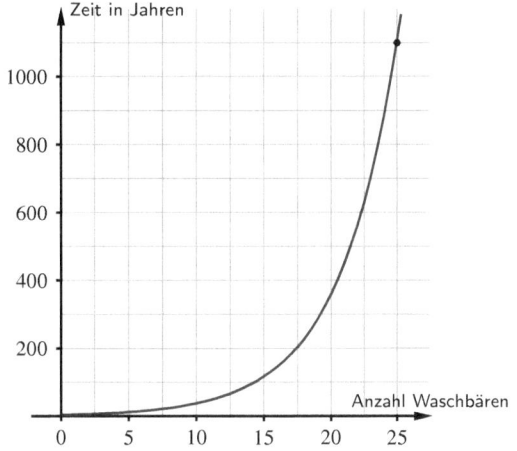

7. a)

t	y
0	200 000
1	210 000
2	220 500
3	231 525
4	243 101,25
5	255 256,31
6	268 019,13
7	281 420,08
8	295 491,09
9	310 265,64
10	325 778,93

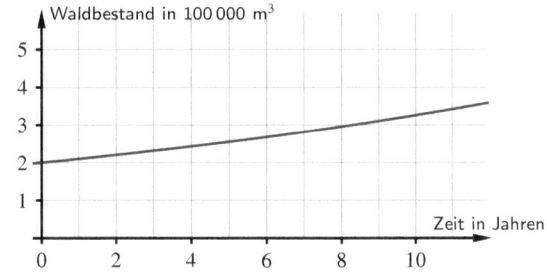

b) $f(t) = 200\,000 \cdot 1{,}05^t$

c) $f(-10) = 122\,782{,}65$. Vor 10 Jahren betrug der Waldbestand 122 783,65 m³ Holz.

2.1.2 Der natürliche Logarithmus und Exponentialgleichungen

1.
a) 4   d) nicht definiert   g) nicht definiert
b) $1-\ln(2)$ e) $2e$ h) 2
c) $-\ln(4)+1$ f) $\ln(1,5)-4$ i) $4(\ln(2)+3)$

2. $f_1(x) = e^{\ln(5) \cdot x} \approx e^{1,61x}$; $f_2(x) = e^{2 \cdot \ln(4) \cdot x} \approx e^{2,77x}$; $f_3(x) = e^{\ln(0,14) \cdot x} \approx e^{-1,97x}$;
$f_4(x) = 3 \cdot e^{3 \cdot \ln(12) \cdot x} \approx 3 \cdot e^{7,46 \cdot x}$; $f_5(x) = 6 \cdot e^{4 \cdot \ln(9) \cdot x} \approx 6 \cdot e^{8,79x}$; $f_6(x) = e^{k \cdot \ln(b) \cdot x}$

3.
a) $x = \ln(4) \approx 1,386$
b) $e^{2x} = 2 \Leftrightarrow 2x = \ln(2) \Leftrightarrow x = 0,5 \cdot \ln(2) \approx 0,347$
c) $66e^{4x} = 132 \Leftrightarrow e^{4x} = 2 \Leftrightarrow 4x = \ln(2) \Leftrightarrow x = 0,25 \cdot \ln(2) \approx 0,173$
d) $5 - e^{0,25x} = 0,1 \Leftrightarrow e^{0,25x} = 4,9 \Leftrightarrow 0,25x = \ln(4,9) \Leftrightarrow x = 4 \cdot \ln(4,9) \approx 6,357$
e) $1,5 \cdot e^{-0,5x} - 1 = 1 \Leftrightarrow e^{-0,5x} = \frac{4}{3} \Leftrightarrow -0,5x = \ln\left(\frac{4}{3}\right) \Leftrightarrow x = -2 \cdot \ln\left(\frac{4}{3}\right) \approx -0,575$
f) $e^{5x} + 5 = 5e^{5x} \Leftrightarrow 5 = 4e^{5x} \Leftrightarrow e^{5x} = 1,25 \Leftrightarrow 5x = \ln(1,25) \Leftrightarrow x = 0,2 \cdot \ln(1,25) \approx 0,045$
g) $1,04^x = 1,3685695 \Leftrightarrow x \cdot \ln(1,04) = \ln(1,3685695) \Leftrightarrow x = \frac{\ln(1,3685695)}{\ln(1,04)} \approx 8$
h) $0,123 \cdot 3^x = 269,001 \Leftrightarrow 3^x = 2187 \Leftrightarrow x \cdot \ln(3) = \ln(2187) \Leftrightarrow x = \frac{\ln(2187)}{\ln(3)} = 7$
i) $3e^{2x} - 9e^x = 0 \Leftrightarrow 3e^x \cdot (e^x - 3) = 0 \Leftrightarrow x = \ln(3) \approx 1,099$
j) $e^x(4e^x - 16) = 0 \Leftrightarrow 4e^x - 16 = 0 \Leftrightarrow e^x = 4 \Leftrightarrow x = \ln(4) \approx 1,39$
k) $\frac{5}{4}e^x - e^{3x} = 0 \Leftrightarrow e^x\left(\frac{5}{4} - e^{2x}\right) = 0 \Leftrightarrow \left(\frac{5}{4} - e^{2x}\right) = 0 \Leftrightarrow e^{2x} = \frac{5}{4} \Leftrightarrow x = \frac{1}{2}\ln\left(\frac{5}{4}\right) \approx 0,112$
l) $e^{-x} - 4e^x = 0 \Leftrightarrow \frac{1}{e^x} - 4e^x = 0 \Leftrightarrow 1 - 4e^{2x} = 0 \Leftrightarrow e^{2x} = \frac{1}{4} \Leftrightarrow x = \frac{1}{2}\ln\left(\frac{1}{4}\right) \approx -0,693$
m) $2x^2 e^x - 8e^x = 0 \Leftrightarrow e^x(2x^2 - 8) = 0 \Leftrightarrow 2x^2 - 8 = 0 \Leftrightarrow x^2 = 4 \Leftrightarrow x_{1,2} = \pm 2$
n) $(e^x + 5) \cdot (3x - 6) = 0 \Leftrightarrow e^x + 5 = 0 \lor 3x - 6 = 0 \Leftrightarrow x = 2$

4.
a) $u_1 = 4$ $\Rightarrow x_1 = \ln(4)$ $u_2 = 10$ $\Rightarrow x_2 = \ln(10)$
b) $u_1 = 12$ $\Rightarrow x_1 = \ln(12)$ $u_2 = -3$ $\Rightarrow$ nicht lösbar
c) $u_1 = -6$ $\Rightarrow$ nicht lösbar $u_2 = -5$ $\Rightarrow$ nicht lösbar
d) $u_1 = 8$ $\Rightarrow x_1 = \ln(8)$ $u_2 = 1$ $\Rightarrow x_2 = \ln(1) = 0$
e) $u_1 = 16$ $\Rightarrow x_1 = \ln(16)$ $u_2 = 4$ $\Rightarrow x_2 = \ln(4)$

5.
a) $P(0|-1,7)$; $N(1,897|0)$
b) $6 = 0,3 \cdot e^x - 2 \Leftrightarrow x = \ln\left(\frac{80}{3}\right) \approx 3,283$
c) $\lim\limits_{x \to -\infty}(0,3e^x - 2) = -2$, weil gilt: $\lim\limits_{x \to -\infty} e^x = 0$.
Die Asymptote lautet $y_A = -2$.

6.
b) $f(x) = 4 \cdot e^{-x^2} = 1,5 \Leftrightarrow e^{-x^2} = \frac{3}{8}$
$\Leftrightarrow -x^2 = -0,98 \Leftrightarrow x_{1,2} = 0,99$

c) Es liegt Achsensymmetrie zur y-Achse vor, da für die Funktion gilt: $f(-x) = f(x)$.
Der Graph der Funktion f nähert sich der x-Achse an, die x-Achse ist Asymptote der Funktion f.

a)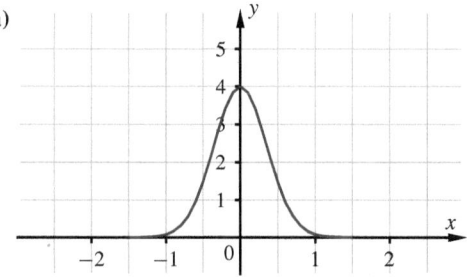

2.1 Exponentialfunktionen

7. a) $f(x) = 0,5xe^x - 2e^x = 0 \Leftrightarrow (0,5 - 2)e^x = 0 \Leftrightarrow e^x \neq 0;\quad 0,5x - 2 = 0 \Rightarrow x = 4 \quad \to N(4|0)$
$f(0) = 0,5 \cdot 0 \cdot e^0 - 2e^0 = -2$, da $e^0 = 1 \quad \to S_y(0|-2)$

b)

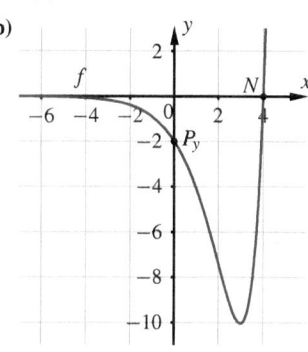

8. a) $f(x) = 8e^{-x} - 3 = 0$
$\Leftrightarrow e^{-x} = \frac{3}{8}$
$\Leftrightarrow x = -\ln(\frac{3}{8}) \approx 0,98 \quad \to N(0,98|0)$
$f(0) = 8e^{-0} - 3 = 5 \quad \to S_y(0|5)$

$g(x) = 3 - e^x = 0$
$\Leftrightarrow x = \ln(3) \approx 1,1 \quad \to N(1,1|0)$
$g(0) = 3 - e^0 = 2 \quad \to S_y(0|2)$

b) Siehe d)

c)
$f(x) = g(x)$
$8e^{-x} - 3 = 3 - e^x$
$8e^{-x} + e^x - 6 = 0 \quad |\cdot e^x$
$8 + e^{2x} - 6 \cdot e^x = 0 \quad |z = e^x$
$z^2 - 6z + 8 = 0$
$z_{1,2} = 3 \pm \sqrt{9 - 8}$
$z_1 = 2 = e^x \Rightarrow x_1 = \ln(2) \approx 0,69$
$z_2 = 4 = e^x \Rightarrow x_2 = \ln(4) \approx 1,39$
$g(\ln(2)) = 3 - e^{\ln(2)} = 3 - 2 = 1 \Rightarrow S_1(0,69|1)$
$g(\ln(4)) = 3 - e^{\ln(4)} = 3 - 4 = -1 \Rightarrow S_2(1,39|-1)$

d)

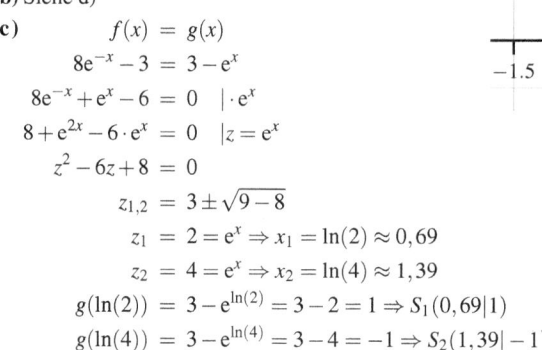

9. a) $f(x) = 2 - 9 \cdot e^{-x} = 0$
$\Leftrightarrow e^{-x} = \frac{2}{9}$
$\Rightarrow x = -\ln(\frac{2}{9}) \approx 1,5 \quad \to N(1,5|0)$
$f(0) = 2 - 9 \cdot e^{-0} = -7 \quad \to S_y(0|-7)$
$g(x) = e^x - 4 \Rightarrow x = \ln(4) \approx 1,39 \quad \to N(1,39|0)$
$g(0) = e^0 - 4 = -3 \quad \to S_y(0|-3)$

79 **b)** Siehe d)

c)
$$f(x) = g(x)$$
$$2 - 9 \cdot e^{-x} = e^x - 4$$
$$6 - 9 \cdot e^{-x} - e^x = 0 \quad | \cdot e^x$$
$$6 \cdot e^x - 9 - e^{2x} = 0 \quad | z = e^x$$
$$-z^2 + 6z - 9 = 0 \quad | \cdot (-1)$$
$$z^2 - 6z + 9 = 0$$
$$(z - 3)^2 = 0$$
$$z_{1,2} = 3 = e^x \Rightarrow x_{1,2} = \ln(3)$$
$$x_{1,2} \approx 1{,}1 \text{ doppelte Schnittstelle}$$
entspricht Berührstelle
Berührpunkt $S_{1,2}(1,1| -1)$

d)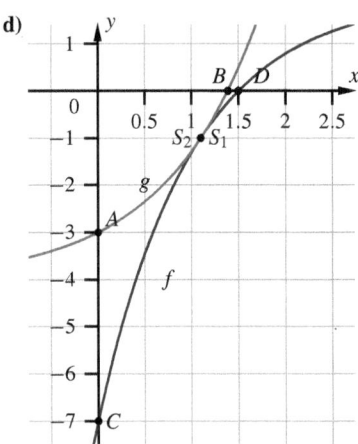

10. $f(t) = 2 \cdot e^{1,6094 \cdot t} = 8500 \Rightarrow t = \frac{\ln(4250)}{1,6094} \approx 5,19$ Tage

2.1.3 Ketten- und Produktregel

85 **1. a)** $u(x) = 3x$ $v(z) = z + 1$ **i)** $u(x) = 0{,}25x^4$ $v(z) = z - 1$
     b) $u(x) = x^2$ $v(z) = 6z$ oder
     c) $u(x) = x - 9$ $v(z) = 2z$ $u(x) = x^4$ $v(z) = 0{,}25z - 1$
     d) $u(x) = 2x$ $v(z) = z - 9$ **j)** $u(x) = (x - 1)^4$ $v(z) = 0{,}25z$
     e) $u(x) = x^3$ $v(z) = -4z$ oder
     f) $u(x) = -4x$ $v(z) = z^3$ $u(x) = x - 1$ $v(z) = 0{,}25z^4$
     g) $u(x) = x + 8$ $v(z) = 3z^2$ **k)** $u(x) = x - 2$ $v(z) = \sqrt{z}$
     h) $u(x) = 3x + 8$ $v(z) = z^2$ **l)** $u(x) = 2x$ $v(z) = e^z$
     oder   **m)** $u(x) = e^x$ $v(z) = 2z$
     $u(x) = 3x$ $v(z) = (z + 8)^2$ **n)** $u(x) = x^2$ $v(z) = e^z$

2. *Hinweis:* Fehler im 1. Druck! In Aufgabenteil e) lautet die Funktionsgleichung $f(x) = 2^x$.
     a) $f(g(x)) = 7(x - 3) = 7x - 21$ $g(f(x)) = 7x - 3$
     b) $f(g(x)) = -(x + 5) = -x - 5$ $g(f(x)) = -x + 5$
     c) $f(g(x)) = 0{,}5x^3 - 1$ $g(f(x)) = (0{,}5x - 1)^3 = 0{,}125x^3 - 0{,}75x^2 + 1{,}5x - 1$
     d) $f(g(x)) = \frac{3}{x^2}$ $g(f(x)) = (\frac{3}{x})^2 = \frac{9}{x^2}$
     e) $f(g(x)) = g(f(x)) = 3x$
     f) $f(g(x)) = e^{0,4(x-5)} = e^{0,4x-2}$ $g(f(x)) = e^{0,4x} - 5$

2.1 Exponentialfunktionen

3. *Hinweis:* Fehler im 1. Druck der 1. Auflage! In Teilaufgabe **h)** lautet die Funktionsgleichung $f(x) = \frac{1}{4x}$.

a) $f'(x) = 2(2x-5) \cdot 2 = 8x - 20$ oder $f(x) = 4x^2 - 20x + 25 \rightarrow f'(x) = 8x - 20$

b) $f'(x) = 2(1-6x) \cdot (-6) = -12 + 72x$ oder $f(x) = 1 - 12x + 36x^2 \rightarrow f'(x) = -12 + 72x$

c) $f'(x) = 3(x-2)^2 \cdot 1 = 3x^2 - 12x + 12$ oder $f(x) = x^3 - 6x^2 + 12x - 8 \rightarrow f'(x) = 3x^2 - 12x + 12$

d) $f'(x) = 8(3-2x) \cdot (-2) = -48 + 32x$ oder $f(x) = 36 - 48x + 16x^2 \rightarrow f'(x) = -48 + 32x$

e) $f'(x) = -2(0{,}5x+1) \cdot 0{,}5 = -0{,}5x - 1$ oder $f(x) = -0{,}25x^2 - x - 1 \rightarrow f'(x) = -0{,}5x - 1$

f) $f'(x) = (1+2x)^2 \cdot 2 = 2 + 8x + 8x^2$ oder $f(x) = \frac{1}{3} + 2x + 4x^2 + \frac{8}{3}x^3 \rightarrow f'(x) = 2 + 8x + 8x^2$

g) $f'(x) = 3(x+2)^3 \cdot 1 = 3x^3 + 18x^2 + 36x + 24$
oder $f(x) = 0{,}75x^4 + 6x^3 + 18x^2 + 24x + 12 \rightarrow f'(x) = 3x^3 + 18x^2 + 36x + 24$

h) $f'(x) = -\frac{1}{(4x)^2} \cdot 4 = -\frac{1}{4x^2}$ oder $f(x) = \frac{1}{4} \cdot x^{-1} \rightarrow f'(x) = -\frac{1}{4}x^{-2} = -\frac{1}{4x^2}$

4.
a) $f'(x) = 4e^{4x}$
b) $f'(x) = e^{x+6}$
c) $f'(x) = -3e^{-x}$
d) $f'(x) = -e^{5-x}$
e) $f'(x) = -0{,}5e^{0{,}5x+1}$
f) $f'(x) = -0{,}2e^{-x}$
g) $f'(x) = 3e^{1-2x}$
h) $f'(x) = -2x \cdot e^{3-x^2}$
i) $f'(x) = x \cdot e^{0{,}5x^2}$

j) $f(x) = \left(e^{\ln(2)}\right)^{3x} = e^{3 \cdot \ln(2) \cdot x}$ $\quad f'(x) = 3 \cdot \ln(2) \cdot e^{3 \cdot \ln(2) \cdot x} = 3 \cdot \ln(2) \cdot 2^{3x}$

k) $f(x) = \left(e^{\ln(0{,}5)}\right)^{-x} = e^{-\ln(0{,}5) \cdot x}$ $\quad f'(x) = -\ln(0{,}5) \cdot e^{-\ln(0{,}5) \cdot x} = -\ln(0{,}5) \cdot 0{,}5^{-x}$

l) $f(x) = 0{,}5 \cdot \left(e^{\ln(3)}\right)^{2x} = 0{,}5 \cdot e^{2 \cdot \ln(3) \cdot x}$ $\quad f'(x) = 0{,}5 \cdot 2 \cdot \ln(3) \cdot e^{2 \cdot \ln(3) \cdot x} = \ln(3) \cdot 3^{2x}$

m) $f(x) = 3 \cdot \left(e^{\ln(2)}\right)^{0{,}5x} = 3 \cdot e^{0{,}5 \cdot \ln(2) \cdot x}$ $\quad f'(x) = 3 \cdot 0{,}5 \cdot \ln(2) \cdot e^{0{,}5 \cdot \ln(2) \cdot x} = 1{,}5 \cdot \ln(2) \cdot 2^{0{,}5x}$

n) $f(x) = \left(e^{\ln(0{,}1)}\right)^{2x-4} = e^{2 \cdot \ln(0{,}1) \cdot x - \ln(0{,}1) \cdot 4}$
$f'(x) = 2 \cdot \ln(0{,}1) \cdot e^{2 \cdot \ln(0{,}1) \cdot x - \ln(0{,}1) \cdot 4} = 2 \cdot \ln(0{,}1) \cdot 0{,}1^{2x-4}$

o) $f(x) = -\left(e^{\ln(4)}\right)^{x^2} = -e^{\ln(4) \cdot x^2}$ $\quad f'(x) = -2 \cdot \ln(4) \cdot x \cdot e^{\ln(4) \cdot x^2} = -2 \cdot \ln(4) \cdot x \cdot 4^{x^2}$

p) $f(x) = \left(e^{\ln(0{,}05)}\right)^{-2x^2} = e^{-2 \cdot \ln(0{,}05) \cdot x^2}$
$f'(x) = -4 \cdot \ln(0{,}05) \cdot x \cdot e^{-2 \cdot \ln(0{,}05) \cdot x^2} = -4 \cdot \ln(0{,}05) \cdot x \cdot 0{,}05^{-2x^2}$

5.
a) $u(x) = 2x - 7 \quad\quad v(x) = x^2 + 3 \quad\quad u'(x) = 2 \quad\quad v'(x) = 2x$
$f'(x) = 2 \cdot (x^2 + 3) + (2x - 7) \cdot 2x = 6x^2 - 14x + 6$

b) $u(x) = x \quad\quad v(x) = e^{-x} \quad\quad u'(x) = 1 \quad\quad v'(x) = -e^{-x}$
$f'(x) = 1 \cdot e^{-x} + x \cdot (-e^{-x}) = (1-x) \cdot e^{-x}$

c) $u(x) = -e^x \quad\quad v(x) = 2x^2 \quad\quad u'(x) = -e^x \quad\quad v'(x) = 4x$
$f'(x) = -e^x \cdot 2x^2 + (-e^x) \cdot 4x = (-2x^2 - 4x) \cdot e^x$

d) $u(x) = x + 4 \quad\quad v(x) = e^{2x} \quad\quad u'(x) = 1 \quad\quad v'(x) = 2e^{2x}$
$f'(x) = 1 \cdot e^{2x} + (x+4) \cdot 2e^{2x} = (2x+9) \cdot e^{2x}$

e) $u(x) = e^{-x} \quad\quad v(x) = e^{3x} \quad\quad u'(x) = -e^{-x} \quad\quad v'(x) = 3e^{3x}$
$f'(x) = -e^{-x} \cdot e^{3x} + e^{-x} \cdot 3e^{3x} = -e^{2x} + 3e^{2x} = 2e^{2x}$

f) $u(x) = 2x - 5 \quad\quad v(x) = e^{x^2} \quad\quad u'(x) = 2 \quad\quad v'(x) = 2x \cdot e^{x^2}$
$f'(x) = 2 \cdot e^{x^2} + (2x-5) \cdot 2x \cdot e^{x^2} = (4x^2 - 10x + 2) \cdot e^{x^2}$

g) $u(x) = 0{,}5x^2 \qquad v(x) = e^{1-x^2} \qquad u'(x) = x \qquad v'(x) = -2x \cdot e^{1-x^2}$
$f'(x) = x \cdot e^{1-x^2} + 0{,}5x^2 \cdot (-2x \cdot e^{1-x^2}) = (-x^3 + x) \cdot e^{1-x^2}$

h) $u(x) = e^{4x} \qquad v(x) = \sqrt{x} \qquad u'(x) = 4e^{4x} \qquad v'(x) = \dfrac{1}{2\sqrt{x}}$
$f'(x) = 4e^{4x} \cdot \sqrt{x} + e^{4x} \cdot \dfrac{1}{2\sqrt{x}} = \left(4\sqrt{x} + \dfrac{1}{2\sqrt{x}}\right) \cdot e^{4x}$

i) $u(x) = x^3 - x \qquad v(x) = e^{-0{,}5x} \qquad u'(x) = 3x^2 - 1 \qquad v'(x) = -0{,}5e^{-0{,}5x}$
$f'(x) = (3x^2 - 1) \cdot e^{-0{,}5x} + (x^3 - x) \cdot (-0{,}5e^{-0{,}5x}) = (-0{,}5x^3 + 3x^2 + 0{,}5x - 1) \cdot e^{-0{,}5x}$

j) $u(x) = e^{2x} \qquad v(x) = e^{2x} \qquad u'(x) = 2e^{2x} \qquad v'(x) = 2e^{2x}$
$f'(x) = 2e^{2x} \cdot e^{2x} + e^{2x} \cdot 2e^{2x} = 4e^{4x}$

k) $u(x) = -e^x \qquad v(x) = \dfrac{4}{x} \qquad u'(x) = -e^x \qquad v'(x) = -\dfrac{4}{x^2}$
$f'(x) = -e^x \cdot \dfrac{4}{x} + (-e^x) \cdot \left(-\dfrac{4}{x^2}\right) = \left(\dfrac{4}{x^2} - \dfrac{4}{x}\right) \cdot e^x$

l) $u(x) = e^x - x \qquad v(x) = e^x - x \qquad u'(x) = e^x - 1 \qquad v'(x) = e^x - 1$
$f'(x) = (e^x - 1) \cdot (e^x - x) + (e^x - x) \cdot (e^x - 1) = 2e^{2x} - 2xe^x - 2e^x + 2x = 2e^{2x} - 2(x+1) \cdot e^x + 2x$

6. a) $f(g(x)) = (\sqrt{x})^2 = x$
b) $g(f(x)) = \sqrt{x^2} = x$
c) Beide Verkettungen liefern dasselbe Ergebnis. Die beiden Funktionen sind Umkehrfunktionen zueinander. Die erste Winkelhalbierende bildet sich bei beiden Verkettungen.

7. a) $N(2|0) \qquad P_y(0|-4)$
b) $f'(x) = 2e^x + (2x-4)e^x = e^x(2x-2)$
$f'(2) = 2e^2$
$f'(0) = -2$

8. $f'(x) = \dfrac{1}{8}e^{3x+12}$
$f'(\ln(2) - 4) = \dfrac{1}{8}e^{3(\ln(2)-4)+12} = \dfrac{1}{8}e^{3\ln(2)-12+12}$
$= \dfrac{1}{8}e^{\ln(2^3)} = \dfrac{1}{8} \cdot 8 = 1$

9. a) $f'(x) = e^{2x} + e^x$ und $f'(x) = 2 \Rightarrow e^{2x} + e^x = 2$; $u = e^x \Rightarrow u^2 + u - 2 = 0 \Rightarrow u_1 = 1,\ u_2 = -2$
Rücksubstitution: $e^x = 1 \Rightarrow x = 0$
$f(0) = 1{,}5$

b) Individuelle Lösungen

10. a) Berühren: z.z.: (1) $f(x) = g(x)$ und (2) $f'(x) = g'(x)$ **b)**
(1) $f(0) = 4 = g(0)$
(2) $f'(x) = 2 \cdot e^{-0{,}6x} - 0{,}6(2x+4) \cdot e^{-0{,}6x}$
$= -e^{-0{,}6x}\left(\dfrac{6}{5}x + 0{,}4\right)$
$f'(0) = -0{,}4 = g'(0)$
$\Rightarrow g$ ist die Tangente von f an der Stelle $x = 0$
c) $\alpha = 68{,}2°$

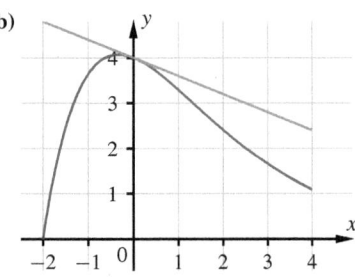

2.1.4 Kurvendiskussion mit der natürlichen Exponentialfunktion

1. **a)** $\frac{f(x_2)-f(x_1)}{x_2-x_1} = \frac{100{,}82 \cdot (e^{-0{,}03 \cdot 20} - e^{-0{,}03 \cdot 15})}{20-15} = \frac{-8{,}95}{5} = -1{,}79$
   b) Die durchschnittliche Änderung oder die Änderungsrate zwischen der 15. und der 20. Minute beträgt $-1{,}79\,°$C/min. Würde man die beiden Punkte auf dem Graphen durch eine Gerade verbinden, so hätte diese die Steigung bzw. das Gefälle $-1{,}79\,°$C/min.
   c) $f'(x) = -3{,}0246 \cdot e^{-0{,}03 \cdot x}$
   $f'(20) = -3{,}0246 \cdot e^{-0{,}03 \cdot 20} \approx -1{,}6599\,°$C/min
   Die Momentangeschwindigkeit des Abkühlungsvorgangs beträgt in der 20. Minute $-1{,}6599\,°$C/min. Dies zeigt einen langsameren Abkühlungsvorgang in der 20. Minute als durchschnittlich von der 15. bis zur 20. Minute.
   d) Die Abkühlungsgeschwindigkeit ist in der 0. Minute am größten, da hier die größte Steigung vorliegt.

2. **a)** $0{,}05\,$m $= 5\,$cm
   b) Ansatz: $0{,}5 = 0{,}05 e^{6k}$ liefert: $6k = \ln 10 \rightarrow k \approx 0{,}3838$
   c) $h(8) = 0{,}05 e^{0{,}3838 \cdot 8} \approx 1{,}0775$, ca. $1{,}08\,$m
   d) $h'(5) \approx 0{,}1308$. Zu Beginn der 5. Woche wächst sie mit einer Geschwindigkeit von $13{,}08\,$cm/Woche.

3. **a)** $f'(x) = (5-5x) \cdot e^{-x}$; $f''(x) = (5x-10) \cdot e^{-x}$
   $f'''(x) = (15-5x) \cdot e^{-x}$
   Nullstellen
   $f(x_N) = 0 \Leftrightarrow x_N = 0$; $N(0|0)$
   Extremstellen
   $f'(x_E) = 0 \Leftrightarrow (5-5x_E) = 0 \Leftrightarrow x_E = 1$
   $f''(1) = -\frac{5}{e} < 0 \rightarrow 1$ ist Maximalstelle.
   $f(1) = \frac{5}{e} \approx 1{,}84$; $H(1|\approx 1{,}84)$
   Wendestellen
   $f''(x_W) = 0 \Leftrightarrow 5x_W - 10 = 0 \Leftrightarrow x_W = 2$
   $f'''(2) = \frac{5}{e^2} > 0 \rightarrow 2$ ist R-L-Wendestelle.
   $f(2) = \frac{10}{e^2} \approx 1{,}35$; $W(2|\approx 1{,}35)$

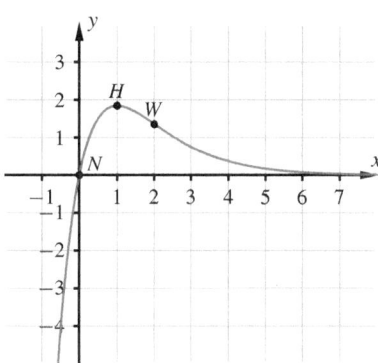

   b) $f'(x) = 2x \cdot e^{x^2}$; $f''(x) = (2+4x^2) \cdot e^{x^2}$
   $f'''(x) = (12x+8x^3) \cdot e^{x^2}$
   Nullstellen
   $f(x_N) = 0 \Leftrightarrow e^{x_N^2} = 0$
   keine Lösung $\rightarrow f$ hat keine Nullstellen.
   Extremstellen
   $f'(x_E) = 0 \Leftrightarrow 2x_E = 0 \Leftrightarrow x_E = 0$
   $f''(0) = 2 > 0 \rightarrow 0$ ist Minimalstelle.
   $f(0) = 1$; $T(0|1)$
   Wendestellen
   $f''(x_W) = 0 \Leftrightarrow 2+4x_W^2 = 0$
   keine Lösung $\rightarrow f$ hat keine Wendestellen.

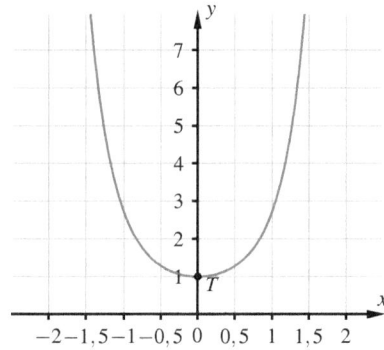

c) $f'(x) = (x^2+2x) \cdot e^x$; $f''(x) = (x^2+4x+2) \cdot e^x$
$f'''(x) = (x^2+6x+6) \cdot e^x$

Nullstellen
$f(x_N) = 0 \Leftrightarrow x_N = 0$; $N(0|0)$

Extremstellen
$f'(x_E) = 0 \Leftrightarrow x_E(x_E+2) = 0$
$\Leftrightarrow x_E = -2 \vee x_E = 0$

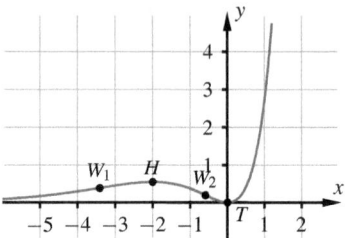

$f''(-2) = -\frac{2}{e^2} < 0 \to -2$ ist Maximalstelle. $f(-2) = \frac{4}{e^2} \approx 0,54$; $H(-2|\approx 0,54)$
$f''(0) = 2 > 0 \to 0$ ist Minimalstelle. $f(0) = 0$; $T(0|0)$

Wendestellen
$f''(x_W) = 0 \Leftrightarrow x_W^2 + 4x_W + 2 = 0$; $x_{W_1} = -2-\sqrt{2} \approx -3,41$; $x_{W_2} = -2+\sqrt{2} \approx -0,59$
$f'''(-2-\sqrt{2}) \approx -0,09 < 0 \to -2-\sqrt{2}$ ist L-R-Wendestelle.
$f(-2-\sqrt{2}) \approx 0,38$; $W_1(\approx -3,41|\approx 0,38)$
$f'''(-2+\sqrt{2}) \approx 1,57 > 0 \to -2+\sqrt{2}$ ist R-L-Wendestelle.
$f(-2+\sqrt{2}) \approx 0,19$; $W_2(\approx -0,59|\approx 0,19)$

d) $f'(x) = (0,5x-0,5) \cdot e^{0,5x}$
$f''(x) = (0,25x+0,25) \cdot e^{0,5x}$
$f'''(x) = (0,125x+0,375) \cdot e^{0,5x}$

Nullstellen
$f(x_N) = 0 \Leftrightarrow x_N - 3 = 0 \Leftrightarrow x_N = 3$;
$N(3|0)$

Extremstellen
$f'(x_E) = 0 \Leftrightarrow 0,5x_E - 0,5 = 0 \Leftrightarrow x_E = 1$
$f''(1) = 0,5 \cdot \sqrt{e} > 0 \to 1$ ist Minimalstelle.
$f(1) = -2 \cdot \sqrt{e} \approx -3,30$; $T(1|\approx -3,30)$

Wendestellen
$f''(x_W) = 0 \Leftrightarrow 0,25x_W + 0,25 = 0$
$\Leftrightarrow x_W = -1$
$f'''(-1) = \frac{0,25}{\sqrt{e}} > 0 \to -1$ ist R-L-Wendestelle.
$f(-1) = -\frac{4}{\sqrt{e}} \approx -2,43$; $W(-1|\approx -2,43)$

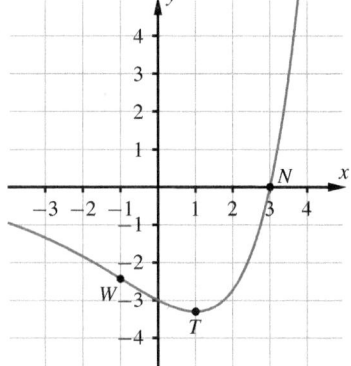

e) $f'(x) = (-x^2+4x-3) \cdot e^{-x}$
$f''(x) = (x^2-6x+7) \cdot e^{-x}$
$f'''(x) = (-x^2+8x-13) \cdot e^{-x}$

Nullstellen
$f(x_N) = 0 \Leftrightarrow (x_N-1)^2 = 0 \Leftrightarrow x_N = 1$;
$N(1|0)$

Extremstellen
$f'(x_E) = 0 \Leftrightarrow x_E^2 - 4x_E + 3 = 0$;
$x_{E_1} = 1$; $x_{E_2} = 3$
$f''(1) = \frac{2}{e} > 0 \to 1$ ist Minimalstelle.
$f(1) = 0$; $T(1|0)$
$f''(3) = -\frac{2}{e^3} < 0 \to 3$ ist Maximalstelle.
$f(3) = \frac{4}{e^3} \approx 0,20$; $H(3|\approx 0,20)$

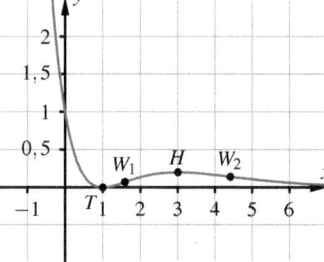

2.1 Exponentialfunktionen

Wendestellen

$f''(x_W) = 0 \Leftrightarrow x_W^2 - 6x_W + 7 = 0;\quad x_{W_1} = 3 - \sqrt{2} \approx 1{,}59;\ x_{W_2} = 3 + \sqrt{2} \approx 4{,}41$

$f'''(3-\sqrt{2}) \approx -0{,}58 < 0 \ \to\ 3-\sqrt{2}$ ist L-R-Wendestelle.

$f(3-\sqrt{2}) \approx 0{,}07;\quad W_1(\approx 1{,}59 \mid \approx 0{,}07)$

$f'''(3+\sqrt{2}) \approx 0{,}03 > 0 \ \to\ 3+\sqrt{2}$ ist R-L-Wendestelle.

$f(3+\sqrt{2}) \approx 0{,}14;\quad W_2(\approx 4{,}41 \mid \approx 0{,}14)$

f) $f'(x) = -0{,}5x \cdot e^{-0{,}25x^2}$

$f''(x) = (0{,}25x^2 - 0{,}5) \cdot e^{-0{,}25x^2}$

$f'''(x) = (-0{,}125x^3 + 0{,}75x) \cdot e^{-0{,}25x^2}$

Nullstellen

$f(x_N) = 0 \Leftrightarrow e^{-0{,}25x^2} = 0$

keine Lösung $\to f$ hat keine Nullstellen.

Extremstellen

$f'(x_E) = 0 \Leftrightarrow -0{,}5x_E = 0 \Leftrightarrow x_E = 0$

$f''(0) = -0{,}5 < 0 \ \to\ 0$ ist Maximalstelle.

$f(0) = 1;\quad H(0 \mid 1)$

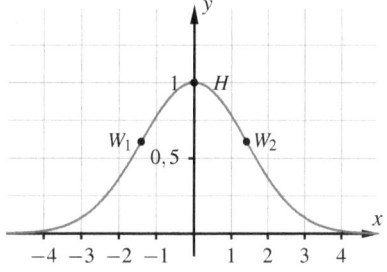

Wendestellen

$f''(x_W) = 0 \Leftrightarrow 0{,}25x_W^2 - 0{,}5 = 0 \Leftrightarrow x_W = -\sqrt{2}\ (\approx -1{,}41) \lor x_W = \sqrt{2}\ (\approx 1{,}41)$

$f'''(-\sqrt{2}) = -0{,}5 \cdot \sqrt{\frac{2}{e}} < 0 \ \to\ -\sqrt{2}$ ist L-R-Wendestelle.

$f(-\sqrt{2}) = \frac{1}{\sqrt{e}} \approx 0{,}61;\quad W_1(\approx -1{,}41 \mid \approx 0{,}61)$

$f'''(\sqrt{2}) = 0{,}5 \cdot \sqrt{\frac{2}{e}} > 0 \ \to\ \sqrt{2}$ ist R-L-Wendestelle.

$f(\sqrt{2}) = \frac{1}{\sqrt{e}} \approx 0{,}61;\quad W_2(\approx 1{,}41 \mid \approx 0{,}61)$

4. $t(x) = e \cdot x \Rightarrow \tan\alpha = e \Rightarrow \alpha \approx 69{,}8°$

5. Keine Symmetrie;

$\lim\limits_{x \to -\infty} f(x) = \infty;\quad \lim\limits_{x \to \infty} f(x) = 0$

$x_N = -1,\ S_y(0 \mid -2)$

$f'(x) = (x-1) \cdot e^{-0{,}5x}$

$f''(x) = (-0{,}5x + 1{,}5) \cdot e^{-0{,}5x}$

$T(1 \mid -2{,}43);\ W(3 \mid -1{,}79)$

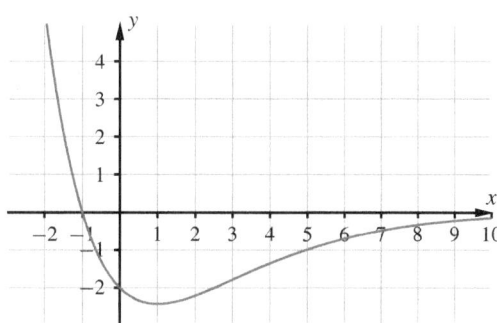

6. b) $f(x) = 5x^2 \cdot e^x$
$f'(x) = (5x^2 + 10x) \cdot e^x$
$f''(x) = (5x^2 + 20x + 10) \cdot e^x$

Vermuteter Hochpunkt bei $x = -2$:
$f'(-2) = 0$
$\to$ f besitzt bei $x = -2$ eine waagerechte Tangente.
$f''(-2) = -10 \cdot e^{-2} < 0$
$\to$ $x = -2$ ist eine Maximalstelle.

Vermuteter Tiefpunkt bei $x = 0$:
$f'(0) = 0$
$\to$ f besitzt bei $x = 0$ eine waagerechte Tangente.
$f''(0) = 10 > 0 \to x = 0$ ist eine Minimalstelle.

a)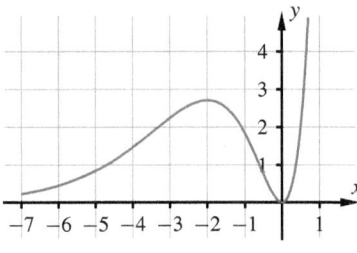

c) $t(x) = f'(-1)x + b$ ▶ Tangente in $x = -1$.
$t(-1) = f(-1) \Leftrightarrow f'(-1) \cdot (-1) + b = f(-1) \Leftrightarrow -5e^{-1} \cdot (-1) + b = 5 \cdot e^{-1} \Leftrightarrow b = 0$
Somit ist die Tangente in $x = -1$ eine Ursprungsgerade.

7. a) $f(-x) = 4(-x)^2 \cdot e^{-(-x)} = 4x^2 \cdot e^x \neq -f(x), f(x)$
Die Funktion ist weder punktsymmetrisch zum
Ursprung noch achsensymmetrisch zur y-Achse.
$\lim\limits_{x \to \infty} f(x) = 0; \ \lim\limits_{x \to -\infty} f(x) = \infty$

b) $f'(x) = (8x - 4x^2) \cdot e^{-x}$
$f''(x) = (4x^2 - 16x + 8) \cdot e^{-x}$
$T(0|0); H(2|2,165)$
$W(3,414|1,53); W(0,586|0,76)$

c)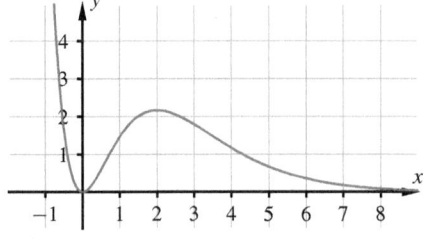

8. a) Schnittpunkt mit y-Achse: $P(0|2)$
Nullstelle: $N(2|0)$
Hochpunkt: $H(1|e)$
Wendepunkt: $W(0|2)$

d) Vermutung: Senkrechter Schnittpunkt in $x = 2$
Zu zeigen: (1) $f(2) = g(2)$ und (2) $f'(2) \cdot g'(2) = -1$
(1) $(2-2) \cdot e^2 = (2-2) \cdot e^{-2}$
(2) $f'(x) = (1-x) \cdot e^x \Rightarrow f'(2) = -e^2$
$g'(x) = (3-x) \cdot e^{-x} \Rightarrow g'(2) = e^{-2}$
$f'(2) \cdot g'(2) = -e^2 \cdot \frac{1}{e^2} = -1$

b), c)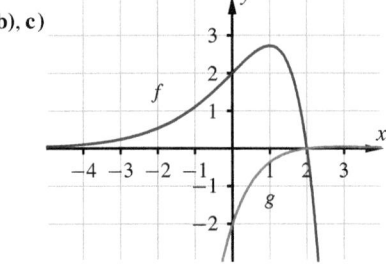

2.1 Exponentialfunktionen

9. a) $S_y(0|-1)$ $N_1(4|0)$ $N_2(-1|0)$
b) $T(2,70|-4,64)$ $H(-3,70|0,82)$
$W_1(1,28|-2,94)$ $W_2(-6,28|0,59)$

c)

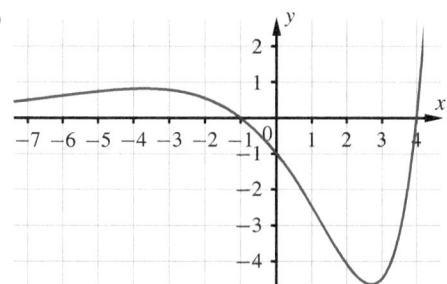

Die Funktion f besitzt zwei Nullstellen, zwei Extrempunkte und zwei Wendepunkte. Für $x \to -\infty$ nähert sich der Graph von f der x-Achse.

10. a) $f_a(0) = -2 \Leftrightarrow e^0 - a \cdot e^0 = -2 \Leftrightarrow a = 3$
b) $f'_a(x) = 2e^{2x} - ae^x$; $f'_a(0) = 1 \Leftrightarrow 2e^0 - ae^0 = 1 \Leftrightarrow a = 1$
c) $f_a(1) = e^2 - a \cdot e^1 = 0 \Leftrightarrow a = e$
d) $f''_a(x) = 4e^{2x} - ae^x$; $f''_a(0) = 0 \Leftrightarrow 4 - a = 0 \Leftrightarrow a = 4$

11. $f'(x) = 0,75 \cdot e^{3-3x} \cdot (-3) + 1$
$f'(x) = 0 \Leftrightarrow -\frac{9}{4}e^{3-3x} + 1 = 0 \Leftrightarrow x = 1,27$
$f(1,27) = 1,60 + a = 0 \Leftrightarrow a = -1,6$

12. g_1 ist die Ortskurve der Tiefpunkte. g_2 ist die Ortskurve der Wendepunkte.

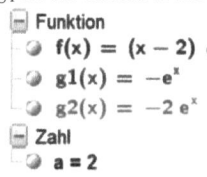

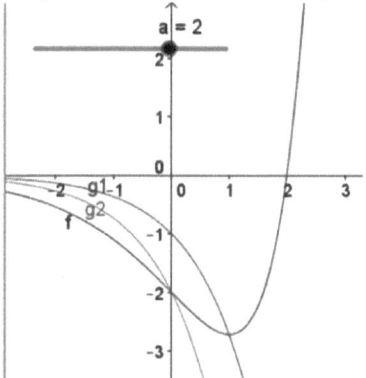

13. a) $f'(x) = e^x - 2e^{-x} = -1$
$e^x - 2e^{-x} + 1 = 0 \quad | \cdot e^x$
$(e^x)^2 - 2 + e^x = 0 \quad | u = e^x$
$u_1 = 1 \Rightarrow x_1 = \ln(1) = 0 \quad u_2 = -2 \Rightarrow$ keine Lösung
$P(0|3)$

b) $f'(x) = -4$
$e^x - 2e^{-x} + 4 = 0 \quad | \cdot e^x | u = e^x$
$u_1 = 0,45 \Rightarrow x_1 = \ln(0,45) \approx -0,79 \quad u_2 = -4,45 \Rightarrow$ keine Lösung
$P(\ln(0,45)|-0,45)$

14. Graph 1 ist der Ableitungsgraph von Graph a).
Graph 2 ist der Ableitungsgraph von Graph c).
Graph 3 ist der Ableitungsgraph von Graph b).

15. $f(x) = 9x \cdot e^{-x}$

a) $N(0|0) \quad H(1|3,311) \quad W(2|2,436)$

b)

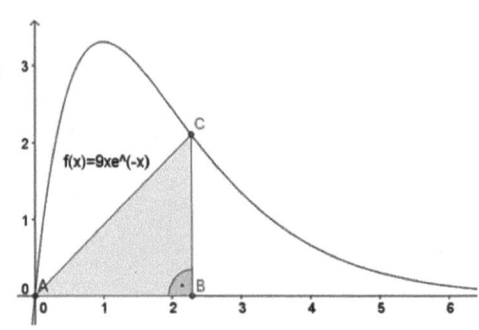

c₁) Zielfunktion: $A(u) = 0,5 \cdot u \cdot f(u)$
$A(u) = 0,5 \cdot u \cdot 9u \cdot e^{-u} = 4,5u^2 e^{-u}$
$A'(u) = 9ue^{-u} + 4,5u^2 \cdot (-e^{-u})$
$\quad = e^{-u}(9u - 4,5u^2) = 0$
$u = 0$ oder $u = 2$

Für $u = 0$ gibt es kein Dreieck, also ist hier der Flächeninhalt 0, somit der minimale Flächeninhalt.

Bei $u = 2$ ist der maximale Flächeninhalt des Dreiecks $ABC \to C(2|f(2)) = C(2|2,436)$.

c₂) $A(2) = 4,5 \cdot 2^2 \cdot e^{-2} = 2,436$ FE

c₃) Kathete AB ist 2 Einheiten lang; Kathete BC ist 2,436 Einheiten lang.

16. a) $H(0) = 0,25 \cdot e^{0,15 \cdot 0 - 0,35} = 0,1762$

Zu Beobachtungsbeginn am 0. Tag hat die Flechte eine Höhe von 0,18 mm.

b) $H(t) = 0,25 \cdot e^{0,15 \cdot t - 0,35} = 0,75 \Leftrightarrow t = 9,66$

Nach 9 Tagen, 15 Stunden und 50 Minuten hat die Flechte eine Höhe von 0,75 mm erreicht.

c) Die Wachstumsgeschwindigkeit entspricht der 1. Ableitung:
$H'(t) = 0,25 \cdot e^{0,15 \cdot t - 0,35} \cdot 0,15$
$\quad = 0,0375 \cdot e^{0,15 \cdot t - 0,35}$
$H'(5) = 0,05594$

Am 5. Beobachtungstag wächst die Flechte mit einer Geschwindigkeit von 0,056 mm/Tag.

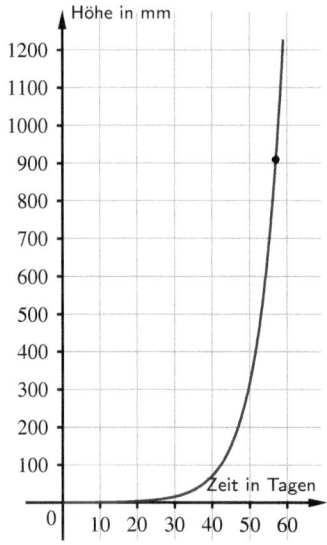

d) Der Graph beschreibt das Wachstum einer Flechte, die von Tag zu Tag schneller wächst. Gemäß dem Graphen erreicht die Flechte am 57. Tag eine Höhe von 91 cm. Da dies unrealistisch ist, sollte die Funktion H nur für die Modellierung der (wie in der Aufgabenstellung angegeben) ersten 12 Tage herangezogen werden.

2.1 Exponentialfunktionen

Übungen zu 2.1

1. a) $f(x) = 5 \cdot (\frac{8}{5})^{0,5x} = 5 \cdot e^{0,235x}$
   b) $f(x) = 24 \cdot (\frac{1}{2})^x = 24 \cdot e^{-0,693x}$
   c) $f(x) = 17,9 \cdot 1,08^x = 17,9 \cdot e^{0,804x}$
   d) $f(x) = 154,53 \cdot 1,02^x = 154,53 \cdot e^{0,023x}$

2. a) $x = \lg(100) \Leftrightarrow 100 = 10^x \Leftrightarrow x = 2 \rightarrow \lg(100) = 2$
   b) $x = \lg(0,1) \Leftrightarrow 0,1 = 10^x \Leftrightarrow x = -1 \rightarrow \lg(0,1) = -1$
   c) $x = \lg(1) \Leftrightarrow 1 = 10^x \Leftrightarrow x = 0 \rightarrow \lg(1) = 0$
   d) $x = \lg(1000) \Leftrightarrow 1000 = 10^x \Leftrightarrow x = 3 \rightarrow \lg(1000) = 3$

3. a) $\ln(x \cdot y) = \ln(x) + \ln(y)$
   b) $\ln(x^3) = 3\ln(x)$
   c) $\ln(\frac{x}{y}) = \ln(x) - \ln(y)$
   d) $\ln(x^{-4} \cdot y^5) = -4\ln(x) + 5\ln(y)$
   e) $\ln(\frac{x^4}{z^3}) = \ln(x^4) - \ln(z^3) = 4\ln(x) - 3\ln(z)$
   f) $\ln(\frac{x+y}{z}) = \ln(x+y) - \ln(z)$
   g) $\ln(x) + \ln(y) - 3\ln(z) = \ln(\frac{x+y}{z^3})$
   h) $2\ln(x) - 4\ln(y) = \ln(\frac{x^2}{y^4})$
   i) $-5\ln(x) + 4\ln(z) = \ln(\frac{z^4}{x^5})$
   j) $\ln(x+z) - 2\ln(y) = \ln(\frac{x+z}{y^2})$

4. a) $5e^x + 3e^{4x} = 0 \Leftrightarrow e^x(5 + 3e^{3x}) = 0 \Leftrightarrow 5 + 3e^{3x} = 0 \Leftrightarrow e^{3x} = -\frac{5}{3} \Rightarrow$ nicht lösbar
   b) $x^2 \cdot e^{-2x} + 4 \cdot e^{-2x} = 3x \cdot e^{-2x} \Leftrightarrow e^{-2x}(x^2 + 4 - 3x) = 0 \Leftrightarrow x^2 - 3x + 4 = 0 \Rightarrow$ nicht lösbar (negative Diskriminante)
   c) $(x^2 + 4) \cdot (e^{3x+9} - 0,5) = 0 \Leftrightarrow x_{1,2} = \pm 2 \vee e^{3x+9} = 0,5 \Leftrightarrow x_{1,2} = \pm 2 \vee x_3 = -3,23$
   d) $(x^3 - 8) \cdot (e^{11x} - 2) = 0 \Leftrightarrow x_1 = 2 \vee e^{11x} = 2 \Leftrightarrow x_1 = 2 \vee x_2 = 0,063$
   e) $e^x - 3 \cdot e^{2x} = 0 \Leftrightarrow e^x \cdot (1 - 3e^x) = 0 \Leftrightarrow 1 - 3e^x = 0 \Leftrightarrow e^x = \frac{1}{3} \Leftrightarrow x = -\ln(3) = -1,099$
   f) $4e^x \cdot (e^x - 4) = 0 \Leftrightarrow e^x - 4 = 0 \Leftrightarrow x = \ln(4) = 1,386$
   g) $e^{0,5x} - 3e^x = 0 \Leftrightarrow e^x \cdot (e^{-0,5x} - 3) = 0 \Leftrightarrow e^{-0,5x} - 3 = 0 \Leftrightarrow x = -2\ln(3) = -2,197$
   h) $7e^{3x} + 3e^x = e^x \Leftrightarrow e^x \cdot (7e^{2x} + 2) = 0 \Leftrightarrow 7e^{2x} + 2 = 0 \Leftrightarrow e^{2x} = \ln(-\frac{2}{7}) \Rightarrow$ keine Lösung

5. a) $u_1 = 6 \Rightarrow x_1 = \ln(6)$ $u_2 = 9 \Rightarrow x_2 = \ln(9)$
   b) $u_1 = 7 \Rightarrow x_1 = \ln(7)$ $u_2 = -24 \Rightarrow$ keine Lösung
   c) $u_1 = 16 \Rightarrow x_1 = \ln(16)$ $u_2 = -4 \Rightarrow$ keine Lösung
   d) $u_1 = 7 \Rightarrow x_1 = \ln(7)$ $u_2 = 14 \Rightarrow x_2 = \ln(14)$
   e) $u_1 = 3 \Rightarrow x_1 = \ln(3)$ $u_2 = 8 \Rightarrow x_2 = \ln(8)$
   f) $u_1 = 25 \Rightarrow x_1 = \ln(25)$ $u_2 = -5 \Rightarrow$ keine Lösung

6. a) $f(5) = 96,84\,°C$
   b) $f(x) = 240 \cdot 0,834^x = 240 \cdot e^{\ln(0,834) \cdot x}$
   $f'(x) = 240 \cdot \ln(0,834) \cdot e^{\ln(0,834) \cdot x}$
   $= 240 \cdot \ln(0,834) \cdot 0,834^x = -43,57 \cdot 0,834^x$
   $f'(5) = -17,58\,°C$
   c) $f(x) = 240 \cdot e^{-0,1815 \cdot x}$
   d) $240 \cdot 0,834^x = 40 \Leftrightarrow 0,834^x = \frac{1}{6} \Leftrightarrow x \cdot \ln(0,834) = \ln(\frac{1}{6}) \Leftrightarrow x = \frac{-\ln(6)}{\ln(0,834)} \approx 9,871$
   Nach ca. 10 Minuten hat das Werkstück die gewünschte Temperatur.

7. a) $\leftrightarrow$ (1)   b) $\leftrightarrow$ (6)   c) $\leftrightarrow$ (3)   d) $\leftrightarrow$ (5)   e) $\leftrightarrow$ (4)   f) $\leftrightarrow$ (2)

8. a) $N(-2|0)$; $S_y(0|8) = H$; $W(2|5,89)$ **b), d)**
   c) $S(-1,5|4,23)$
   e) $x = 0,5$
   f) $m = f'(0,5) = -0,78$
   $P_1(0,5|7,79)$ $P_2(0,5|1,56)$
   $t_1(x) = -0,78x + 8,18$
   $t_2(x) = -0,78x + 1,95$

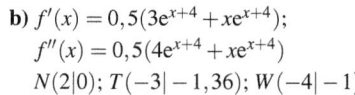

9. a) $f'(x) = xe^{0,5x+1}$; $f''(x) = 0,5(2e^{0,5x+1} + xe^{0,5x+1})$ **b)** $f'(x) = 0,5(3e^{x+4} + xe^{x+4})$;
   $N(2|0)$; $S_y(0|-10,87) = T(0|-10,87)$; $f''(x) = 0,5(4e^{x+4} + xe^{x+4})$
   $W(-2|-8)$ $N(2|0)$; $T(-3|-1,36)$; $W(-4|-1)$

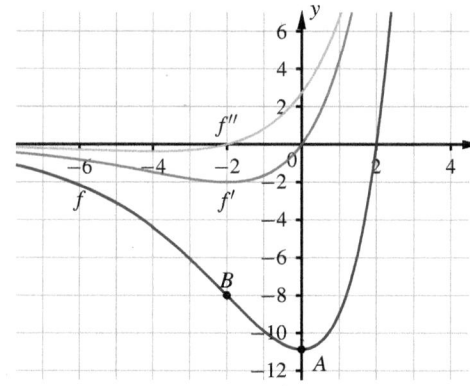 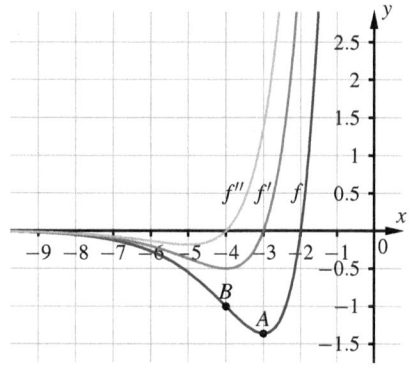

c) $f'(x) = 0,25(-e^{-2x} - 6xe^{-2x})$; $f''(x) = -e^{-2x} + 3xe^{-2x}$
   $N(-0,67|0)$; $S_y(0|0,5)$; $H(-0,17|0,52)$; $W(0,33|0,39)$

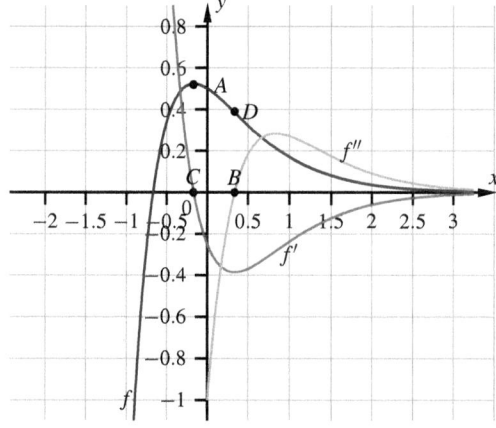

2.1 Exponentialfunktionen

10. a) Von 5000 Einwohnern zu Beginn des Jahres 2000 wuchs die Einwohnerzahl auf etwa 6500 im Jahr 2002. Von da an ging sie immer weiter zurück bis auf etwa 3300 zu Beginn des Jahres 2010. Den stärksten Rückgang gab es etwa in den Jahren 2006 und 2007.

b) $f'(t) = -11e^{-0,2t} + 12,5e^{-0,25t}$
$f''(t) = 2,2e^{-0,2t} - 3,125e^{-0,25t}$
$f'(t_E) = 0 \Leftrightarrow 0,88e^{-0,2t_E} = e^{-0,25t_E}$
$\Leftrightarrow t_E = -20 \cdot \ln(0,88) \; (\approx 2,56)$
$f''(2,56) \approx -0,33 < 0 \;\rightarrow\; 2,56$ ist Maximalstelle.
$f(2,56) \approx 6,597$

Nach ca. 2,56 Jahren, also etwa im Juli 2002, erreichte die Einwohnerzahl mit 6597 ihren Höchststand.

c) Die Steigung von f ist minimal bei R-L-Wendestellen.
$f'''(t) = -0,44e^{-0,2t} + 0,78125e^{-0,25t}$
$f'''(t_W) = 0 \Leftrightarrow 0,704e^{-0,2t_W} = e^{-0,25t_W} \Leftrightarrow t_W = -20 \cdot \ln(0,704) \; (\approx 7,0195)$
$f''''(7,0195) \approx 0,03 > 0 \;\rightarrow\; 7,0195$ ist R-L-Wendestelle.
$f'(7,0195) \approx -0,540; \quad f(7,0195) \approx 4,864$

Den stärksten Rückgang der Einwohnerzahl erlebte die Gemeinde zu Beginn des Jahres 2007. Zu diesem Zeitpunkt zählte die Gemeinde 4864 Einwohner und die „Geschwindigkeit" des Bevölkerungsrückgangs betrug -540 Einwohner pro Jahr.

▶ Genau ein Jahr später lebten in der Gemeinde 4327 Menschen: $f(8,0195) \approx 4,327$. Rechnet man $4864 - 540$, erhält man hingegen 4324. Wie erklären Sie sich diese Differenz?

11. a) $y = 0,4208x + 0,5594 \qquad \rightarrow P(55|23,70)$
$y = 0,0148x^2 - 0,1554x + 3,5295 \qquad \rightarrow P(55|39,75)$
$y = 2,8191 \cdot 1,049^x \qquad \rightarrow P(55|39,15)$

b$_1$) $f_1(x) = 3,3 \cdot e^{0,027678 \cdot x}$

b$_2$) $f_2(x) = 1,24874 \cdot e^{0,076306 \cdot x}$

c) $y = 2,8191 \cdot 1,049^x = 2,8191 \cdot e^{0,04784 \cdot x}$

d) $2,8191 \cdot e^{0,04784 \cdot x} = 12 \Rightarrow 30,2778$ Jahre

e)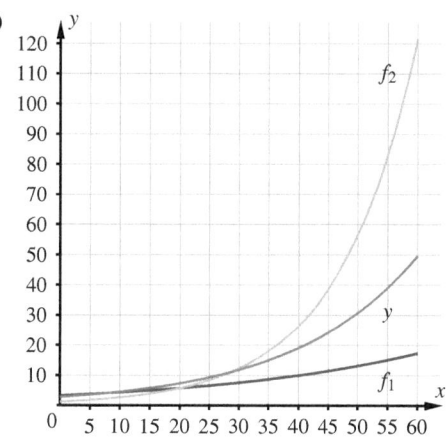

12. a) *Hinweis:* Fehler im 1. Druck der 1. Auflage! In Aufgabenteil f), Punkt (II) lautet die x_2-Stelle $x_2 = -0,4$.

$(a \cdot x^2 + b) \cdot e^{-x} \to f(x)$	Done
$d(f(x), x, 2) \to f_2(x)$	Done
solve $(f(-0,75) = 1,5$ and $f_2(0,6) = 0, a)$	$a = 1,176$ and $b = 0,047$

Die Funktion $f(x) = (1,176x^2 + 0,047) \cdot e^{-x}$ erfüllt die genannten Bedingungen.

b), c)

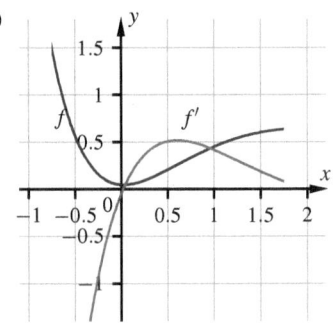

Da die Funktion f ihre größte Steigung im Wendepunkt bei $x = 0,6$ besitzt, prüfen wir, ob $f'(0,6) < 0,5$ gilt. Die Zeichnung der Funktion und ihrer Ableitung verdeutlicht, dass diese Ungleichung erfüllt ist. Aber im Randbereich des zugelassenen Intervalls besitzt die Funktion Steigungen, die größer als 0,5 sind. Somit stimmt die Aussage nicht.

d), e)

Die Graphen der beiden Funktionen schneiden sich im Punkt $S(1,6|0,6)$.

f) (I) Die Differenzfunktion, die den senkrechten Abstand der Funktionen f und g angibt, wird gebildet.
(II) Die Ableitung der Differenzfunktion wird null gesetzt, um die möglichen Hoch- und Tiefpunkte von d zu ermitteln.
(III) Aufgrund der zweiten Ableitung stellen wir fest, dass $x_1 = 0,388$ ein Hochpunkt und $x_2 = -0,4$ ein Tiefpunkt ist.
(IV) Die Differenz am (lokalen) Maximum beträgt $0,38$. Da die Differenz am Intervallrand $x = -0,75$ mit $0,42$ größer ist als bei $x_1 = 0,388$, ist der maximale Abstand der beiden Funktionen bei $x = -0,75$.

13. a), c)

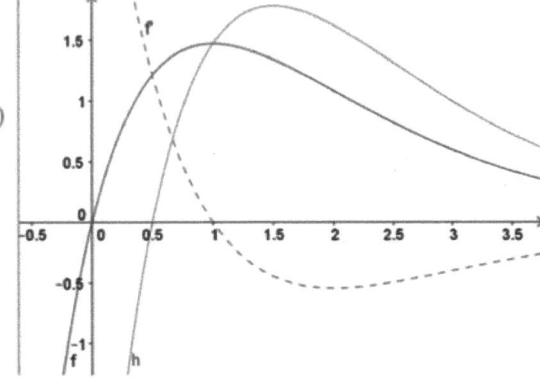

2.1 Exponentialfunktionen

b) Differenzfunktion maximieren:
$$d(u) = f(u) - f'(u) = 4ue^{-u} - (4e^{-u} - 4ue^{-u})$$
$$= 8ue^{-u} - 4e^{-u} = 4e^{-u}(2u-1)$$
$$d'(u) = -4e^{-u}(2u-3) = 0$$
$$\Rightarrow u = 1,5$$
$$d''(u) = 4e^{-u}(2u-5) \Rightarrow d''(1,5) \approx -1,79 < 0$$
$$\Rightarrow u = 1,5 \text{ ist Maximalstelle.}$$

c) Die Funktion h ist die Differenzfunktion aus b). Sie besitzt an der Stelle $x = 1,5$ ihr Maximum.

d) Die Abbildung zeigt, dass links des Schnittpunkts der Funktionen f und f' der Graph von f' oberhalb des Graphen der Funktion f verläuft. Für $[-\infty; 0,5]$ liefert die Differenzfunktion h negative Werte. Der Betrag von h entspricht dem Abstand der betrachteten Funktionen. Da gilt: $\lim\limits_{u \to -\infty} h(u) = -\infty$, gibt es in dem Intervall $[-\infty; 0,5]$ größere Werte für den Abstand, als jener bei $u = 1,5$.

Test zu 2.1

1. a) (1) $g(x) = 1000 + 50x$
(2) $g(x) = 1000 \cdot 1,05^x$

b) (1) grüner Graph   (2) blauer Graph

c) Die Gerade g besitzt bei $x = -20$ ihre Nullstelle, somit wäre die Bevölkerungszahl vor 20 Jahren bei 0 gewesen und die Zeit zuvor sogar negativ.

Die Funktion f nähert sich für $x \to -\infty$ der x-Achse, vor 127 Jahren hätten zwei Personen in diesem Ortsteil gelebt. Zur Modellierung wird nur der aktuelle Wert verwendet, erhobene Daten aus der Vergangenheit gehen in dieses Modell nicht ein.

2. a) $x = -5,27$ **b)** $x_{1,2} = \pm 3$ **c)** $x = -3$ **d)** $x_1 = \ln(7);\ x_2 = 2\ln(2)$

3. $f(x) = 0,5e^{2x} - 2e^x$
$f'(x) = e^{2x} - 2e^x$
$f''(x) = 2e^{2x} - 2e^x$
$N(1,386|0);\ T(0,693|-2);\ W(0|-1,5)$

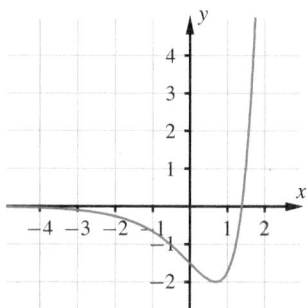

4. a) $f(x) = (x-2)e^x$

b) Blauer Graph = Graph von f.
Grüner Graph = Graph der 1. Ableitungsfunktion f'.
Der grüne (Ableitungs-)Graph besitzt eine Nullstelle an der zweiten Einheit der x-Achse. An dieser Stelle hat der blaue Graph von f seine waagerechte Tangente. Somit gibt der grüne Graph die Steigung des blauen Graphen an.

c) $f(x) = (x-2)e^x$
$\Rightarrow f'(x) = (x-1)e^x \Rightarrow f''(x) = xe^x = 0 \Rightarrow x = 0$
$\Rightarrow f'''(x) = (x+1)e^x \Rightarrow f'''(0) \neq 0$
$x = 0$ ist Wendestelle der Funktion f. $W(0|-2)$
Die Achseneinteilung in der Abbildung ist für beide Achsen: 2 Kästchen = 1 Einheit, denn der blaue Graph besitzt die Nullstelle $N(2|0)$ und den Punkt $(0|-2)$. Dieser ist Wendepunkt von f, da der grüne Ableitungsgraph hier seinen Tiefpunkt besitzt.

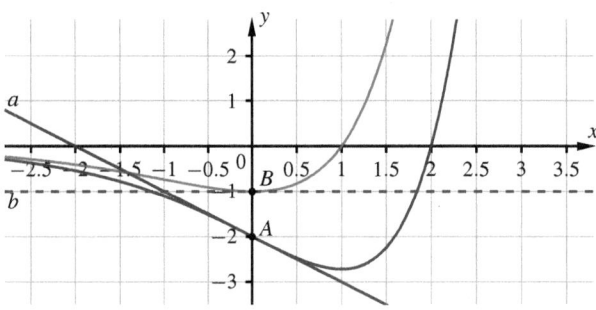

5. a) $g(2,5) = 0,75^{2,5} \approx 16,56\,\%$
   b) $g(t) = 100 \cdot 0,75^t = 100 \cdot e^{\ln 0,75 t} = 100 \cdot e^{-0,2877 t}$
   d) $10 = 100 \cdot 0,75^t \Rightarrow t \approx 8$ (Stunden)
   e) $40 = 100 \cdot 0,75^t \Rightarrow t \approx 3,18$ (Stunden)
   c)

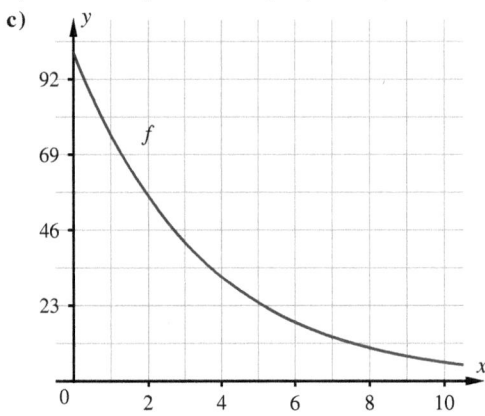

2.2 Wachstumsmodelle

2.2.1 Unbeschränktes exponentielles Wachstum

1. $f(x) = a \cdot 1,04^x$
   a) Verdoppelungszeit: $T_2 = \frac{\ln(2)}{\ln(1,04)} = 17,67$ Jahre
   b) $20\,000 = a \cdot 1,04^{10} \Rightarrow a = 13\,511,28$ €

2. a) Indien: $f_I(x) = 1\,220\,000\,000 \cdot 1,019^x = 1\,220\,000\,000 \cdot e^{0,0188x}$
   Nigeria: $f_N(x) = 167\,000\,000 \cdot 1,031^x = 167\,000\,000 \cdot e^{0,0305x}$
   b) Indien: $f_I(3) \approx 1\,290\,869\,628;\quad f_I(8) \approx 1\,418\,251\,667;\quad f_I(18) \approx 1\,711\,966\,030$
   Nigeria: $f_N(3) \approx 183\,017\,436;\quad f_N(8) \approx 213\,199\,309;\quad f_N(18) \approx 289\,315\,996$
   c) Indien: $2 = 1,019^t \Rightarrow t \approx 41,119$ Jahre ▶ ungefähr 2053
   Nigeria: $2 = 1,031^t \Rightarrow t \approx 22,704$ Jahre ▶ ungefähr 2034
   d) $f_N'(3) \approx 5\,582\,032$ Einwohner pro Jahr

3. a) $\frac{341}{500} = 0,682;\ \frac{233}{341} = 0,683;\ \frac{159}{233} = 0,682$
   Die Quotienten aufeinanderfolgender Tage bleiben konstant bei ca. 0,682. Alle 30 Sekunden zerfällt der Bestand auf ca. 68,2 % des vorherigen Bestandes.
   b) $f(t) = 500 \cdot 0,682^t;\ T_{0,5} = \frac{\ln(0,5)}{\ln(0,682)} = 1,811$ halbe Minuten
   c) $f(t) = 500 \cdot 0,682^t = 5 \Leftrightarrow 0,682^t = 0,01 \Leftrightarrow t = \frac{\ln(0,01)}{\ln(0,682)} \approx 12$ halbe Minuten = 6 Minuten

4. $f(n) = (\frac{1}{2})^n,\ (\frac{1}{2})^n = \frac{1}{8} \Leftrightarrow n = 3;\quad 3 \cdot 1\,600 = 4\,800$ (Jahre)

2.2.2 Beschränktes Wachstum

1. a) $f(2) = 22 + 178 \cdot e^{-k \cdot 2} = 160 \Leftrightarrow k = \frac{-\ln(\frac{138}{178})}{2} = 0,12726$
   b) $f(0) = 22 + 178 \cdot e^{-0,12726 \cdot 0} = 200$ °C
   c) $\lim_{t \to \infty} f(t) = 22 + 178 \cdot 0 = 22$ °C
   Auf diese Temperatur kühlt sich die Herdplatte langfristig ab.
   d) $22 + 178 \cdot e^{-0,12726 \cdot t} = 45 \Rightarrow k = \frac{\ln(\frac{23}{178})}{-0,12726} = 16,1$ Minuten
   e) Die Abkühlungsgeschwindigkeit entspricht der 1. Ableitung.
   $f'(t) = -22,65 \cdot e^{-0,12726 \cdot t} = -0,25 \Leftrightarrow t = \frac{\ln(\frac{5}{453})}{-0,12726} = 35,41$
   In der 35. Minute beträgt die Abkühlungsgeschwindigkeit $-0,25$ °C/min.

2. a) $f(x) = S - c \cdot e^{k \cdot x} \qquad S = 5000$
   $f(0) = 300$
   $f(1) = 300 + 350$
   $f(x) = 5000 - 4700 \cdot e^{-0,0774 \cdot x}$
   b) $f(3) \approx 1274$
   c) $f(x) = 2500 \Rightarrow x \approx 8,16$
   d) $f(x) = 3250 \Rightarrow x \approx 12,76$

3. a) $f(x) = 30 - 16\frac{2}{3} \cdot e^{-0,128x}$ **b)** $f(x) = 50 - 10 \cdot e^{-0,223x}$

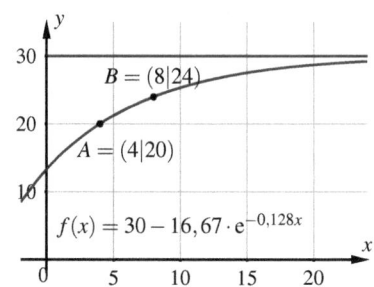
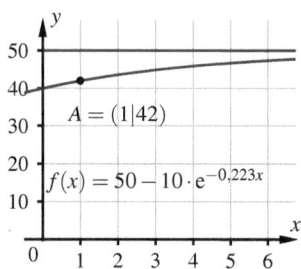

c) $f(x) = 6 - 5,04 \cdot e^{-0,231x}$

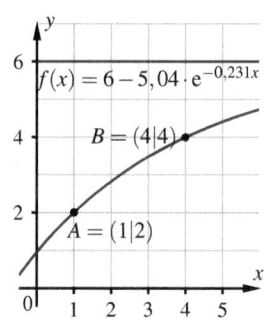

4. a) Da das Getränk gekühlt ist, liegt dessen Temperatur stets unter der Raumtemperatur von 19 °C, der Summand $c \cdot e^{k \cdot t}$ in der Formel muss also positiv sein, und da $e^{k \cdot t}$ stets positiv ist, muss c ebenfalls positiv sein.

b) Setzt man in $f(t) = 19 - c \cdot e^{k \cdot t}$ ein, erhält man das Gleichungssystem
$19 - c \cdot e^{k \cdot 7} = 12$; $19 - c \cdot e^{k \cdot 20} = 17$
Aus der ersten Gleichung folgt $c = 7e^{-7k}$, einsetzen in die zweite Gleichung liefert:
$-7e^{-7k}e^{20k} = -2 \Leftrightarrow e^{13k} = \frac{2}{7} \Leftrightarrow k = \frac{\ln(\frac{2}{7})}{13} \approx -0,096366$
Damit erhält man dann $c \approx -13,742$. Also ist $f(t) = 19 - 13,742 \cdot e^{-0,0964 \cdot t}$.

c) $f(0) = 5,258$

d) Wegen $\lim\limits_{t \to \infty} e^{-0,0964 \cdot t} = 0$ gilt $\lim\limits_{t \to \infty} f(t) = 19$. Also lautet die Gleichung für die Asymptote $y_A(t) = 19$. Das bedeutet, dass sich die Temperatur des Getränks im Verlaufe der Zeit immer mehr der Zimmertemperatur annähert.

e) $f(30) = 18,24$

f) $f'(20) \approx 0,1927$, d.h., nach 20 Minuten steigt die Temperatur des Getränks um 0,2 Grad/Minute.

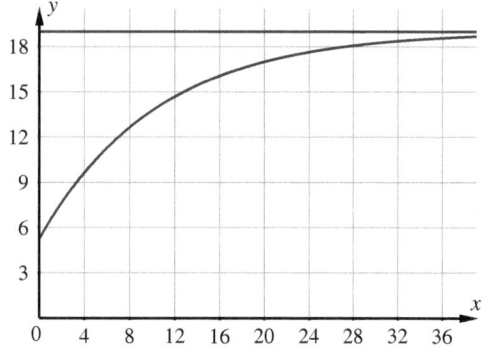

2.2 Wachstumsmodelle

5. a) $f(x) = S - c \cdot e^{k \cdot x} \qquad S = 90$
$f(0) = 25$
$f(1) = 38$
$f(x) = 90 - 65 \cdot e^{-0,223 \cdot x}$
b) $f(6) \approx 73$
c) $f(x) = 88 \Rightarrow x = 15,6$

2.2.3 Logistisches Wachstum

1. a), b)

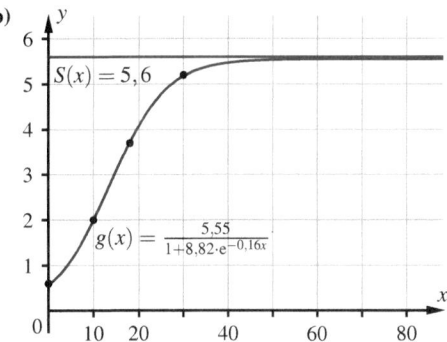

2. a) $f(x) = \frac{2500}{1+24e^{-0,05x}} \qquad f(0) = \frac{2500}{1+24e^{-0,05 \cdot 0}} = 100g$

b) Das maximal erreichbare Gewicht ist die Sättigungsgrenze, welcher sich der Graph für $x \to \infty$ nähert. Im Funktionsterm gilt: $\lim\limits_{x \to \infty} e^{-0,05x} = 0$. Somit ist $S = 2500$. Die Sättigungsgrenze kann auch mittels einer Zeichnung in GeoGebra oder im GTR bestimmt werden.

c) $f(30) = \frac{2500}{1+24e^{-0,05 \cdot 30}} = 393,38g$

d) 90 % der maximalen Masse: 2250

$$2250 = \frac{2500}{1+24e^{-0,05x}}$$
$$1 + 24e^{-0,05x} = \frac{2500}{2250}$$
$$e^{-0,05x} = \frac{1}{216}$$
$$x \approx 107,5 \text{ Tage}$$

e) Die Zeichnung des Graphen von f verdeutlicht die Sättigungsgrenze und den logistischen Verlauf. Der Graph der Ableitung f' ist aufgrund der geringen Steigungswerte bei dieser y-Achseneinteilung kaum zu sehen. Das Maximum der 1. Ableitung ist gesucht.

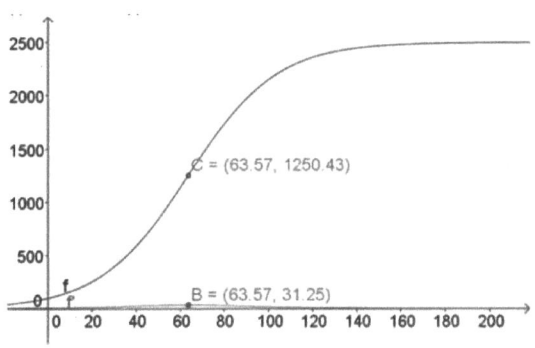

Der Graph der zweiten Ableitungsfunktion von f verdeutlicht die Nullstelle bei $x = 63{,}56$. Dies ist der Hochpunkt von f' und der Wendepunkt von f mit der maximalen Wachstumsgeschwindigkeit von 31,25 g/Tag.

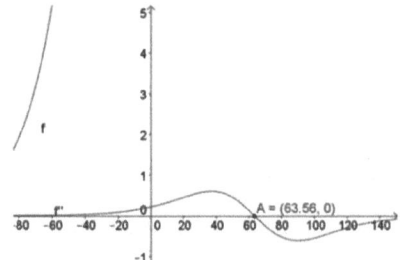

3. $S = 780$; $a = 2$; $f(1) = 6$, denn innerhalb einer Minute haben die zwei Schüler noch 4 weitere informiert. x wird in Minuten und $f(x)$ in wissenden Schülern gezählt.

$$6 = \frac{2 \cdot 780}{2 + (780-2) \cdot e^{-780 \cdot k \cdot 1}} \Leftrightarrow k = 0{,}001415$$

$$f(x) = \frac{1560}{2 + 778 \cdot e^{-1{,}1037x}}$$

Es sind alle Schüler informiert, wenn die Funktion den Wert 780 annimmt. Die Funktion f nähert sich der Sättigungsgrenze nur an, erreicht sie aber nicht. Verwenden wir den Wert 779, so bekommen wir den gesuchten Zeitpunkt mittels der Funktion f:

$$779 = \frac{1560}{2 + 778 \cdot e^{-1{,}1037x}}$$
$$2 + 778 \cdot e^{-1{,}1037x} = \frac{1560}{779}$$
$$e^{-1{,}1037x} = \frac{1}{303031}$$
$$x \approx 11{,}44$$

Nach ca. 11,5 Minuten ist die ganze Schule über das Gerücht informiert.

4. $S = 200$; $a = 15$; $f(1) = 24$

$$24 = \frac{3000}{15 + 185 \cdot e^{-200 \cdot k \cdot 1}} \Leftrightarrow k = 0{,}002599$$
$$170 = \frac{3000}{15 + 185 \cdot e^{-0{,}5198x}} \Leftrightarrow x = 8{,}17$$

Nach ca. 8 Tagen kann Kevin seine Fische mit 170 Maden aus der Müslidose füttern.

5. $f(x) = \frac{a \cdot S}{a + (S-a) \cdot e^{-S \cdot k \cdot x}}$

$ = a \cdot S \cdot (a + (S-a) \cdot e^{-S \cdot k \cdot x})^{-1}$

$f'(x) = a \cdot S \cdot (-1)(a + (S-a) \cdot e^{-S \cdot k \cdot x})^{-2}(S-a) \cdot (-S \cdot k)e^{-S \cdot k \cdot x}$

$ = \frac{a \cdot S^2 \cdot k \cdot (S-a) \cdot e^{-S \cdot k \cdot x}}{(a + (S-a) \cdot e^{-S \cdot k \cdot x})^2}$

6. a) exponentieller Prozess: $f'(2) = 22{,}9 \frac{\text{Fische}}{\text{Monat}}$
   b) beschränkter Prozess: $f'(2) = 6{,}42 \frac{\text{Fische}}{\text{Monat}}$
   c) logistischer Prozess: $f'(2) = 14{,}7 \frac{\text{Fische}}{\text{Monat}}$

Übungen zu 2.2

1. a) 72 Zellteilungen pro Tag, also $f(72) = 2^{72} \approx 4{,}722 \cdot 10^{21}$ Bakterien
b) $400 \cdot 2^n = 26\,214\,400 \Leftrightarrow n = 16$

2. a) $f(7) = 140{,}74$. Nach einer Woche sind ca. 141 Fruchtfliegen vorhanden.
b) $100 = 1{,}28^t$, also $t \approx 18{,}66$.
Nach 18,66 Tagen hat sich die Anzahl der Fliegen verhundertfacht.

3. Nach t Stunden sind noch $f(t) = 50 \cdot 0{,}75^t$ ME des Medikaments vorhanden.
Aus $f(t) = 9$ folgt $t = \log_{0{,}75}(\frac{9}{50}) \approx 5{,}96$.
Nach ungefähr 5,96 Stunden sind noch 9 ME des Wirkstoffs vorhanden.

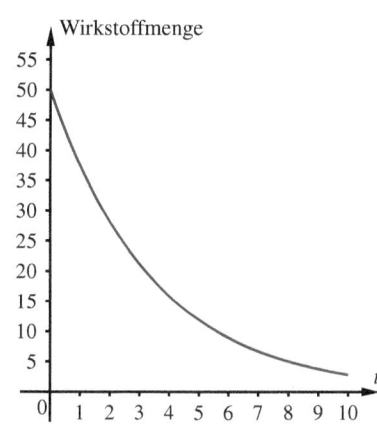

4. a) $h(3) = 10{,}65$. Anfang Juli ist die Pflanze 10,65 cm hoch.
b) $3 = 1{,}15^t$. Nach 7,9 Monaten hat sich die Größe der Pflanze verdreifacht.

5. a) Ansatz: $f(t) = 22 - a \cdot b^t$ ▶ t in Minuten; $f(t)$ in °C
$f(0) = 22 - a \cdot b^0 = 4 \Leftrightarrow a = 18$
$f(20) = 22 - 18 \cdot b^{20} = 18 \Leftrightarrow b \approx 0{,}92755 \rightarrow f(t) = 22 - 18 \cdot 0{,}92755^t$
b) $f(5) \approx 9{,}64$. Nach 5 Minuten ist das Wasser 9,64 °C warm.
c) $f(t) = 15 \Leftrightarrow 22 - 18 \cdot 0{,}92755^t = 15 \Leftrightarrow 0{,}92755^t = \frac{7}{18} \Leftrightarrow t = \frac{\ln(\frac{7}{18})}{\ln(0{,}92755)} \approx 12{,}56$
Nach etwa zwölfeinhalb Minuten ist das Wasser 15 °C warm.
d) $f(t) > 9 \Leftrightarrow 22 - 18 \cdot 0{,}92755^t > 9 \Leftrightarrow 0{,}92755^t < \frac{13}{18} \Leftrightarrow t \ln(0{,}92755) < \ln(\frac{13}{18})$
$\Leftrightarrow t > \frac{\ln(\frac{13}{18})}{\ln(0{,}92755)} \approx 4{,}3269$
Ab etwa 4 Minuten und 20 Sekunden liegt die Temperatur des Wassers über 9 °C.

6. a) Ansatz: $f(t) = M_0 \cdot b^t$
$f(40) = M_0 \cdot b^{40} = \frac{M_0}{2} \Leftrightarrow b = \sqrt[40]{0{,}5} \approx 0{,}983 \rightarrow f(t) = M_0 \cdot 0{,}983^t$
b) Nach einer Minute sind im Vergleich zur vorhergehenden Minute noch 98,3 % des Medikaments vorhanden. Es werden also pro Minute 1,7 % abgebaut.
Der prozentuale Abbau nach 20 Minuten berechnet sich zu
$\frac{f(20)}{f(0)} = \frac{M_0 \cdot 0{,}983^{20}}{M_0} = 0{,}983^{20} \approx 0{,}71 = 71\,\%$.

c) Für die erste Stunde lautet die Funktionsgleichung: $f_1(t) = 4 \cdot 0{,}983^t$. Nachdem nach einer Stunde weitere 2 mg gespritzt werden, sind $4 \cdot 0{,}983^{60} + 2 \approx 3{,}430$ mg im Blut vorhanden, die nun mit derselben Geschwindigkeit abgebaut werden. Zwischen der ersten und zweiten Stunde wird die Menge des Narkosemittels also durch die Funktion f_2 mit $f_2(t) = 3{,}43 \cdot 0{,}983^{t-60}$ beschrieben. Entsprechend gilt für die Zeit ab der zweiten Stunde: $f_3(t) = (f_2(120) + 2) \cdot 0{,}983^{t-120} \approx 3{,}226 \cdot 0{,}983^{t-120}$.
Am Ende der Operation befinden sich also noch $f_3(180) = 3{,}226 \cdot 0{,}983^{180-120} \approx 1{,}153$ mg des Narkosemittels im Körper des Patienten.

d) $f_3(t) = 1 \Leftrightarrow 3{,}226 \cdot 0{,}983^{t-120} = 1 \Leftrightarrow t - 120 = \frac{-\ln(3{,}226)}{\ln(0{,}983)} \Leftrightarrow t \approx 188{,}3$
Etwa 8 Minuten nach Ende der Operation ist die Menge auf 1 mg gesunken.

7. a) Da der Teich nur eine begrenzte Oberfläche von 400 m² hat, können die Wasserlilien nicht unbegrenzt wachsen. Die natürliche obere Schranke ist $S = 400$ und der Anfangswert ist 1 m².

b) $f(x) = 400 - c \cdot e^{k \cdot x}$
$f(0) = 1 \Rightarrow 1 = 400 - c \cdot e^{k \cdot 0} \Rightarrow c = 399$
$f(5) = 40 \Rightarrow 40 = 400 - 399 \cdot e^{k \cdot 5}$
$\Rightarrow k = -0{,}02057$
$f(x) = 400 - 399 \cdot e^{-0{,}02057 \cdot x}$

c) 40 % der Wasseroberfläche sind 160 m².
$f(x) = 160 \Rightarrow 160 = 400 - 399 \cdot e^{-0{,}02057 \cdot x}$
$\Rightarrow \frac{80}{133} = e^{-0{,}02057 \cdot x}$
$x = \frac{\ln \frac{80}{133}}{-0{,}02057} \approx 24{,}71$

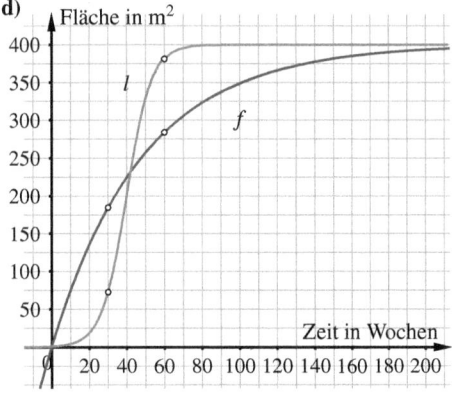

d)

$l(30) = 73{,}63 \qquad f(30) = 184{,}74$
$l(60) = 381{,}23 \qquad f(60) = 283{,}83$

Nach ca. 24 Wochen und 5 Tagen sollten die Lilien geschnitten werden.

8. a) (I): $T(50) = (T_0 - 20) \cdot e^{-50k} + 20 = 85$ und (II): $T(150) = (T_0 - 20) \cdot e^{-150k} + 20 = 30$.
(I) ist äquivalent zu $T_0 = 65 \cdot e^{50k} + 20$. Einsetzen in (II) liefert $e^{-100k} = \frac{10}{65}$, woraus $k = \frac{\ln(\frac{10}{65})}{-100} \approx 0{,}0187$ folgt. Somit ist $T_0 \approx 65 \cdot e^{50 \cdot 0{,}0187} + 20 \approx 185{,}72$.

b) $T(t) = (185{,}72 - 20)e^{-0{,}0187 \cdot t} + 20 = 60 \Leftrightarrow e^{-0{,}0187 \cdot t} = \frac{40}{165{,}72} \Leftrightarrow -0{,}0187t = \ln\left(\frac{40}{165{,}72}\right)$
$\Leftrightarrow t \approx 76$, d. h., die Flüssigkeit hat nach ungefähr 76 Minuten eine Temperatur von 60 °C erreicht.

9. a) 4 Jahre $\hat{=}$ 48 Monate; 18 Jahre $\hat{=}$ 216 Monate
$g(x) = 56{,}79 e^{0{,}02x}$; $\quad g(48) = 148{,}32$ cm; $\quad g(216) = 4269{,}96$ cm
Diese Funktionsgleichung nähert zwar die Daten der Tabelle gut an, wie auch die Grafik auf Seite 95 zeigt, aber für die Körpergröße von Frauen höheren Alters ist die Funktion g nicht geeignet.

b) $a = 56{,}79$

c) Beschränktes Modell: $S = 190 \quad S - a = 56{,}79 \quad$ ▶ Anfangswert des beschränkten Modells
$\Rightarrow a = 133{,}21$ und z. B. das Datenpaar: (22|92)
$92 = 190 - 133{,}21 \cdot e^{k \cdot 22} \Leftrightarrow k \approx -0{,}013953 \Leftrightarrow g_1(x) = 190 - 133{,}21 e^{-0{,}013953x}$
logistisches Modell: $S = 190$; $\quad a = 56{,}79$ und z. B. das Datenpaar: (22|92)
$92 = \frac{10\,790{,}1}{56{,}79 + 133{,}21 \cdot e^{-190 \cdot k \cdot 22}} \Leftrightarrow k \approx 0{,}00189 \Leftrightarrow g_2(x) = \frac{10\,790{,}1}{56{,}79 + 133{,}21 \cdot e^{-0{,}035881x}}$

2.2 Wachstumsmodelle

d)

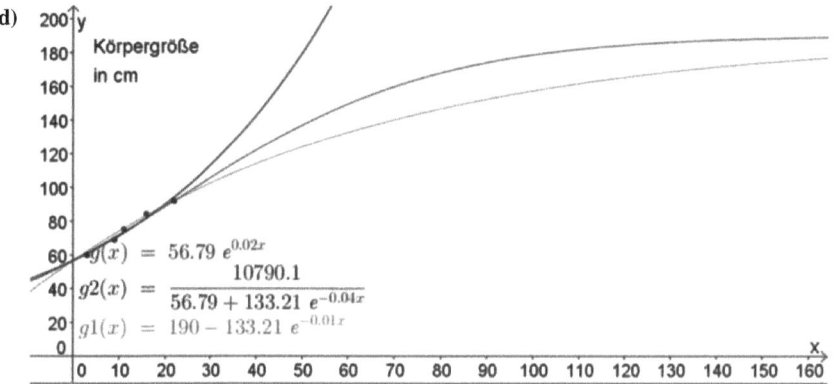

$g(x) = 56{,}79 \, e^{0{,}02x}$

$g2(x) = \dfrac{10790{,}1}{56{,}79 + 133{,}21 \, e^{-0{,}04x}}$

$g1(x) = 190 - 133{,}21 \, e^{-0{,}01x}$

10. a)

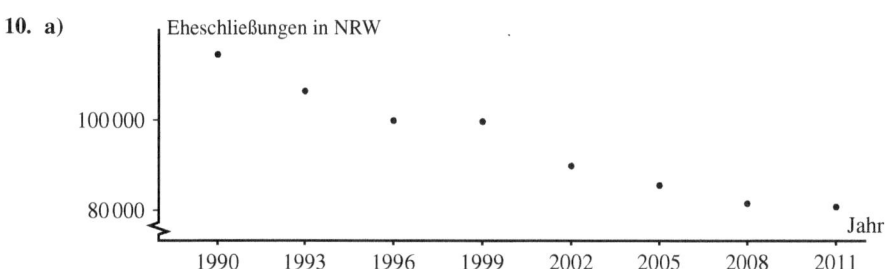

b) Die Veränderung der Anzahl der Eheschließungen ist durch den Differenzenquotienten gegeben. Da in dieser Tabelle 3-Jahres-Schritte vorliegen, ist es ausreichend, die Quotienten der jeweils aufeinanderfolgenden Tabelleneinträge zu bilden.

Jahre	Änderung
1990–1993	−8107
1993–1996	−6393
1996–1999	−277
1999–2002	−9842
2002–2005	−4275
2005–2008	−4013
2008–2011	−686

Die größe Abnahme findet zwischen 1999 und 2002 statt. Dies ist grafisch an der steilsten möglichen Verbindungsstrecke zwischen den einzelnen Punkten zu erkennen.

c)

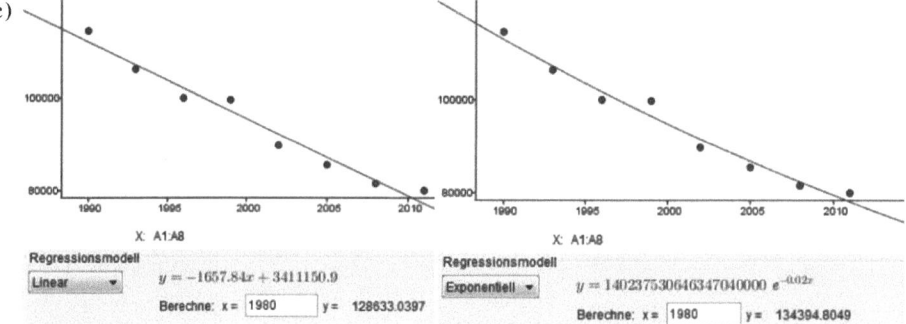

d) Das lineare Modell geht von einem ständig gleichbleibenden Rückgang der Anzahl der Eheschließungen aus. Bei $x = 2057,59$, also im Jahr 2057, werden 0 Eheschließungen erreicht und dannach wird die Zahl der Eheschließungen negativ. Das ist unrealistisch.

Das exponentielle Modell nähert sich für $x \to \infty$ der x-Achse an. Ob das realistisch ist, ist heute noch nicht absehbar. Jedoch bleiben die Zahlen positiv.

11. a)

(Graph mit Punkten $B = (4.2, 25.03)$ und $A = (4.2, 5.94)$)

b) Die erste Ableitung ist die Zuwachsrate.

c) Im Wendepunkt wächst die Population am stärksten. Das ist die Stelle $x = 4,2$ mit dem Maximum der ersten Ableitung.

d) Die Population nähert sich langfristig 50 Wölfen.

Test zu 2.2

1. a) $f(0) = 190 \Leftrightarrow a = 190$

$f(4) = 145 \Leftrightarrow 145 = 190 \cdot e^{k \cdot 4}$

$\Leftrightarrow k = \frac{\ln(\frac{145}{190})}{4}$

$\approx -0,067573$

$f(t) = 190 \cdot e^{-0,067573 \cdot t}$

b) $190 \cdot e^{-0,067573 \cdot t} = 22 \Rightarrow t = 31,906$ Minuten

d) Langfristig nähert sich die Herdplatte der Temperatur 0 °C. Diese Funktion ist kein gutes Modell, da sich die Herdplatte nicht dem Wert 0 °C, sondern der Zimmertemperatur annähern wird.

c)

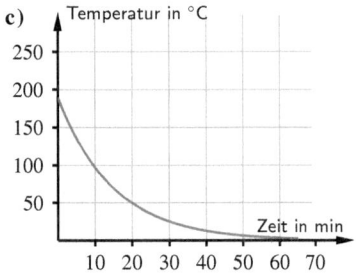

2. Gesucht ist die Basis, sodass die Halbwertszeit auf die Hälfte des Bestandes führt.

$f(28,8) = 0,5a \Leftrightarrow a \cdot e^{k \cdot 28,8} = 0,5a \Leftrightarrow k = \frac{\ln(0,5)}{28,8} \approx -0,0241$

$\Rightarrow f(t) = a \cdot e^{-0,0241 \cdot t}$

$f(t)$ beschreibt den Bestand an Strontium-90 bei einem Anfangswert von a Mengeneinheiten.

$f(2013 - 1960) = f(53) = a \cdot e^{-0,0241 \cdot 53} = a \cdot 0,278789$

Vom Anfangsbestand aus dem Jahr 1960 ist im Jahr 2013 noch ein Anteil von 27,9 % vorhanden.

3. a) Der Flächeninhalt der Petrischale: $A = \pi \cdot 3{,}6^2 \approx 40{,}72$ cm^2 ist die obere Schranke der Funktion f.
Am Tag $x = 0$ zu Beobachtungsbeginn ist die Petrischale zu einem Drittel gefüllt: $\frac{1}{3}A = 13{,}57$.
$f(x) = 40{,}72 - c \cdot e^{k \cdot x}$
$f(0) = 13{,}57 \Rightarrow 40{,}72 - c \cdot e^{k \cdot 0} = 13{,}57$
$\quad \Rightarrow c = 27{,}15$
$f(7) = 30 \Rightarrow 40{,}72 - 27{,}15 \cdot e^{7k} = 30$
$\quad \Rightarrow e^{7k} = 0{,}3948 \Rightarrow k = -0{,}1327$
$f(x) = 40{,}72 - 27{,}15 \cdot e^{-0{,}1327x}$

b) $f(14) = 40{,}72 - 27{,}15 e^{-0{,}1327 \cdot 14} \approx 36{,}48$
Nach 14 Tagen sind ca. 36,48 cm^2 der Petrischale bedeckt.

c) 60 % der Petrischalenfläche entsprechen: 24,43 cm^2.
$f(x) = 24{,}43 \Rightarrow 40{,}72 - 27{,}15 \cdot e^{-0{,}1327x} = 24{,}43$
$\Rightarrow e^{-0{,}1327x} = 0{,}6 \Rightarrow x = \frac{\ln(0{,}6)}{-0{,}1327} \approx 3{,}85$
Nach ca. 3 Tagen und 20 Stunden sind 60 % der Petrischale bedeckt.

4. a) $1{,}79 = \frac{0{,}25 \cdot 1{,}8}{0{,}25 + (1{,}8 - 0{,}25) \cdot e^{-1{,}8 \cdot k \cdot 10}} \Rightarrow k \approx 0{,}3896$
$f(x) = \frac{0{,}45}{0{,}25 + 1{,}55 \cdot e^{-0{,}7013x}} = \frac{9}{5 + 31 \cdot e^{-0{,}7013x}}$

b) $f(4) = 1{,}3$ m
Nach 4 Wochen hat die Pflanze eine Höhe von 1,3 Metern.

c) $1{,}64 = \frac{9}{5 + 31 \cdot e^{-0{,}7013x}} \approx 5{,}92$
Am Ende der 5. Woche erreicht die Pflanze 91 % ihrer maximalen Höhe.

5. $f_1 \leftrightarrow$ gelber Graph $\quad f_2 \leftrightarrow$ roter Graph $\quad f_3 \leftrightarrow$ grüner Graph $\quad f_4 \leftrightarrow$ blauer Graph

3 Integralrechnung

3.1 Einführung in die Integralrechnung

3.1.1 Stammfunktionen und unbestimmte Integrale

113

1. Beispiele:
   a) $F(x) = 4x$; $F(x) = 4x + 1$
   b) $F(x) = -1,5x^2 + 8x$; $F(x) = -1,5x^2 + 8x - 1$
   c) $F(x) = \frac{1}{6}x^3 + x^2$; $F(x) = \frac{1}{6}x^3 + x^2 + 2$
   d) $F(x) = x - x^4$; $F(x) = x - x^4 + 9$
   e) $F(x) = 0,4x^5 - 0,5x^2$; $F(x) = 0,4x^5 - 0,5x^2 + 7$
   f) $F(x) = -\frac{1}{5}x^4 + 5x^2$; $F(x) = -\frac{1}{5}x^4 + 5x^2 - 3$
   g) $F(x) = -0,2x^5 - 2x^3 + 8x$;
   $F(x) = -0,2x^5 - 2x^3 + 8x - 5$
   h) $F(x) = \frac{1}{3}e^{3x}$; $F(x) = \frac{1}{3}e^{3x} + 6$
   i) $F(x) = 3e^x$; $F(x) = 3e^x + 8$
   j) $F(x) = \frac{1}{9}e^{3x}$; $F(x) = \frac{1}{9}e^{3x} + 7$
   k) $F(x) = e^{x-1}$; $F(x) = e^{x-1} - 6$
   l) $F(x) = e^x - x$; $F(x) = e^x - x - 12$

2. a) $F(x) = 0,5x^2 + 5x + C$ ▶ Potenzregel, Faktorregel, Summenregel
   b) $F(x) = 2,5x^2 + C$ ▶ Potenzregel, Faktorregel
   c) $F(x) = \frac{1}{6}x^6 + C$ ▶ Potenzregel
   d) $F(x) = 0,9x^3 - 3x^2 + C$ ▶ Potenzregel, Faktorregel, Summenregel
   e) $F(x) = -\frac{1}{18}x^3 + 81x + C$ ▶ Potenzregel, Faktorregel, Summenregel
   f) $F(x) = 1,75x^2 - 1,2x^4 + C$ ▶ Potenzregel, Faktorregel, Summenregel
   g) $F(x) = 0,5x^5 - 4x^3 + 4x + C$ ▶ Potenzregel, Faktorregel, Summenregel
   h) $F(x) = \frac{1}{32}x^4 - \frac{1}{6}x^3 - 3x^2 + C$ ▶ Potenzregel, Faktorregel, Summenregel
   i) $F(x) = x - e^x + C$ ▶ Potenzregel, Faktorregel, Summenregel, Regel für Exponentialfunktionen
   j) $F(x) = 0,05e^{2x} + C$ ▶ Faktorregel, Regel für Exponentialfunktionen
   k) $F(x) = e^{4x+4} + C$ ▶ Faktorregel, Regel für Exponentialfunktionen
   l) $F(x) = x^2 - 7x + 0,5e^{2x-7}$ ▶ Potenzregel, Faktorregel, Summenregel Regel für Exponentialfunktionen

3. Ist F eine Stammfunktion von f, so gilt $F'(x) = f(x)$. Da eine additive Konstante beim Ableiten 0 wird, kann man dem Funktionsterm $F(x)$ eine beliebige additive Konstante hinzufügen, ohne dass sich die Ableitung ändert, d. h., es gilt weiterhin $F'(x) = f(x)$. Also ist jede solche ergänzte Funktion Stammfunktion von f.

4. z.B.
   $f(x) = 3x^2 - 4x + 8$; $\quad g(x) = -3x^2 + 4x - 6$
   $\int (3x^2 - 4x + 8)\,dx + \int (-3x^2 + 4x - 6)\,dx = \int (3x^2 - 4x + 8 - 3x^2 + 4x - 6)\,dx = \int 2\,dx$

5. a) $3\int (x^3 + 2x^2 + x)\,dx$
   b) $7\int (2x^2 + 7x)\,dx$
   c) $9\int (2x^3 + 9x)\,dx$
   d) $t\int (3x^3 + 2x)\,dx$
   e) $4t\int (tx^2 + 4x)\,dx$
   f) $3t\int (3x + 2)\,dx$

6. (1) **a)** $F(x) = -\frac{1}{32}x^4 + \frac{1}{4}x^3$ **e)** $f(x) = -0,125x^3 + 0,75x^2$
    i) $f'(x) = -0,375x^2 + 1,5x$
(2) **b)** $F(x) = -\frac{1}{40}x^5 + 0,25x^4 + \frac{1}{3}x^3 - 6x^2$ **f)** $f(x) = -0,125x^4 + x^3 + x^2 - 12x$
    g) $f'(x) = -0,5x^3 + 3x^2 + 2x - 12$
(3) **c)** $F(x) = \frac{1}{16}x^4 - \frac{1}{6}x^3 - \frac{7}{8}x^2$ **d)** $f(x) = 0,25x^3 - 0,5x^2 - 1,75x$
    h) $f'(x) = 0,75x^2 - x - 1,75$

3.1.2 Flächeninhalt und bestimmtes Integral

1. a) Scheitelpunkt: x-Koordinate durch $f'(x) = 0$ bestimmen. $-2x + 4 = 0$, also $x = 2$ $S(2|4)$
b), c) siehe Skizze
d) $A \approx \frac{(1\cdot 3 + 1\cdot 4 + 1\cdot 4 + 1\cdot 3) + (1\cdot 3 + 1\cdot 3)}{2} = 10$
Die Fläche beträgt 10 FE.

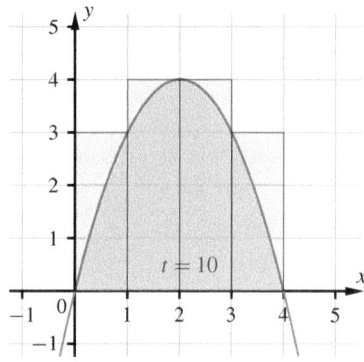

2. a)

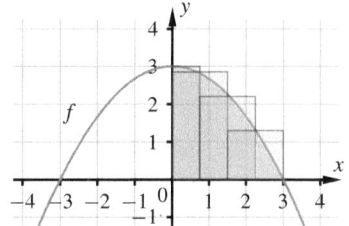

b) $n = 4$
$O_4 = \frac{3}{4}(f(0) + f(\frac{3}{4}) + f(\frac{3}{2}) + f(\frac{9}{4}))$
$O_4 = \frac{3}{4}(3 + \frac{45}{16} + \frac{9}{4} + \frac{21}{16})$
$O_4 = \frac{225}{32}$
$U_4 = \frac{225}{32} - 3 = \frac{129}{32}$

3. a)

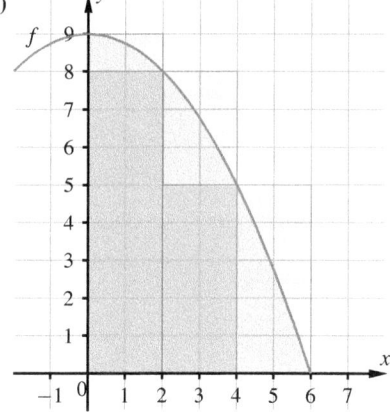
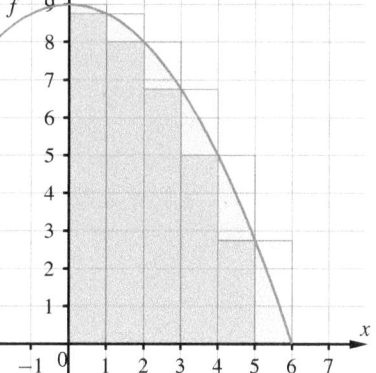

118

b) 3 Streifen
Obersumme: $O_3 = 2 \cdot f(0) + 2 \cdot f(2) + 2 \cdot f(4) = 2 \cdot (9+8+5) = 44$
Untersumme: $U_3 = 2 \cdot f(2) + 2 \cdot f(4) + 2 \cdot f(6) = 2 \cdot (8+5+0) = 26$
$\rightarrow 26 < A < 44$

6 Streifen
Obersumme: $O_6 = 1 \cdot f(0) + 1 \cdot f(1) + 1 \cdot f(2) + 1 \cdot f(3) + 1 \cdot f(4) + 1 \cdot f(5)$
$= 9 + 8,75 + 8 + 6,75 + 5 + 2,75 = 40,25$
Untersumme: $U_6 = 1 \cdot f(1) + 1 \cdot f(2) + 1 \cdot f(3) + 1 \cdot f(4) + 1 \cdot f(5) + 1 \cdot f(6)$
$= 8,75 + 8 + 6,75 + 5 + 2,75 + 0 = 31,25$
$\rightarrow 31,25 < A < 40,25$

Durch Halbierung der Streifenbreite konnte das Intervall, in dem der gesuchte Flächeninhalt A liegt, halbiert werden.

c) $O_n = \frac{6}{n} \cdot f\left(0 \cdot \frac{6}{n}\right) + \frac{6}{n} \cdot f\left(1 \cdot \frac{6}{n}\right) + \ldots + \frac{6}{n} \cdot f\left((n-1) \cdot \frac{6}{n}\right)$

$= \frac{6}{n} \left[9 - 0,25 \cdot 0^2 \cdot \left(\frac{6}{n}\right)^2 + 9 - 0,25 \cdot 1^2 \cdot \left(\frac{6}{n}\right)^2 + \ldots + 9 - 0,25 \cdot (n-1)^2 \cdot \left(\frac{6}{n}\right)^2 \right]$

$= \frac{6}{n} \left[9n - 0,25 \cdot \left(\frac{6}{n}\right)^2 \cdot \left(0^2 + 1^2 + \ldots + (n-1)^2\right) \right]$

$= \frac{6}{n} \left[9n - 0,25 \cdot \left(\frac{6}{n}\right)^2 \cdot \frac{1}{6} \cdot (n-1) \cdot n \cdot (2(n-1)+1) \right]$

$= 54 - 0,25 \cdot \left(\frac{6}{n}\right)^3 \cdot \frac{1}{6} \cdot (n-1) \cdot n \cdot (2n-1)$

$= 54 - \frac{9}{n^3} \cdot (2n^3 - 3n^2 + n) = 54 - \left(18 - \frac{27}{n} + \frac{9}{n^2}\right) = 36 + \frac{27}{n} - \frac{9}{n^2}$

$U_n = \frac{6}{n} \cdot f\left(1 \cdot \frac{6}{n}\right) + \frac{6}{n} \cdot f\left(2 \cdot \frac{6}{n}\right) + \ldots + \frac{6}{n} \cdot f\left(n \cdot \frac{6}{n}\right)$

$= \frac{6}{n} \left[9 - 0,25 \cdot 1^2 \cdot \left(\frac{6}{n}\right)^2 + 9 - 0,25 \cdot 2^2 \cdot \left(\frac{6}{n}\right)^2 + \ldots + 9 - 0,25 \cdot n^2 \cdot \left(\frac{6}{n}\right)^2 \right]$

$= \frac{6}{n} \left[9n - 0,25 \cdot \left(\frac{6}{n}\right)^2 \cdot \left(1^2 + 2^2 + \ldots + n^2\right) \right]$

$= \frac{6}{n} \left[9n - 0,25 \cdot \left(\frac{6}{n}\right)^2 \cdot \frac{1}{6} \cdot n \cdot (n+1) \cdot (2n+1) \right]$

$= 54 - 0,25 \cdot \left(\frac{6}{n}\right)^3 \cdot \frac{1}{6} \cdot n \cdot (n+1) \cdot (2n+1)$

$= 54 - \frac{9}{n^3} \cdot (2n^3 + 3n^2 + n) = 54 - \left(18 + \frac{27}{n} + \frac{9}{n^2}\right) = 36 - \frac{27}{n} - \frac{9}{n^2}$

$\lim_{n \to \infty} O_n = \lim_{n \to \infty} \left(36 + \frac{27}{n} - \frac{9}{n^2}\right) = 36 \qquad \lim_{n \to \infty} U_n = \lim_{n \to \infty} \left(36 - \frac{27}{n} - \frac{9}{n^2}\right) = 36$

4. In der Skizze wird auch der Hochpunkt, der nicht durch eine Intervallgrenze bestimmt wird, berücksichtigt:
$x_E = \frac{8}{3}$
$O = 0,5(f(0,5) + f(1) + f(1,5) + f(2) + f(2,5) + f(\frac{8}{3}) + f(3) + f(3,5))$
$= 0,5(0,4375 + 1,5 + 2,8125 + 4 + 4,6875 + 4,7407 + 4,5 + 3,0625) = 12,87$
$U = 0,5(f(0,5) + f(1) + f(1,5) + f(2) + f(3) + f(3,5)) = 8,16$

5. Ja, z.B. Trapeze

6. a), b), c)

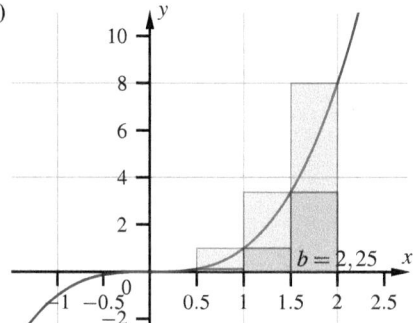

d) $O_4 = 0,5(f(0,5)+f(1)+f(1,5)+f(2)) = 6,25$
$U_4 = O_4 - 0,5 \cdot f(2) = 2,25$

e) $U_n = \frac{2}{n} \cdot (\frac{2}{n})^3 + \frac{2}{n} \cdot (\frac{4}{n})^3 + \cdots + \frac{2}{n} \cdot (\frac{2n-1}{n})$
$= \frac{16}{n^4} + \frac{16}{n^4} \cdot 8 + \cdots + (n-1)^3 \cdot \frac{16}{n^4}$
$= \frac{16}{n^4} \cdot (1+8+27+\cdots+(n-1)^3)$
$U_n = \frac{16}{n^4} \cdot \frac{(n-1)^2 \cdot n^2}{4} = \frac{4(n^2-2n+1)}{n^2}$
$= 4 - \frac{8}{n} + \frac{4}{n^2}$

Für die Obersumme gilt dementsprechend:
$O_n = \frac{2}{n} \cdot (\frac{2}{n})^3 + \frac{2}{n} \cdot (\frac{4}{n})^3 + \cdots + \frac{2}{n} \cdot (\frac{2n}{n})^3$
$= \frac{16}{n^4} + \frac{16}{n^4} \cdot 8 + \cdots + (n^3 \cdot \frac{16}{n^4})$
$= \frac{16}{n^4} \cdot (1+8+27+\cdots+n^3)$
$O_n = \frac{16}{n^4} \cdot \frac{(n+1)^2 \cdot n^2}{4} = \frac{4(n^2+2n+1)}{n^2}$
$= 4 + \frac{8}{n} + \frac{4}{n^2}$

Für $n \to \infty$ geht $4 - \frac{8}{n} + \frac{4}{n^2} \to 4$ und $4 + \frac{8}{n} + \frac{4}{n^2} \to 4$.

7. a) $\int_0^4 (x^3+3)dx$ b) $\int_1^6 (t^3+2t)dt$ c) $\int_{-1}^1 (x^3+2t)dx$

8. a) $f(x) = e^x \left(-\frac{1}{2}\cos(x) + \frac{1}{2}\sin(x)\right)$ $\int_0^1 f(x)dx = -0,23$
b) $f(x) = \frac{1}{2}\sin^2(x)$ $\int_0^1 f(x)dx = 0,14$
c) $f(x) = -\cos(x) + \frac{1}{2}\sin(x)$ $\int_0^1 f(x)dx = -0,61$
d) $f(x) = -\frac{1}{4}\sin(2x) + \frac{1}{2}x$ $\int_0^1 f(x)dx = 0,07$
e) $f(x) = \frac{1}{6}x^3 + \frac{1}{2}x^2 \operatorname{sgn}(x)$ $\int_0^1 f(x)dx = 0,21$

118

9. a) z.B. bei GeoGebra
Untersumme
[<Funktion>, <Startwert>,
<Endwert>, <Anzahl der Rechtecke>]
konkret: Untersumme[f,0,3,6]
entsprechend für Obersumme

d) $U_n = 4,28$ [FE]; $O_n = 7,25$ [FE]

e) z.B. bei GeoGebra
Integral [<Funktion>, <Startwert>,
<Endwert>]
konkret: Integral [f,0,3]
$A = 5,93$ [FE]

b), c)

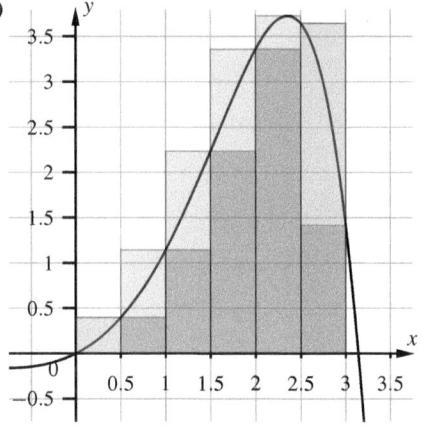

3.1.3 Zusammenhang zwischen Flächeninhalt und Stammfunktion

122

1. Integral über $x^2 dx$ von 2 bis 5

2. a) f: $A(x) = 0,5(1,5x \cdot x) = 0,75x^2$ h: $A(x) = 0,5(0,5x) \cdot x + 1x = 0,25x^2 + x$
g: $A(x) = 2x$ i: $A(x) = 0,5(0,5x) \cdot x + 2x = 0,25x^2 + 2x$

b)

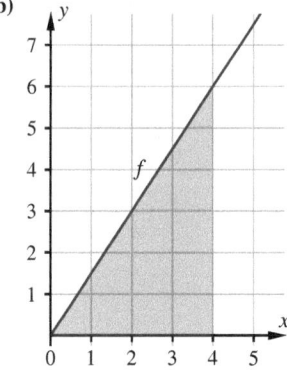

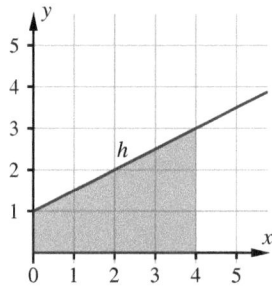
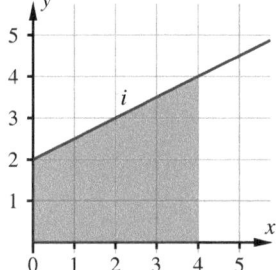

$f: A = 12$ FE $g: A = 8$ FE $h: A = 8$ FE $i: A = 12$ FE

3. a)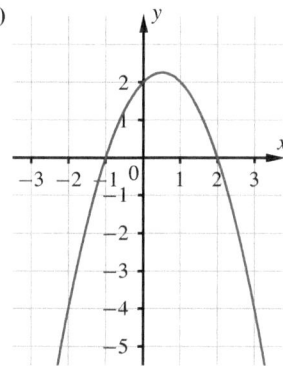

b)
$$A(x) = \int_{-1}^{0}(-x^2+x+2)dx + \int_{0}^{2}(-x^2+x+2)dx$$
$$= \left[-\tfrac{1}{3}x^3+\tfrac{1}{2}x^2+2x\right]_{-1}^{0} + \left[-\tfrac{1}{3}x^3+\tfrac{1}{2}x^2+2x\right]_{0}^{2}$$
$$= \left(-\tfrac{1}{3}-\tfrac{1}{2}+2\right) + \left(-\tfrac{1}{3}\cdot 8+\tfrac{1}{2}\cdot 4+2\cdot 2\right)$$
$$= 4{,}5 \text{ [FE]}$$

4.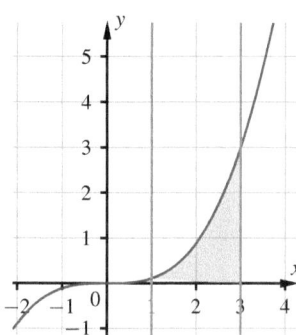

$$A(x) = \int_{1}^{3}\tfrac{1}{9}x^3\,dx = \left[\tfrac{1}{36}x^4\right]_{1}^{3} = \tfrac{81}{36} - \tfrac{1}{36} = \tfrac{80}{36}$$
$$= \tfrac{20}{9} \text{ [FE]}$$

5. Individuelle Lösungen

3.1.4 Intergrationsregeln

1. a) $\left[\tfrac{1}{3}x^3+x^2\right]_{0}^{2} = \tfrac{20}{3}$
 b) $\left[\tfrac{1}{4}x^4+\tfrac{7}{3}x^3\right]_{0}^{5} = \tfrac{5375}{12}$
 c) $2\cdot\left[\tfrac{1}{2}x^4+\tfrac{5}{3}x^3\right]_{0}^{3} = 171$
 d) $5\left[0{,}5x^2-2x\right]_{3}^{4} = 7{,}5$
 e) $3\left[\tfrac{2}{3}x^3+0{,}5x^2\right]_{2}^{4} = 130$
 f) $\left[\tfrac{1}{4}x^4+\tfrac{1}{2}x^2\right]_{1}^{5} = 168$

2. a) $\left[\tfrac{1}{2}x^4+\tfrac{4}{3}x^3\right]_{1}^{7} = 1656$
 b) $\left[\tfrac{1}{5}x^5+\tfrac{1}{4}x^4+\tfrac{1}{2}x^2+x\right]_{0}^{4} = \tfrac{1404}{5}$

3. I: $f(x) = -x+3$ II: $g(x) = 1$ III: $h(x) = 3x-11$ IV: $i(x) = -4x+24$
 I $A = \left[-\tfrac{1}{2}x^2+3x\right]_{0}^{2} = 4$ III $A = [1{,}5x^2-11x]_{4}^{5} = 2{,}5$
 II $A = 2$ IV $A = [-2x^2+24x]_{5}^{6} = 2$

4. Für die Gesamtfläche A gilt elementargeometrisch:
$A = A_1 + A_2 = \frac{1}{2}z \cdot (f(z) - 2) + z \cdot 2 = \frac{1}{2}z \cdot f(z) + z$
$= \frac{1}{2}z \cdot (0,3z + 2) + z = 0,15z^2 + 2z$
Stammfunktion: $F(x) = 0,15x^2 + 2x + C$
Für $C = 0$ und $x = z$ gilt: $F(z) = 0,15z^2 + 2z$

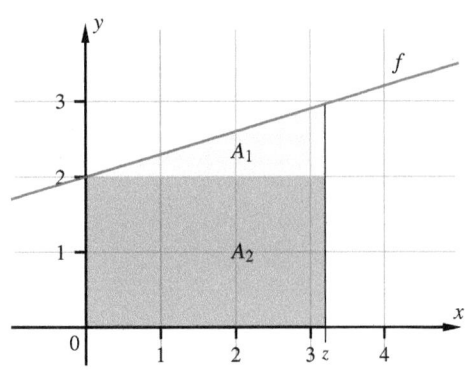

5. a) $A = \int_{1}^{4} \frac{2}{3}x^2 \, dx$
$= \left[\frac{2}{9}x^3\right]_{1}^{4} = 14$

c) $A = \int_{-3}^{3} (-x^2 + x + 20) \, dx$
$= \left[-\frac{1}{3}x^3 + \frac{1}{2}x^2 + 20x\right]_{-3}^{3} = 102$

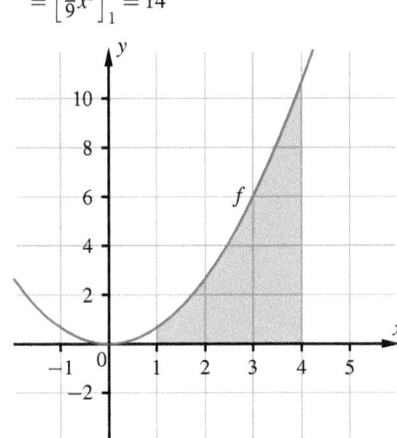

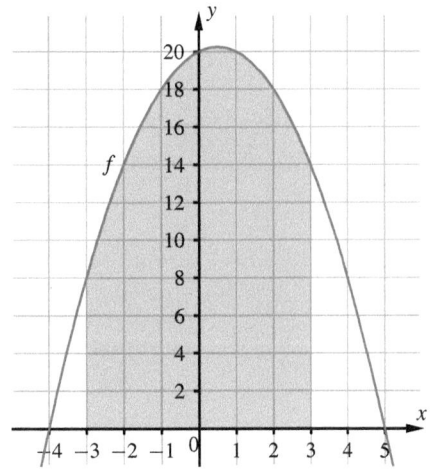

b) $A = \int_{0}^{1} (-x^2 + 2) \, dx$
$= \left[-\frac{1}{3}x^3 + 2x\right]_{0}^{1} = \frac{5}{3} \approx 1{,}67$

d) $A = \int_{-1}^{2} (-2x^2 + 2x + 6) \, dx$
$= \left[-\frac{2}{3}x^3 + x^2 + 6x\right]_{-1}^{2} = 15$

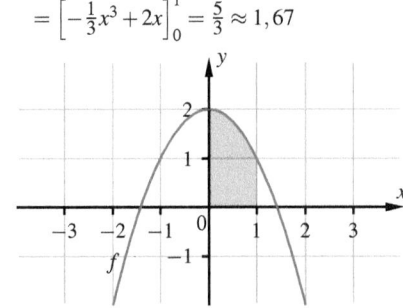

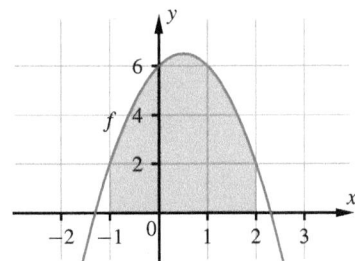

e) $A = \int_0^3 (2x^3 - 2x^2 + 4x + 4)\, dx$
$= \left[\frac{1}{2}x^4 - \frac{2}{3}x^3 + 2x^2 + 4x\right]_0^3 = 52{,}2$

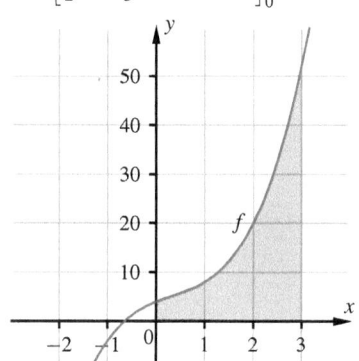

f) $A = \int_{-2}^{-1} \left(\frac{1}{3}x^3 - 3x\right) dx$
$= \left[\frac{1}{12}x^4 + \frac{3}{2}x^2\right]_{-2}^{-1} = 3{,}25$

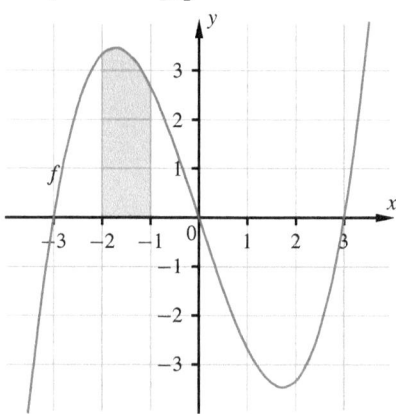

g) $A = \int_{-1}^{3} e^x\, dx = [e^x]_{-1}^{3}$
$= e^3 - e^{-1} \approx 19{,}72$

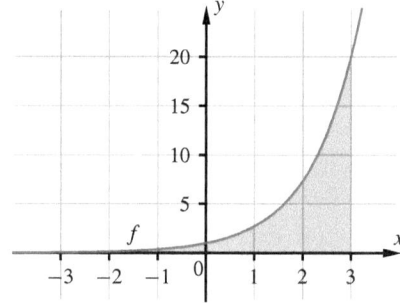

h) $A = \int_{-2}^{1} e^{1,5x}\, dx = \left[\frac{1}{1,5} e^{1,5x}\right]_{-2}^{1}$
$= \frac{2}{3}\left(e^{1,5} - e^{-3}\right) \approx 2{,}95$

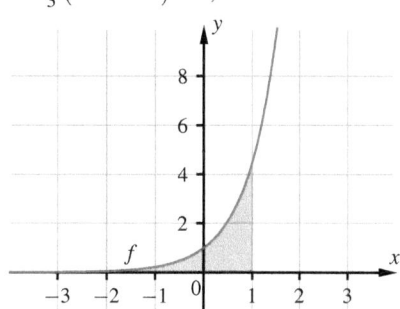

i) $A = \int_{-2}^{2} e^{-0,75x}\, dx = \left[-\frac{1}{0,75} e^{-0,75x}\right]_{-2}^{2}$
$= -\frac{4}{3}\left(e^{-1,5} - e^{1,5}\right) \approx 5{,}68$

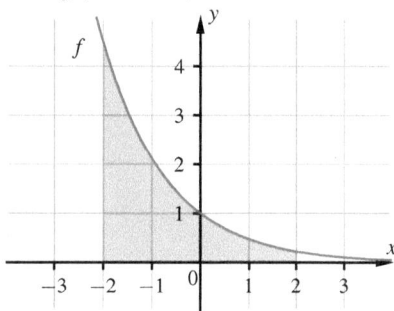

j) $A = \int_{-6}^{0} e^{0,3x+1}\, dx = \left[\frac{1}{0,3} e^{0,3x+1}\right]_{-6}^{0}$
$= \frac{10}{3}\left(e^1 - e^{-0,8}\right) \approx 7{,}56$

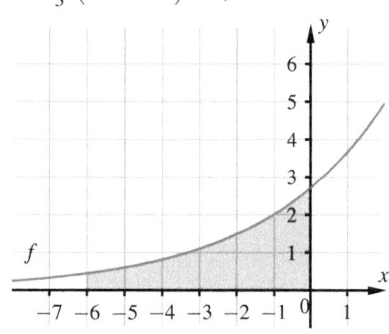

k) $A = \int_{-5}^{3} e^{-0.25x-0.5}\,dx$

$= \left[-\frac{1}{0.25} e^{-0.25x-0.5}\right]_{-5}^{3}$

$= -4\left(e^{-1.25} - e^{0.75}\right) \approx 7.32$

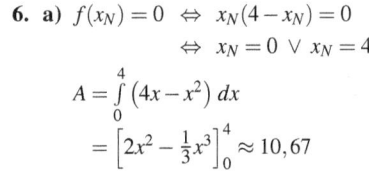

l) $A = \int_{1}^{4} 2e^{-x+3}\,dx = \left[-2e^{-x+3}\right]_{1}^{4}$

$= -2\left(e^{-1} - e^{2}\right) \approx 14.04$

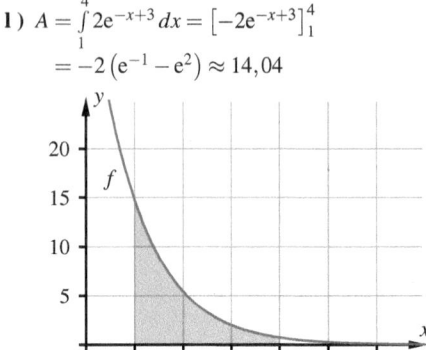

6. a) $f(x_N) = 0 \Leftrightarrow x_N(4 - x_N) = 0$
$\Leftrightarrow x_N = 0 \vee x_N = 4$

$A = \int_{0}^{4} (4x - x^2)\,dx$

$= \left[2x^2 - \frac{1}{3}x^3\right]_{0}^{4} \approx 10.67$

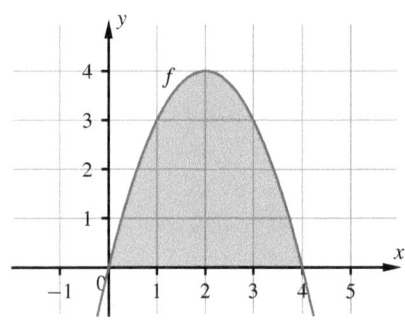

b) $f(x_N) = 0 \Leftrightarrow x_N^2 - 4x_N + 3 = 0$
$x_{N_1} = 1;\ x_{N_2} = 3$

$A = \int_{1}^{3} (-x^2 + 4x - 3)\,dx$

$= \left[-\frac{1}{3}x^3 + 2x^2 - 3x\right]_{1}^{3} = \frac{4}{3} \approx 1.33$

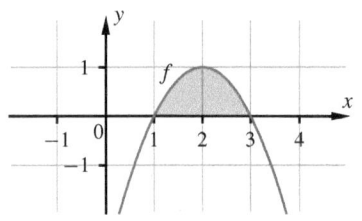

c) $f(x_N) = 0 \Leftrightarrow x_N^2(-x_N + 2) = 0$
$\Leftrightarrow x_N = 0 \vee x_N = 2$

$A = \int_{0}^{2} (-x^3 + 2x^2)\,dx$

$= \left[-\frac{1}{4}x^4 + \frac{2}{3}x^3\right]_{0}^{2} = \frac{4}{3} \approx 1.33$

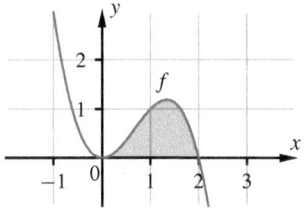

d) $f(x_N) = 0 \Leftrightarrow \frac{3}{2}x_N(x_N - 2)^2 = 0$
$\Leftrightarrow x_N = 0 \vee x_N = 2$

$A = \int_{0}^{2} \left(\frac{3}{2}x^3 - 6x^2 + 6x\right) dx$

$= \left[\frac{3}{8}x^4 - 2x^3 + 3x^2\right]_{0}^{2} = 2$

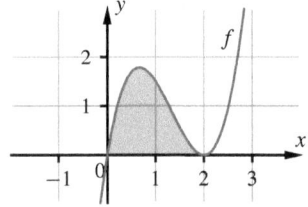

e) $f(x_N) = 0 \Leftrightarrow \frac{1}{3}x_N^2(x_N-3)^2 = 0$
$\Leftrightarrow x_N = 0 \lor x_N = 3$

$A = \int_0^3 \left(\frac{1}{3}x^4 - 2x^3 + 3x^2\right) dx$
$= \left[\frac{1}{15}x^5 - \frac{1}{2}x^4 + x^3\right]_0^3 = 2{,}7$

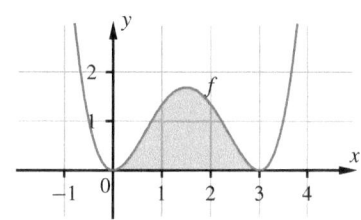

f) $f(x_N) = 0 \Leftrightarrow x_N^4 - 0{,}75x_N^2 - 0{,}25 = 0$
$x_{N_1} = -1; x_{N_2} = 1$

$A = \int_{-1}^1 \left(-x^4 + 0{,}75x^2 + 0{,}25\right) dx$
$= \left[-\frac{1}{5}x^5 + 0{,}25x^3 + 0{,}25x\right]_{-1}^1 = 0{,}6$

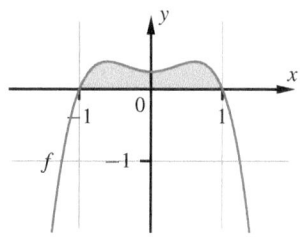

7. $34{,}5 = \left[\frac{m}{2}x^2 + 4x\right]_1^4 \Leftrightarrow 8m + 16 - 0{,}5m - 4 = 34{,}5 \Leftrightarrow m = 3$

8. $\frac{16}{3} = \left[\frac{1}{6}x^3 - 2x\right]_2^b \Leftrightarrow \frac{16}{3} = \frac{b^3}{6} - 2b - \frac{8}{6} + 4 \Leftrightarrow b^3 - 12b - 16 = 0$
$b = 4$ ▶ durch Ausprobieren
Polynomdivision liefert Restpolynom $b^2 + 4b + 4 = 0$. Also liegt eine weitere doppelte Nullstelle bei $b = -2$.

9. Funktionsgleichung der Parabel: $f(x) = ax^2 + c$
Liegt der Koordinatenursprung in der Mitte der Grundkante und beträgt die Längeneinheit 1 m, so gilt
bei Grundkante 2 m:
(I) $f(0) = 3 \Leftrightarrow c = 3$
(II) $f(1) = 0 \Leftrightarrow a + c = 0 \quad a = -3; c = 3 \quad f(x) = -3x^2 + 3$
Spiegelfläche in m²: $A = \int_{-1}^1 \left(-3x^2 + 3\right) dx = \left[-x^3 + 3x\right]_{-1}^1 = 4$
Verschnitt in m²: $A = 2 \cdot 3 - 4 = 2$
bei Grundkante 3 m:
(I) $f(0) = 2 \Leftrightarrow c = 2$
(II) $f(1{,}5) = 0 \Leftrightarrow 2{,}25a + c = 0 \quad a = -\frac{8}{9}; c = 2 \quad f(x) = -\frac{8}{9}x^2 + 2$
Spiegelfläche in m²: $A = \int_{-1{,}5}^{1{,}5} \left(-\frac{8}{9}x^2 + 2\right) dx = \left[-\frac{8}{27}x^3 + 2x\right]_{-1{,}5}^{1{,}5} = 4$
Verschnitt in m²: $A = 2 \cdot 3 - 4 = 2$
In beiden Fällen ist die Spiegelfläche 4 m² groß und der Verschnitt beträgt 2 m².

10. a) $E(x_N) = 0 \Leftrightarrow -6x_N(x_N - 13) = 0$
$\Leftrightarrow x_N = 0 \vee x_N = 13$

$A = \int_0^{13} (-6x^2 + 78x)\, dx$
$= \left[-2x^3 + 39x^2\right]_0^{13} = 2197$

Die Erlössumme beträgt 2197 GE.

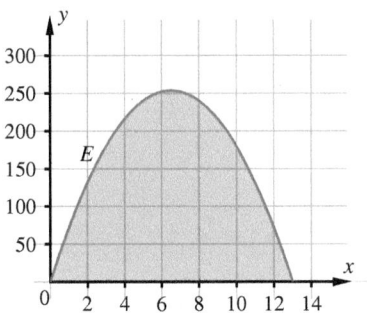

b) $E(x_N) = 0 \Leftrightarrow -12(x_N - 32) = 0$
$\Leftrightarrow x_N = 0 \vee x_N = 32$

$A = \int_0^{32} (-12x^2 + 384x)\, dx$
$= \left[-4x^3 + 192x^2\right]_0^{32} = 65\,536$

Die Erlössumme beträgt 65 536 GE.

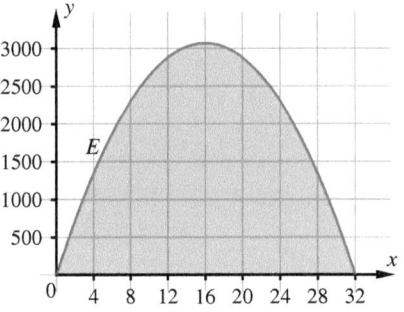

c) $E(x_N) = 0 \Leftrightarrow -16{,}5x_N(x_N - 24) = 0$
$\Leftrightarrow x_N = 0 \vee x_N = 24$

$A = \int_0^{24} (-16{,}5x^2 + 396x)\, dx$
$= \left[-5{,}5x^3 + 198x^2\right]_0^{24} = 38\,016$

Die Erlössumme beträgt 38 016 GE.

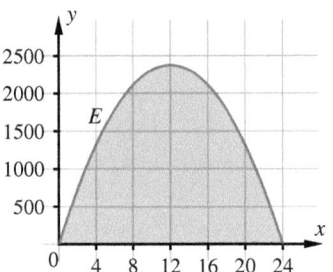

d) $E(x_N) = 0 \Leftrightarrow -21{,}6x_N(x_N - 17{,}5) = 0$
$\Leftrightarrow x_N = 0 \vee x_N = 17{,}5$

$A = \int_0^{17,5} (-21{,}6x^2 + 378x)\, dx$
$= \left[-7{,}2x^3 + 189x^2\right]_0^{17,5} = 19\,293{,}75$

Die Erlössumme beträgt 19 293,75 GE.

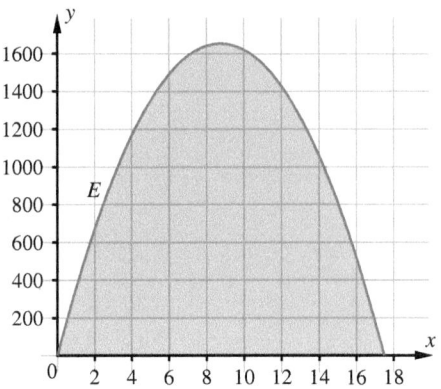

11. $A = \int_0^{1,5} \left(-\tfrac{16}{9}x^2 + \tfrac{8}{3}x\right) dx = \left[-\tfrac{16}{27}x^3 + \tfrac{4}{3}x^2\right]_0^{1,5} = 1$ Die Fläche ist 1 m² groß.

12. a) $f(x) = a(x-3)(x-5)$
$8 = a(1-3)(1-5)$
$\Leftrightarrow 8 = a(-2)(-4) \Leftrightarrow a = 1$
$f(x) = x^2 - 8x + 15$
c) $A = \left[\frac{1}{3}x^3 - 4x^2 + 15x\right]_0^3 = 9 - 36 + 45 = 18$

b)

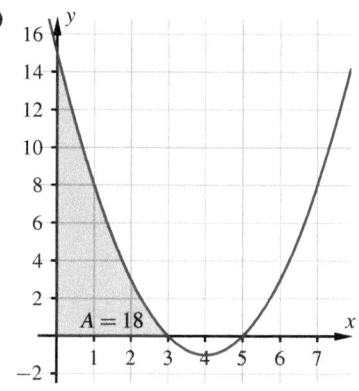

13. a) $f(x) = 0{,}8x^3 - 8x^2 + 20x$
Nullstelle: $x_N = 0$; $x_N = 5$ (doppelt) ▶ $f(x) = 0{,}8x^3 - 8x^2 + 20x = 0$ oder Produktregel anwenden
Extremstellen: $f'(x) = 2{,}4x^2 - 16x + 20$; $f''(x) = 4{,}8x - 16$
$0 = x_E^2 - \frac{20}{3}x_E + \frac{25}{3}$
$0 = (x_E - 5)(x_E - \frac{5}{3}) \Leftrightarrow x_{E_1} = 5; x_{E_2} = \frac{5}{3}$
$f''(5) = 8 > 0 \to 5$ ist Minimalstelle.
$f''(\frac{5}{3}) = -8 < 0 \to \frac{5}{3}$ ist Maximalstelle.
$H(\frac{5}{3} | \frac{400}{27})$; $T(5|0)$

b), c), d)

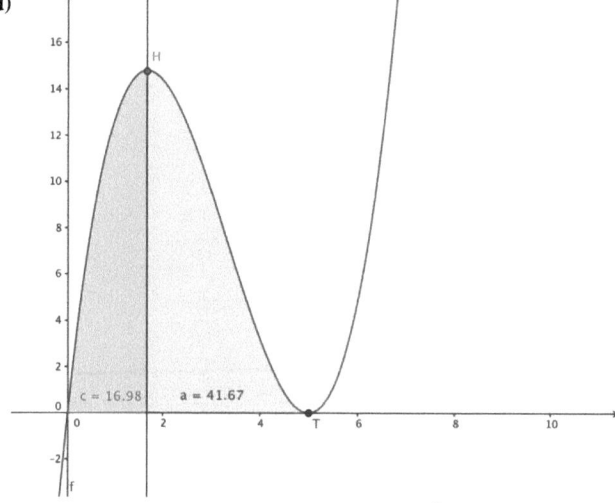

d) $\int_0^5 (0{,}8x^3 - 8x^2 + 20x)dx = \left[0{,}2x^4 - \frac{8}{3}x^3 + 10x^2\right]_0^5 = \frac{125}{3}$
$\int_0^{\frac{5}{3}} (0{,}8x^3 - 8x^2 + 20x)dx = \left[0{,}2x^4 - \frac{8}{3}x^3 + 10x^2\right]_0^{\frac{5}{3}} = \frac{1375}{81}$
$\frac{2000}{81} : \frac{1375}{81} = \frac{16}{11}$
Die Gerade teilt die Fläche im Verhältnis $16 : 11$.

126 14. **a)** Eine sehr einfache, aber auch richtige Lösung: Für 10 m² werden 5 l Farbe benötigt, d. h., für die 10 m lange und 3 m hohe Wand werden 15 l Farbe benötigt. Die SV hat aber insgesamt nur 14 l Farbe eingekauft.

Ein weiterer Ansatz wäre es, zu überprüfen, wie viel blaue und wie viel rote Farbe benötigt wird. Berechnung der blauen Fläche:
Zunächst werden die Punkte bestimmt, an denen die Trennlinie die Decke (3 m) berührt:
$f(x) = 3 \Leftrightarrow x = 0 \vee x = 6 \vee x = \frac{44}{5} = 8,8$
Somit beträgt die blaue Fläche:
$\int_0^6 f(x)dx + 3 \cdot (8,8 - 6) + \int_{8,8}^{10} f(x)dx = \frac{8913}{500} \approx 17,83$ (alles in m²)
und die rote Fläche: $30 - 17,83 = 12,17 (\text{m}^2)$.
Für 10 m² braucht man 5 l Farbe, d. h., für 1 m² werden 0,5 l Farbe benötigt.
Für die blaue Fläche werden also $17,83 \cdot 0,5 = 8,915$ Liter und für die rote Fläche $12,17 \cdot 0,5 = 6,085$ Liter benötigt. Die rote Farbe reicht also für den Anstrich, die blaue Farbe nicht.

b) Es bleibt nach a) nun die Frage, wie weit die blaue Farbe reicht. Es sind 6 l blaue Farbe vorhanden. Damit können 12 m² gestrichen werden.
Auch aus a) wissen wir bereits, dass $\int_0^6 f(x)dx = \frac{57}{8} = 7,125$ m² ist. Es bleiben also noch 4,875 m² zum Streichen. Ab dem 6. Meter geht die Figur in ein Rechteck mit einer Höhe von 3 m über, also bleibt nur noch die Gleichung $3 \cdot l_{\text{Breite}} = 4,875$ zu lösen.
Damit ist $l_{\text{Breite}} = 1,625$ m und die Wand kann insgesamt 7,625 m gestrichen werden.
Als Antwort auf die Frage: Es bleiben 10 m − 7,625 m = 2,375 m übrig, die mit einem Plakat verdeckt werden müssten.

Übungen zu 3.1

127 1. **a)** $F(x) = \frac{1}{6}x^3 + 1,5x^2 + C$ **c)** $F(x) = \frac{1}{12}x^4 + \frac{2}{3}x^3 + 2,5x^2 + 6x + C$
b) $F(x) = e^x + C$ **d)** $F(x) = \frac{1}{2}x^4 + \frac{1}{12}x^3 + \pi x + C$

2. **a), e)** wahr

3. **a)** $1 + 3 + 4 = 8$ (FE) **b)**
c) A (berechnet) $= 13,02$ (FE);
Unterschied zur Untersumme: 2,43 FE

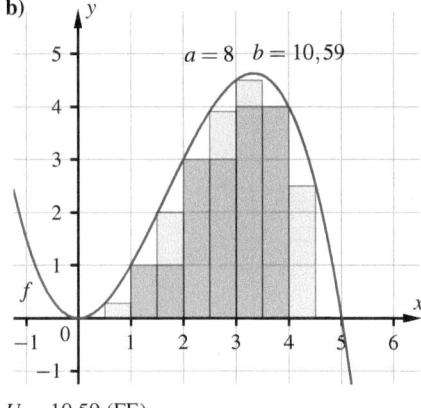

$U = 10,59$ (FE)

4. $f(x) = -x^2 + 4x$ $A = \frac{32}{3}$
$g(x) = x^2 - 4x + 4$ $A = 2 \cdot \frac{8}{3} \Leftrightarrow A = \frac{16}{3}$
$h(x) = a(x-4)^2(x+2)$ $h(x) = 0,25x^3 - 1,5x^2 + 8$ $A = \left[\frac{1}{16}x^4 - 0,5x^3 + 8x\right]_0^4 = 16$

3.1 Einführung in die Integralrechnung

5. $f(x) = ax^2 + c$

Liegt der Koordinatenursprung in der Mitte der unteren Flächenseite und beträgt die Längeneinheit 1 m, gilt:

(I) $f(0) = 6 \Leftrightarrow c = 6$

(II) $f(3) = 0 \Leftrightarrow 9a + c = 0 \quad\quad a = -\frac{2}{3};\ c = 6 \quad\quad f(x) = -\frac{2}{3}x^2 + 6$

$A = \int_{-3}^{3} \left(-\frac{2}{3}x^2 + 6\right) dx = \left[-\frac{2}{9}x^3 + 6x\right]_{-3}^{3} = 24$

Volumen der Saatschicht in m³: $V = 24 \cdot 0{,}1 = 2{,}4$

Es werden 2,4 m³ Saaterde benötigt.

6. a) Für den Graphen von g gilt: Zeichnet man eine Parallele zur x-Achse durch $S_y(0|1)$, so zerfällt die zu bestimmende Fläche A_2 in ein Rechteck mit dem Flächeninhalt 4 LE · 1 LE = 4 FE und ein krummlinig begrenztes Flächenstück, das dieselbe Größe hat wie die von der x-Achse und dem Graphen von f umschlossene Fläche A_1. A_2 ist also um 4 FE größer als A_1.

Für den Graphen von h gilt: Zeichnet man eine Parallele zur x-Achse durch $S_y(0|3)$, so zerfällt die zu bestimmende Fläche A_3 in ein Rechteck mit dem Flächeninhalt 4 LE · 3 LE = 12 FE und ein krummlinig begrenztes Flächenstück, das dieselbe Größe hat wie die von der x-Achse und dem Graphen von f umschlossene Fläche A_1. A_3 ist also um 12 FE größer als A_1.

b) Graph von f: $A_1 = \int_0^4 \left(-0{,}25x^3 + x^2\right) dx = \left[-\frac{1}{16}x^4 + \frac{1}{3}x^3\right]_0^4 = \frac{16}{3} \approx 5{,}33$

Graph von g: $A_2 = \int_0^4 \left(-0{,}25x^3 + x^2 + 1\right) dx = \left[-\frac{1}{16}x^4 + \frac{1}{3}x^3 + x\right]_0^4 = \frac{28}{3} \approx 9{,}33$ oder

$A_2 = \int_0^4 \left(-0{,}25x^3 + x^2\right) dx + \int_0^4 1\, dx = \frac{16}{3} + 4 = \frac{28}{3} \approx 9{,}33$

Graph von h: $A_3 = \int_0^4 \left(-0{,}25x^3 + x^2 + 3\right) dx = \left[-\frac{1}{16}x^4 + \frac{1}{3}x^3 + 3x\right]_0^4 = \frac{52}{3} \approx 17{,}33$ oder

$A_3 = \int_0^4 \left(-0{,}25x^3 + x^2\right) dx + \int_0^4 3\, dx = \frac{16}{3} + 12 = \frac{52}{3} \approx 17{,}33$

7. *Hinweis:* Fehler im 1. Druck der 1. Auflage! Der Aufgabentext soll lauten: Die folgende Abbildung zeigt den Verlust der Wassermenge in 1000 m³ pro Stunde.

a) Die abfließende Wassermenge wird immer geringer.

b) Die Menge wird bestimmt durch die Fläche im Intervall [0; 4].

$F(x) = \frac{1}{30}x^3 - 0{,}8x^2 + 8{,}4x$

Die Wassermenge beträgt 22 930 m³.

c) $m = \frac{1}{5-2} \int_2^5 (0{,}1x^2 - 1{,}6x + 8{,}4)\, = 4{,}1$

Der stündliche Wasserverlust beträgt durchschnittlich 4100 m³.

8. a) Nullstellen von f sind Extremstellen von F. Extremstellen von f sind Wendestellen von F. Siehe Abbildung bei b).

b) siehe Abbildung

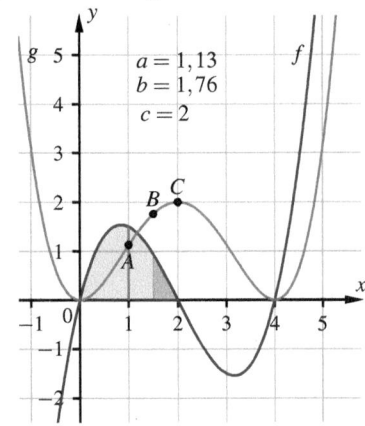

$a = 1{,}13$
$b = 1{,}76$
$c = 2$

c) Der Wert der Stammfunktion durch den Ursprung $F(1) = 1{,}13$ entspricht dem Inhalt der Fläche, den f mit der x-Achse im Intervall $I = [0;\ 1]$ einschliesst; entsprechend gilt: $F(1{,}5) = 1{,}76$ und $F(2) = 2$.

9. a) $A = 6 \cdot \frac{6+1{,}8}{2} = 23{,}4$

b) Doppelte Nullstelle bei $x = 4$, Nullstelle bei $x = 0$

c)
$$f(x) = ax(x-4)^2 \quad P(2|2)$$
$$\Rightarrow 2 = 2a(2-4)^2 \Leftrightarrow 2 = 8a$$
$$\Leftrightarrow a = 0{,}25$$

Also $f(x) = 0{,}25x(x-4)^2$

$$A = \left[\tfrac{1}{16}x^4 - \tfrac{2}{3}x^3 + 2x^2\right]_0^6 = 9 \text{ FE}$$

Geforderter Grundstückspreis: $144\,000 \cdot 3 = 432\,000$ (€)

Es muss eine Fläche von 1660 m² zum Preis von 432 000 € gekauft werden. Die Rücklagen reichen nicht.

10. a) $A = 0{,}84$

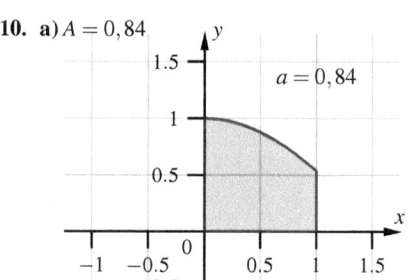

c)

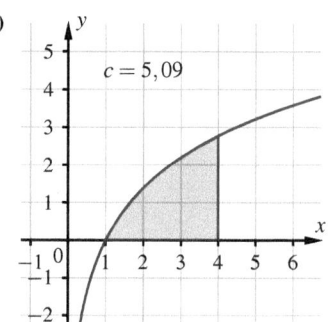

b)

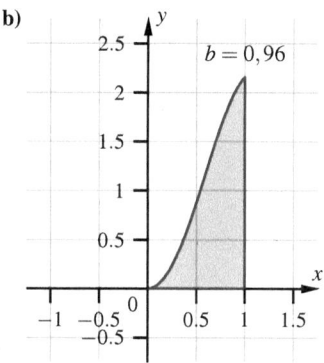

11.

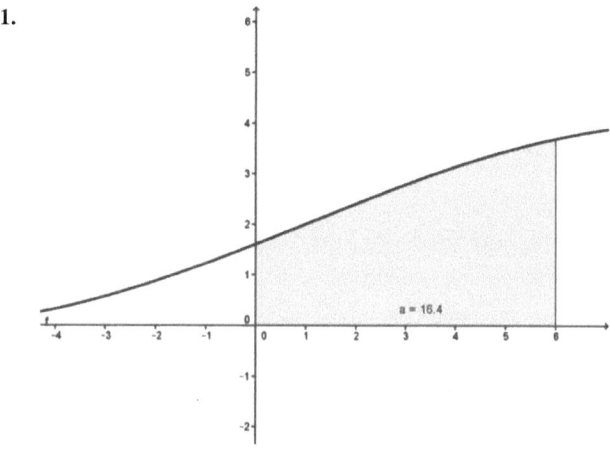

Test zu 3.1

1. a)

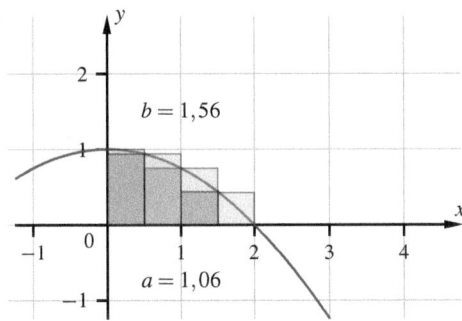

Obersumme: $O_4 = 0,5(f(0) + f(1) + f(1,5) + f(2)) = 0,5(1 + 0,9375 + 0,75 + 0,4375)$
$= 1,5625$ (FE)

Untersumme: $U_4 = O_4 - 0,5 = 1,0625$

b) $O_4 = 1 \cdot f(1) + 1 \cdot f(2) + 1 \cdot f(3) + 1 \cdot f(4) = 2 + 10 + 30 + 68 = 110$

2. a) $F(x) = -\frac{1}{6}x^3 + x + C$ \quad **c)** $F(x) = \frac{1}{12}x^6 + \frac{8}{3}x^3 + C$ \quad **e)** $F(x) = \frac{a}{n+2}x^{n+2} - \frac{b}{n+1} + C$

b) $F(x) = x^4 + \frac{2}{3}x^3 + \frac{1}{2}x^2 + C$ \quad **d)** $F(x) = e^x + 230x + C$ \quad **f)** $F(x) = -x^{-1} + C$

3. $F(x) = x^4 + \frac{2}{3}x^3 + 2x + C$
$F(2) = 27 \;\Rightarrow\; 16 + \frac{16}{3} + 4 + C = 27 \;\Rightarrow\; C = \frac{5}{3} \;\Rightarrow\; F(x) = x^4 + \frac{2}{3}x^3 + 2x + \frac{5}{3}$

4. $F'(x) = e^x \cdot (4 - 2x) - 2 \cdot e^x$
$= 2e^x(1 - x) = f(x)$

5. a) $F(x) = 0,25x^4 - 1,25x^2 + 1,5$
b)

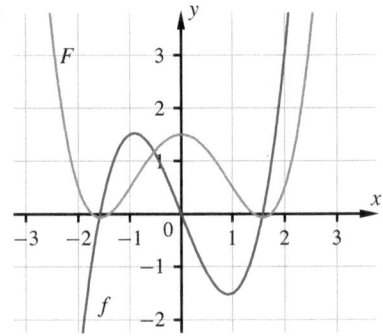

Zusammenhänge: Nullstellen von f sind Extremstellen von F, Extremstellen von f sind Wendestellen von F.

3.1 Einführung in die Integralrechnung

6. a) $\left[\frac{1}{15}x^5 + \frac{2}{3}x^3\right]_0^3 = \frac{243}{15} + \frac{2 \cdot 27}{3} = \frac{513}{5}$

b) $\left[\frac{1}{4}x^4 + \frac{1}{6}x^3 + \frac{3}{2}x\right]_1^4 = 64 + \frac{32}{3} + 6 - (\frac{1}{4} + \frac{1}{6} + \frac{3}{2}) = 78\frac{3}{4}$

7. a) $\left[\frac{1}{8}x^4 - \frac{4}{3}x^3 + 4x^2\right]_0^4 = 32 - \frac{256}{3} + 64 = \frac{32}{3}$

b) $2 \cdot \left[\frac{1}{20}x^5 - \frac{2}{3}x^3 + 6x\right]_0^2 = 2 \cdot (\frac{1}{20} \cdot 2^5 - \frac{2}{3} \cdot 2^3 + 6 \cdot 2) = \frac{248}{15}$

8. a), b)

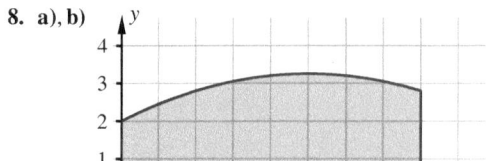

$a = 23{,}47$

c) $23{,}47 \text{ m}^2 \cdot 1{,}5 \text{ m} = 35{,}205 \text{ m}^3 = 35\,205 \text{ l}$

3.2 Anwendungen der Integralrechnung

3.2.1 Flächen zwischen Funktionsgraph und x-Achse

137

1. a) $A = \left|\int_{2}^{5} (6x - x^2)\, dx\right| = \left|\left[3x^2 - \tfrac{1}{3}x^3\right]_{2}^{5}\right|$
$= 24$

d) $A = \left|\int_{2}^{4} \left(-\tfrac{1}{8}x^4 + \tfrac{1}{2}x^2\right) dx\right| = \left|\left[-\tfrac{1}{40}x^5 + \tfrac{1}{6}x^3\right]_{2}^{4}\right|$
$= \left|-\tfrac{232}{15}\right| = \tfrac{232}{15} \approx 15{,}47$

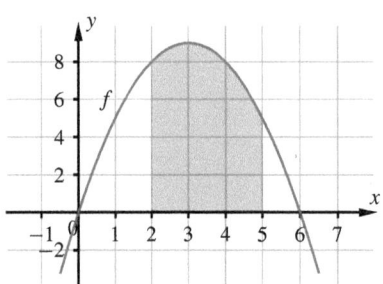
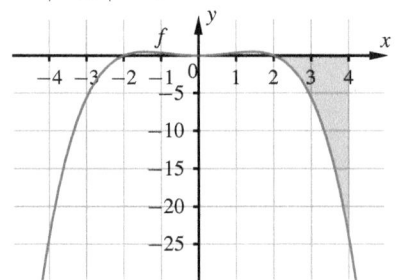

b) $A = \left|\int_{1}^{4} (0{,}5x^2 - 0{,}1x^3)\, dx\right| = \left|\left[\tfrac{1}{6}x^3 - \tfrac{1}{40}x^4\right]_{1}^{4}\right|$
$= 4{,}125$

e) $A = \left|\int_{-3}^{2} (4 - 0{,}2e^x)\, dx\right| = \left|[4x - 0{,}2e^x]_{-3}^{2}\right|$
$\approx 18{,}53$

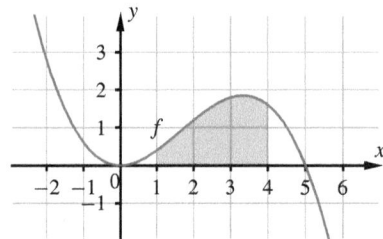
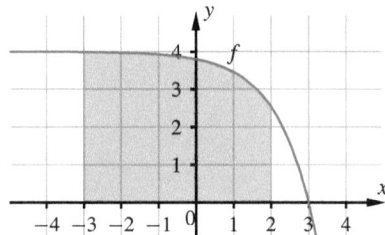

c) $A = \left|\int_{0}^{6} \left(\tfrac{1}{6}x^3 - x^2\right) dx\right| = \left|\left[\tfrac{1}{24}x^4 - \tfrac{1}{3}x^3\right]_{0}^{6}\right|$
$= |-18| = 18$

f) $A = \left|\int_{-5}^{0} (e^{4x} - 2)\, dx\right| = \left|\left[\tfrac{1}{4}e^{4x} - 2x\right]_{-5}^{0}\right|$
$\approx |-9{,}75| = 9{,}75$

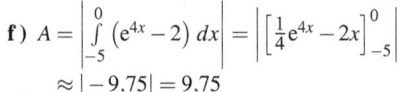
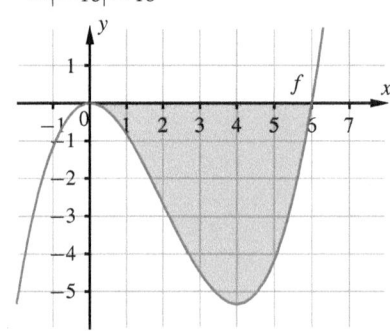
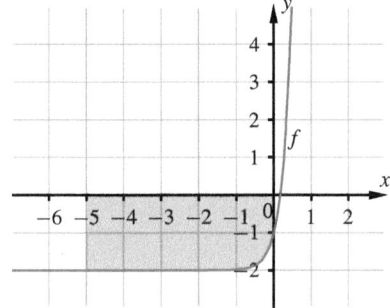

3.2 Anwendungen der Integralrechnung

2. a) $f(x_N) = 0 \Leftrightarrow \frac{1}{3}x_N^2 = 3$
$\Leftrightarrow x_N = -3 \vee x_N = 3$

$A = \left| \int_{-3}^{3} \left(\frac{1}{3}x^2 - 3\right) dx \right| = \left| \left[\frac{1}{9}x^3 - 3x\right]_{-3}^{3} \right|$
$= |-12| = 12$

d) $f(x_N) = 0 \Leftrightarrow 1{,}25x_N^2(-x_N + 4) = 0$
$\Leftrightarrow x_N = 0 \vee x_N = 4$

$A = \left| \int_{0}^{4} (-1{,}25x^3 + 5x^2) dx \right| = \left| \left[-\frac{5}{16}x^4 + \frac{5}{3}x^3\right]_{0}^{4} \right|$
$= \frac{80}{3} \approx 26{,}67$

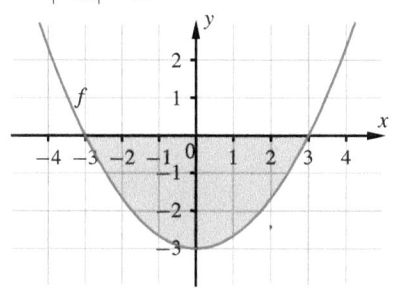
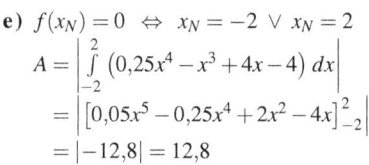

b) $f(x_N) = 0 \Leftrightarrow -0{,}75x_N(x_N + 5) = 0$
$\Leftrightarrow x_N = -5 \vee x_N = 0$

$A = \left| \int_{-5}^{0} (-0{,}75x^2 - 3{,}75x) dx \right|$
$= \left| [-0{,}25x^3 - 1{,}875x^2]_{-5}^{0} \right| = 15{,}625$

e) $f(x_N) = 0 \Leftrightarrow x_N = -2 \vee x_N = 2$

$A = \left| \int_{-2}^{2} (0{,}25x^4 - x^3 + 4x - 4) dx \right|$
$= \left| [0{,}05x^5 - 0{,}25x^4 + 2x^2 - 4x]_{-2}^{2} \right|$
$= |-12{,}8| = 12{,}8$

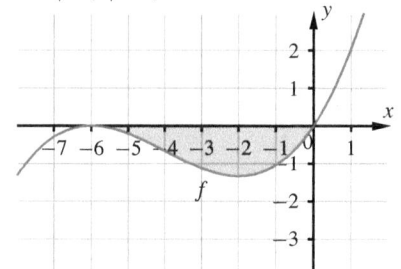
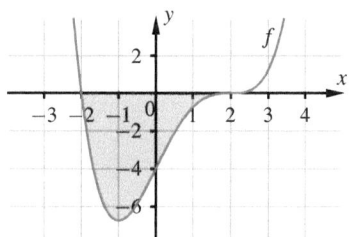

c) $f(x_N) = 0 \Leftrightarrow \frac{1}{24}x_N(x_N + 6)^2 = 0$
$\Leftrightarrow x_N = -6 \vee x_N = 0$

$A = \left| \int_{-6}^{0} \left(\frac{1}{24}x^3 + \frac{1}{2}x^2 + \frac{3}{2}x\right) dx \right|$
$= \left| \left[\frac{1}{96}x^4 + \frac{1}{6}x^3 + \frac{3}{4}x^2\right]_{-6}^{0} \right|$
$= |-4{,}5| = 4{,}5$

f) $f(x_N) = 0 \Leftrightarrow x_N^4 - 5{,}25x_N^2 - 6{,}25 = 0$
$x_{N_1} = -2{,}5; \; x_{N_2} = 2{,}5$

$A = \left| \int_{-2{,}5}^{2{,}5} (-0{,}4x^4 + 2{,}1x^2 + 2{,}5) dx \right|$
$= \left| [-0{,}08x^5 + 0{,}7x^3 + 2{,}5x]_{-2{,}5}^{2{,}5} \right|$
$= 18{,}75$

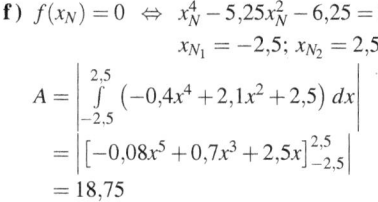
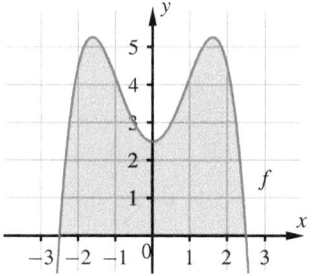

3. Links: $A = \int\limits_{-2}^{0} \left(\frac{1}{6}x^3 + \frac{1}{4}x^2 - 3x\right) dx + \left|\int\limits_{0}^{3} \left(\frac{1}{6}x^3 + \frac{1}{4}x^2 - 3x\right) dx\right|$

$= \left[\frac{1}{24}x^4 + \frac{1}{12}x^3 - \frac{3}{2}x^2\right]_{-2}^{0} + \left|\left[\frac{1}{24}x^4 + \frac{1}{12}x^3 - \frac{3}{2}x^2\right]_{0}^{3}\right| = 6 + \left|-\frac{63}{8}\right| = 13{,}875$

Mitte: $A = \left|\int\limits_{-5}^{3} \left(\frac{1}{3}x^3 + x^2 - 3x - 9\right) dx\right| = \left|\left[\frac{1}{12}x^4 + \frac{1}{3}x^3 - \frac{3}{2}x^2 - 9x\right]_{-5}^{3}\right| = \left|-\frac{128}{3}\right| = \frac{128}{3} \approx 42{,}67$

Rechts: $A = \left|\int\limits_{-5}^{-3} \left(1{,}5x^4 + 9x^3 - 1{,}5x^2 - 45x\right) dx\right| + \int\limits_{-3}^{0} \left(1{,}5x^4 + 9x^3 - 1{,}5x^2 - 45x\right) dx$

$+ \left|\int\limits_{0}^{2} \left(1{,}5x^4 + 9x^3 - 1{,}5x^2 - 45x\right) dx\right|$

$= \left|\left[0{,}3x^5 + 2{,}25x^4 - 0{,}5x^3 - 22{,}5x^2\right]_{-5}^{-3}\right| + \left[0{,}3x^5 + 2{,}25x^4 - 0{,}5x^3 - 22{,}5x^2\right]_{-3}^{0}$

$+ \left|\left[0{,}3x^5 + 2{,}25x^4 - 0{,}5x^3 - 22{,}5x^2\right]_{0}^{2}\right|$

$= |-48{,}4| + 79{,}65 + |-48{,}4| = 176{,}45$

4. a) $f(x_N) = 0 \Leftrightarrow x_N = -2 \;(\notin [-1; 3]) \lor x_N = 2$

$A = \left|\int\limits_{-1}^{2} (x^2 - 4) dx\right| + \left|\int\limits_{2}^{3} (x^2 - 4) dx\right|$

$= \left|\left[\frac{1}{3}x^3 - 4x\right]_{-1}^{2}\right| + \left|\left[\frac{1}{3}x^3 - 4x\right]_{2}^{3}\right|$

$= |-9| + \frac{7}{3} = \frac{34}{3} \approx 11{,}33$

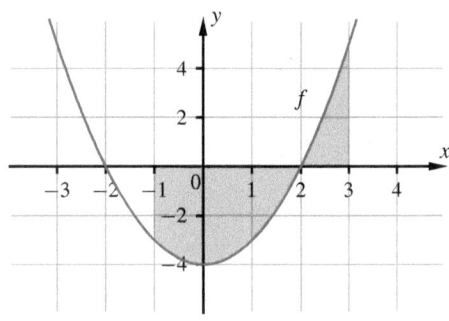

b) $f(x_N) = 0 \Leftrightarrow x_N^2 - 2x_N + 4 = 0$

keine Lösung → f hat keine Nullstellen.

$A = \left|\int\limits_{-2}^{3} (-x^2 + 2x - 4) dx\right|$

$= \left|\left[-\frac{1}{3}x^3 + x^2 - 4x\right]_{-2}^{3}\right|$

$= \left|-\frac{80}{3}\right| = \frac{80}{3} \approx 26{,}67$

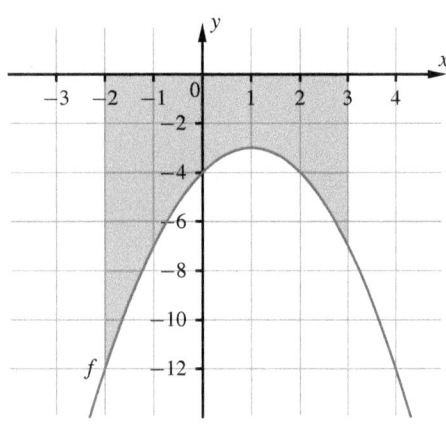

3.2 Anwendungen der Integralrechnung

c) $f(x_N) = 0 \Leftrightarrow x_N = 3$

$A = \left| \int_0^3 \left(-\frac{1}{9}(x-3)^3\right) dx \right|$
$\quad + \left| \int_3^6 \left(-\frac{1}{9}(x-3)^3\right) dx \right|$
$= \left| \left[-\frac{1}{36}x^4 + \frac{1}{3}x^3 - \frac{3}{2}x^2 + 3x\right]_0^3 \right|$
$\quad + \left| \left[-\frac{1}{36}x^4 + \frac{1}{3}x^3 - \frac{3}{2}x^2 + 3x\right]_3^6 \right|$
$= 2{,}25 + |-2{,}25| = 4{,}5$

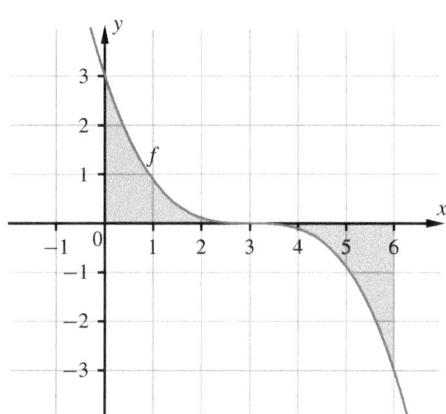

d) $f(x_N) = 0 \Leftrightarrow x_N^4 = 16$
$\Leftrightarrow x_N = -2 \; (\notin [-1; 3]) \lor x_N = 2$

$A = \left| \int_{-1}^2 (0{,}25x^4 - 4) \, dx \right| + \left| \int_2^3 (0{,}25x^4 - 4) \, dx \right|$
$= \left| [0{,}05x^5 - 4x]_{-1}^2 \right| + \left| [0{,}05x^5 - 4x]_2^3 \right|$
$= |-10{,}35| + 6{,}55 = 16{,}9$

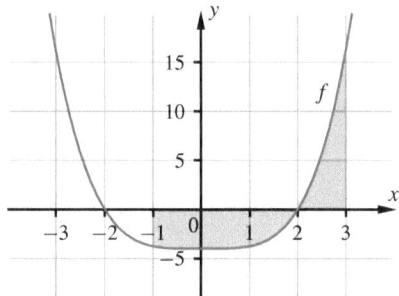

e) $f(x_N) = 0 \Leftrightarrow e^{x_N} = 1 \Leftrightarrow x_N = 0$

$A = \left| \int_{-4,5}^0 (e^x - 1) \, dx \right| + \left| \int_0^{1,5} (e^x - 1) \, dx \right|$
$= \left| [e^x - x]_{-4,5}^0 \right| + \left| [e^x - x]_0^{1,5} \right|$
$\approx |-3{,}51| + 1{,}98 = 5{,}49$

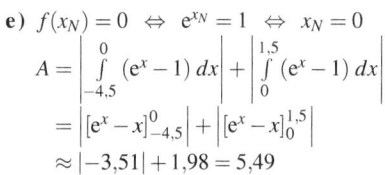
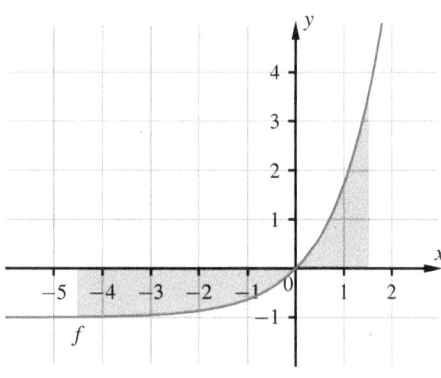

f) $f(x_N) = 0 \Leftrightarrow 1 = e^{x_N - 2} \Leftrightarrow x_N = 2$

$A = \left| \int_{-2}^2 (1 - e^{x-2}) \, dx \right| + \left| \int_2^4 (1 - e^{x-2}) \, dx \right|$
$= \left| [x - e^{x-2}]_{-2}^2 \right| + \left| [x - e^{x-2}]_2^4 \right|$
$\approx 3{,}02 + |-4{,}39| = 7{,}41$

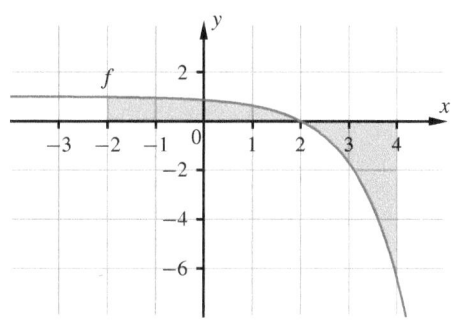

5. a) $f(x_N) = 0 \Leftrightarrow x_N^2 - 6x_N - 7 = 0$
$$x_{N_1} = -1;\ x_{N_2} = 7$$
$$A = \left| \int_{-1}^{7} (-x^2 + 6x + 7)\, dx \right|$$
$$= \left| \left[-\tfrac{1}{3}x^3 + 3x^2 + 7x \right]_{-1}^{7} \right|$$
$$= \tfrac{256}{3} \approx 85{,}33$$

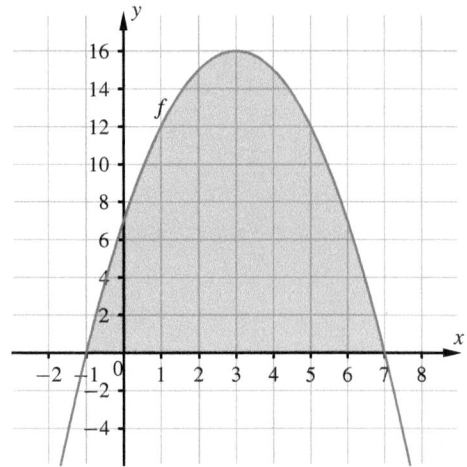

b) $f(x_N) = 0 \Leftrightarrow 1{,}5x_N(x_N^2 - 9)$
$$\Leftrightarrow x_N = -3 \vee x_N = 0 \vee x_N = 3$$
$$A = \left| \int_{-3}^{0} (1{,}5x^3 - 13{,}5x)\, dx \right|$$
$$+ \left| \int_{0}^{3} (1{,}5x^3 - 13{,}5x)\, dx \right|$$
$$= \left| \left[0{,}375x^4 - 6{,}75x^2 \right]_{-3}^{0} \right|$$
$$+ \left| \left[0{,}375x^4 - 6{,}75x^2 \right]_{0}^{3} \right|$$
$$= 30{,}375 + |-30{,}375| = 60{,}75$$

Wegen der Symmetrie des Graphen gilt auch:
$$A = 2 \cdot \left| \int_{0}^{3} f(x)\, dx \right|$$

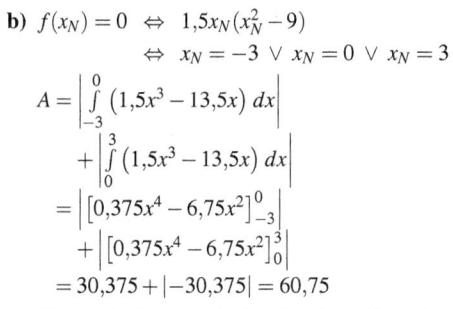
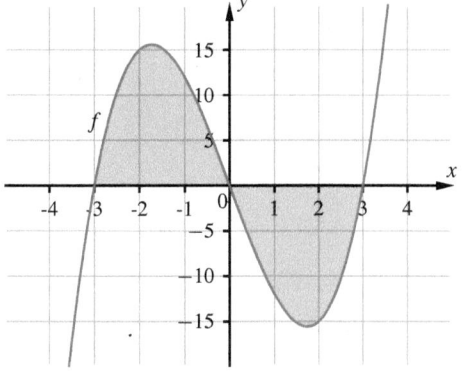

c) $f(x_N) = 0 \Leftrightarrow -1{,}2x_N^2(x_N - 5) = 0$
$$\Leftrightarrow x_N = 0 \vee x_N = 5$$
$$A = \left| \int_{0}^{5} (-1{,}2x^3 + 6x^2)\, dx \right|$$
$$= \left| \left[-0{,}3x^4 + 2x^3 \right]_{0}^{5} \right|$$
$$= 62{,}5$$

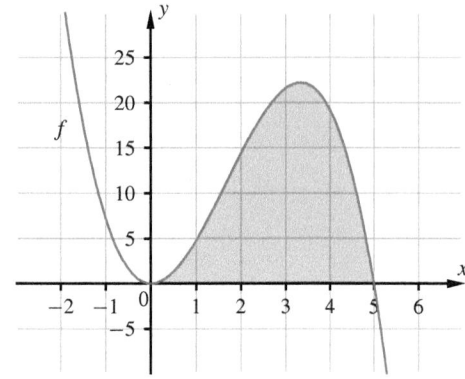

3.2 Anwendungen der Integralrechnung

d) $f(x_N) = 0 \Leftrightarrow 0{,}8x_N(x_N^2 - 7{,}5x_N + 12{,}5) = 0$
$x_{N_1} = 0;\ x_{N_2} = 2{,}5;\ x_{N_3} = 5$

$A = \left| \int_0^{2,5} (0{,}8x^3 - 6x^2 + 10x)\, dx \right|$
$+ \left| \int_{2,5}^{5} (0{,}8x^3 - 6x^2 + 10x)\, dx \right|$
$= \left| [0{,}2x^4 - 2x^3 + 5x^2]_0^{2,5} \right|$
$+ \left| [0{,}2x^4 - 2x^3 + 5x^2]_{2,5}^{5} \right|$
$= |7{,}8125| + |-7{,}8125| = 15{,}625$

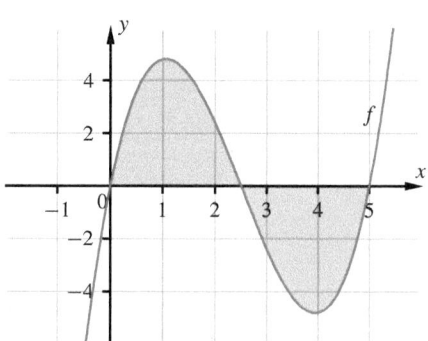

e) $f(x_N) = 0 \Leftrightarrow x_N^4 - 5x_N^2 + 4 = 0$
$x_{N_1} = -2;\ x_{N_2} = -1;\ x_{N_3} = 1;\ x_{N_4} = 2$

$A = \left| \int_{-2}^{-1} (3x^4 - 15x^2 + 12)\, dx \right|$
$+ \left| \int_{-1}^{1} (3x^4 - 15x^2 + 12)\, dx \right|$
$+ \left| \int_{1}^{2} (3x^4 - 15x^2 + 12)\, dx \right|$
$= \left| \left[\tfrac{3}{5}x^5 - 5x^3 + 12x \right]_{-2}^{-1} \right|$
$+ \left| \left[\tfrac{3}{5}x^5 - 5x^3 + 12x \right]_{-1}^{1} \right|$
$+ \left| \left[\tfrac{3}{5}x^5 - 5x^3 + 12x \right]_{1}^{2} \right|$
$= |-4{,}4| + 15{,}2 + |-4{,}4| = 24$

Wegen der Symmetrie des Graphen gilt auch:
$A = 2 \cdot \left| \int_0^1 f(x)\, dx \right| + 2 \cdot \left| \int_1^2 f(x)\, dx \right|$

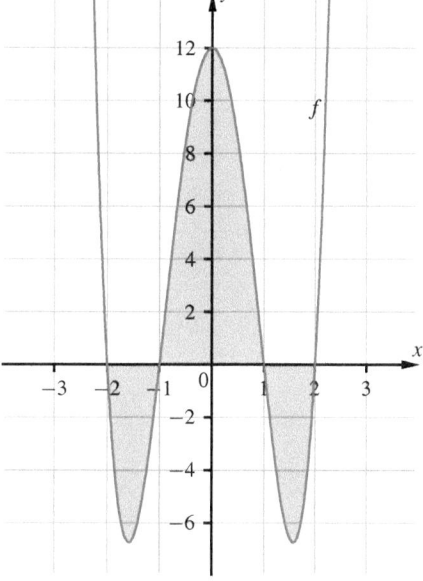

f) $f(x_N) = 0 \Leftrightarrow 2x_N(x_N^3 - x_N^2 - 9x_N + 9) = 0$
$x_{N_1} = -3;\ x_{N_2} = 0;\ x_{N_3} = 1;\ x_{N_4} = 3$

$A = \left| \int_{-3}^{0} (2x^4 - 2x^3 - 18x^2 + 18x)\, dx \right|$
$+ \left| \int_{0}^{1} (2x^4 - 2x^3 - 18x^2 + 18x)\, dx \right|$
$+ \left| \int_{1}^{3} (2x^4 - 2x^3 - 18x^2 + 18x)\, dx \right|$
$= \left| \left[\tfrac{2}{5}x^5 - \tfrac{1}{2}x^4 - 6x^3 + 9x^2 \right]_{-3}^{0} \right|$
$+ \left| \left[\tfrac{2}{5}x^5 - \tfrac{1}{2}x^4 - 6x^3 + 9x^2 \right]_{0}^{1} \right|$
$+ \left| \left[\tfrac{2}{5}x^5 - \tfrac{1}{2}x^4 - 6x^3 + 9x^2 \right]_{1}^{3} \right|$
$= |-105{,}3| + 2{,}9 + |-27{,}2| = 135{,}4$

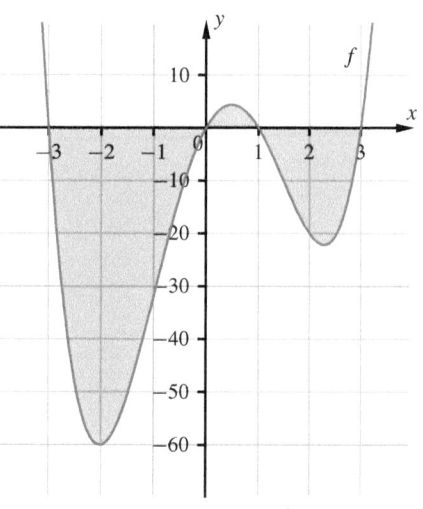

6. a) $\int_0^b 2x^2\,dx = 18 \Leftrightarrow \left[\frac{2}{3}x^3\right]_0^b = 18$
$\Leftrightarrow \frac{2}{3}b^3 = 18$
$\Leftrightarrow b = 3$

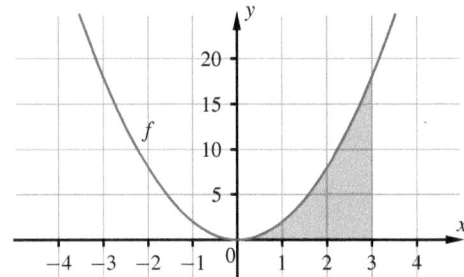

b) $\int_2^b \frac{1}{16}x^4\,dx = 12{,}4 \Leftrightarrow \left[\frac{1}{80}x^5\right]_2^b = 12{,}4$
$\Leftrightarrow \frac{1}{80}b^5 - 0{,}4 = 12{,}4$
$\Leftrightarrow b = 4$

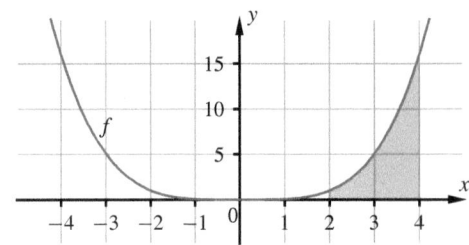

c) $\int_0^b (x^2 + 4x)\,dx = 405 \Leftrightarrow \left[\frac{1}{3}x^3 + 2x^2\right]_0^b = 405$
$\Leftrightarrow \frac{1}{3}b^3 + 2b^2 = 405$
$\Leftrightarrow b^3 + 6b^2 - 1215 = 0$
$b = 9$

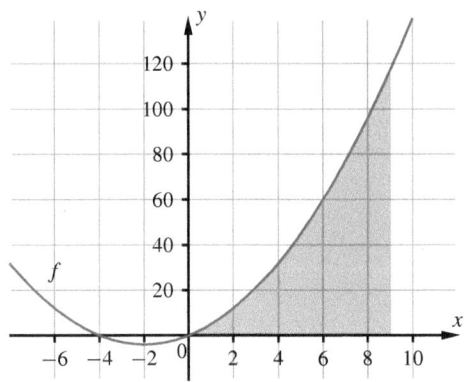

d) $\int_1^b e^x\,dx = 4e \Leftrightarrow [e^x]_1^b = 4e$
$\Leftrightarrow e^b - e = 4e$
$\Leftrightarrow e^b = 5e$
$\Leftrightarrow b = \ln(5) + 1 \;(\approx 2{,}61)$

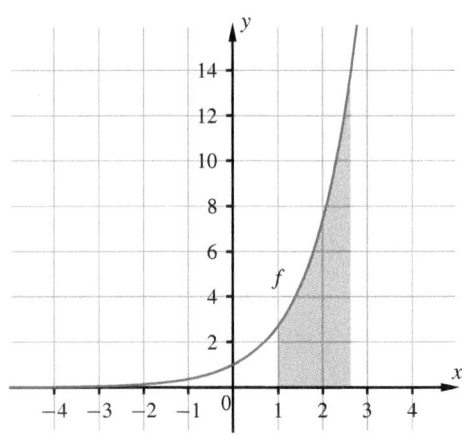

3.2 Anwendungen der Integralrechnung

e) $\int_a^2 3x^2\,dx = 72 \iff [x^3]_a^2 = 72$
$\iff 8 - a^3 = 72$
$\iff a = -4$

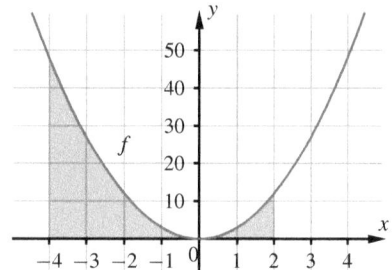

f) $\int_a^1 (-x+1)\,dx = 32 \iff \left[-\frac{1}{2}x^2 + x\right]_a^1 = 32$
$\iff \frac{1}{2} + \frac{1}{2}a^2 - a = 32$
$\iff a^2 - 2a - 63 = 0$
$a_1 = -7;\ a_2 = 9$

a_2 kommt für eine linke Intervallgrenze nicht in Frage.
Lösung: $a = -7$

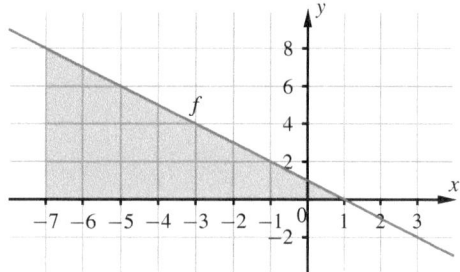

g) $\int_a^0 (x^3 - 25x)\,dx = 92{,}25$
$\iff \left[\frac{1}{4}x^4 - \frac{25}{2}x^2\right]_a^0 = 92{,}25$
$\iff -\frac{1}{4}a^4 + \frac{25}{2}a^2 = 92{,}25$
$\iff a^4 - 50a^2 + 369 = 0$
$a_1 = -\sqrt{41}\ (\approx -6{,}40);\ a_2 = -3;\ a_3 = 3;$
$a_4 = \sqrt{41}\ (\approx 6{,}40)$

a_3 und a_4 kommen für eine linke Intervallgrenze nicht in Frage. a_1 kommt als Lösung nicht in Frage, da der Wert 92,25 dann nur die Bilanz der negativ orientierten Fläche über dem Intervall $[-\sqrt{41};\ -5]$ und der positiv orientierten Fläche über dem Intervall $[-5;\ 0]$ ist.
Lösung: $a = -3$

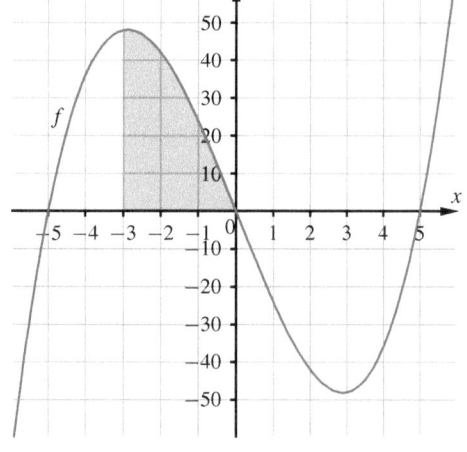

h) $\int_a^2 e^{-x}\,dx = 19e^{-2} \iff [-e^{-x}]_a^2 = 19e^{-2}$
$\iff -e^{-2} + e^{-a} = 19e^{-2}$
$\iff e^{-a} = 20e^{-2}$
$\iff a = 2 - \ln(20)\ (\approx -0{,}996)$

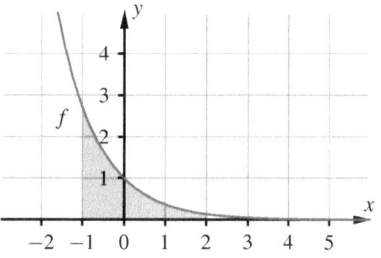

7. $F'(x) = e^x(2{,}5 - 0{,}5x) - 0{,}5e^x = e^x(2 - 0{,}5x)$
$[e^x(2{,}5 - 0{,}5x)]_0^b = e^3$ Gleichung wird für $b = 3$ erfüllt.

8. a) $f(x) = (x-0{,}5)(x-2)^2$

b) $A = \left|\int_0^{0{,}5}(x^3 - 4{,}5x^2 + 6x - 2)dx\right| + \int_{0{,}5}^3 (x^3 - 4{,}5x^2 + 6x - 2)dx$

$= \left|[0{,}25x^4 - 1{,}5x^3 + 3x^2 - 2x]_0^{0{,}5}\right| + \left|[0{,}25x^4 - 1{,}5x^3 + 3x^2 - 2x]_{0{,}5}^3\right|$

$= |-0{,}42| + 1{,}17 = 1{,}59$ (FE)

9. $\left[\frac{1}{3}ax^3 + \frac{5}{2}x^2 + 3x\right]_1^2 = \frac{14}{3} \Leftrightarrow \frac{8}{3}a + 10 + 6 - \frac{1}{3}a - \frac{5}{2} - 3 = \frac{14}{3} \Leftrightarrow a = -2{,}5$

10. $f(x) = a(x+1)(x+2)$

$a\left[\frac{1}{3}x^3 + \frac{3}{2}x^2 + 2x\right]_{-2}^{-1} = \frac{16}{3}$

$a\left(-\frac{1}{3} + \frac{3}{2} - 2 - \left(-\frac{8}{3} + 6 - 4\right)\right) = \frac{16}{3} \Leftrightarrow a = -32$

$f(x) = -32(x+1)(x+2)$

11. a) Mit $f(x) = a_3x^3 + a_2x^2 + a_1x + a_0$ und $f'(x) = 3a_3x^2 + 2a_2x + a_1$ ergeben

$f(0) = 0 \Rightarrow f(0) = a_3 \cdot 0^3 + a_2 \cdot 0^2 + a_1 \cdot 0 + a_0 = 0 \quad \to a_0 = 0$

$f'(0) = 0 \Rightarrow f'(0) = 3a_3 \cdot 0^2 + 2a_2 \cdot 0 + a_1 = 0 \quad \to a_1 = 0$

$f(1) = \frac{4}{3} \Rightarrow f(1) = a_3 \cdot 1^3 + a_2 \cdot 1^2 + a_1 \cdot 1 + a_0 = \frac{4}{3} \quad \to a_2 = \frac{4}{3} - a_3 = 2$

$f'(1) = 2 \Rightarrow f'(1) = 3a_3 \cdot 1^2 + 2a_2 \cdot 1 + a_1 = 2 \quad \to a_3 = -\frac{2}{3}$

Funktionsgleichung: $f(x) = -\frac{2}{3}x^3 + 2x^2$

Nullstellenbestimmung

Aus $f(x) = -\frac{2}{3}x^3 + 2x^2 = x^2(-\frac{2}{3}x + 2)$ ergeben sich die Nullstellen 0 (doppelte Nullstelle) und 3 (einfache Nullstelle).

Extrempunktbestimmung

$f(x) = -\frac{2}{3}x^3 + 2x^2$

$f'(x) = -2x^2 + 4x$

$f''(x) = -4x + 4$

Notwendige Bedingung für lokale Extremwerte:

$f'(x_E) = 0$

$-2x_E^2 + 4x_E = 0 \Leftrightarrow x_E = 0 \lor x_E = 2$

Hinreichende Bedingung für lokale Extremwerte:

$f'(x_E) = 0 \land f''(x_E) \neq 0$

$x_E = 0$: Laut Aufgabenstellung liegt an der Stelle 0 ein Berührpunkt vor. $\Rightarrow$ lokales Minimum bei $x = 0$.
Tiefpunkt $T(0|0)$.

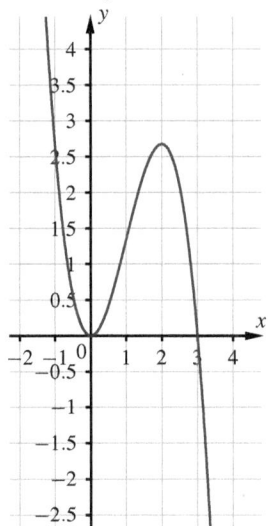

Wendepunktbestimmung

$f''(x) = -4x + 4$

$f'''(x) = -4$

Notwendige Bedingung für Wendestellen: $f''(x_W) = 0$

$-4x_W + 4 = 0 \Leftrightarrow x_W = 1$

Hinreichende Bedingung für Wendestellen: $f''(x_W) = 0 \land f'''(x_W) \neq 0$

$x_W = 1$: $f''(1) = 0 \land f'''(1) = -4 < 0 \land f(1) = \frac{4}{3}$

$\Rightarrow$ Wendestelle bei $x = 1$. Wendepunkt $W(1|\frac{4}{3})$, L-R-Wendepunkt

b) Die Fläche ergibt sich als Wert des Integrals $\int_0^3 (-\frac{2}{3}x^3 + 2x^2)dx = 4{,}5$ (FE).

3.2 Anwendungen der Integralrechnung

12. *Hinweis:* Fehler im 1. Druck der 1. Auflage! Die Aufgabe in Punkt b) lautet: Bestimmen Sie den Inhalt der Fläche, die der Graph der Funktion mit der *x*-Achse im Intervall $I = [1; 4]$ einschließt.

a) $f(x) = ax^3 + bx^2 + cx + d \quad f'(x) = 3ax^2 + 2bx + c \quad f''(x) = 6ax + 2b$

Verläuft durch den Ursprung $d = 0$, $f'(0) = 0$, also $c = 0$

Wendestelle: $f''(\frac{2}{3}) = 0 = 4a + 2b$, also $a = -0,5b$

$f(x) = -0,5bx^3 + bx^2$

$A = b\left[-\frac{1}{8}x^4 + \frac{1}{3}x^3\right]_0^2 = \frac{8}{3}$ [FE]

$b(-2 + \frac{8}{3}) = \frac{8}{3}$

$\frac{2}{3}b = \frac{8}{3} \quad b = 4 \quad a = -2$

$f(x) = -2x^3 + 4x^2$

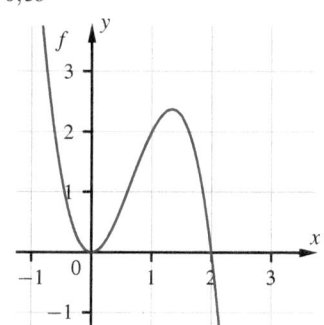

b) $A_1 = \left[-\frac{1}{2}x^4 + \frac{4}{3}x^3\right]_1^2 = \frac{8}{3} - (-\frac{1}{2} + \frac{4}{3}) = \frac{11}{6}$ [FE]

$A_2 = \left|\left[-\frac{1}{2}x^4 + \frac{4}{3}x^3\right]_2^4\right| = \left|-128 + \frac{256}{3} - \frac{8}{3}\right| = \frac{136}{3}$ [FE]

$A = A_1 + A_2 = \frac{11}{6} + \frac{136}{3} = \frac{283}{6}$ [FE]

Nullstellen bei $x = 0$ und $x = 2$

13.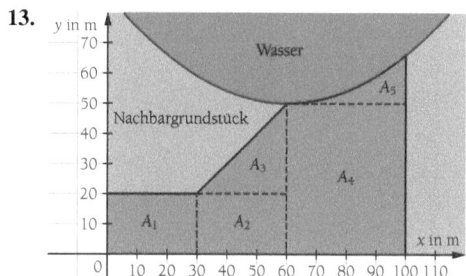

$A_1 + A_2 + A_3 + A_4 = 600 + 600 + 450 + 2000 = 3650$ m²

A_5: $f(x) = 0,01(x - 60)^2 + 50$

A_5 entspricht der unten eingezeichneten Fläche $a = 213\frac{1}{3}$.

Also $A = 3863\frac{1}{3}$ FE. Kosten: 695 400 €.

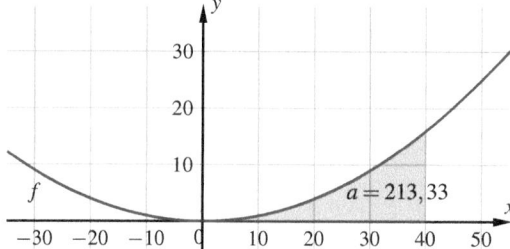

14. a) $A = 5,4$ FE

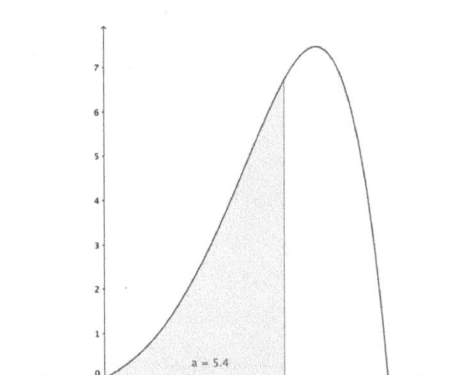

c) $A = 0,15$ FE

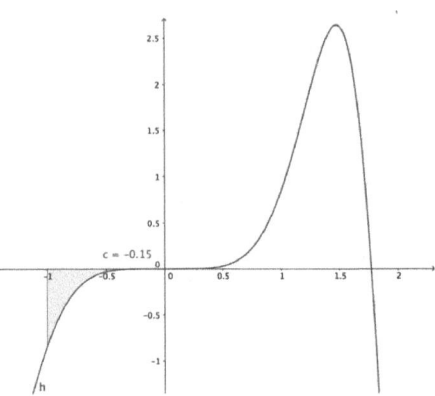

b) $A = 1,49$ FE

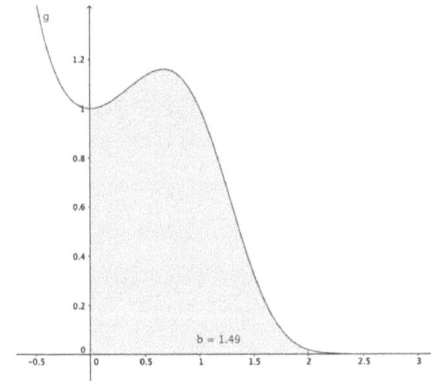

d) $A = 1,18$ FE

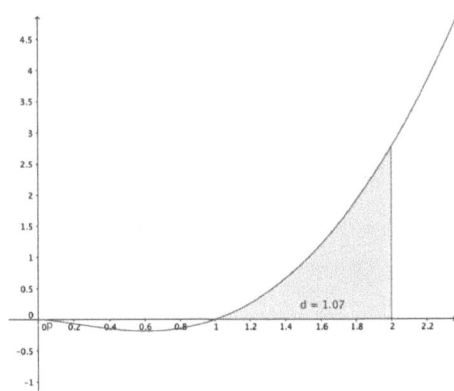

15. a)

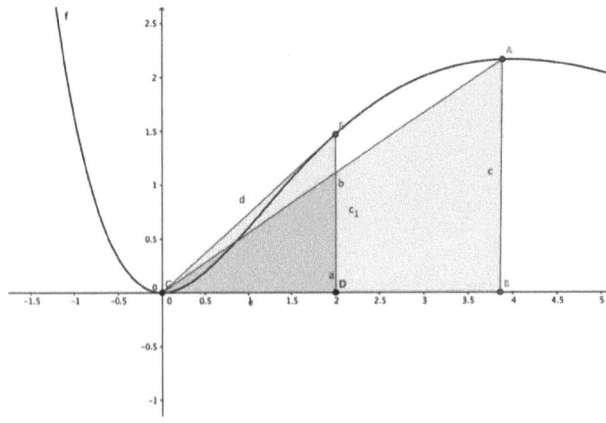

b) $g(x) = 0{,}5x \cdot f(x);\ f(x) = x^2 \cdot e^{-0{,}5x};$
$g(x) = 0{,}5x^3 \cdot e^{-0{,}5x}$
Ableitung von $g(x)$ bilden:
$g'(x) = \frac{1}{4}x^2 \cdot e^{-\frac{1}{2}x}(6-x)$
Nullstellen von $g'(x)$: $x_{N_1} = 0;\ x_{N_2} = 6$
$g(6) = 5{,}38$
$A = 0{,}5 \cdot 6 \cdot 5{,}38 = 16{,}14$ (FE)

c) Gerade $y = \frac{269}{300}x$

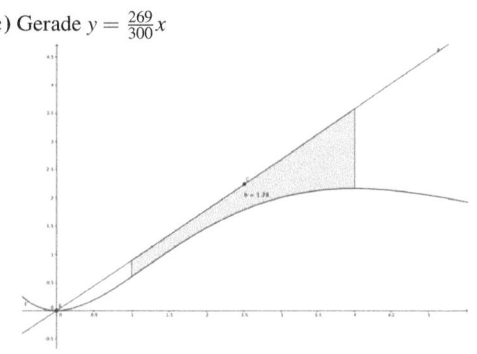

3.2.2 Flächen zwischen Funktionsgraphen

1. a) $A = \int\limits_{1}^{5}(f(x)-g(x))\,dx = \int\limits_{1}^{5}(0{,}625x^2 - 3x + 5)\,dx = \left[\frac{5}{24}x^3 - \frac{3}{2}x^2 + 5x\right]_{1}^{5} = \frac{59}{6} \approx 9{,}83$

b) $A = \int\limits_{-1}^{2}(g(x)-f(x))\,dx = \int\limits_{-1}^{2}(-1{,}2x^2 + 0{,}8x + 6{,}2)\,dx = \left[-0{,}4x^3 + 0{,}4x^2 + 6{,}2x\right]_{-1}^{2} = 16{,}2$

c) $A = \int\limits_{-6}^{-4}(f(x)-g(x))\,dx + \int\limits_{-2}^{0}(f(x)-g(x))\,dx$

$= \int\limits_{-6}^{-4}\left(\frac{1}{24}x^3 - \frac{1}{4}x^2 - \frac{11}{3}x + 8\right)dx + \int\limits_{-2}^{0}\left(\frac{1}{24}x^3 - \frac{1}{4}x^2 - \frac{11}{3}x + 8\right)dx$

$= \left[\frac{1}{96}x^4 - \frac{1}{12}x^3 - \frac{11}{6}x^2 + 8x\right]_{-6}^{-4} + \left[\frac{1}{96}x^4 - \frac{1}{12}x^3 - \frac{11}{6}x^2 + 8x\right]_{-2}^{0}$

$= \frac{175}{6} + 22{,}5 = \frac{155}{3} \approx 51{,}67$

d) $A = \int\limits_{-2}^{4}(f(x)-g(x))\,dx = \int\limits_{-2}^{4}(-0{,}15x^3 + 1{,}2x^2)\,dx = \left[-\frac{3}{80}x^4 + \frac{2}{5}x^3\right]_{-2}^{4} = 19{,}8$

e) $A = \int\limits_{-3}^{1}(g(x)-f(x))\,dx = \int\limits_{-3}^{1}(-e^{0{,}5x} - e^{x-2} + 4)\,dx = \left[-2e^{0{,}5x} - e^{x-2} + 4x\right]_{-3}^{1} \approx 12{,}79$

f) $A = \int\limits_{-5}^{-1}(g(x)-f(x))\,dx = \int\limits_{-5}^{-1}\left(-\frac{1}{9}x^3 + \frac{1}{4}x^2 + 4{,}5x + 8{,}25\right)dx$

$= \left[-\frac{1}{36}x^4 + \frac{1}{12}x^3 + 2{,}25x^2 + 8{,}25x\right]_{-5}^{-1} = \frac{20}{3} \approx 6{,}67$

g) $A = \int\limits_{-4}^{-1}(f(x)-g(x))\,dx + \left|\int\limits_{-1}^{5}(f(x)-g(x))\,dx\right| = \int\limits_{-4}^{-1}(x^3 - 21x - 20)\,dx + \left|\int\limits_{-1}^{5}(x^3 - 21x - 20)\,dx\right|$

$= \left[\frac{1}{4}x^4 - \frac{21}{2}x^2 - 20x\right]_{-4}^{-1} + \left|\left[\frac{1}{4}x^4 - \frac{21}{2}x^2 - 20x\right]_{-1}^{5}\right| = 33{,}75 + |-216| = 249{,}75$

143

h) $A = \int\limits_{-4}^{-2} (f(x) - g(x))\,dx + \left|\int\limits_{-2}^{2} (f(x) - g(x))\,dx\right| + \int\limits_{2}^{4} (f(x) - g(x))\,dx$

$= 2 \cdot \left|\int\limits_{0}^{2} (f(x) - g(x))\,dx\right| + 2 \cdot \int\limits_{2}^{4} (f(x) - g(x))\,dx$ ▶ wegen Symmetrie zur y-Achse

$= 2 \cdot \left|\int\limits_{0}^{2} (-0{,}25x^4 + 5x^2 - 16)\,dx\right| + 2 \cdot \int\limits_{2}^{4} (-0{,}25x^4 + 5x^2 - 16)\,dx$

$= 2 \cdot \left|\left[-\tfrac{1}{20}x^5 + \tfrac{5}{3}x^3 - 16x\right]_0^2\right| + 2 \cdot \left[-\tfrac{1}{20}x^5 + \tfrac{5}{3}x^3 - 16x\right]_2^4$

$= 2 \cdot \left|-\tfrac{304}{15}\right| + 2 \cdot \tfrac{176}{15} = 64$

i) $A = \left|\int\limits_{-2}^{0} (f(x) - g(x))\,dx\right| + \int\limits_{0}^{2} (f(x) - g(x))\,dx + \left|\int\limits_{2}^{3} (f(x) - g(x))\,dx\right|$

$= \left|\int\limits_{-2}^{0} (3x^4 - 9x^3 - 12x^2 + 36x)\,dx\right| + \int\limits_{0}^{2} (3x^4 - 9x^3 - 12x^2 + 36x)\,dx$
$\quad + \left|\int\limits_{2}^{3} (3x^4 - 9x^3 - 12x^2 + 36x)\,dx\right|$

$= \left|\left[\tfrac{3}{5}x^5 - \tfrac{9}{4}x^4 - 4x^3 + 18x^2\right]_{-2}^{0}\right| + \left[\tfrac{3}{5}x^5 - \tfrac{9}{4}x^4 - 4x^3 + 18x^2\right]_{0}^{2} + \left|\left[\tfrac{3}{5}x^5 - \tfrac{9}{4}x^4 - 4x^3 + 18x^2\right]_{2}^{3}\right|$

$= |-48{,}8| + 23{,}2 + |-5{,}65| = 77{,}65$

2. a) $d(x) = f(x) - g(x) = \tfrac{1}{8}x^2 - \tfrac{1}{2}x - 4$
$d(x_N) = 0 \;\Leftrightarrow\; x_N^2 - 4x_N - 32 = 0$
$\qquad\qquad\qquad x_{N_1} = -4;\; x_{N_2} = 8$

$A = \left|\int\limits_{-4}^{8} \left(\tfrac{1}{8}x^2 - \tfrac{1}{2}x - 4\right) dx\right|$

$= \left|\left[\tfrac{1}{24}x^3 - \tfrac{1}{4}x^2 - 4x\right]_{-4}^{8}\right|$

$= |-36| = 36$

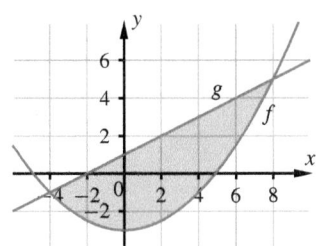

b) $d(x) = f(x) - g(x) = \tfrac{4}{45}x^2 - \tfrac{8}{45}x - \tfrac{28}{9}$
$d(x_N) = 0 \;\Leftrightarrow\; x_N^2 - 2x_N - 35 = 0$
$\qquad\qquad\qquad x_{N_1} = -5;\; x_{N_2} = 7$

$A = \left|\int\limits_{-5}^{7} \left(\tfrac{4}{45}x^2 - \tfrac{8}{45}x - \tfrac{28}{9}\right) dx\right|$

$= \left|\left[\tfrac{4}{135}x^3 - \tfrac{4}{45}x^2 - \tfrac{28}{9}x\right]_{-5}^{7}\right|$

$= |-25{,}6| = 25{,}6$

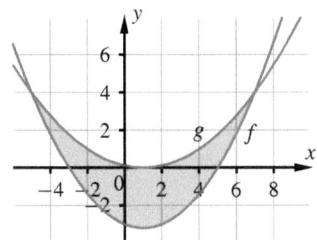

c) $d(x) = f(x) - g(x) = \tfrac{1}{24}x^3 - \tfrac{3}{2}x$
$d(x_N) = 0 \;\Leftrightarrow\; \tfrac{1}{24}x_N(x_N^2 - 36) = 0$
$\qquad\qquad\qquad \Leftrightarrow\; x_N = -6 \vee x_N = 0 \vee x_N = 6$

$A = \left|\int\limits_{-6}^{0} \left(\tfrac{1}{24}x^3 - \tfrac{3}{2}x\right) dx\right| + \left|\int\limits_{0}^{6} \left(\tfrac{1}{24}x^3 - \tfrac{3}{2}x\right) dx\right|$

$= 2 \cdot \left|\int\limits_{0}^{6} \left(\tfrac{1}{24}x^3 - \tfrac{3}{2}x\right) dx\right|$ ▶ wegen Symmetrie zum Ursprung

$= 2 \cdot \left|\left[\tfrac{1}{96}x^4 - \tfrac{3}{4}x^2\right]_0^6\right|$

$= 2 \cdot |-13{,}5| = 27$

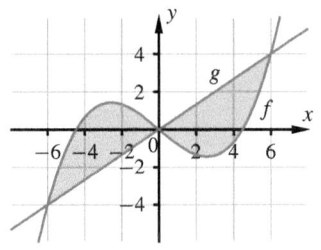

3.2 Anwendungen der Integralrechnung

d) $d(x) = f(x) - g(x) = x^3 - 2x^2 - 8x$
$d(x_N) = 0 \Leftrightarrow x_N(x_N^2 - 2x_N - 8) = 0$
$x_{N_1} = -2;\ x_{N_2} = 0;\ x_{N_3} = 4$

$A = \left| \int_{-2}^{0} (x^3 - 2x^2 - 8x)\, dx \right| + \left| \int_{0}^{4} (x^3 - 2x^2 - 8x)\, dx \right|$

$= \left| \left[\tfrac{1}{4}x^4 - \tfrac{2}{3}x^3 - 4x^2 \right]_{-2}^{0} \right| + \left| \left[\tfrac{1}{4}x^4 - \tfrac{2}{3}x^3 - 4x^2 \right]_{0}^{4} \right|$

$= \tfrac{20}{3} + \left| -\tfrac{128}{3} \right| = \tfrac{148}{3} \approx 49{,}33$

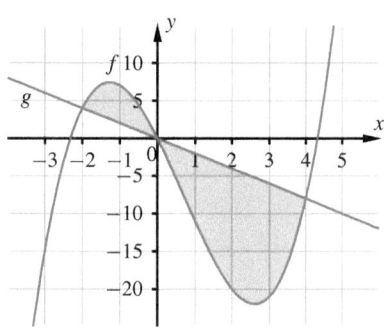

e) $d(x) = f(x) - g(x) = -0{,}2x^4 + 0{,}2x^3 + 1{,}2x^2$
$d(x_N) = 0 \Leftrightarrow -0{,}2x_N(x_N^2 - x_N - 6) = 0$
$x_{N_1} = -2;\ x_{N_2} = 0;\ x_{N_3} = 3$

$A = \left| \int_{-2}^{0} (-0{,}2x^4 + 0{,}2x^3 + 1{,}2x^2)\, dx \right|$
$+ \left| \int_{0}^{3} (-0{,}2x^4 + 0{,}2x^3 + 1{,}2x^2)\, dx \right|$

$= \left| \left[-0{,}04x^5 + 0{,}05x^4 + 0{,}4x^3 \right]_{-2}^{0} \right|$
$+ \left| \left[-0{,}04x^5 + 0{,}05x^4 + 0{,}4x^3 \right]_{0}^{3} \right|$

$= 1{,}12 + 5{,}13 = 6{,}25$

Da 0 eine Berührstelle ist, kann man auch
$A = \left| \int_{-2}^{3} (-0{,}2x^4 + 0{,}2x^3 + 1{,}2x^2)\, dx \right|$ berechnen.

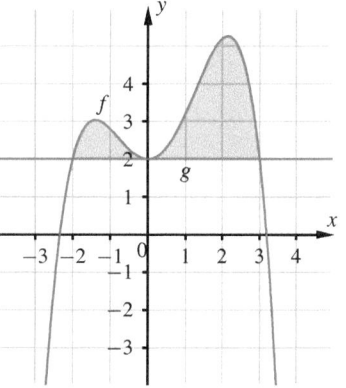

f) $d(x) = f(x) - g(x) = 0{,}25x^4 - x^3 - x^2 + 4x$
$d(x_N) = 0 \Leftrightarrow 0{,}25x_N(x_N^3 - 4x_N^2 - 4x_N + 16) = 0$
$x_{N_1} = -2;\ x_{N_2} = 0;\ x_{N_3} = 2;\ x_{N_4} = 4$

$A = \left| \int_{-2}^{0} (0{,}25x^4 - x^3 - x^2 + 4x)\, dx \right|$
$+ \left| \int_{0}^{2} (0{,}25x^4 - x^3 - x^2 + 4x)\, dx \right|$
$+ \left| \int_{2}^{4} (0{,}25x^4 - x^3 - x^2 + 4x)\, dx \right|$

$= \left| \left[\tfrac{1}{20}x^5 - \tfrac{1}{4}x^4 - \tfrac{1}{3}x^3 + 2x^2 \right]_{-2}^{0} \right|$
$+ \left| \left[\tfrac{1}{20}x^5 - \tfrac{1}{4}x^4 - \tfrac{1}{3}x^3 + 2x^2 \right]_{0}^{2} \right|$
$+ \left| \left[\tfrac{1}{20}x^5 - \tfrac{1}{4}x^4 - \tfrac{1}{3}x^3 + 2x^2 \right]_{2}^{4} \right|$

$= \left| -\tfrac{76}{15} \right| + \tfrac{44}{15} + \left| -\tfrac{76}{15} \right| = \tfrac{196}{15} \approx 13{,}07$

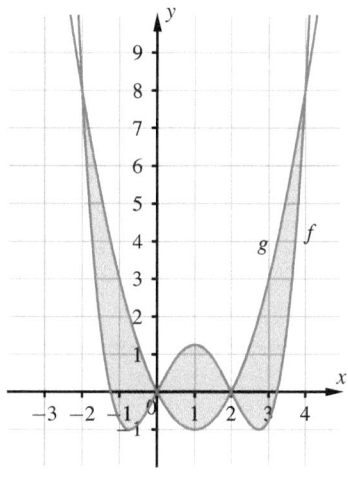

g) $d(x) = f(x) - g(x) = -0{,}2x^4 - 4{,}6x^2 - 24x + 28{,}8$

$d(x_N) = 0 \Leftrightarrow x_N^4 + 23x_N^2 + 120x_N - 144 = 0$

$x_{N_1} = -4;\ x_{N_2} = 1$

$A = \left| \int_{-4}^{1} (-0{,}2x^4 - 4{,}6x^2 - 24x + 28{,}8)\, dx \right|$

$= \left| \left[-\tfrac{1}{25}x^5 - \tfrac{23}{15}x^3 - 12x^2 + 28{,}8x \right]_{-4}^{1} \right|$

$= \tfrac{550}{3} \approx 183{,}33$

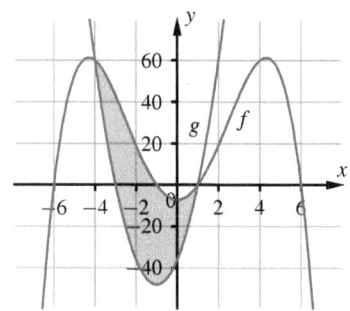

h) $d(x) = f(x) - g(x) = 0{,}5x^4 - x^3 - 4x^2 + 9x - 4{,}5$

$d(x_N) = 0 \Leftrightarrow x_N^4 - 2x_N^3 - 8x_N^2 + 18x_N - 9 = 0$

$x_{N_1} = -3;\ x_{N_2} = 1;\ x_{N_3} = 3$

$A = \left| \int_{-3}^{1} (0{,}5x^4 - x^3 - 4x^2 + 9x - 4{,}5)\, dx \right|$
$+ \left| \int_{1}^{3} (0{,}5x^4 - x^3 - 4x^2 + 9x - 4{,}5)\, dx \right|$

$= \left| \left[\tfrac{1}{10}x^5 - \tfrac{1}{4}x^4 - \tfrac{4}{3}x^3 + \tfrac{9}{2}x^2 - \tfrac{9}{2}x \right]_{-3}^{1} \right|$
$+ \left| \left[\tfrac{1}{10}x^5 - \tfrac{1}{4}x^4 - \tfrac{4}{3}x^3 + \tfrac{9}{2}x^2 - \tfrac{9}{2}x \right]_{1}^{3} \right|$

$= \left| -\tfrac{704}{15} \right| + \left| -\tfrac{52}{15} \right| = 50{,}4$

Da 1 eine Berührstelle ist, kann man auch

$A = \left| \int_{-3}^{3} (0{,}5x^4 - x^3 - 4x^2 + 9x - 4{,}5)\, dx \right|$ berechnen.

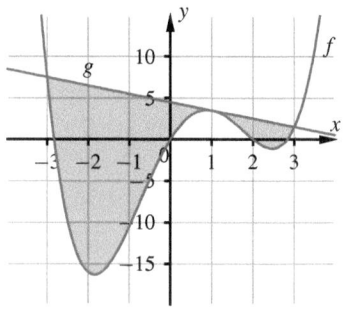

Übungen zum Exkurs: Konsumenten- und Produzentenrente

1. (1) **a)** $d(x) = E(x) - K(x) = -\tfrac{1}{2}x^2 + 5x - 8$

$d(x_N) = 0 \Leftrightarrow x_N^2 - 10x + 16 = 0 \qquad x_{N_1} = 2;\ x_{N_2} = 8$

$A = \int_{2}^{8} \left(-\tfrac{1}{2}x^2 + 5x - 8 \right) dx = \left[-\tfrac{1}{6}x^3 + \tfrac{5}{2}x^2 - 8x \right]_{2}^{8} = 18$

b) $d(x) = E(x) - K(x) = -0{,}2x^3 + 1{,}2x^2 + 0{,}8x - 4{,}8$

$d(x_N) = 0 \Leftrightarrow x_N^3 - 6x_N^2 - 4x_N + 24 = 0 \qquad x_{N_1} = -2$ (nicht relevant); $x_{N_2} = 2;\ x_{N_3} = 6$

$A = \int_{2}^{6} (-0{,}2x^3 + 1{,}2x^2 + 0{,}8x - 4{,}8)\, dx = \left[-0{,}05x^4 + 0{,}4x^3 + 0{,}4x^2 - 4{,}8x \right]_{2}^{6} = 12{,}8$

c) $d(x) = E(x) - K(x) = -x^3 + 9x^2 - 6x - 16$

$d(x_N) = 0 \Leftrightarrow x_N^3 - 9x_N^2 + 6x_N + 16 \qquad x_{N_1} = -1$ (nicht relevant); $x_{N_2} = 2;\ x_{N_3} = 8$

$A = \int_{2}^{8} (-x^3 + 9x^2 - 6x - 16)\, dx = \left[-\tfrac{1}{4}x^4 + 3x^3 - 3x^2 - 16x \right]_{2}^{8} = 216$

(2) Für die Gewinnfunktionen gilt: $G(x) = E(x) - K(x) = d(x)$

(3) **a)** $G(x) = -\frac{1}{2}x^2 + 5x - 8$

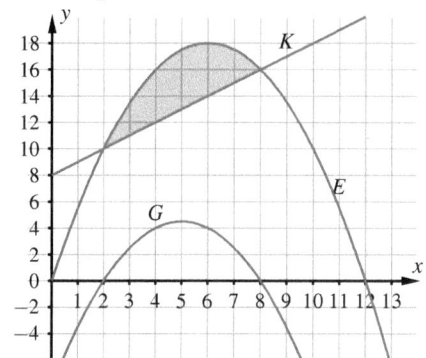

c) $G(x) = -x^3 + 9x^2 - 6x - 16$

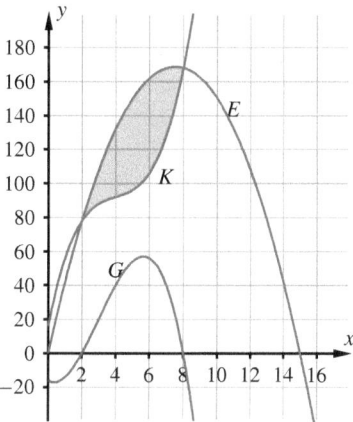

b) $G(x) = -0{,}2x^3 + 1{,}2x^2 + 0{,}8x - 4{,}8$

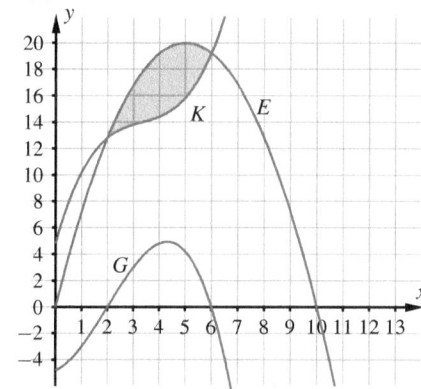

2. a) $p_A(x_G) = p_N(x_G) \Leftrightarrow x_G^2 + 715x_G - 59275 = 0$
$x_{G_1} \approx -790{,}029$ (nicht relevant); $x_{G_2} \approx 75{,}0289$
$p_A(75{,}0289) \approx 451{,}77$
$G(\approx 75{,}0289 | \approx 451{,}77)$
$p_G(x) = 451{,}77$

$KR \approx \int_0^{75{,}0289} (p_N(x) - p_G(x))\, dx$
$= \int_0^{75{,}0289} (0{,}03x^2 - 12{,}3x + 753{,}98)\, dx$
$= \left[0{,}01x^3 - 6{,}15x^2 + 753{,}98x\right]_0^{75{,}0289}$
$\approx 26\,173{,}50$

$PR \approx \int_0^{75{,}0289} (p_G(x) - p_A(x))\, dx$
$= \int_0^{75{,}0289} (-0{,}05x^2 - 2x + 431{,}52)\, dx$
$= \left[-\frac{1}{60}x^3 - x^2 + 431{,}52x\right]_0^{75{,}0289} \approx 19\,707{,}75$

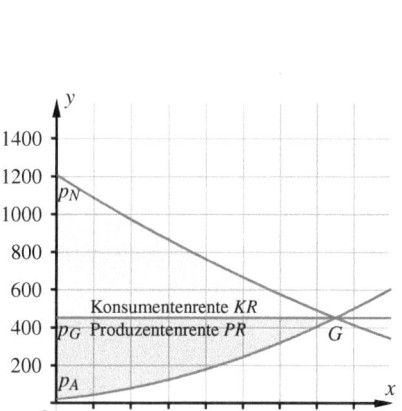

b) $p_A(x_G) = p_N(x_G) \Leftrightarrow x_G^2 + 330x_G - 32800 = 0$

$x_{G_1} = -410$ (nicht relevant); $x_{G_2} = 80$

$p_A(80) = 600 \quad G(80|600) \quad p_G(x) = 600$

$KR = \int_0^{80} (p_N(x) - p_G(x))\,dx$

$= \int_0^{80} (0{,}02x^2 - 6{,}6x + 400)\,dx$

$= \left[\tfrac{1}{150}x^3 - 3{,}3x^2 + 400x\right]_0^{80} = \tfrac{42880}{3} \approx 14293{,}33$

$PR = \int_0^{80} (p_G(x) - p_A(x))\,dx = \int_0^{80} (-0{,}04x^2 + 256)\,dx$

$= \left[-\tfrac{1}{75}x^3 + 256x\right]_0^{80} = \tfrac{40960}{3} \approx 13653{,}33$

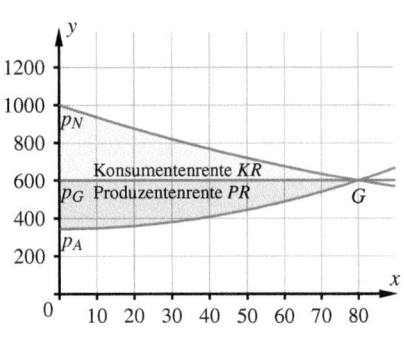

c) $p_A(x_G) = p_N(x_G) \Leftrightarrow x_G^2 + \tfrac{820}{9}x_G - \tfrac{20000}{9} = 0$

$x_{G_1} = -\tfrac{1000}{9}$ (nicht relevant); $x_{G_2} = 20$

$p_A(20) = 180 \quad G(20|180) \quad p_G(x) = 180$

$KR = \int_0^{20} (p_N(x) - p_G(x))\,dx$

$= \int_0^{20} (0{,}01x^2 - 6{,}2x + 120)\,dx$

$= \left[\tfrac{1}{300}x^3 - 3{,}1x^2 + 120x\right]_0^{20} = \tfrac{3560}{3} \approx 1186{,}67$

$PR = \int_0^{20} (p_G(x) - p_A(x))\,dx$

$= \int_0^{20} (-0{,}1x^2 - 2x + 80)\,dx$

$= \left[-\tfrac{1}{30}x^3 - x^2 + 80x\right]_0^{20} = \tfrac{2800}{3} \approx 933{,}33$

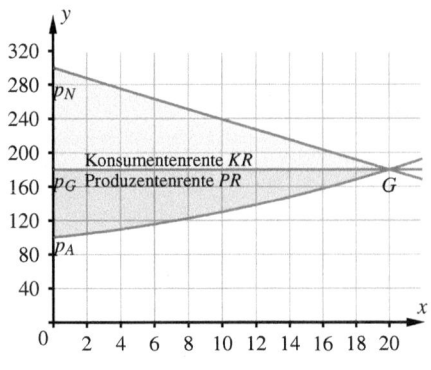

3. a)

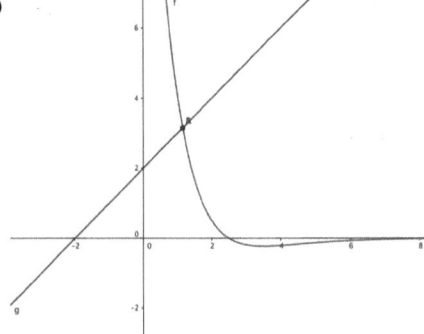

b) Gleichgewichtspunkt:

aus Abbildung ablesen $G(1|3)$;

genauer Wert: SCHNEIDE f und $g(1{,}15|3{,}15)$

c) $p_G = 3{,}15$

d) Befehle:

KR: Integral zwischen (f,a,0,1.15)=6,64

PR: Integral zwischen (a,g,0,1.15)=0,66

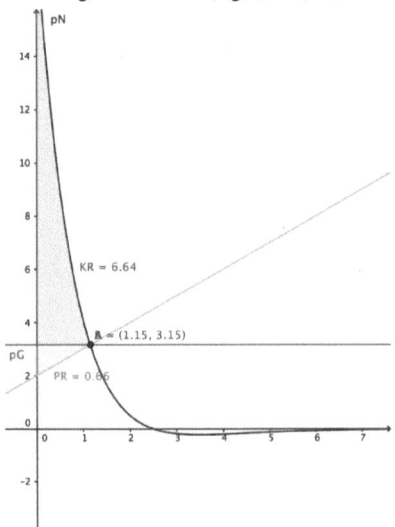

3.2 Anwendungen der Integralrechnung

3.2.3 Volumen von Rotationskörpern

1. **a)** $f(x) = -0{,}0025(x-40)^2 + 32$ ▶ Scheitelpunkt $S(40|32)$, $P(0|28)$ eingesetzt in Scheitelpunktform.
   b) $V = \pi \int_0^{80} (-\frac{1}{400}x^2 + \frac{1}{5}x + 28)^2 dx$
   $= \pi \left[\frac{1}{800\,000}x^5 - \frac{1}{4000}x^4 - \frac{1}{30}x^3 + \frac{28}{5}x^2 + 784x \right]_0^{80}$
   $= \frac{226\,048}{3}\pi \approx 236\,716{,}19$
   Das Fass hat ein Volumen von ungefähr $236\,717$ cm^3 (≈ 237 l).

2. **a)** $V = \pi \cdot \int_0^4 4\,dx = \pi[4x]_0^4 = 16\pi$
   b) $V = \pi \cdot \int_0^3 0{,}16x^2 dx = \pi \left[\frac{4}{75}x^3\right]_0^3 = \frac{36}{25}\pi$
   c) $V = \pi \cdot \int_1^4 0{,}64x^2 dx = \pi \left[\frac{16}{75}x^3\right]_1^4 = \left(\frac{1024}{25} - \frac{16}{75}\right)\pi = \frac{3056}{75}\pi$
   d) $V = \pi \cdot \int_1^3 x^4 dx = \pi \left[\frac{1}{5}x^5\right]_1^3 = \left(\frac{243}{5} - \frac{1}{5}\right)\pi = \frac{242}{5}\pi$
   e) $V = \pi \cdot \int_1^4 x\,dx = \pi \left[\frac{1}{2}x^2\right]_1^4 = \left(8 - \frac{1}{2}\right)\pi = 7{,}5\pi$
   f) $V = \pi \cdot \int_{-2}^{2} (4-x^2) dx = 2\pi \left[4x - \frac{1}{3}x^3\right]_0^2 = 2\pi\left(8 - \frac{8}{3}\right) = \frac{32}{3}\pi$

3. Individuelle Lösungen

Übungen zu 3.2

1. **a)**

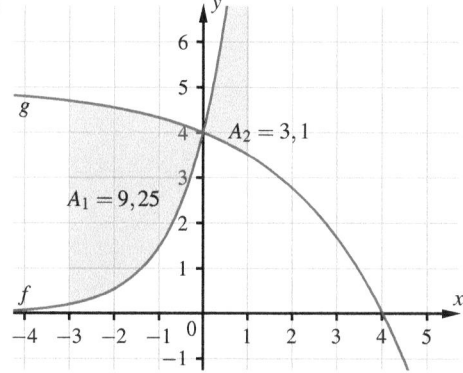

$A_1 = \int_{-3}^{0} (5 - e^{0{,}4x} - 4e^x) dx = \left[5x - 2{,}5e^{0{,}4x} - 4e^x\right]_{-3}^{0}$
$= -6{,}5 - (-15 - 0{,}7529855 - 0{,}19914832) = 9{,}45$
$A_2 = \int_0^1 (4e^x - 5 + e^{0{,}4x}) dx = \left[4e^x - 5x + 2{,}5e^{0{,}4x}\right]_0^1$
$= 10{,}87 - 5 + 3{,}7295 - (4 + 2{,}5) = 3{,}1$
$A = 9{,}45 + 3{,}1 = 12{,}55$ [FE]

150

b)

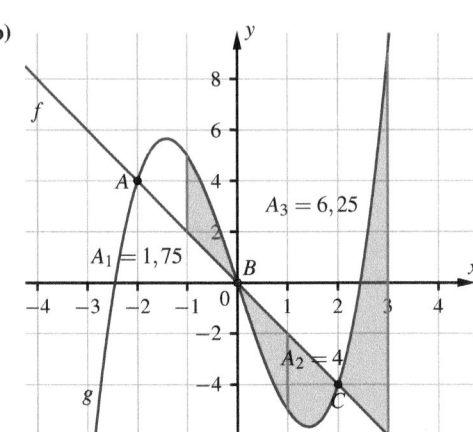

Schnittpunkte im Intervall bei 0 und 2.
$A_1 = \int_{-1}^{0}(x^3 - 4x)dx = \left[\frac{1}{4}x^4 - 2x^2\right]_{-1}^{0}$
$= 0 - (0,25 - 2) = 1,75$
$A_2 = \left|\int_{0}^{2}(x^3 - 4x)dx\right| = \left|\left[\frac{1}{4}x^4 - 2x^2\right]_{0}^{2}\right|$
$= |-4| = 4$
$A_3 = \int_{2}^{3}(x^3 - 4x)dx = \left[\frac{1}{4}x^4 - 2x^2\right]_{2}^{3}$
$= \frac{81}{4} - 18 - (4 - 8) = 6,25$
$A = 12 \text{ [FE]}$

2. Gesucht ist die Größe der Fläche, die von den Graphen von f und g umschlossen wird.
$d(x) = g(x) - f(x) = -1,875x^2 + 1,2 \qquad d(x_N) = 0 \Leftrightarrow x_N = -0,8 \vee x_N = 0,8$
$A = \int_{-0,8}^{0,8}\left(-1,875x^2 + 1,2\right)dx$
$= 2 \cdot \int_{0}^{0,8}\left(-1,875x^2 + 1,2\right)dx \qquad \blacktriangleright \text{ wegen Symmetrie zur y-Achse}$
$= 2 \cdot \left[-0,625x^3 + 1,2x\right]_{0}^{0,8} = 2 \cdot 0,64 = 1,28$
Das Gitter muss mindestens einen Flächeninhalt von 1,28 FE haben.

3. Fläche des Querschnittes des Walls
$A = 2 \cdot \int_{0}^{5}\left(\frac{1}{100}x^4 - \frac{41}{100}x^2 + 4\right)dx$
$= 2 \cdot \left[\frac{1}{500}x^5 - \frac{41}{300}x^3 + 4x\right]_{0}^{5}$
$= 2 \cdot \left[\frac{1}{500}5^5 - \frac{41}{300}5^3 + 4 \cdot 5 - 0\right]_{0}^{5}$
$= 2 \cdot \frac{55}{6} = \frac{55}{3}$
$V_{\text{Materialbedarf}} = \frac{55}{3} \cdot 100 = \frac{5500}{3} = 1833,\overline{3}$
Es müssen rund 1833 m³ Material angeliefert werden.

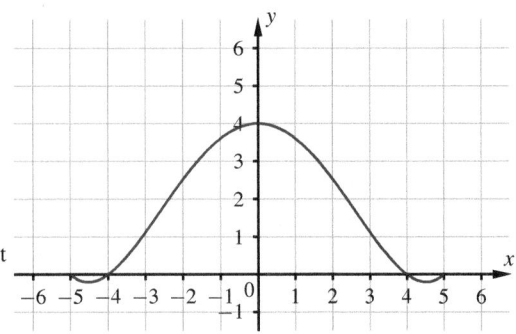

151

4. a) **Gleichung der Funktion f_1**

Zu bestimmen ist die Gleichung einer quadratischen Funktion, deren Graph durch den Ursprung geht und den Scheitelpunkt $H(9|12)$ hat.
Allg. Gleichung: $f_1(x) = a(x-9)^2 + 12 \qquad \blacktriangleright \text{ Scheitelpunktform}$
Einsetzen der Koordinaten von $O(0|0)$ ergibt: $0 = a(0-9)^2 + 12 \Leftrightarrow a = -\frac{4}{27}$
Gesuchte Gleichung: $f_1(x) = -\frac{4}{27}(x-9)^2 + 12 = -\frac{4}{27}x^2 + \frac{8}{3}x$

Gleichung der Funktion f_2

Zu bestimmen ist die Gleichung einer quadratischen Funktion, deren Graph durch die Punkte $O(0|0)$, $P(8|16)$ und $Q(10|10)$ geht.

Allg. Gleichung: $f_2(x) = ax^2 + bx + c$

(I) $f_2(0) = 0 \iff c = 0$
(II) $f_2(8) = 16 \iff 64a + 8b + c = 16$
(III) $f_2(10) = 10 \iff 100a + 10b + c = 10$

Gesuchte Gleichung: $f_2(x) = -0{,}5x^2 + 6x$

Gleichung der Funktion g_1

Zu bestimmen ist die Gleichung einer linearen Funktion, deren Graph durch die Punkte $O(0|0)$ und $P(8|16)$ geht.

Allg. Gleichung: $g_1(x) = mx + n$

$g_1(0) = 0 \iff n = 0$
$g_1(8) = 16 \iff 8m + n = 16$

Einsetzen von $n = 0$ ergibt: $m = 2$

Gesuchte Gleichung: $g_1(x) = 2x$

Gleichung der Funktion g_2

Gesucht ist die Gleichung einer linearen Funktion, deren Graph durch die Punkte $N(2{,}5|0)$ und $Q(10|10)$ geht.

Allg. Gleichung: $g_2(x) = mx + n$

$g_2(2{,}5) = 0 \iff 2{,}5m + n = 0$
$g_2(10) = 10 \iff 10m + n = 10$

Gesuchte Gleichung: $g_2(x) = \frac{4}{3}x - \frac{10}{3}$

b) Musterbeet I

Gesamtfläche: $A = 18 \cdot 12 = 216 \, [\text{m}^2]$

Bepflanzte Fläche	Teilflächen	
$A_I = \int_0^{18}(-\frac{4}{27}x^2 + \frac{8}{3}x)dx$	$A_1 = \int_0^{7}(-\frac{4}{27}x^2 + \frac{8}{3}x)dx$	$A_2 = A_I - (A_1 + A_3)$
$= [-\frac{4}{81}x^3 + \frac{4}{3}x^2]_0^{18}$	$= [-\frac{4}{81}x^3 + \frac{4}{3}x^2]_0^{7}$	$= 144 - 2 \cdot \frac{3920}{81}$
$= -\frac{4}{81} \cdot 18^3 + \frac{4}{3} \cdot 18^2 - 0$	$= -\frac{4}{81} \cdot 7^3 + \frac{4}{3} \cdot 7^2 - 0$	$= \frac{3824}{81} \, [\text{m}^2]$
$= 144 \, [\text{m}^2]$	$= \frac{3920}{81} \, [\text{m}^2]$	$(\approx 47{,}210 \, [\text{m}^2])$
	$(\approx 48{,}395 \, [\text{m}^2])$	
Bepflanzter Anteil	Aus Symmetriegründen gilt:	2. Kriterium nicht erfüllt, denn
$A_I : A = 144 : 216 = 2 : 3$	$A_3 = A_1 = \frac{3920}{81} \, [\text{m}^2]$	$A_1 : A_I = A_3 : A_I$
		$= \frac{3920}{81} : 144 = 245 : 729$
$\rightarrow$ 1. Kriterium erfüllt		$A_2 : A_I = \frac{3824}{81} : 144$
		$= 239 : 729$

151 **Musterbeet II**

Gesamtfläche: $A = 12 \cdot 18 = 216 \ [m^2]$

Bepflanzte Fläche	Bepflanzter Anteil
$A_{II} = \int_0^{12} (-0,5x^2 + 6x)dx$	$A_{II} : A = 144 : 216 = 2 : 3$
$\quad = [-\frac{1}{6}x^3 + 3x^2]_0^{12}$	$\rightarrow$ 1. Kriterium erfüllt
$\quad = -\frac{1}{6} \cdot 12^3 + 3 \cdot 12^2 - 0$	
$\quad = 144 \ [m^2]$	

Teilflächen

$A_1 = \int_0^8 (f_2(x) - g_1(x))dx$

$\quad = \int_0^8 (-0,5x^2 + 6x - 2x)dx$

$\quad = \int_0^8 (-0,5x^2 + 4x)dx$

$\quad = [-\frac{1}{6}x^3 + 2x^2]_0^8$

$\quad = -\frac{1}{6} \cdot 8^3 + 2 \cdot 8^2 - 0$

$\quad = 42,\overline{6} \ [m^2]$

$A_3 = \int_{2,5}^{10} g_2(x)dx + \int_{10}^{12} f_2(x)dx$

$\quad = \int_{2,5}^{10} (\frac{4}{3}x - \frac{10}{3})dx + \int_{10}^{12} (-0,5x^2 + 6x)dx$

$\quad = [\frac{2}{3}x^2 - \frac{10}{3}x]_{2,5}^{10} + [-\frac{1}{6}x^3 + 3x^2]_{10}^{12}$

$\quad = \frac{2}{3} \cdot 10^2 - \frac{10}{3} \cdot 10 - (\frac{2}{3} \cdot 2,5^2 - \frac{10}{3} \cdot 2,5)$
$\qquad + (-\frac{1}{6}) \cdot 12^3 + 3 \cdot 12^2 - (-\frac{1}{6} \cdot 10^3 + 3 \cdot 10^2)$

$\quad = 37,5 + 10,\overline{6}$

$\quad = 48,1\overline{6} \ [m^2]$

$A_2 = A_{II} - (A_1 + A_3)$

$\quad = 144 - (42,\overline{6} + 48,1\overline{6})$

$\quad = 53,1\overline{6} \ [m^2]$

2. Kriterium nicht erfüllt, denn:

$A_1 : A_{II} = 42,\overline{6} : 144 = 256 : 864$

$A_2 : A_{II} = 53,1\overline{6} : 144 = 319 : 864$

$A_3 : A_{II} = 48,1\overline{6} : 144 = 289 : 864$

c) Gesucht ist b mit $0 \leq b \leq 12$, sodass gilt:

$A_1 = \int_0^b (-0,5x^2 + 6x)dx = 48$

$\Leftrightarrow [-\frac{1}{6}x^3 + 3x^2]_0^b = 48$

$\Leftrightarrow -\frac{1}{6}b^3 + 3b^2 - 0 = 48$

$\Leftrightarrow -\frac{1}{6}b^3 + 3b^2 - 48 = 0$

Mit dem TR erhält man die Lösungen: $b_1 \approx -3,647477297$; $b_2 \approx 4,643557717$; $b_3 \approx 17,00391958$

Nur b_2 erfüllt die Bedingung $0 \leq 12 \leq b$.

Aufgrund der Symmetrie des Graphen von f_2 ergibt sich als untere Grenze für die Berechnung der Teilfläche A_3:

$b = 12 - 4,643557717 = 7,356442283$

3.2 Anwendungen der Integralrechnung

151

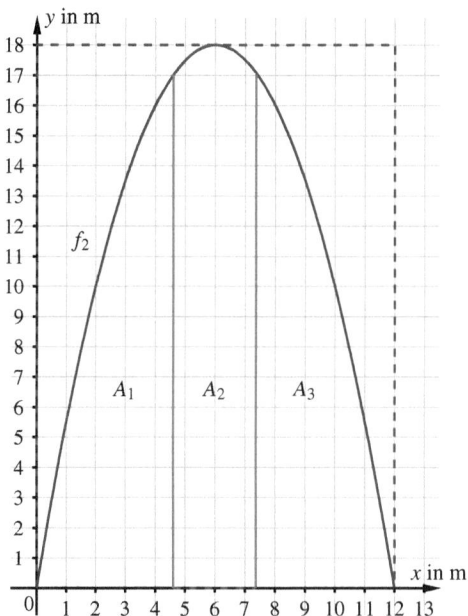

5. a)

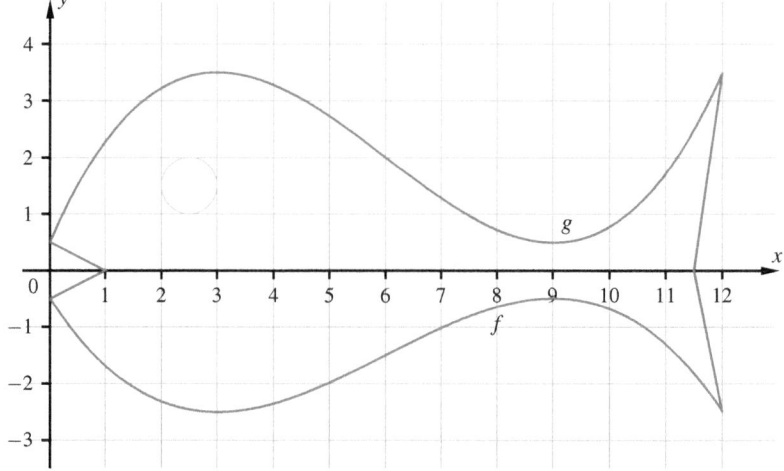

b) Rohlingsfläche zwischen den Graphen von g und f im Intervall $[0;\,12]$ (in cm²):
$$\int_0^{12}\left(g(x)-f(x)\right)dx = \int_0^{12}\left(\tfrac{5}{108}x^3 - \tfrac{5}{6}x^2 + \tfrac{15}{4}x + 1\right)dx = \left[\tfrac{5}{432}x^4 - \tfrac{5}{18}x^3 + \tfrac{15}{8}x^2 + x\right]_0^{12} = 42\ [\text{cm}^2]$$

Einschnitt Schwanzflosse: $A_S = \tfrac{1}{2}g\cdot h = \tfrac{1}{2}\cdot 6\ \text{cm}\cdot 0{,}5\ \text{cm} = 1{,}5\ \text{cm}^2$
Einschnitt Maul: $A_M = \tfrac{1}{2}g\cdot h = \tfrac{1}{2}\cdot 1\ \text{cm}\cdot 1\ \text{cm} = 0{,}5\ \text{cm}^2$
Einschnitt Auge: $A_A = \pi r^2 = \pi\cdot (0{,}5\ \text{cm})^2 = 0{,}25\pi\ \text{cm}^2$
Eine Platte von 1 cm² Sperrholz wiegt 2 kg : 10 000 = 0,2 g.
Ein Fisch mit aufgemaltem Auge wiegt $(42 - 1{,}5 - 0{,}5)\cdot 0{,}2\ \text{g} = 8\ \text{g}$.
Ein Fisch mit ausgesägtem Auge wiegt $8\ \text{g} - 0{,}25\pi\cdot 0{,}2\ \text{g} \approx 7{,}843\ \text{g}$.

151

c) Drehung der Fläche zwischen der x-Achse und dem Graphen von g im Intervall $[0; 12]$ ergibt einen Rotationskörper mit dem Volumen:
$V = \pi \int_0^{12} (\frac{1}{36}x^3 - \frac{1}{2}x^2 + \frac{9}{4}x + 0,5)^2 dx = \frac{2139}{35}\pi \approx 191{,}996191$ [cm^3]
Die Aussparung für das Maul entspricht einem Kegel mit dem Volumen
$V_M = \frac{1}{3}\pi \cdot r^2 \cdot h = \frac{1}{3}\pi \cdot 0,5^2 \cdot 1 = \frac{1}{12}\pi$ [cm^3]
Die Aussparung für die Schwanzflosse entspricht einem Kegel mit dem Volumen
$V_S = \frac{1}{3}\pi \cdot r^2 \cdot h = \frac{1}{3}\pi \cdot 3,5^2 \cdot 0,5 = \frac{49}{24}\pi$ [cm^3]
Für das Volumen des Fischs gilt:
$V_F = V - V_M - V_S = \left(\frac{2139}{35} - \frac{1}{12} - \frac{49}{24}\right)\pi = \frac{16517}{280}\pi \approx 185{,}3202066$ [cm^3]
1 cm^3 Knetmasse wiegt 0,8 g, also wiegt der Fisch $\frac{16517}{280}\pi \cdot 0,8 = \frac{16517}{350}\pi \approx 148{,}2562453$ g.

6. a) $V = \pi \cdot \int_0^{12} (f(x))^2 dx \approx 268{,}53$ cm^3
b) $V = \pi \cdot \int_0^{10} (f(x))^2 dx \approx 216{,}46$ cm^3 $\Rightarrow$ Die Vermutung des Designers ist falsch.

152

7. a) $f(x_S) = h(x_S) \Leftrightarrow \frac{1}{16}x_S^2(x_S - 8) = 0 \Leftrightarrow x_S = 0 \lor x_S = 8$
$f(0) = h(0) = 2$ Position der Tankstelle: $P(0|2)$
$f'(x) = \frac{3}{16}x^2 - \frac{3}{2}x + 3 \quad h'(x) = -\frac{1}{2}x + 3 \quad f'(0) = h'(0) = 3$
$f(0) = h(0) \land f'(0) = h'(0) \rightarrow P$ ist Berührpunkt der Graphen von f und h, d. h. Straße und Fluss berühren einander bei der Tankstelle.

b) $f(8) = h(8) = 10$ Position der Brücke: $B(8|10)$
Grundstück:
$A = \int_0^8 (h(x) - f(x)) dx = \int_0^8 \left(-\frac{1}{16}x^3 + \frac{1}{2}x^2\right) dx = \left[-\frac{1}{64}x^4 + \frac{1}{6}x^3\right]_0^8 = \frac{64}{3} \approx 21{,}33$
1 LE = 200 m $\rightarrow$ 1 FE = 40 000 m^2
$\frac{64}{3}$ FE = $\frac{2560000}{3}$ m^2 $\approx 853333{,}3$ m^2 $\approx 0{,}853$ km^2
Das Grundstück ist ca. 0,853 km^2 groß.

c) Das Gasthaus liegt an der Stelle, an der der Fluss und der gerade Weg einander berühren, d. h., die zugehörigen Funktionen haben an der Stelle x_G denselben Funktionswert und die Graphen dieselbe Steigung. Daraus ergibt sich für x_G die Bedingungsgleichung $f'(x_G) = m_{GB}$ mit:
$f'(x_G) = \frac{3}{16}x_G^2 - \frac{3}{2}x_G + 3$
$m_{GB} = \frac{f(x_G) - 10}{x_G - 8} = \frac{\frac{1}{16}x_G^3 - \frac{3}{4}x_G^2 + 3x_G - 8}{x_G - 8} = \frac{1}{16}x_G^2 - \frac{1}{4}x_G + 1 \quad (x_G \neq 8)$
$f'(x_G) = m_{GB} \Leftrightarrow x_S^2 - 10x_S + 16 = 0 \quad x_{G_1} = 2; x_{G_2} = 8 \, (\notin D)$
$f(2) = 5{,}5$ Position des Gasthauses: $G(2|5{,}5)$
Für die Entfernung gilt nach dem Satz des Pythagoras: $\overline{BG} = \sqrt{(8-2)^2 + (10-5{,}5)^2} = 7{,}5$
1 LE = 200 m $\rightarrow$ 7,5 LE = 1,5 km
Die Entfernung zwischen Gasthaus und Brücke beträgt 1,5 km.

d) Gerade durch Gasthaus und Brücke: $w(x) = mx + n$
$m = \frac{10 - 5{,}5}{8 - 2} = 0{,}75$ z.B. Einsetzen von G: $5{,}5 = 0{,}75 \cdot 2 + n \Leftrightarrow n = 4 \quad w(x) = 0{,}75x + 4$
Wegen $w(2) = 5{,}5 = f(2)$ und $w'(2) = 0{,}75 = f'(2)$ erfüllt die Funktion w die erforderlichen Bedingungen.

3.2 Anwendungen der Integralrechnung

8. 🔒 **Geschlossene Variante**

a) Parabel durch die Punkte A, D und B: $f(x) = ax^2 + bx + c$
   (I) $f(2) = 4{,}2 \Leftrightarrow 4a + 2b + c = 4{,}2$
   (II) $f(6) = 1 \Leftrightarrow 36a + 6b + c = 1$
   (III) $f(8) = 1{,}8 \Leftrightarrow 64a + 8b + c = 1{,}8 \qquad f(x) = 0{,}2x^2 - 2{,}4x + 8{,}2$

   Parabel durch die Punkte A, C und B: $g(x) = ax^2 + bx + c$
   (I) $g(2) = 4{,}2 \Leftrightarrow 4a + 2b + c = 4{,}2$
   (II) $g(4) = 5 \Leftrightarrow 16a + 4b + c = 5$
   (III) $g(8) = 1{,}8 \Leftrightarrow 64a + 8b + c = 1{,}8 \qquad g(x) = -0{,}2x^2 + 1{,}6x + 1{,}8$

b) $\int_{2}^{8}(g(x) - f(x))\,dx = \int_{2}^{8}(-0{,}4x^2 + 4x - 6{,}4)\,dx = \left[-\tfrac{2}{15}x^3 + 2x^2 - 6{,}4x\right]_{2}^{8} = 14{,}4$

   $F_S = 14{,}4\ \text{m}^2 \qquad V_S = 14{,}4\ \text{m}^2 \cdot 0{,}6\ \text{m} = 8{,}64\ \text{m}^3$

c) Wenn die Grube ganz mit Sand gefüllt werden soll, müssen 9 m³ Sand bestellt werden.

🔓 **Ergänzungen zur offenen Variante**

Die beiden Randlinien können als Ausschnitte von Parabelfunktionen beschrieben werden. Aus der Aufgabenstellung ist zu entnehmen, dass beide Randlinien die Punkte $A(2|4{,}2)$ und $B(8|1{,}8)$ enthalten. Bei der oberen Randlinie befindet sich bei $C(4|5)$ ein Maximum und bei der unteren Randlinie bei $D(6|1)$ ein Minimum.

Die beiden Funktionsgleichungen können durch Lösen eines linearen Gleichungssystems gewonnen werden oder über die Scheitelpunktform und Berechnen des Stauchungsfaktors mit Hilfe der Punkte A und B.

Durch Integration lässt sich die Grubenfläche und damit die benötigte Sandmenge bestimmen. Alternativ kann die Grubenfläche durch Näherungsverfahren ermittelt werden:

Das Zählen der Quadratmeter (Kästchen) durch Aufteilen in „ganze" und „halbe" Kästchen und Aufaddieren liefert eine gute Näherung (z.B. 14 m²). Die Schätzfehler für zu große und zu kleine Teilflächen heben sich in etwa auf.

Die Grubenfläche kann ebenfalls durch Vielecke (z. B. Trapeze) angenähert werden. Die Fläche des Vierecks ABCD (9,6 m²) ist als Näherung allerdings zu ungenau.

9. a) Die gegebene Funktionsgleichung modelliert den Sachverhalt sehr gut.

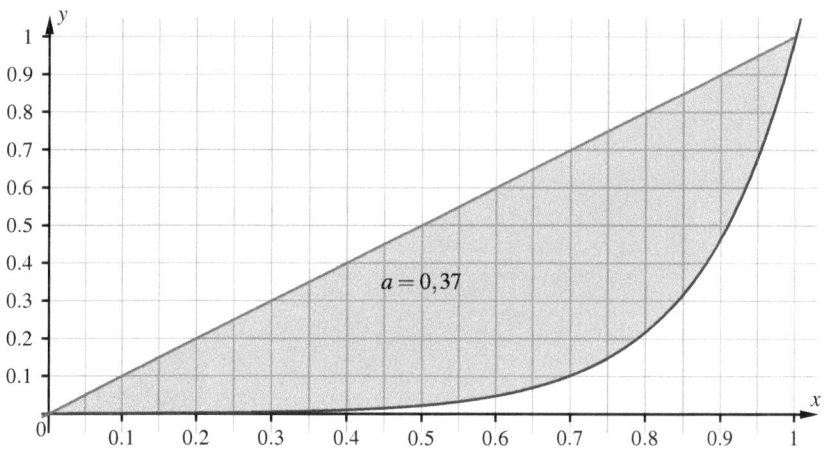

b) Ginikoeffizient $= \dfrac{\left[\frac{1}{2}x^2 - \frac{1}{15164}e^{7{,}582x}\right]_{\frac{1}{2}}^{1}}{0{,}5} \approx \dfrac{0{,}37}{0{,}5} = 0{,}74$

c) Siehe z.B. spiegel.de/wirtschaft/soziales/vermoegen-in-deutschland-ungleicher-verteilt-als-im-rest-der-eurozone-a-955701.html

Test zu 3.2

1. $f(x) = 0 \Rightarrow x_{N_1} = -2;\ x_{N_2} = 1;\ x_{N_3} = 3$

$A = \left|\int_{-2}^{1} f(x)\,dx\right| + \int_{1}^{3} f(x)\,dx$

$= \left|\left[-\tfrac{1}{8}x^4 + \tfrac{1}{3}x^3 + \tfrac{5}{4}x^2 - 3x\right]_{-2}^{1}\right|$

$\quad + \left[-\tfrac{1}{8}x^4 + \tfrac{1}{3}x^3 + \tfrac{5}{4}x^2 - 3x\right]_{1}^{3}$

$= \left|-\tfrac{63}{8}\right| + \tfrac{8}{3} = \tfrac{253}{24}$

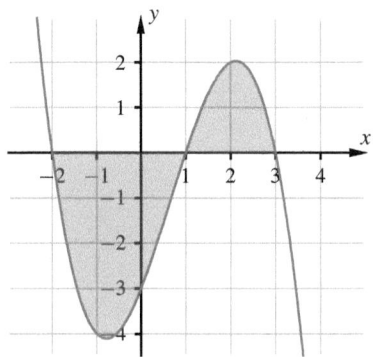

2. a) $x_{N_1} = -\sqrt{2};\ x_{N_2} = 0;\ x_{N_3} = \sqrt{2}$
$T_1(-1\mid -0{,}25);\ H(0\mid 0);$
$T_2(1\mid -0{,}25)$
$W_1\!\left(-\tfrac{1}{\sqrt{3}}\mid -\tfrac{5}{36}\right);\ W_2\!\left(\tfrac{1}{\sqrt{3}}\mid -\tfrac{5}{36}\right)$

b) $A = \tfrac{4}{15}\sqrt{2}$

c) $A = \tfrac{4}{15}$

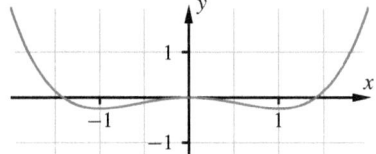

3. $F'(x) = -e^{-x}\cdot(-x-3) - e^{-x}$
$\quad = e^{-x}(x+3-1)$
$\quad = e^{-x}(x+2) = f(x)$
Intervall $[-3; 3]$
$A = \left[(-x-3)e^{-x}\right]_{-3}^{-2} + \left[(-x-3)e^{-x}\right]_{-2}^{3}$
$\quad = |-7{,}39| + 7{,}09 = 14{,}48$

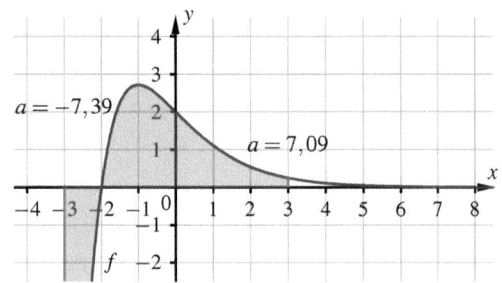

4. Schnittstellen liefern Integrationsgrenzen:
$f(x) = g(x) \Rightarrow -0{,}125x^4 + 2{,}25x^2 - 7 = 0\ \blacktriangleright$ Substitution
$\Rightarrow x_{S_1} = -2;\ x_{S_2} = 2;\ x_{S_3} = -\sqrt{14};\ x_{S_4} = \sqrt{14}$

$A = 2\cdot\left(\left|\int_0^2 (f(x)-g(x))\,dx\right| + \int_2^{\sqrt{14}} (f(x)-g(x))\,dx\right)$

$= 2\cdot\left(\left|\int_0^2 (-0{,}125x^4 + 2{,}25x^2 - 7)\,dx\right| + \int_2^{\sqrt{14}}(-0{,}125x^4 + 2{,}25x^2 - 7)\,dx\right)$

$= 2\cdot\left(\left|\left[-\tfrac{1}{40}x^5 + \tfrac{3}{4}x^3 - 7x\right]_0^2\right| + \left[-\tfrac{1}{40}x^5 + \tfrac{3}{4}x^3 - 7x\right]_2^{\sqrt{14}}\right) \approx 2\cdot\left(\left|-\tfrac{44}{5}\right| + 3{,}56\right) = 24{,}72$

3.2 Anwendungen der Integralrechnung

5. a) $f_t: x_{N_1} = -t; x_{N_2} = t; H(0|1)$
$g_t: x_{N_1} = -t; x_{N_2} = t; H(0|t)$

b) $A = -\frac{4t^2}{3} + \frac{4t}{3}$

c) Für $t = 0{,}5$ wird der Flächeninhalt maximal und beträgt $\frac{1}{3}$ FE.

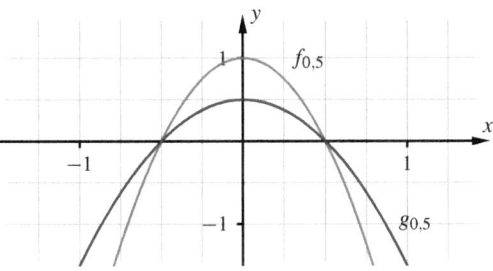

6. $f(x) = ax^4 + bx^2 + c$
$f(x) = 0{,}25x^4 + bx^2 + 1{,}25$
$A = \left[\frac{1}{20}x^5 + \frac{1}{3}bx^3 + \frac{5}{4}x\right]_0^1 = \frac{4}{5}$
$\Leftrightarrow b = -1{,}5$
$f(x) = 0{,}25x^4 - 1{,}5x^2 + 1{,}25$

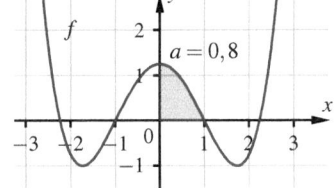

7. $V = \pi \cdot \int_0^3 \left(\frac{1}{2}\sqrt{x}\right)^2 dx$
$= \pi \cdot \int_0^3 \frac{1}{4}x\, dx$
$= \pi \cdot \left[\frac{1}{8}x^2\right]_0^3$
$= \pi \cdot \left(\frac{1}{8} \cdot 9 - 0\right)$
$= \frac{9}{8}\pi \approx 3{,}53$

4 Lineare Algebra

4.1 Lineare Gleichungssysteme

4.1.1 Der Gauß'sche Algorithmus

1. a) $\begin{array}{ccc|c} 2 & 8 & 6 & 9000 \\ 4 & 6 & 1 & 5200 \\ 7 & 0 & 2 & 5100 \end{array}$
   b) $\begin{array}{ccc|c} 5 & 2 & 1 & 5 \\ -3 & 1 & -4 & -3 \\ 8 & -3 & 10 & 8 \end{array}$
   c) $\begin{array}{ccc|c} -1 & 0 & 2 & -3 \\ 1 & 4 & 6 & -21 \\ 4 & -6 & 2 & 4 \end{array}$

2. a) $L = \{(2; -3; 5)\}$ d) $L = \{(0; 3)\}$
   b) $L = \{(-11; 5; -3)\}$ e) $L = \{(0; 0,5; 0)\}$
   c) $L\{(-7; 7; 7)\}$ f) $L = \{(1; -2; -1; 4)\}$

3. a) $L = \{(1,5; 0)\}$ c) $L = \{(8; -2)\}$
   b) $L = \{(2; 2; -2)\}$ d) $L = \{(2,5; 0,6; -1)\}$

4. a) $L = \{(2; 1; -0,5)\}$ b) $L = \{(-5; 3; -2)\}$

5. a) $L = \{(500; 400; 800)\}$ b) $L = \{(1; 0; 0)\}$ c) $L = \{(-1; -2; -2)\}$

6. $L = \{(26; 9; -5; 2)\}$

7. a) $L = \{(-1; 5)\}$ b) $L = \{(4; -3; 1)\}$

8. a) (I) $f(1) = -5,5 \Leftrightarrow a + c = -5,5$
   (II) $f(-2) = -12,5 \Leftrightarrow 4a + c = -12,5$ $a = -\frac{7}{3}; c = -\frac{19}{6}$
   b) (I) $f(2) = 0 \Leftrightarrow 4a + c = 0$
   (II) $f(0) = 4 \Leftrightarrow c = 4$ $a = -1; c = 4$

9. a) $L = \{(1; -2; -2)\}$
   b) $f(x) = ax^2 + bx + c$
   (I) $f(-2) = 6 \Leftrightarrow 4a - 2b + c = 6$
   (II) $f(4) = 19 \Leftrightarrow 16a + 4b + c = 19$
   (III) $f(6) = 38 \Leftrightarrow 36a + 6b + c = 38$ $L = \{(\frac{11}{12}; \frac{1}{3}; 3)\}$ $f(x) = \frac{11}{12}x^2 + \frac{1}{3}x + 3$

10. $L = \{(3; -12; 1)\}$

11. a) $L = \{(\frac{505}{3}; -\frac{71}{3}; -\frac{56}{3})\}$ d$_1$) $L = \{(-5-; 4-; 1)\}$
    b) $L = \{(1; -1; 2; 3)\}$ d$_2$) $L = \{(-\frac{14}{3}; \frac{11}{3}; \frac{1}{3})\}$
    c) $L = \{(5; 4; 3; 2; 1)\}$ d$_3$) $L = \{(-\frac{13}{3}; \frac{10}{3}; -\frac{1}{3})\}$
    d$_4$) $L = \{(-\frac{22}{5}; \frac{17}{5}; -\frac{1}{5})\}$

4.1 Lineare Gleichungssysteme

4.1.2 Lösbarkeit von linearen Gleichungssystemen

1. Umformung ergibt z.B.:

1	3	1	1
0	1	1	2
0	0	0	1

   Aus der 3. Zeile ergibt sich eine falsche Aussage.

2. Umformung ergibt z.B.:

1	3	1	1
0	1	1	2
0	0	0	0

   Die 3. Zeile ist eine Nullzeile.

3. $L = \{(0; 0; 0)\}$ Die Lösungsmenge ergibt sich unmittelbar aus der Dreiecksform.

4. a: Preis einer Feder in Euro b: Preis einer Filzplatte in Euro c: Preis einer Perle in Euro
   LGS:
   (I) $3a + 2b + c = 6$
   (II) $3a + b + 2c = 5{,}5$
   (III) $3a + 3b + c = 6{,}95$
   $L \approx \{(1{,}22; 0{,}95; 0{,}45)\}$
   Eine Feder kostet ca. 1,22 €, eine Filzplatte kostet 0,95 € und eine Perle kostet 0,45 €.

5. Individuelle Lösungen, z.B.
   a) $a = -1$ $b = 1$ $c = -1$
   b) $2a = 4$ $2b = 10$ $2c = 2$
   c) $a = 0$ $b = 0$ $a + b + c = 7$

6. Individuelle Lösungen, z.B.
   a) $x = 1$ $y = 2$ $z = 3$
   b) $x + y = 1$; $x + y = 2$; $z = 3$
   c) $x + y = 2$ $2x + 2y = 4$ $z = 22$

7. a) (II) $+ 2 \cdot$ (III) $= 0$
      $L = \left\{ \left(-\frac{26}{5} + \frac{7}{5}r;\; -\frac{22}{5} + \frac{4}{5}r;\; r \right) \mid r \in \mathbb{R} \right\}$
   b) unterbestimmtes LGS mit 4 Variablen und 3 Gleichungen
      $L = \left\{ \left(6;\; 5;\; \frac{3}{2} - \frac{1}{2}r;\; r \right) \mid r \in \mathbb{R} \right\}$

8. a) Unendlich viele Lösungen; $L = \{(2 + z;\; 4 - 2z;\; z) \mid z \in \mathbb{R}\}$
   b) Unendlich viele Lösungen; $L = \{(5 - 9y + 2z;\; y;\; z) \mid y, z \in \mathbb{R}\}$
   c) Unendlich viele Lösungen; $L = \left\{ \left(2 + 4z;\; -\frac{3}{4} - \frac{5}{4}z;\; z \right) \mid z \in \mathbb{R} \right\}$
   d) Keine Lösung; $L = \{\ \}$

9. a) $L = \{(-2;\; 3;\; -5)\}$ i.d.R. kein GTR-Einsatz erforderlich
   b) $L = \{(2{,}5;\; 2;\; 3{,}6)\}$ GTR-Einsatz evtl. sinnvoll
   c) $L = \{(2{,}5;\; 3;\; 3{,}8)\}$ GTR-Einsatz sinnvoll
   d) $L = \{(3;\; 0;\; 3)\}$ i.d.R. kein GTR-Einsatz erforderlich

10. $L = \{(2-r;\ 1;\ 10;\ r)|\ r \in \mathbb{R}\}$

11. a) $L = \{(6-k;\ 3+k;\ 3;\ 3-k;\ k)|\ k \in \mathbb{R}\}$
    b) $L = \{\ \}$
    c) $L = \{(-25 + \frac{101}{4}x_4 - \frac{3}{4}x_5;\ 2 - \frac{17}{4}x_4 - \frac{1}{4}x_5;\ \frac{5}{2} - \frac{1}{2}x_4)|\ x_4, x_5 \in \mathbb{R}\}$

Übungen zu 4.1

1. a) Genau eine Lösung $L = \{(-15;\ -9;\ 5)\}$
   b) Genau eine Lösung $L = \{(-39;\ -21;\ 17)\}$
   c) Unendlich viele Lösungen $L = \{(0;\ b;\ 2b+3)|b \in \mathbb{R}\}$
   d) Genau eine Lösung $L = \{(7;\ -4;\ 1)\}$
   e) Genau eine Lösung $L = \{(-\frac{23}{11};\ -\frac{10}{11};\ -\frac{28}{11})\}$
   f) Keine Lösung $L = \{\ \}$
   g) Genau eine Lösung $L = \{(-1;\ 2;\ -4)\}$
   h) Unendlich viele Lösungen $L = \{(\frac{4}{5} - \frac{2}{5}z;\ -\frac{19}{5} - \frac{11}{10}z;\ z)|\ z \in \mathbb{R}\}$
   i) Genau eine Lösung $L = \{(2;\ 2;\ 2)\}$

2. a) $L = \{(-16;\ -5;\ 7)\}$
   b) $L = \{(-30 + \frac{56}{2+s};\ -12 + \frac{28}{2+s};\ \frac{28}{2+s})|\ s \in \mathbb{R}\setminus\{-2\}\}$
   Für $s = -2$ ist $L = \{\ \}$.

3. $f(x) = ax^3 + bx^2 + cx + d$ $f'(x) = 3ax^2 + 2bx + c$ $f''(x) = 6ax + 2b$
   (I) $f(\frac{4}{3}) = \frac{40}{27} \Leftrightarrow \frac{64}{27}a + \frac{16}{9}b + \frac{4}{3}c + d = \frac{40}{27}$
   (II) $f''(\frac{4}{3}) = 0 \Leftrightarrow 8a + 2b = 0$
   (III) $f(-2) = 0 \Leftrightarrow -8a + 4b - 2c + d = 0$
   (IV) $f(2) = 0 \Leftrightarrow 8a + 4b + 2c + d = 0$ $a = 0,25;\ b = -1;\ c = -1;\ d = 4$
   $f(x) = 0,25x^3 - x^2 - x + 4$

4. $f(x) = ax^3 + bx^2 + cx + d$ $f'(x) = 3ax^2 + 2bx + c$ $f''(x) = 6ax + 2b$
   (I) $f(50) = 245\,000 \Leftrightarrow 125\,000a + 2500b + 50c + d = 245\,000$
   (II) $f'(50) = 0 \Leftrightarrow 7500a + 100b + c = 0$
   (III) $f''(50) = 0 \Leftrightarrow 300a + 2b = 0$
   (IV) $f(0) = 120\,000 \Leftrightarrow d = 120\,000$
   $a = 1;\ b = -150;\ c = 7500;\ d = 120\,000$ $f(x) = x^3 - 150x^2 + 7500x + 120\,000$

5. $E'(x) = 2ax + b$
   (I) $E'(5) = 0 \Leftrightarrow 10a + b = 0$
   (II) $E(5) = 250 \Leftrightarrow 25a + 5b + c = 250$
   (III) $E(8) = 160 \Leftrightarrow 64a + 8b + c = 160$ $L = \{(-10;\ 100;\ 0)\}$ $E(x) = -10x^2 + 100x$

4.1 Lineare Gleichungssysteme

6. $K'(x) = 3ax^2 + 2bx + c$
   - (I) $K(1) = 26 \Leftrightarrow a + b + c + d = 26$
   - (II) $K(4) = 44 \Leftrightarrow 64a + 16b + 4c + d = 44$
   - (III) $K'(4) = 18 \Leftrightarrow 48a + 8b + c = 18$
   - (IV) $\frac{K(2)}{2} = 14 \Leftrightarrow 4a + 2b + c + 0{,}5d = 14 \quad a = 1;\ b = -5;\ c = 10;\ d = 20$

   $K(x) = x^3 - 5x^2 + 10x + 20$

7. **a)** Es bezeichne K die ME Kirschsaft und B die ME Bananensaft (gemessen in 100 ml).
   Die 1. Zeile des LGS bezieht sich auf den Vitamin-C-Bedarf von 60 mg und lautet $19K + 8B = 60$.
   Die 2. Zeile des LGS bezieht sich auf die Menge von 200 ml und lautet $K + B = 2$.

   b) $\begin{array}{cc|c} 19 & 8 & 60 \\ 1 & 1 & 2 \end{array} \to L = \{(4;\ -2)\}$

   $\begin{array}{cc|c} 19 & 8 & 60 \\ 1 & 1 & 4 \end{array} \to L = \{(\frac{28}{11};\ \frac{16}{11})\}$

   c) $L = \{(4;\ -2)\}$: Für den KiBa benötigt Merle 4 ME Kirschsaft und -2 ME Bananensaft. Diese (mathematische) Lösung ist nicht realisierbar.
   $L = \{(\frac{28}{11};\ \frac{16}{11})\}$: Für den KiBa benötigt Merle ca. 2,5 ME Kirschsaft und ca. 1,5 ME Bananensaft.

   d) $\begin{array}{ccc|c} 30 & 19 & 8 & 100 \\ 1 & 1 & 1 & 2 \end{array}$ besitzt unendlich viele Lösungen. $L = \{(\frac{24}{11} + B;\ \frac{20}{11} - 2B;\ B)\ |\ B \in \mathbb{R}\}$

8. **a)** In Bezug auf die gesuchte Funktionsgleichung $f(x) = ax^2 + bx + c$ entsprechen die Einträge der vorletzten Spalte der Existenz der Konstanten c (bzw. des y-Achsenabschnitts des entsprechenden Funktionsgraphen). „0" bedeutet, der Wert der Konstanten ist 0, „1" bedeutet, der Wert der Konstanten ist ungleich 0.

   b) Das umgeformte LGS lautet:
   $\begin{array}{ccc|c} 1 & 1 & 1 & 1 \\ 3 & 1 & 0 & 7 \\ 1 & 0 & 0 & 1 \end{array}$
   $L = \{(1;\ 4;\ -4)\}$

   c) Individuelle Lösungen

9. (I) $x + y + z = 6$
   (II) $2x = y + z$
   (III) $x + y = z$
   $L = \{(2;\ 1;\ 3)\}$

10. **a)** Genau eine Lösung $L = \{(8;\ -2;\ 4;\ 1;\ 2{,}7)\}$
    b) Genau eine Lösung $L = \{(0;\ 1;\ 0;\ 1)\}$
    c) Genau eine Lösung $L = \{(10;\ 10;\ 0;\ 2)\}$
    d) Keine Lösung $L = \{\ \}$

11. **Geschlossene Variante**

Der Juli 2011 wird als 0. Monat definiert. Die Aufgabe kann direkt mit dem GTR (Befehle je nach Modell verschieden) oder mit GeoGebra (Befehl **TrendPoly**) gelöst werden. Es werden zur Orientierung Zwischenergebnisse angegeben.

a) $f(x) = ax^3 + bx^2 + cx + d, \quad a,b,c,d \in \mathbb{R}$
$P_1(0|921)$, $P_2(8|33\,973)$, $P_3(13|29\,101)$, $P_4(18|39\,584)$
$f(0) = 921 \to d = 921$
Zu lösen ist das LGS

$$\begin{array}{ccc|c} 512 & 64 & 8 & 33\,052 \\ 2197 & 169 & 13 & 28\,180 \\ 5832 & 324 & 18 & 38\,663 \end{array} \to \begin{array}{ccc|c} 1 & 0 & 0 & \frac{45\,491}{1170} \\ 0 & 1 & 0 & -\frac{18\,139}{15} \\ 0 & 0 & 1 & \frac{13\,241\,167}{1170} \end{array}$$

$f(x) = 38,88x^3 - 1209,27x^2 + 11\,317,24x + 921$ (Werte gerundet)

b) $g(x) = ax^3 + bx^2 + cx + d, \quad a,b,c,d \in \mathbb{R}$
$P_2(8|33\,973)$, $P_3(13|29\,101)$, $P_4(18|39\,584)$, $P_5(23|35\,201)$
Zu lösen ist das LGS

$$\begin{array}{cccc|c} 512 & 64 & 8 & 1 & 33\,973 \\ 2197 & 169 & 13 & 1 & 29\,101 \\ 5832 & 324 & 18 & 1 & 39\,584 \\ 12\,167 & 529 & 23 & 1 & 35\,201 \end{array} \to \begin{array}{cccc|c} 1 & 0 & 0 & 0 & -\frac{30\,221}{750} \\ 0 & 1 & 0 & 0 & \frac{234\,824}{125} \\ 0 & 0 & 1 & 0 & -\frac{20\,134\,147}{750} \\ 0 & 0 & 0 & 1 & \frac{18\,642\,277}{125} \end{array}$$

$g(x) = -40,29x^3 + 1878,59x^2 - 26\,845,52x + 149\,138,22$ (Werte gerundet)

c)

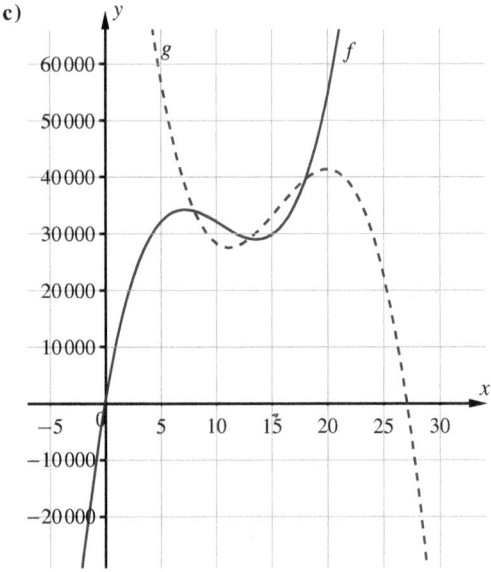

d) Nur f liefert positive Werte für die Jahre 2016 und 2017, daher ist diese Funktion zu bevorzugen. Allerdings eignet sich auch f nicht für eine sinnvolle Prognose für die Jahre 2016 und 2017. Grund ist der niedrige Anfangswert im Jahr 2011.

Hier stößt die mathematische Modellierung an ihre Grenzen. In dem entsprechenden Artikel sollten weitere Möglichkeiten der Prognose genannt werden, wie z. B. eine Befragung unter Jugendlichen.

Test zu 4.1

1. **a)** $L = \{(3; 2)\}$ **b)** $L = \{(1; -1; 2)\}$ **c)** $L = \{(1; 2; -3)\}$

2. **a)** Unendlich viele Lösungen $L = \{(8; \frac{1}{3} - \frac{1}{3}z; z) \mid z \in \mathbb{R}\}$
   b) Keine Lösung $L = \{\}$
   c) Genau eine Lösungen $L = \{(0; -0{,}5; 1)\}$
   d) Unendlich viele Lösungen $L = \{(7 + 7y - 8z; y; z) \mid y \in \mathbb{R}, z \in \mathbb{R}\}$

3. **a)** $f(x) = \frac{11}{14}x^2 - \frac{81}{14}x + 5$
   b) $f(x) = 2x^2 - 2$
   c) $f(x) = 0{,}5x^2 + 4x + 16$

4. **a)** Unendlich viele Lösungen $L = \{\left(-\frac{3}{5} - d;\ \frac{2}{5} - 2d;\ \frac{1}{5} + 2d;\ d\right) \mid d \in \mathbb{R}\}$
   b) Keine Lösung $L = \{\}$

5. $\begin{array}{cccc|c} 3 & 1 & 3 & 1 & 52{,}5 \\ 3 & 1 & 2 & 1 & 47{,}5 \\ 2 & 1 & 2 & 2 & 44 \\ 5 & 1 & 1 & 1 & 61{,}5 \end{array} \Rightarrow L = \{(9{,}5;\ 3;\ 5;\ 6)\}$

6. $\begin{array}{ccc|c} 1 & 3 & 2 & 560 \\ 2 & 2 & 3 & 590 \\ 4 & 3 & 1 & 810 \end{array} \Rightarrow L = \{(100;\ 120;\ 50)\}$

4.2 Matrizen

4.2.1 Matrizen als Darstellungsform

1. a) Anja: $\vec{a}_1 = \begin{pmatrix} 20 & 20 & 20 \end{pmatrix}$; $\vec{a}_2 = \begin{pmatrix} 20 \\ 20 \\ 20 \end{pmatrix}$ Lissi: $\vec{b}_1 = \begin{pmatrix} 21 & 23 & 15 \end{pmatrix}$; $\vec{b}_2 = \begin{pmatrix} 21 \\ 23 \\ 15 \end{pmatrix}$

Ajiri: $\vec{c}_1 = \begin{pmatrix} 18 & 19 & 17 \end{pmatrix}$; $\vec{c}_2 = \begin{pmatrix} 18 \\ 19 \\ 17 \end{pmatrix}$ Thea: $\vec{d}_1 = \begin{pmatrix} 16 & 19 & 10 \end{pmatrix}$; $\vec{d}_2 = \begin{pmatrix} 16 \\ 19 \\ 10 \end{pmatrix}$

b) März: $\vec{a} = \begin{pmatrix} 20 \\ 21 \\ 18 \\ 16 \end{pmatrix}$ April: $\vec{b} = \begin{pmatrix} 20 \\ 23 \\ 19 \\ 19 \end{pmatrix}$ Mai: $\vec{c} = \begin{pmatrix} 20 \\ 15 \\ 17 \\ 10 \end{pmatrix}$

2. Individuelle Lösungen

3. a) A: (3×4)-Matrix B: (2×2)-Matrix
b) $a_{12} = 7$ $a_{34} = -0{,}3$ $a_{24} = \sqrt{2}$ $a_{32} = 0{,}5$ $a_{21} = 0$ $a_{33} = 0$
c) $B = \begin{pmatrix} 4 & 1 \\ 6 & 7 \end{pmatrix}$

4. $A = \begin{pmatrix} 1 & 2 & 3 & 4 \\ 2 & 1 & 2 & 3 \\ 3 & 2 & 1 & 2 \\ 4 & 3 & 2 & 1 \end{pmatrix}$

5. - Es wurden drei Mineralwasserarten untersucht.
 - Die Proben wurden auf die Mineralstoffe Natrium, Calcium und Magnesium untersucht.
 - Die erste Probe weist 271 mg Natrium pro l, 1,6 mg Calcium pro l und 0,6 mg Magnesium pro l auf.
 - Die zweite Probe weist 9,2 mg Natrium pro l, 92 mg Calcium pro l und 24,3 mg Magnesium pro l auf.
 - Die dritte Probe weist 80 mg Natrium pro l, 478 mg Calcium pro l und 69 mg Magnesium pro l auf.

6.
$$\begin{array}{c} \\ B \\ A \\ H \\ M \end{array} \begin{array}{cccc} B & A & H & M \end{array} \\ \begin{pmatrix} 0 & 495 & 292 & 586 \\ 495 & 0 & 580 & 62 \\ 292 & 580 & 0 & 774 \\ 586 & 62 & 774 & 0 \end{pmatrix}$$

7. Individuelle Lösungen

4.2 Matrizen

8. a) - h) Individuelle Lösungen

9. $A = \begin{pmatrix} 1 & 1 & 0 & 0 & 0 & 3 \\ 1 & 2 & 2 & 0 & 3 & 0 \\ 0 & 2 & 3 & 3 & 0 & 0 \\ 0 & 0 & 3 & 4 & 4 & 0 \\ 0 & 3 & 0 & 4 & 5 & 5 \\ 3 & 0 & 0 & 0 & 5 & 6 \end{pmatrix}$

10. Individuelle Lösungen

4.2.2 Rechnen mit Matrizen

1. a) Frühschicht: $\vec{a} = \begin{pmatrix} 10 \\ 5 \\ 11 \\ 6 \\ 12 \\ 9 \end{pmatrix}$ Spätschicht: $\vec{b} = \begin{pmatrix} 15 \\ 14 \\ 7 \\ 6 \\ 2 \\ 6 \end{pmatrix}$ b) $\vec{a}+\vec{b} = \begin{pmatrix} 25 \\ 19 \\ 18 \\ 12 \\ 14 \\ 15 \end{pmatrix}$

2. $A+B = \begin{pmatrix} -1 & 1 & 7 & 4,1 \\ 4,5 & 7 & 0 & 5,5 \\ 7 & 3 & 6 & 2 \end{pmatrix}$

3. $4 \cdot A = \begin{pmatrix} -24 & 0 & 12 & 24 \\ 16 & 0 & 0 & 24 \\ 28 & -8 & -32 & 4 \end{pmatrix}$ $-0,5 \cdot A = \begin{pmatrix} 3 & 0 & -1,5 & -3 \\ -2 & 0 & 0 & -3 \\ -3,5 & 1 & 4 & -0,5 \end{pmatrix}$ $s \cdot A = \begin{pmatrix} -6s & 0 & 3s & 6s \\ 4s & 0 & 0 & 6s \\ 7s & -2s & -8s & s \end{pmatrix}$

4. $4 \cdot (A+B) = \begin{pmatrix} 24 & 40 & 8 \\ 28 & 0 & 8 \end{pmatrix} = 4 \cdot A + 4 \cdot B$ Das Distributivgesetz gilt.

5. a) $\vec{a} \cdot \vec{d} = 5$

   b) $5A = \begin{pmatrix} 5 & 25 & -10 \\ 20 & 30 & 15 \\ -10 & -5 & 10 \end{pmatrix}$

   c) $2B - 4C = \begin{pmatrix} -2 & -16 \\ 12 & 42 \end{pmatrix}$

   d) $A\vec{e} = \begin{pmatrix} 22 \\ 46 \\ -17 \end{pmatrix}$

   e) $A\vec{b} + \vec{e} = \begin{pmatrix} 12 \\ 28 \\ 2 \end{pmatrix}$

   f) $A\vec{b} + A\vec{d} = \begin{pmatrix} -8 \\ 6 \\ 22 \end{pmatrix}$

   g) $D\vec{b} + \vec{c} = \begin{pmatrix} 30 \\ 13 \end{pmatrix}$

   h) $BC = \begin{pmatrix} 13 & 30 \\ -21 & -49 \end{pmatrix}$

   i) $BE + CE = \begin{pmatrix} 6 & -2 \\ -6 & 0 \end{pmatrix}$

6. $A \cdot B = \begin{pmatrix} 8 & 11 & 10 \\ 1 & 0 & -5 \\ -9 & 27 & -1 \end{pmatrix}$ $B \cdot A = \begin{pmatrix} 9 & 18 & 7 \\ 3 & 2 & 9 \\ -1 & -31 & -4 \end{pmatrix}$ Also ist $A \cdot B \neq B \cdot A$.

181

7. a) $\vec{a} = \begin{pmatrix} 2 \\ 3 \\ 350 \\ 180 \\ 1 \end{pmatrix}$

b) $\vec{b} = \begin{pmatrix} 2{,}99 & 0{,}69 & 2{,}99 & 0{,}90 & 4{,}99 \end{pmatrix}$

c) z.B.
$6\,€ + 2\,€ + 10\,€ + 2\,€ + 5\,€ = 25\,€$

d) $\vec{b} \cdot \vec{a} = 1221{,}54$

Dies wäre der Preis in € für den Einkauf von 2 Gläsern Konfitüre, 3 Packungen Quark, 35 000 g Käse, 18 000 g Schinkenwurst und 1 Ananas.
In der Rechnung muss bedacht werden, dass die Preise pro 100 g gegeben sind.

$\vec{a} = \begin{pmatrix} 2 \\ 3 \\ 3{,}5 \\ 1{,}8 \\ 1 \end{pmatrix} \quad \vec{b} \cdot \vec{a} = 25{,}125$

8. a) $\begin{pmatrix} 100 \\ 80 \\ 500 \\ 20 \end{pmatrix} + \begin{pmatrix} 150 \\ 100 \\ 300 \\ 25 \end{pmatrix} + \begin{pmatrix} 200 \\ 100 \\ 280 \\ 22 \end{pmatrix} + \begin{pmatrix} 180 \\ 90 \\ 260 \\ 30 \end{pmatrix} + \begin{pmatrix} 180 \\ 100 \\ 320 \\ 100 \end{pmatrix} = \begin{pmatrix} 810 \\ 470 \\ 1660 \\ 197 \end{pmatrix}$

b) $\begin{pmatrix} 0{,}75 & 0{,}9 & 1{,}1 & 4{,}15 \end{pmatrix} \cdot \begin{pmatrix} 100 & 150 & 200 & 180 & 180 \\ 80 & 100 & 100 & 90 & 100 \\ 500 & 300 & 280 & 260 & 320 \\ 20 & 25 & 22 & 30 & 100 \end{pmatrix} = \begin{pmatrix} 780 & 636{,}25 & 639{,}3 & 626{,}5 & 992 \end{pmatrix}$

Koch: 780 € Ludwig: 636,25 € Menne: 639,30 € Naujokat: 626,50 € Olbrig: 992 €

9.

	a) $t = 6$	b) $t = -4$
$A \cdot B$	$\begin{pmatrix} -68 & 1 \\ -15 & 103 \\ -\frac{581}{5} & -\frac{166}{5} \end{pmatrix}$	$\begin{pmatrix} -88 & 1 \\ -25 & 103 \\ -74{,}2 & -83{,}2 \end{pmatrix}$
$C \cdot A$	$\begin{pmatrix} \frac{186}{5} & 571 & 76 \\ 24 & 221 & -40 \end{pmatrix}$	$\begin{pmatrix} 16{,}\overline{6} & 231 & 16 \\ 23{,}\overline{3} & 171 & -40 \end{pmatrix}$
$B \cdot C$	$\begin{pmatrix} 14 & 225 & 29 \\ 36 & -99 & 9 \\ 85 & 549 & 97 \end{pmatrix}$	$\begin{pmatrix} 4 & -55 & -11 \\ 36 & -19 & 9 \\ 85 & 289 & 97 \end{pmatrix}$
$C \cdot B$	$\begin{pmatrix} -86 & 217 \\ 77 & 98 \end{pmatrix}$	$\begin{pmatrix} -16 & 117 \\ -3 & 98 \end{pmatrix}$
$B \cdot D$	$\begin{pmatrix} -36 & 6 \\ 24 & 30 \\ -78 & 54 \end{pmatrix}$	$\begin{pmatrix} -16 & -4 \\ -16 & -20 \\ 52 & -36 \end{pmatrix}$
$D \cdot C$	$\begin{pmatrix} -6 & -216 & -24 \\ 48 & 54 & 30 \end{pmatrix}$	$\begin{pmatrix} 4 & 64 & 16 \\ -32 & -36 & -20 \end{pmatrix}$

4.2 Matrizen

	c) $t = \frac{2}{5}$	d) $t = -7{,}7$
$A \cdot B$	$\begin{pmatrix} -79{,}2 & 1 \\ -20{,}6 & 103 \\ -92{,}\overline{73} & -61{,}\overline{3} \end{pmatrix}$	$\begin{pmatrix} -95{,}4 & 1 \\ -28{,}7 & 103 \\ -58{,}66 & -101{,}7 \end{pmatrix}$
$C \cdot A$	$\begin{pmatrix} 1{,}36 & 11 & -31{,}52 \\ 23{,}\overline{3} & 193 & -40 \end{pmatrix}$	$\begin{pmatrix} 59{,}95\overline{6} & 865{,}55 & 145{,}87 \\ 24 & 152{,}5 & -40 \end{pmatrix}$
$B \cdot C$	$\begin{pmatrix} 8{,}4 & 9{,}064 & 6{,}6 \\ 36 & 44{,}36 & 9 \\ 85 & 83{,}08 & 97 \end{pmatrix}$	$\begin{pmatrix} 0{,}3 & -447{,}533 & -25{,}8 \\ 36 & -192{,}16 & 9 \\ 85 & 851{,}77 & 97 \end{pmatrix}$
$C \cdot B$	$\begin{pmatrix} 51{,}76 & 37{,}8 \\ 32{,}3 & 98 \end{pmatrix}$	$\begin{pmatrix} -192{,}86 & 333{,}45 \\ -32{,}6 & 98 \end{pmatrix}$
$B \cdot D$	$\begin{pmatrix} -0{,}16 & 0{,}4 \\ 1{,}6 & 2 \\ -5{,}2 & 3{,}6 \end{pmatrix}$	$\begin{pmatrix} -59{,}29 & -7{,}7 \\ -30{,}8 & -38{,}5 \\ 100{,}1 & -69{,}3 \end{pmatrix}$
$D \cdot C$	$\begin{pmatrix} -0{,}4 & -0{,}064 & -1{,}6 \\ 3{,}2 & 3{,}6 & 2 \end{pmatrix}$	$\begin{pmatrix} 7{,}7 & 456{,}533 & 30{,}8 \\ -61{,}6 & -69{,}3 & -38{,}5 \end{pmatrix}$

4.2.3 Anwendungen der Matrizenmultiplikation

1. a) $RZ = \begin{pmatrix} 2 & 0 \\ 2 & 4 \\ 0 & 1 \end{pmatrix} \quad ZE = \begin{pmatrix} 1 & 2 \\ 4 & 3 \end{pmatrix}$

   b) $RE = RZ \cdot ZE = \begin{pmatrix} 2 & 4 \\ 18 & 16 \\ 4 & 3 \end{pmatrix}$

2. a)

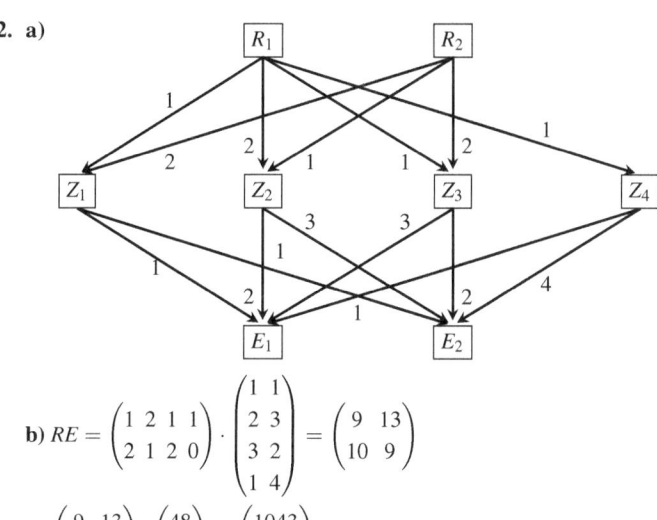

   b) $RE = \begin{pmatrix} 1 & 2 & 1 & 1 \\ 2 & 1 & 2 & 0 \end{pmatrix} \cdot \begin{pmatrix} 1 & 1 \\ 2 & 3 \\ 3 & 2 \\ 1 & 4 \end{pmatrix} = \begin{pmatrix} 9 & 13 \\ 10 & 9 \end{pmatrix}$

   c) $\begin{pmatrix} 9 & 13 \\ 10 & 9 \end{pmatrix} \cdot \begin{pmatrix} 48 \\ 47 \end{pmatrix} = \begin{pmatrix} 1043 \\ 903 \end{pmatrix}$

d) $(5 \ \ 2{,}5) \cdot \begin{pmatrix} 1043 \\ 903 \end{pmatrix} = 7472{,}5$ [GE]

e) Die Kalkulation erfolgt ausgehend von den Rohstoffkosten (7472,5 GE), ebenfalls zu berücksichtigen sind Arbeitsstunden.

3. **a)** Für die Herstellung einer Suppe werden 2 ME Kartoffeln, 1 ME Brokkoli und 4 ME Mais benötigt, für die Herstellung eines Eintopfes werden 3 ME Kartoffeln, 3 ME Brokkoli und 1 ME Mais benötigt.

   b) s: ME der hergestellten Suppen e: ME der hergestellten Eintöpfe

   $$RZ = \begin{pmatrix} 2 & 3 \\ 1 & 3 \\ 4 & 1 \end{pmatrix} \quad \text{benötigte Grundzutaten:} \quad \begin{pmatrix} 2 & 3 \\ 1 & 3 \\ 4 & 1 \end{pmatrix} \cdot \begin{pmatrix} s \\ e \end{pmatrix} = \begin{pmatrix} 2s+3e \\ s+3e \\ 4s+e \end{pmatrix}$$

   Für die Bestellung werden benötigt: $\begin{pmatrix} 2 & 3 \\ 1 & 3 \\ 4 & 1 \end{pmatrix} \cdot \begin{pmatrix} 53 \\ 67 \end{pmatrix} = \begin{pmatrix} 2\cdot 53 + 3\cdot 67 \\ 1\cdot 53 + 3\cdot 67 \\ 4\cdot 53 + 1\cdot 67 \end{pmatrix} = \begin{pmatrix} 307 \\ 254 \\ 279 \end{pmatrix}$

   Für 53 ME Suppe und 67 ME Eintopf werden 307 ME Kartoffeln, 254 ME Brokkoli und 279 ME Mais benötigt.

   c)

	A_1	A_2	A_3	A_4
S	2	5	6	3
E	5	3	2	4

   Matrix: $ZE = \begin{pmatrix} 2 & 5 & 6 & 3 \\ 5 & 3 & 2 & 4 \end{pmatrix}$

   d) $RE = RZ \cdot ZE = \begin{pmatrix} 19 & 19 & 18 & 18 \\ 17 & 14 & 12 & 15 \\ 13 & 23 & 26 & 16 \end{pmatrix}$

   Für Angebot A_1 werden 19 ME Kartoffeln, 17 ME Brokkoli und 13 ME Mais benötigt.
   Für Angebot A_2 werden 19 ME Kartoffeln, 14 ME Brokkoli und 23 ME Mais benötigt.
   Für Angebot A_3 werden 18 ME Kartoffeln, 12 ME Brokkoli und 26 ME Mais benötigt.
   Für Angebot A_4 werden 18 ME Kartoffeln, 15 ME Brokkoli und 16 ME Mais benötigt.

   e) $\begin{pmatrix} 19 & 19 & 18 & 18 \\ 17 & 14 & 12 & 15 \\ 13 & 23 & 26 & 16 \end{pmatrix} \cdot \begin{pmatrix} 120 \\ 140 \\ 100 \\ 40 \end{pmatrix} = \begin{pmatrix} 7460 \\ 5800 \\ 8020 \end{pmatrix}$

   Es werden 7460 ME Kartoffeln, 5800 ME Brokkoli und 8020 ME Mais benötigt.

4. **a)** $M = \begin{pmatrix} 0{,}25 & 0{,}75 \\ 0 & 1 \end{pmatrix}$

   b) $M = \begin{pmatrix} 0 & 0{,}8 & 0{,}2 \\ 0{,}25 & 0{,}7 & 0{,}05 \\ 0{,}6 & 0 & 0{,}4 \end{pmatrix}$

4.2 Matrizen

5. a)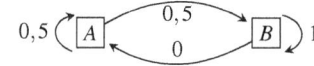

b)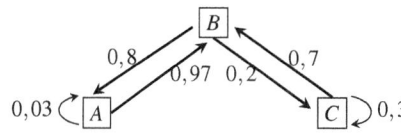

c) 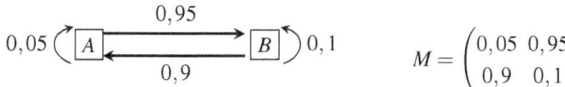 $M = \begin{pmatrix} 0,05 & 0,95 \\ 0,9 & 0,1 \end{pmatrix}$

d) 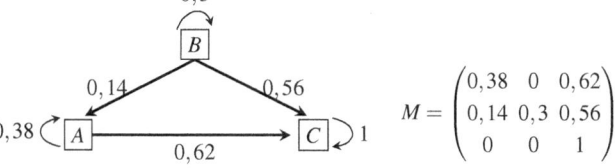 $M = \begin{pmatrix} 0,38 & 0 & 0,62 \\ 0,14 & 0,3 & 0,56 \\ 0 & 0 & 1 \end{pmatrix}$

6. a) Keine stochastische Matrix; Zeilensumme $\neq 1$; negativer Wert in der Matrix
b) Stochastische Matrix, Zeilensumme $= 1$; nur nicht-negative Werte
c) Keine stochastische Matrix, Zeilensumme $\neq 1$
d) Keine stochastische Matrix, Zeilensumme $\neq 1$

7. a) $\quad A \cdot \vec{x} = \vec{b} \quad | \cdot A^{-1}$ (von links)
$\underbrace{A^{-1} \cdot A}_{=1} \cdot \vec{x} = A^{-1} \cdot \vec{b}$
$\quad \vec{x} = A^{-1} \cdot \vec{b}$

b) $A^{-1} = \begin{pmatrix} \frac{3}{11} & -\frac{4}{11} \\ \frac{2}{11} & \frac{1}{11} \end{pmatrix}; \quad \vec{x} = \begin{pmatrix} -\frac{13}{11} \\ -\frac{5}{11} \end{pmatrix}$

8. a) $A^{-1} = \begin{pmatrix} \frac{1}{12} & -\frac{5}{12} \\ \frac{1}{6} & \frac{1}{6} \end{pmatrix}; \quad \vec{x} = \begin{pmatrix} \frac{5}{12} & -\frac{1}{12} \end{pmatrix}$

b) $A^{-1} = \begin{pmatrix} -\frac{15}{7} & -\frac{5}{7} & 1 \\ \frac{1}{7} & -\frac{2}{7} & 0 \\ \frac{3}{7} & \frac{1}{7} & 0 \end{pmatrix}; \quad \vec{x} = \begin{pmatrix} \frac{29}{7} & \frac{5}{7} & -1 \end{pmatrix}$

c) $A^{-1} = A; \; \vec{x} = \vec{b}$

9. $A^{-1} = \begin{pmatrix} 1 & 0 & 0 \\ -\frac{1}{3} & \frac{1}{3} & 0 \\ 0 & 0 & \frac{1}{6} \end{pmatrix} \neq B$

bzw. $B^{-1} = \begin{pmatrix} 1 & 0 & 0 \\ 1 & -3 & 0 \\ 0 & 0 & 6 \end{pmatrix} \neq A$

10. a) $\vec{b}\cdot M = (0{,}7 \quad 0{,}3)$
$\vec{b}\cdot M^2 = (0{,}62 \quad 0{,}38)$
$\vec{b}\cdot M^4 = (0{,}6392 \quad 0{,}3608)$
$\vec{b}\cdot M^{16} = (0{,}642857 \quad 0{,}357143)$
$\vec{b}\cdot M^{100} = (0{,}642857 \quad 0{,}357143)$
Die Verteilung stabilisiert sich.

b) $\vec{b}\cdot M = (0{,}14 \quad 0{,}26 \quad 0{,}5)$
$\vec{b}\cdot M^2 = (0{,}118 \quad 0{,}58 \quad 0{,}202)$
$\vec{b}\cdot M^4 = (0{,}16102 \quad 0{,}43168 \quad 0{,}3073)$
$\vec{b}\cdot M^{16} = (0{,}185572 \quad 0{,}417522 \quad 0{,}296906)$
$\vec{b}\cdot M^{100} = (0{,}185567 \quad 0{,}417526 \quad 0{,}296907)$
Die Verteilung stabilisiert sich, aber nicht so schnell wie in a).

11. $A^{-1} = \begin{pmatrix} -2 & 1 \\ \frac{3}{2} & -\frac{1}{2} \end{pmatrix}$

$B^{-1} = \begin{pmatrix} \frac{90}{67} & -\frac{21}{134} & -\frac{9}{67} \\ -\frac{87}{134} & \frac{27}{268} & \frac{69}{134} \\ -\frac{69}{134} & \frac{63}{268} & \frac{27}{134} \end{pmatrix}$

$C^{-1} = \begin{pmatrix} \frac{22}{15} & -\frac{9}{10} & -\frac{6}{5} & -\frac{11}{30} \\ \frac{2}{15} & \frac{1}{10} & -\frac{1}{5} & \frac{1}{30} \\ \frac{3}{5} & -\frac{3}{10} & -\frac{2}{5} & -\frac{1}{10} \\ -\frac{2}{3} & \frac{1}{2} & 1 & -\frac{1}{6} \end{pmatrix}$

12. a)

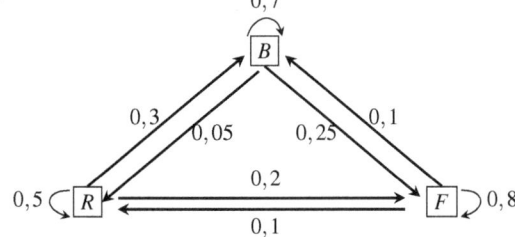

b) $M = \begin{pmatrix} 0{,}7 & 0{,}05 & 0{,}25 \\ 0{,}3 & 0{,}5 & 0{,}2 \\ 0{,}1 & 0{,}1 & 0{,}8 \end{pmatrix}$;
$\vec{b} = (180 \quad 120 \quad 200)$

c) $\vec{b}_1 = \vec{b}\cdot M = (182 \quad 89 \quad 229)$

d) $\vec{b}_0 = \vec{b}\cdot M^{-1} = (152 \quad 194 \quad 154)$

4.2 Matrizen

4.2.4 Lineare Abhängigkeit und Unabhängigkeit

1. *Hinweis:* Fehler im 1. Druck der 1. Auflage! Die Aufgabe soll lauten: Bestimmen Sie reelle Zahlen r, s und t so, dass gilt:

   d) $r \cdot \begin{pmatrix} 1 \\ 0 \\ 1 \end{pmatrix} + s \cdot \begin{pmatrix} 0 \\ 2 \\ 2 \end{pmatrix} + t \cdot \begin{pmatrix} 5 \\ 1 \\ 0 \end{pmatrix} = \begin{pmatrix} 3 \\ 1 \\ -2 \end{pmatrix}$

   a) $-2r + s = 4 \Rightarrow s = 4 + 2r$
   $r + s = 1 \Rightarrow r + 4 + 2r = 1 \Rightarrow r = -1$ und $s = 2$

   b) $9 - s = 3r \Rightarrow s = 9 - 3r$
   $-8 + 4s = 2r \Rightarrow -8 + 4(9 - 3r) = 2r \Rightarrow r = 2$ und $s = 3$

   c) $r = s = 0$

   d) $r = -2$; $s = 0$; $t = 1$

2. a) $3x = 1 - 7 \Rightarrow x = -2$
   $5x = 2 - 12 \Rightarrow x = -2$
   $x = 1 - (-1) \Rightarrow x = 2 \Rightarrow L = \{\}$

   b) $20 = 12x - 2x \Rightarrow x = 2$
   $4 = 4x - 2x \Rightarrow x = 2$
   $-14 = 4x - 6x \Rightarrow x = 7 \Rightarrow L = \{\}$

   c) $4 + 2 = x \Rightarrow x = 6$
   $x + 4 = 10 \Rightarrow x = 6$
   $2 + 6 = x + 2 \Rightarrow x = 6 \Rightarrow L = \{6\}$

3. a) $\begin{pmatrix} 6 \\ 22 \\ 5 \end{pmatrix} = r \cdot \begin{pmatrix} 3 \\ 4 \\ -2 \end{pmatrix} + s \cdot \begin{pmatrix} 2 \\ -2 \\ 1 \end{pmatrix} \Leftrightarrow \begin{aligned} 6 &= 3r + 2s \\ 22 &= 4r - 2s \\ 5 &= -2r + s \end{aligned} \rightarrow$ nicht lösbar

   Der Vektor lässt sich aus $\vec{a}$ und $\vec{b}$ nicht linear kombinieren.

   b) $\begin{pmatrix} 9{,}5 \\ 1 \\ -0{,}5 \end{pmatrix} = r \cdot \begin{pmatrix} 3 \\ 4 \\ -2 \end{pmatrix} + s \cdot \begin{pmatrix} 2 \\ -2 \\ 1 \end{pmatrix} \Leftrightarrow \begin{aligned} 9{,}5 &= 3r + 2s \\ 1 &= 4r - 2s \\ -0{,}5 &= -2r + s \end{aligned} \rightarrow r = 1{,}5$ und $s = 2{,}5$

   Der Vektor lässt sich aus $\vec{a}$ und $\vec{b}$ linear kombinieren.

   c) $\begin{pmatrix} 4 \\ -2 \\ 3 \end{pmatrix} = r \cdot \begin{pmatrix} 3 \\ 4 \\ -2 \end{pmatrix} + s \cdot \begin{pmatrix} 2 \\ -2 \\ 1 \end{pmatrix} \Leftrightarrow \begin{aligned} 4 &= 3r + 2s \\ -2 &= 4r - 2s \\ 3 &= -2r + s \end{aligned} \rightarrow$ nicht lösbar

   Der Vektor lässt sich aus $\vec{a}$ und $\vec{b}$ nicht linear kombinieren.

   d) $\begin{pmatrix} 6 \\ 2{,}5 \\ 3 \end{pmatrix} = r \cdot \begin{pmatrix} 3 \\ 4 \\ -2 \end{pmatrix} + s \cdot \begin{pmatrix} 2 \\ -2 \\ 1 \end{pmatrix} \Leftrightarrow \begin{aligned} 6 &= 3r + 2s \\ 2{,}5 &= 4r - 2s \\ 3 &= -2r + s \end{aligned} \rightarrow$ nicht lösbar

   Der Vektor lässt sich aus $\vec{a}$ und $\vec{b}$ nicht linear kombinieren.

191

e) $\begin{pmatrix} -2 \\ -12 \\ 6 \end{pmatrix} = r \cdot \begin{pmatrix} 3 \\ 4 \\ -2 \end{pmatrix} + s \cdot \begin{pmatrix} 2 \\ -2 \\ 1 \end{pmatrix} \Leftrightarrow \begin{array}{l} -2 = 3r + 2s \\ -12 = 4r - 2s \\ 6 = -2r + s \end{array} \to r = -2 \text{ und } s = 2$

Der Vektor lässt sich aus $\vec{a}$ und $\vec{b}$ linear kombinieren.

f) $\begin{pmatrix} 4 \\ 10 \\ -5 \end{pmatrix} = r \cdot \begin{pmatrix} 3 \\ 4 \\ -2 \end{pmatrix} + s \cdot \begin{pmatrix} 2 \\ -2 \\ 1 \end{pmatrix} \Leftrightarrow \begin{array}{l} 4 = 3r + 2s \\ 10 = 4r - 2s \\ -5 = -2r + s \end{array} \to r = 2 \text{ und } s = -1$

Der Vektor lässt sich aus $\vec{a}$ und $\vec{b}$ linear kombinieren.

4. a) $r \cdot \begin{pmatrix} 3 \\ 0 \\ 4 \end{pmatrix} + s \cdot \begin{pmatrix} 2 \\ 1 \\ 0 \end{pmatrix} + t \cdot \begin{pmatrix} 0 \\ 4 \\ -2 \end{pmatrix} = \begin{pmatrix} 0 \\ 0 \\ 0 \end{pmatrix} \Leftrightarrow \begin{array}{l} 3r + 2s = 0 \\ s + 4t = 0 \\ 4r - 2t = 0 \end{array} \to r = s = t = 0$

Die drei Vektoren sind linear unabhängig.

b) $r \cdot \begin{pmatrix} -2 \\ 1 \\ 0 \end{pmatrix} + s \cdot \begin{pmatrix} 3 \\ 3 \\ 0 \end{pmatrix} + t \cdot \begin{pmatrix} 8 \\ 14 \\ 0 \end{pmatrix} = \begin{pmatrix} 0 \\ 0 \\ 0 \end{pmatrix} \Leftrightarrow \begin{array}{l} -2r + 3s + 8t = 0 \\ r + 3s + 14t = 0 \\ 0 = 0 \end{array} \to r = s = t = 0$

Die drei Vektoren sind linear unabhängig.

c) $r \cdot \begin{pmatrix} 2 \\ 1 \\ -1 \end{pmatrix} + s \cdot \begin{pmatrix} 6 \\ 4 \\ 1 \end{pmatrix} + t \cdot \begin{pmatrix} 2 \\ 2 \\ 3 \end{pmatrix} = \begin{pmatrix} 0 \\ 0 \\ 0 \end{pmatrix} \Leftrightarrow \begin{array}{l} 2r + 6s + 2t = 0 \\ r + 4s + 2t = 0 \\ -r + s + 3t = 0 \end{array} \to r = 2k;\ s = -k;\ t = k \text{ mit } k \in \mathbb{R}$

Das LGS hat unendlich viele Lösungen. Die drei Vektoren sind daher linear abhängig.

d) $r \cdot \begin{pmatrix} 1 \\ 0 \\ 1 \end{pmatrix} + s \cdot \begin{pmatrix} 0 \\ 1 \\ 0 \end{pmatrix} + t \cdot \begin{pmatrix} 2 \\ 1 \\ 2 \end{pmatrix} = \begin{pmatrix} 0 \\ 0 \\ 0 \end{pmatrix} \Leftrightarrow \begin{array}{l} r + 2t = 0 \\ s + t = 0 \\ r + 2t = 0 \end{array} \to r = -2k;\ s = -k;\ t = k \text{ mit } k \in \mathbb{R}$

Das LGS hat unendlich viele Lösungen. Die drei Vektoren sind daher linear abhängig.

Übungen zum Exkurs: Geometrische Darstellung von Vektoren

200

1. a) $O(0|0|0)$, $P(5|5|0)$, $Q(5|0|0)$, $R(0|5|0)$, $S(2,5|2,5|5)$

b) Kantenlänge Grundfläche: 5 LE; $A = 25$ FE
Kantenlänge Seitenfläche: $\sqrt{37,5} \approx 6,12$ LE

c) $\vec{a} = \begin{pmatrix} 2,5 - 5 \\ 2,5 - 0 \\ 0 - 0 \end{pmatrix} = \begin{pmatrix} -2,5 \\ 2,5 \\ 0 \end{pmatrix}$; $\vec{b} = \begin{pmatrix} 2,5 - 5 \\ 2,5 - 0 \\ 5 - 0 \end{pmatrix} = \begin{pmatrix} -2,5 \\ 2,5 \\ 5 \end{pmatrix}$; $\vec{c} = \begin{pmatrix} 0 - 2,5 \\ 5 - 2,5 \\ 0 - 5 \end{pmatrix} = \begin{pmatrix} -2,5 \\ 2,5 \\ -5 \end{pmatrix}$;

$\vec{h} = \begin{pmatrix} 2,5 - 2,5 \\ 2,5 - 2,5 \\ 5 - 0 \end{pmatrix} = \begin{pmatrix} 0 \\ 0 \\ 5 \end{pmatrix}$

d) $\vec{a} = \begin{pmatrix} -2,5 \\ 2,5 \\ 0 \end{pmatrix}$; $\vec{b} = \begin{pmatrix} -2,5 \\ 2,5 \\ 5 \end{pmatrix}$; $\cos \alpha = \frac{12,5}{\sqrt{468,75}} \approx 0,58 \Rightarrow \alpha \approx 54,74°$

2. a) $\overrightarrow{CG}, \overrightarrow{AE}, \overrightarrow{BF}$ **b)** $\overrightarrow{CD}, \overrightarrow{AB}, \overrightarrow{EF}$ **c)** $\overrightarrow{DE}$ **d)** $\overrightarrow{HC}$

4.2 Matrizen

3. a) $(\vec{a}+\vec{b})+\vec{c}$ und $\vec{a}+(\vec{b}+\vec{c})$ ergeben in jedem Fall die Raumdiagonale $\vec{a}+\vec{b}+\vec{c}$ es gilt daher: $(\vec{a}+\vec{b})+\vec{c} = \vec{a}+(\vec{b}+\vec{c})$

b)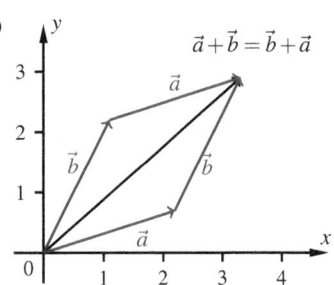

4. $D(-1|6|3), E(1|2|5), G(-1|4|5), H(-1|6|5)$

5. a) $P(2|0|0)$, wichtig: $y = z = 0$
   b) $Q(0|0|2)$, wichtig: $x = y = 0$
   c) $R(2|1|0)$, wichtig: $z = 0$
   d) $Q(0|1|2)$, wichtig: $x = 0$

6. a) $|\vec{a}| = \sqrt{26}$
   b) $|\vec{b}| = \sqrt{2}$
   c) $|\vec{c}| = \sqrt{38}$

7. $t_{1,2} = \pm\frac{2\sqrt{30}}{5}$

8. a) $\vec{r} = \begin{pmatrix} 1 \\ 1 \\ 1 \end{pmatrix}$ **b)** $\vec{r} = \begin{pmatrix} 1 \\ 2 \\ 1 \end{pmatrix}$ **c)** $\vec{r} = \begin{pmatrix} 1 \\ -2 \\ 1 \end{pmatrix}$ **d)** $\vec{r} = \begin{pmatrix} 1 \\ -1 \\ -1 \end{pmatrix}$

9. a) $\vec{a}+\vec{b} = \begin{pmatrix} 3 \\ 2 \end{pmatrix}$
   b) $\vec{a}+\vec{b}+\vec{c} = \begin{pmatrix} 1 \\ 3 \end{pmatrix}$
   c) $\vec{a}-\vec{c} = \begin{pmatrix} 5 \\ -1 \end{pmatrix}$
   d) $\vec{a}-\vec{b}-\vec{c} = \begin{pmatrix} 5 \\ -3 \end{pmatrix}$
   e) $-\vec{b}+\vec{c}+\vec{a} = \begin{pmatrix} 1 \\ -1 \end{pmatrix}$
   f) $2\vec{a}+\vec{b} = \begin{pmatrix} 6 \\ 2 \end{pmatrix}$
   g) $\vec{a}-0,5\vec{b}+3\vec{c} = \begin{pmatrix} -3 \\ 2 \end{pmatrix}$
   h) $2\vec{a}-3\vec{b}+0,5\vec{c} = \begin{pmatrix} 5 \\ -5,5 \end{pmatrix}$

10. a) $\vec{a} = \overrightarrow{AB} = \begin{pmatrix} -4 \\ 4 \\ 0 \end{pmatrix}$; $\vec{b} = \overrightarrow{AC} = \begin{pmatrix} -2 \\ 1 \\ 2 \end{pmatrix}$; $\vec{c} = \overrightarrow{BC} = \begin{pmatrix} 2 \\ -3 \\ 2 \end{pmatrix}$
   b) $|\vec{a}| = 4\sqrt{2} \approx 5,66$; $|\vec{b}| = 3$; $|\vec{c}| = \sqrt{17} \approx 4,12$
   $U \approx 12,78$

11. a) $\vec{AB} = \begin{pmatrix} -2 \\ 6 \\ -3 \end{pmatrix}$ $|\vec{AB}| = 7$

$\vec{AC} = \begin{pmatrix} -6 \\ 3 \\ 2 \end{pmatrix}$ $|\vec{AC}| = 7$

b) Eine mögliche Lösung: $D(1|-2|5)$

12. a) $\begin{pmatrix} 4 \\ 3 \\ -2 \end{pmatrix} \cdot \begin{pmatrix} 2 \\ 0 \\ 1 \end{pmatrix} = 6$

b) $\begin{pmatrix} 0 \\ 4 \\ 3 \end{pmatrix} \cdot \begin{pmatrix} -3 \\ 8 \\ 11 \end{pmatrix} = 65$

13. Ist das Dreieck OAB rechtwinklig bei O, so gilt nach dem Satz des Pythagoras:
$|\vec{a}|^2 + |\vec{b}|^2 = |\vec{c}|^2$ bzw. $|\vec{a}|^2 + |\vec{b}|^2 = |\vec{a} - \vec{b}|^2$.

$|\vec{a}|^2 + |\vec{b}|^2 = |\vec{a} - \vec{b}|^2$
$\Leftrightarrow a_1^2 + a_2^2 + a_3^2 + b_1^2 + b_2^2 + b_3^2 = (a_1 - b_1)^2 + (a_2 - b_2)^2 + (a_3 - b_3)^2$
$\Leftrightarrow a_1^2 + a_2^2 + a_3^2 + b_1^2 + b_2^2 + b_3^2 = a_1^2 - 2a_1b_1 + b_1^2 + a_2^2 - 2a_2b_2 + b_2^2 + a_3^2 - 2a_3b_3 + b_3^2$
$\Leftrightarrow a_1^2 + a_2^2 + a_3^2 + b_1^2 + b_2^2 + b_3^2 = a_1^2 + a_2^2 + a_3^2 + b_1^2 + b_2^2 + b_3^2 - 2a_1b_1 - 2a_2b_2 - 2a_3b_3$
$\Leftrightarrow 0 = -2a_1b_1 - 2a_2b_2 - 2a_3b_3$
$\Leftrightarrow 0 = -2(a_1b_1 + a_2b_2 + a_3b_3)$
$\Leftrightarrow 0 = a_1b_1 + a_2b_2 + a_3b_3$

Per Definition ist dies das Skalarprodukt, also $\quad 0 = \vec{a} \cdot \vec{b}$.

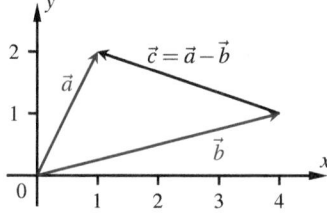

14. a) $\begin{pmatrix} 4 \\ 3 \\ 2 \end{pmatrix} \cdot \begin{pmatrix} -2 \\ 4 \\ 2 \end{pmatrix} = 8 \neq 0$ ▶ nicht orthogonal

b) $\begin{pmatrix} -3 \\ 5 \\ 3 \end{pmatrix} \cdot \begin{pmatrix} 6 \\ 3 \\ 1 \end{pmatrix} = 0$ ▶ orthogonal

c) $\begin{pmatrix} 2 \\ 4 \\ 3 \end{pmatrix} \cdot \begin{pmatrix} 4 \\ -2 \\ 0 \end{pmatrix} = 0$ ▶ orthogonal

4.2 Matrizen

15. a) $\cos\alpha = \dfrac{\binom{2}{3}\cdot\binom{4}{7}}{\left|\binom{2}{3}\right|\left|\binom{4}{7}\right|} = \dfrac{29\sqrt{5}}{65} \quad\Rightarrow\quad \alpha \approx 3{,}95°$

b) $\cos\alpha = \dfrac{\begin{pmatrix}10\\10\\2\end{pmatrix}\cdot\begin{pmatrix}3\\0{,}5\\1\end{pmatrix}}{\left|\begin{pmatrix}10\\10\\2\end{pmatrix}\right|\left|\begin{pmatrix}3\\0{,}5\\1\end{pmatrix}\right|} \approx 0{,}809 \quad\Rightarrow\quad \alpha \approx 35{,}99°$

c) $\cos\alpha = \dfrac{\binom{-2}{5}\cdot\binom{8}{-2}}{\left|\binom{-2}{5}\right|\left|\binom{8}{-2}\right|} \approx -0{,}586 \quad\Rightarrow\quad \alpha \approx 125{,}84°$

d) $\cos\alpha = \dfrac{\begin{pmatrix}6\\4{,}5\\6\end{pmatrix}\cdot\begin{pmatrix}2\\-4\\1\end{pmatrix}}{\left|\begin{pmatrix}6\\4{,}5\\6\end{pmatrix}\right|\left|\begin{pmatrix}2\\-4\\1\end{pmatrix}\right|} = 0 \quad\Rightarrow\quad \alpha \approx 90°$

16. a)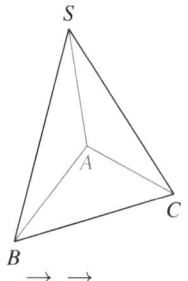

b) $\vec{AB} = \begin{pmatrix}6\\1\\0\end{pmatrix}$, $\vec{AC} = \begin{pmatrix}3\\6\\0\end{pmatrix}$, $\vec{BC} = \begin{pmatrix}-3\\5\\0\end{pmatrix}$

$\vec{AS} = \begin{pmatrix}4\\2\\8\end{pmatrix}$, $\vec{BS} = \begin{pmatrix}-2\\1\\8\end{pmatrix}$, $\vec{CS} = \begin{pmatrix}1\\-4\\8\end{pmatrix}$

c) $|\vec{AB}| = \sqrt{37}$, $|\vec{AC}| = \sqrt{45}$, $|\vec{BC}| = \sqrt{34}$,
$|\vec{AS}| = \sqrt{84}$, $|\vec{BS}| = \sqrt{69}$, $|\vec{CS}| = \sqrt{81} = 9$

d) $\sphericalangle(\vec{AB};\vec{AC}) \approx 53{,}97°$ ▶ da $\cos\alpha = \dfrac{24}{\sqrt{37}}\cdot\sqrt{45}$

$\sphericalangle(\vec{BA};\vec{BC}) \approx 68{,}5°$ ▶ da $\cos\alpha = \dfrac{13}{\sqrt{37}}\cdot\sqrt{34}$

$\sphericalangle(\vec{CA};\vec{CB}) \approx 180° - 53{,}97° - 68{,}5° = 57{,}53°$

Übungen zu 4.2

1. a) $\begin{pmatrix} 1 & 1 & 1 & 1 \\ 0 & 1 & 1 & 1 \\ 0 & 0 & 1 & 1 \\ 0 & 0 & 0 & 1 \end{pmatrix}$ **c)** $\begin{pmatrix} 0 & 1 & 1 & 1 \\ 1 & 0 & 2 & 2 \\ 1 & 2 & 0 & 3 \\ 1 & 2 & 3 & 0 \end{pmatrix}$

b) $\begin{pmatrix} 1 & 2 & 3 & 4 \\ 2 & 4 & 6 & 8 \\ 3 & 6 & 9 & 12 \\ 4 & 8 & 12 & 16 \end{pmatrix}$ **d)** $\begin{pmatrix} -2 & -3 & -4 & -5 \\ 3 & 4 & 5 & 6 \\ -4 & -5 & -6 & -7 \\ 5 & 6 & 7 & 8 \end{pmatrix}$

2.
$$A+B = \begin{pmatrix} 13 & 21 & 12 & -2 \\ 5 & 1 & 6 & -3 \\ -9 & 2 & 0 & 5 \end{pmatrix}$$

$$A+D = \begin{pmatrix} 3 & 6 & 13 & 3 \\ 4 & 5 & -4 & -2 \\ -2 & -1{,}5 & 0 & 4 \end{pmatrix}$$

$$B+D = \begin{pmatrix} 14 & 27 & 15 & 1 \\ 5 & -2 & 0 & 7 \\ -5 & -0{,}5 & 0 & 1 \end{pmatrix}$$

$$A+B+D = \begin{pmatrix} 15 & 27 & 20 & 1 \\ 7 & 2 & 1 & 1 \\ -8 & 0 & 0 & 5 \end{pmatrix}$$

3. a) $A+B = \begin{pmatrix} 2 & -4 & 1 \\ -2 & 7 & 6 \end{pmatrix}$

b) $A-B = \begin{pmatrix} 2 & 4 & -3 \\ -4 & 1 & 4 \end{pmatrix}$

c) $-2 \cdot A = \begin{pmatrix} -4 & 0 & 2 \\ 6 & -8 & -10 \end{pmatrix}$

4. a)

	Berlin	Rom	Madrid	Warschau	Ankara
Berlin	0	1190	1800	520	2040
Rom	1190	0	1250	1320	1720
Madrid	1800	1250	0	2210	2970
Warschau	520	1320	2210	0	1640
Ankara	2040	1720	2970	1640	0

b) 5×5

c) $a_{11} = a_{22} = a_{33} = a_{44} = 0$

In der Hauptdiagonalen stehen die Entfernungen der Städte zu sich selbst.

d) Das Element a_{ij} gibt – ebenso wie a_{ji} – die Entfernung der Städte i und j an.

4.2 Matrizen

5. a) $A+B = \begin{pmatrix} 2 & -3 & 0 \\ 8 & 2 & 0 \\ -5 & 8 & 3 \\ -5 & 5 & -1 \end{pmatrix}$ $B+A = \begin{pmatrix} 2 & -3 & 0 \\ 8 & 2 & 0 \\ -5 & 8 & 3 \\ -5 & 5 & -1 \end{pmatrix}$ $\Rightarrow$ $A+B = B+A$

b) $A = \begin{pmatrix} a_{11} & a_{12} & a_{13} \\ a_{21} & a_{22} & a_{23} \end{pmatrix}$ $B = \begin{pmatrix} b_{11} & b_{12} & b_{13} \\ b_{21} & b_{22} & b_{23} \end{pmatrix}$

$A+B = \begin{pmatrix} a_{11}+b_{11} & a_{12}+b_{12} & a_{13}+b_{13} \\ a_{21}+b_{21} & a_{22}+b_{22} & a_{23}+b_{23} \end{pmatrix} = \begin{pmatrix} b_{11}+a_{11} & b_{12}+a_{12} & b_{13}+a_{13} \\ b_{21}+a_{21} & b_{22}+a_{22} & b_{23}+a_{23} \end{pmatrix} = B+A$

6. a) $\begin{pmatrix} 492 & 984 & 324 \\ 756 & 300 & 456 \\ 624 & 732 & 36 \end{pmatrix} \cdot \begin{pmatrix} 0{,}1 & 0{,}08 \\ 0{,}3 & 0{,}35 \\ 0{,}35 & 0{,}3 \end{pmatrix} = \begin{pmatrix} 457{,}8 & 480{,}96 \\ 352{,}2 & 302{,}28 \\ 294{,}6 & 316{,}92 \end{pmatrix}$

b) Esra würde bei einem Vertragswechsel 22,92 € sparen. Sarah und Jan sollten den alten Vertrag beibehalten.

7. $A = \begin{pmatrix} 3 & 2 & 4 \\ 2 & 0 & 7 \\ 1 & 3 & 8 \\ 4 & 0 & 9 \end{pmatrix}$

8. a) $A = \begin{pmatrix} 2 & 8 \\ 4 & 4 \\ 0 & 2 \end{pmatrix}$

b) $B = \begin{pmatrix} 2 & 3 \\ 1 & 2 \end{pmatrix}$

c) $A \cdot B = \begin{pmatrix} 12 & 22 \\ 12 & 20 \\ 2 & 4 \end{pmatrix}$

Für die Herstellung einer Einheit von G_1 werden 12 ME E_1, 12 ME E_2 und 2 ME E_3 benötigt.
Für die Herstellung einer Einheit von G_2 werden 22 ME E_1, 20 ME E_2 und 4 ME E_3 benötigt.

9. $1{,}1 \cdot \begin{pmatrix} 4120 & 4275 & 4215 & 3250 & 4290 & 2370 \\ 6620 & 6460 & 5835 & 6030 & 4995 & 4780 \\ 5260 & 5425 & 5035 & 4960 & 5895 & 5210 \end{pmatrix} = \begin{pmatrix} 4532 & 4702{,}50 & 4636{,}50 & 3575 & 4719 & 2607 \\ 7282 & 7106 & 6418{,}50 & 6633 & 5494{,}50 & 5258 \\ 5786 & 5967{,}50 & 5538{,}50 & 5456 & 6484{,}50 & 5731 \end{pmatrix}$

10. $(A \cdot B) \cdot C = \begin{pmatrix} 20 & 34 & 31 & -20 \\ 33 & 48 & 45 & -30 \end{pmatrix} \cdot \begin{pmatrix} 6 \\ -4 \\ 3 \\ 1 \end{pmatrix} = \begin{pmatrix} 57 \\ 111 \end{pmatrix}$

$A \cdot (B \cdot C) = \begin{pmatrix} 4 & 2 & 1 \\ 6 & 3 & 0 \end{pmatrix} \cdot \begin{pmatrix} 11 \\ 15 \\ -17 \end{pmatrix} = \begin{pmatrix} 57 \\ 111 \end{pmatrix}$ $\Rightarrow$ $A \cdot (B \cdot C) = (A \cdot B) \cdot C$

11. a) $(A+B) \cdot C = \begin{pmatrix} 5 & 7 & 6 \\ -2 & 11 & 0 \end{pmatrix} \cdot \begin{pmatrix} -5 & 1 & 2 & 4 \\ 3 & -2 & 0 & 1 \\ 4 & 0 & 0 & 1 \end{pmatrix} = \begin{pmatrix} 20 & -9 & 10 & 33 \\ 43 & -24 & -4 & 3 \end{pmatrix}$

$A \cdot C + B \cdot C = \begin{pmatrix} 23 & -6 & 8 & 28 \\ 34 & -18 & -4 & 0 \end{pmatrix} + \begin{pmatrix} -3 & -3 & 2 & 5 \\ 9 & -6 & 0 & 3 \end{pmatrix} = \begin{pmatrix} 20 & -9 & 10 & 33 \\ 43 & -24 & -4 & 3 \end{pmatrix}$

$\Rightarrow (A+B) \cdot C = A \cdot C + B \cdot C$

b) Individuelle Lösungen

c)
$(A+B) \cdot C = \left(\begin{pmatrix} a_{11} & a_{12} & a_{13} \\ a_{21} & a_{22} & a_{23} \end{pmatrix} + \begin{pmatrix} b_{11} & b_{12} & b_{13} \\ b_{21} & b_{22} & b_{23} \end{pmatrix} \right) \cdot \begin{pmatrix} c_{11} & c_{12} & c_{13} & c_{14} \\ c_{21} & c_{22} & c_{23} & c_{24} \\ c_{31} & c_{32} & c_{33} & c_{34} \end{pmatrix}$

$= \begin{pmatrix} a_{11}+b_{11} & a_{12}+b_{12} & a_{13}+b_{13} \\ a_{21}+b_{21} & a_{22}+b_{22} & a_{23}+b_{23} \end{pmatrix} \cdot \begin{pmatrix} c_{11} & c_{12} & c_{13} & c_{14} \\ c_{21} & c_{22} & c_{23} & c_{24} \\ c_{31} & c_{32} & c_{33} & c_{34} \end{pmatrix}$

$= \begin{pmatrix} (a_{11}+b_{11}) \cdot c_{11} + (a_{12}+b_{12}) \cdot c_{21} + (a_{13}+b_{13}) \cdot c_{31} & \ldots & \ldots & \ldots \\ (a_{21}+b_{21}) \cdot c_{11} + (a_{22}+b_{22}) \cdot c_{21} + (a_{23}+b_{23}) \cdot c_{31} & \ldots & \ldots & \ldots \end{pmatrix}$

$= \begin{pmatrix} (a_{11} \cdot c_{11} + b_{11} \cdot c_{11}) + (a_{12} \cdot c_{21} + b_{12} \cdot c_{21}) + (a_{13} \cdot c_{31} + b_{13} \cdot c_{31}) & \ldots & \ldots & \ldots \\ \ldots & & & \ldots & \ldots & \ldots \end{pmatrix}$

$= \begin{pmatrix} a_{11} \cdot c_{11} + a_{12} \cdot c_{21} + a_{13} \cdot c_{31} + b_{11} \cdot c_{11} + b_{12} \cdot c_{21} + b_{13} \cdot c_{31} & \ldots & \ldots & \ldots \\ \ldots & & & \ldots & \ldots & \ldots \end{pmatrix}$

$= \begin{pmatrix} a_{11} \cdot c_{11} + a_{12} \cdot c_{21} + a_{13} \cdot c_{31} + \ldots & \ldots & \ldots \\ \ldots & & \ldots & \ldots & \ldots \end{pmatrix}$

$+ \begin{pmatrix} b_{11} \cdot c_{11} + b_{12} \cdot c_{21} + b_{13} \cdot c_{31} & \ldots & \ldots & \ldots \\ \ldots & & \ldots & \ldots & \ldots \end{pmatrix}$

$= A \cdot C + B \cdot C$

12. a) $r \cdot \begin{pmatrix} 2 \\ 4 \\ -6 \end{pmatrix} + s \cdot \begin{pmatrix} 4 \\ 2 \\ 8 \end{pmatrix} + t \cdot \begin{pmatrix} 10 \\ 8 \\ 2 \end{pmatrix} = \begin{pmatrix} 0 \\ 0 \\ 0 \end{pmatrix} \Leftrightarrow \begin{matrix} 2r+4s+10t=0 \\ 4r+2s+8t=0 \\ -6r+8s+2t=0 \end{matrix} \rightarrow r=s=t=0$

Die drei Vektoren sind linear unabhängig.

b) $r \cdot \begin{pmatrix} -6 \\ 3 \\ 1 \end{pmatrix} + s \cdot \begin{pmatrix} 9 \\ 12 \\ -13 \end{pmatrix} + t \cdot \begin{pmatrix} 1 \\ 5 \\ -4 \end{pmatrix} = \begin{pmatrix} 0 \\ 0 \\ 0 \end{pmatrix} \Leftrightarrow \begin{matrix} -6r+9s+t=0 \\ 3r+12s+5t=0 \\ r-13s-4t=0 \end{matrix}$ → unendlich viele Lösungen

Die drei Vektoren sind linear abhängig.

c) $r \cdot \begin{pmatrix} 2 \\ 5 \\ 1 \end{pmatrix} + s \cdot \begin{pmatrix} 3 \\ 0 \\ 7 \end{pmatrix} + t \cdot \begin{pmatrix} -0{,}5 \\ 2{,}5 \\ -3 \end{pmatrix} = \begin{pmatrix} 0 \\ 0 \\ 0 \end{pmatrix} \Leftrightarrow \begin{matrix} 2r+3s-0{,}5t=0 \\ 5r+2{,}5t=0 \\ r+7s-3t=0 \end{matrix}$ → unendlich viele Lösungen

Die drei Vektoren sind linear abhängig.

d) $r \cdot \begin{pmatrix} 7 \\ 0 \\ 3 \end{pmatrix} + s \cdot \begin{pmatrix} 19 \\ 8 \\ 13 \end{pmatrix} + t \cdot \begin{pmatrix} 5 \\ 8 \\ 8 \end{pmatrix} = \begin{pmatrix} 0 \\ 0 \\ 0 \end{pmatrix} \Leftrightarrow \begin{matrix} 7r+19s+5t=0 \\ 8s+8t=0 \\ 3r+13s+8t=0 \end{matrix} \rightarrow r=s=t=0$

Die drei Vektoren sind linear unabhängig.

4.2 Matrizen

13. $r \cdot \begin{pmatrix} 1 \\ 2 \\ 0 \end{pmatrix} + s \cdot \begin{pmatrix} 3 \\ 8 \\ 2 \end{pmatrix} + t \cdot \begin{pmatrix} 1 \\ 4 \\ 2 \end{pmatrix} = \begin{pmatrix} 1 \\ 6 \\ 4 \end{pmatrix} \Leftrightarrow \begin{matrix} r + 3s + t = 1 \\ 2r + 8s + 4t = 6 \\ 2s + 2t = 4 \end{matrix}$

Das umgeformte LGS lautet $\begin{matrix} 1 & 0 & -2 & | & -5 \\ 0 & 1 & 1 & | & 2 \\ 0 & 0 & 0 & | & 0 \end{matrix}$ und hat somit unendlich viele Lösungen.

14. a) $r \cdot \begin{pmatrix} 1 \\ 0 \\ 0 \end{pmatrix} = \begin{pmatrix} 2 \\ a \\ 0 \end{pmatrix}$

(II): $r \cdot 0 = a \Rightarrow a = 0$. Linearkombination: $2 \cdot \begin{pmatrix} 1 \\ 0 \\ 0 \end{pmatrix} = \begin{pmatrix} 2 \\ 0 \\ 0 \end{pmatrix}$

b) $r \cdot \begin{pmatrix} 1 \\ 1 \\ a \end{pmatrix} + s \cdot \begin{pmatrix} 1 \\ a \\ -1 \end{pmatrix} = \begin{pmatrix} 2a \\ 2 \\ -1 \end{pmatrix}$

(I) − (II): $sa - s = 2 - 2a \Rightarrow a = \frac{2+s}{2+s} = 1$. Linearkombination: $0{,}5 \cdot \begin{pmatrix} 1 \\ 1 \\ 1 \end{pmatrix} + 1{,}5 \cdot \begin{pmatrix} 1 \\ 1 \\ -1 \end{pmatrix} = \begin{pmatrix} 2 \\ 2 \\ -1 \end{pmatrix}$

c) $r \cdot \begin{pmatrix} 0 \\ 1 \\ 0 \end{pmatrix} + s \cdot \begin{pmatrix} 0 \\ 1 \\ a \end{pmatrix} = \begin{pmatrix} a \\ 0 \\ 1 \end{pmatrix}$

Keine Lösung, da nicht zugleich $a = 0$ (I) und $s \cdot a = 1$ (III) gelten.

15. a) $r \cdot \begin{pmatrix} 1 \\ 1 \\ 2 \end{pmatrix} + s \cdot \begin{pmatrix} 2 \\ 2 \\ 4 \end{pmatrix} = \begin{pmatrix} 1 \\ 1 \\ 1 \end{pmatrix} \Leftrightarrow \begin{matrix} r + 2s = 1 \\ r + 2s = 1 \\ 2r + 4s = 1 \end{matrix}$

Das LGS besitzt keine Lösung, der Vektor $\vec{c}$ lässt sich nicht als Linearkombination der beiden anderen Vektoren darstellen.

b) $r \cdot \begin{pmatrix} 1 \\ 1 \\ 2 \end{pmatrix} + s \cdot \begin{pmatrix} 2 \\ 2 \\ 4 \end{pmatrix} + t \cdot \begin{pmatrix} 1 \\ 1 \\ 1 \end{pmatrix} = \begin{pmatrix} 0 \\ 0 \\ 0 \end{pmatrix} \Leftrightarrow \begin{matrix} r + 2s + t = 0 \\ r + 2s + t = 0 \\ 2r + 4s + t = 0 \end{matrix}$ → unendlich viele Lösungen

Die drei Vektoren sind linear abhängig.

16. A bezeichnet die Matrix, welche die Angebote der Cateringfirmen zeilenweise erfasst.

B bezeichnet die Matrix, welche die Menü-Mengen der Standorte spaltenweise erfasst.

$A = \begin{pmatrix} 34 & 31 & 38{,}5 \\ 32{,}5 & 27 & 40 \\ 33{,}5 & 28{,}5 & 40 \\ 35 & 28 & 37 \\ 33 & 30 & 35 \end{pmatrix} \quad B = \begin{pmatrix} 250 & 50 & 150 & 80 \\ 150 & 50 & 140 & 250 \\ 400 & 100 & 200 & 100 \end{pmatrix}$

203

a) $A \cdot B = \begin{pmatrix} 28\,550 & 7100 & 17\,140 & 14\,320 \\ 28\,175 & 6975 & 16\,655 & 13\,350 \\ 28\,650 & 7100 & 17\,015 & 13\,805 \\ 27\,750 & 6850 & 16\,570 & 13\,500 \\ 26\,750 & 6650 & 16\,150 & 13\,640 \end{pmatrix}$

b) Spaltenweise wird der kleinste Wert ausgewählt.

$\begin{pmatrix} 28\,550 & 7100 & 17\,140 & 14\,320 \\ 28\,175 & 6975 & 16\,655 & \underline{13\,350} \\ 28\,650 & 7100 & 17\,015 & 13\,805 \\ 27\,750 & 6850 & 16\,570 & 13\,500 \\ \underline{26\,750} & \underline{6650} & \underline{16\,150} & 13\,640 \end{pmatrix}$

c) $26\,750\,€ + 6650\,€ + 16\,150\,€ + 13\,350\,€ = 62\,900\,€$

204

17. Stücklisten: $RZ = \begin{pmatrix} 15 & 18 & 12 \\ 10 & 5 & 1 \\ 4 & 1 & 1 \\ 2 & 1 & 4 \end{pmatrix}$ $ZE = \begin{pmatrix} 8 & 2 \\ 3 & 1 \\ 0 & 5 \end{pmatrix}$ $RE = RZ \cdot ZE = \begin{pmatrix} 174 & 108 \\ 95 & 30 \\ 35 & 14 \\ 19 & 25 \end{pmatrix}$

$\vec{p} = (3\ 6\ 7\ 4)$ $\vec{b} = \begin{pmatrix} 30 \\ 50 \end{pmatrix}$ Rohstoffbedarf: $\vec{m_R} = RE \cdot \vec{b} = \begin{pmatrix} 10\,620 \\ 4350 \\ 1750 \\ 1820 \end{pmatrix}$

Rohstoffkosten: $\vec{p} \cdot \vec{m_R} = \mathbf{77\,490}$

18. a) k: Anzahl kleiner Sets m: Anzahl mittlerer Sets e: Anzahl Extra-Sets
   (I) $3k + 6m + 12e = 400$
   (II) $3k + 3m + 6e = 260$
   (III) $6k + 9m + 12e = 610$ $k = 40$; $m = 30$; $e = \frac{25}{3} \approx 8{,}3$
   Es lassen sich 40 kleine Sets, 30 mittlere Sets und 8 Extra-Sets packen.

   b) $\begin{pmatrix} 3 & 6 & 12 \\ 3 & 3 & 6 \\ 6 & 9 & 12 \end{pmatrix} \cdot \begin{pmatrix} 40 \\ 30 \\ 8 \end{pmatrix} = \begin{pmatrix} 396 \\ 258 \\ 606 \end{pmatrix}$ Verpackt werden 396 Verbandpäckchen, 258 Heftpflaster und 606 Kompressen, sodass noch 4 Verbandpäckchen, 2 Heftpflaster und 4 Kompressen übrig sind. Davon lassen sich keine großen Sets packen.

   c) Mit den 3 Verbandtüchern können 3 große Sets gepackt werden. Darin sind 24 Verbandpäckchen, 12 Heftpflaster und 24 Kompressen enthalten, sodass noch 376 Verbandpäckchen, 248 Heftpflaster und 586 Kompressen übrig sind.
   (I) $3k + 6m + 12e = 376$
   (II) $3k + 3m + 6e = 248$
   (III) $6k + 9m + 12e = 586$ $k = 40$; $m = 30$; $e = \frac{19}{3} \approx 6{,}3$
   Es ergeben sich 40 kleine Sets, 30 mittlere Sets, 3 große Sets und 6 Extra-Sets.

4.2 Matrizen

$$\begin{pmatrix} 3 & 6 & 12 \\ 3 & 3 & 6 \\ 6 & 9 & 12 \end{pmatrix} \cdot \begin{pmatrix} 40 \\ 30 \\ 6 \end{pmatrix} = \begin{pmatrix} 396 \\ 258 \\ 582 \end{pmatrix} \quad \begin{pmatrix} 372 \\ 246 \\ 582 \end{pmatrix} + \begin{pmatrix} 24 \\ 12 \\ 24 \end{pmatrix} = \begin{pmatrix} 396 \\ 258 \\ 606 \end{pmatrix}$$

Verpackt werden 396 Verbandpäckchen, 258 Heftpflaster und 606 Kompressen. Dies sind genauso viele wie bei a). Da aber noch 3 Verbandtücher verpackt werden, werden hier mehr Materialien verpackt.

d) $\begin{pmatrix} 1{,}10 & 3{,}95 & 0{,}29 & 3{,}39 \end{pmatrix} \cdot \begin{pmatrix} 396 \\ 258 \\ 606 \\ 3 \end{pmatrix} = 1640{,}61$

Der Gesamtpreis der bei c) gepackten Sets beträgt 1640,61 €.

19. a)

$$M = \begin{pmatrix} 0{,}8 & 0 & 0{,}2 & 0 \\ 0{,}1 & 0{,}5 & 0{,}4 & 0 \\ 0{,}05 & 0{,}05 & 0{,}5 & 0{,}4 \\ 0{,}1 & 0 & 0{,}2 & 0{,}7 \end{pmatrix}$$

b) mit $\vec{b} = (12{,}17 \quad 0{,}45 \quad 5{,}68 \quad 6{,}4)$ ergibt sich
$\vec{b} \cdot M = (10{,}705 \quad 0{,}509 \quad 6{,}734 \quad 6{,}752)$
$\vec{b} \cdot M^2 = (9{,}6268 \quad 0{,}5912 \quad 7{,}062 \quad 7{,}42)$
$\vec{b} \cdot M^4 = (8{,}31012 \quad 0{,}683192 \quad 7{,}22279 \quad 8{,}4839)$

c) $\vec{b} \cdot M^{-1} = (14 \quad 0{,}7 \quad 2 \quad 8)$

Alle Prognosen unterstellen ein konstantes Wechselverhalten.

Test zu 4.2

1. a) A ist eine (4×3)-Matrix
$a_{1,2} = 4$, $a_{2,1} = 8$, $a_{4,3} = 10$

b) $A + B = \begin{pmatrix} 2 & -1 & -6 \\ 6 & 0 & 6 \\ 20 & 13 & -3 \\ 4 & -1 & -8 \end{pmatrix} \quad A - B = \begin{pmatrix} 2 & 9 & -8 \\ 10 & 0 & 0 \\ 4 & -11 & -5 \\ -4 & 11 & 28 \end{pmatrix}$

$3A = \begin{pmatrix} 6 & 12 & -21 \\ 24 & 0 & 9 \\ 36 & 3 & -12 \\ 0 & 15 & 30 \end{pmatrix} \quad 3A - \tfrac{1}{2}B = \begin{pmatrix} 6 & 14{,}5 & -21{,}5 \\ 25 & 0 & 7{,}5 \\ 32 & -3 & -12{,}5 \\ -2 & 18 & 39 \end{pmatrix}$

2. $E = \begin{pmatrix} 1 & 0 & 0 & 0 \\ 0 & 1 & 0 & 0 \\ 0 & 0 & 1 & 0 \\ 0 & 0 & 0 & 1 \end{pmatrix}$

3. $A \cdot B = \begin{pmatrix} 3 & -7 & 12 \\ 16 & 16 & 34 \\ -9 & -1 & -30 \end{pmatrix}$ $B \cdot A = \begin{pmatrix} 10 & 26 & 2 \\ 5 & -33 & 26 \\ 0 & -18 & 12 \end{pmatrix}$ $\Rightarrow$ **$AB \neq BA$**

4. $A^{-1} = \frac{1}{51} \begin{pmatrix} -22 & 3 & -2 \\ 7 & 6 & -4 \\ 19 & 9 & 11 \end{pmatrix}$

$B^{-1} = \frac{1}{10} \begin{pmatrix} 2 & -8 & 17 \\ 2 & 2 & -3 \\ -1 & 4 & -6 \end{pmatrix}$

5. $r \cdot \begin{pmatrix} 0 \\ 3 \\ 6 \end{pmatrix} + s \cdot \begin{pmatrix} -2 \\ 7 \\ 4 \end{pmatrix} + t \cdot \begin{pmatrix} 6 \\ 18 \\ 20 \end{pmatrix} = \begin{pmatrix} 0 \\ 0 \\ 0 \end{pmatrix}$ $\Leftrightarrow$ $\begin{matrix} -2s + 6t = 0 \\ 3r + 7s + 18t = 0 \\ 6r + 4s + 20t = 0 \end{matrix}$ $\rightarrow r = s = t = 0$

Die drei Variablen sind linear unabhängig.

$r \cdot \begin{pmatrix} 0 \\ 3 \\ 6 \end{pmatrix} + s \cdot \begin{pmatrix} -2 \\ 7 \\ 4 \end{pmatrix} + t \cdot \begin{pmatrix} 4 \\ 1 \\ 22 \end{pmatrix} = \begin{pmatrix} 0 \\ 0 \\ 0 \end{pmatrix}$ $\Leftrightarrow$ $\begin{matrix} -2s + 4t = 0 \\ 3r + 7s + t = 0 \\ 6r + 4s + 22t = 0 \end{matrix}$ $\rightarrow$ unendlich viele Lösungen

Die drei Vektoren sind linear abhängig.

6. *Hinweis:* Fehler im 1. Druck der 1. Auflage! Es muss heißen: „Aktuell bevorzugen 52,8 % der Gäste Brasilica-Bohnen und 47,2 % Arabica-Bohnen."

$M = \begin{pmatrix} 0{,}6 & 0{,}4 \\ 0 & 1 \end{pmatrix}$

a)

von nach	B	A
B	60 %	40 %
A	0 %	100 %

Die Aussage des Betreibers bezieht sich auf die zweite Zeile der Übergangsmatrix: Von den Arabica-Trinkern wechselt keiner zur Sorte Brasilica, 100 % bleiben der Kaffeesorte treu. Dies kann als „hoher Suchtfaktor" gedeutet werden.

b) $\vec{b} = (0{,}528 \quad 0{,}472)$
$\vec{b_1} = \vec{b} \cdot M = (0{,}3168 \quad 0{,}6832)$
$\vec{b_2} = \vec{b} \cdot M^2 = (0{,}19008 \quad 0{,}80992)$
$\vec{b_{14}} = \vec{b} \cdot M^{14} = (0{,}000414 \quad 0{,}999586)$

c) $\vec{b_0} = \vec{b} \cdot M^{-1} = (0{,}88 \quad 0{,}12)$

7. a) $RZ = \begin{pmatrix} 1 & 1 & 1 \\ 1 & 2 & 4 \end{pmatrix}$ $ZE = \begin{pmatrix} 2 & 0 \\ 2 & 4 \\ 0 & 2 \end{pmatrix}$ **b)** $RZ \cdot ZE = RE = \begin{pmatrix} 4 & 6 \\ 6 & 16 \end{pmatrix}$ **c)** $RE \cdot \begin{pmatrix} 300 \\ 500 \end{pmatrix} = \begin{pmatrix} 4200 \\ 9800 \end{pmatrix}$

5 Stochastik

5.1 Grundlagen der Wahrscheinlichkeitsrechnung

5.1.1 Elementare Begriffe

1. **a)** Zufallsexperiment
   b) in der Regel kein Zufallsexperiment
   c) Zufallsexperiment
   d) in der Regel kein Zufallsexperiment
   e) kein Zufallsexperiment

   212

2. Z: Zitrone   H: Himbeere   K: Kirsche   E: Erdbeere
   $\Omega = \{ZZ; ZH; ZK; ZE; HH; HK; HE; KK; KE; EE\}$

3. Ergebnisraum, wenn jede Ziffer nur einmal verwendet werden kann:
   $\Omega = \{13;\ 15;\ 31;\ 35;\ 51;\ 53\}$
   Ergebnisraum, wenn jede Ziffer mehrfach verwendet werden kann:
   $\Omega = \{11;\ 13;\ 15;\ 31;\ 33;\ 35;\ 51;\ 53;\ 55\}$

4. **a)** $\Omega = \{(1;\,1);\ (1;\,2);\ (1;\,3);\ (1;\,4);\ (1;\,5);\ (1;\,6);\ (2;\,1);\ (2;\,2);\ \ldots;\ (6;\,5);\ (6;\,6)\}$
   b) $E = \{(1;\,1);\ (1;\,2);\ (1;\,3);\ (1;\,4);\ (2;\,1);\ (2;\,2);\ (2;\,3);\ (3;\,1);\ (3;\,2);\ (4;\,1)\}$
   c) z.B. E: „Die Summe der Augenzahlen beträgt 1."
   d) z.B. E: „Die Summe der Augenzahlen beträgt mindestens 2."

5. **a)** $E = \{(1;\,1);\ (1;\,2);\ (1;\,3);\ (2;\,1);\ (2;\,2);\ (3;\,1)\}$
   b) $E = \{(6;\,6)\}$
   c) $E = \{(2;\,6);\ (3;\,4);\ (4;\,3);\ (6;\,2)\}$

6. **a)** $\overline{E} = \{1;\ 4;\ 6\}$ **d)** $\overline{E} = \{1;\ 2;\ 4;\ 5;\ 7;\ 8;\ 10;\ 11\}$
   b) $\overline{E} = \{1;\ 3;\ 5\}$ **e)** $\overline{E} = \{5;\ 10;\ 15;\ 20\}$
   c) $\overline{E} = \{2;\ 4;\ 6;\ 8\}$

7. **a)** $A \cap B$ **b)** $A \cup B$ **c)** $\overline{A} = \Omega \setminus A$ **d)** $\overline{A} \cap \overline{B} = \Omega \setminus (A \cup B)$

8. **a)** $A \cap B$ **b)** $A \cup B$ **c)** $\overline{A} = \Omega \setminus A$ **d)** $A \cap \overline{B}$

9. **a) – d)** Individuelle Lösungen. Da der Ausgang jeweils vom Zufall abhängig und nicht vorhersagbar ist, handelt es sich um Zufallsexperimente.

10. **a)** $E_1 = \{3\}$ $E_3 = \{\ \}$ $E_5 = \Omega$
    $E_2 = \{3;\ 5\}$ $E_4 = \{0;\ 1;\ 3;\ 5;\ 7;\ 9;\ 11;\ 13;\ 15\}$

    b) Individuelle Lösungen

5.1.2 Der Begriff der Wahrscheinlichkeit

215

1. **a)** $P(E_1) = \frac{1}{8}$; $P(E_2) = \frac{4}{8}$; $P(E_3) = \frac{2}{8}$; $P(E_4) = \frac{6}{8}$
   b) Es gilt: $\overline{E_3} = E_4$, somit ist $|\Omega| = |E_3| + |E_4|$, also ist $P(\Omega) = \frac{6+2}{8} = 1$.

2. **a)** Anzahl der Buchstaben: 10; $P(\text{t}) = \frac{2}{10} = \frac{1}{5}$
   b) $P(E) = 0$
   c) $P(\text{Vokal}) = \frac{4}{10} = \frac{2}{5}$

3. $\Omega = \{(1; 1); (1; 2); \ldots; (1; 6); (2; 1); \ldots; (6; 6)\}$; $|\Omega| = 36$; $P(E) = \frac{13}{36}$

4. **a)** $P(E) = 40\% = 0{,}4$ **b)** $P(E) = 3\% + 1\% = 4\% = 0{,}04$

5. **a)** Laplace-Experimente mit $P(E) = \frac{1}{10^8}$, da jede Ziffer an jeder Stelle mit der Wahrscheinlichkeit $\frac{1}{10}$ auftreten kann.
   b) Kein Laplace-Experiment, da nicht bekannt ist, ob die Nieten oder Gewinne gleich wahrscheinlich eintreten.
   c) Kein Laplace-Experiment, da die Wahrscheinlichkeiten, einen der 5 Ringe zu treffen, unterschiedlich groß sind.
   d) Kein Laplace-Experiment, da der Eisverkäufer die Sorten vermutlich nicht „zufällig" auswählt, sondern beispielsweise die Sorten mit dem größten Vorrat bevorzugt verkauft. Aber selbst wenn der Verkäufer die Sorten gleichverteilt aussucht, dann liegt ebenfalls kein Laplace-Experiment vor, da ein Eisbecher mit zwei verschiedenen Sorten wahrscheinlicher ist als ein Eisbecher mit zwei Kugeln der gleichen Sorte.

6. **a)** $P(E) = \frac{30\,787}{76\,005} \approx 0{,}405$ **c)** $P(E) = \frac{19\,387 + 52\,006}{146\,780} \approx 0{,}486$
   b) $P(E) = \frac{9385}{70\,775} \approx 0{,}133$

7. **a) – d)** Individuelle Lösungen. Erklärung: Die relative Häufigkeit basiert auf 5/25/100/1000 Wiederholungen. Je mehr Wiederholungen durchgeführt werden, desto besser nähern sich die relativen Häufigkeiten der statistischen Wahrscheinlichkeit an (empirisches Gesetz der großen Zahlen).

8. **a)** $P(E) = \frac{351\,964}{677\,947} \approx 0{,}519$ **c)** $P(E) = \frac{677\,947 - 48\,563}{677\,947} \approx 0{,}928$
   b) $P(E) = \frac{109\,009}{677\,947} \approx 0{,}161$ **d)** $P(E) = \frac{48\,563 + 168\,411}{677\,947} \approx 0{,}320$

5.1 Grundlagen der Wahrscheinlichkeitsrechnung

5.1.3 Rechnen mit Wahrscheinlichkeiten

1. a) 2008: $P(E) = \frac{218\,887}{682\,514} \approx 0{,}321$ 2009: $P(E) = \frac{217\,758}{665\,126} \approx 0{,}327$

2010: $P(E) = \frac{225\,472}{677\,947} \approx 0{,}333$

b) 2008: $P(E) = \frac{33\,882}{682\,514} \approx 0{,}0496$ 2009: $P(E) = \frac{32\,711}{665\,126} \approx 0{,}0492$

2010: $P(E) = \frac{33\,484}{677\,947} \approx 0{,}0494$

c) 2008: $P(E) \approx 1 - 0{,}321 = 0{,}679$ 2009: $P(E) \approx 1 - 0{,}327 = 0{,}773$

2010: $P(E) \approx 1 - 0{,}333 = 0{,}667$

d) 2008: $P(E) \approx 1 - 0{,}0496 = 0{,}9504$ 2009: $P(E) \approx 1 - 0{,}0492 = 0{,}9508$

2010: $P(E) \approx 1 - 0{,}0494 = 0{,}9506$

e) Die Ergebnisse bei **d)** geben die Wahrscheinlichkeiten an, dass ein Neugeborenes nur die deutsche Staatsangehörigkeit hat. Sollen auch Neugeborene mit einer weiteren Staatsangehörigkeit berücksichtigt werden, muss die Wahrscheinlichkeit hierfür addiert werden.

2008: $P(E) \approx 0{,}9504 + \frac{2348}{682\,514} \approx 0{,}9538$ Das Ergebnis erhöht sich dadurch leicht.

2. $P(E_1) = \frac{2}{4} = \frac{1}{2} = 0{,}5$ $P(E_2) = \frac{2}{4} = \frac{1}{2} = 0{,}5$ $P(E_3) = \frac{1}{4} = 0{,}25$

$P(E_4) = \frac{0}{4} = 0$ $P(E_5) = \frac{3}{4} = 0{,}75$ $P(E_6) = \frac{3}{4}$

3. $\Omega = \{(1;1); (1;2); (1,3); (1;4); (1;5); (1;6); (2;1); (2;2); \ldots (6;6)\}$ $|\Omega| = 36$

$E_1 = \{(6;6)\}; P(E_1) = \frac{1}{36}$

$E_2 = \{(2;5); (5;2)\}; P(E_2) = \frac{1}{18}$

$\overline{E_3} = \{(1;1); (2;2); (3;3); (4;4); (5;5); (6;6)\};$ $P(\overline{E_3}) = \frac{1}{6} \to (P(E_3) = 1 - P(\overline{E_3}) = \frac{5}{6}$

$\overline{E_4} = \{(1;3); (2;3); (3;1); (3;4); (3;5); (3;6); (4;3); (5;3); (6;3)\};$

$P(\overline{E_4}) = \frac{11}{36} \to P(E_4) = 1 - P(\overline{E_4}) = \frac{25}{36}$

$E_5 = \overline{E_3} \cap E_4 = \{(1;1); (2;2); (4;4); (5;5); (6;6)\};$ $P(E_5) = \frac{5}{36}$

$E_6 = \overline{E_3} \cup E_4 \to P(E_6) = P(E_4 \cup \overline{E_3}) = P(E_4) + P(\overline{E_3}) - P(E_4 \cap \overline{E_3}) = \frac{1}{6} + \frac{25}{36} - \frac{5}{36} = \frac{13}{18}$

4. a) $P(E_1) = \frac{1}{16}$ $P(E_2) = \frac{2}{16}$ $P(E_3) = 0$ $P(E_4) = \frac{8}{16}$ $P(E_5) = 1$

b) Individuelle Lösungen

5.1.4 Mehrstufige Zufallsexperimente

1. $P(E_1) = \frac{1}{2} \cdot \frac{1}{2} \cdot \frac{1}{2} = \frac{1}{8} = 0{,}125$ $P(E_2) = 1 - P(E_1) = 1 - \frac{1}{8} = \frac{7}{8} = 0{,}875$ $P(E_3) = 0$

Die Wahrscheinlichkeiten $P(E_4)$ und $P(E_5)$ können mit einem dreistufigen Baumdiagramm mit $4^3 = 64$ Pfaden ermittelt werden.

$P(E_4) = \frac{6}{64} = \frac{3}{32} \approx 0{,}094$ $P(E_5) = \frac{49}{64} \approx 0{,}766$

$P(E_6) = \frac{1}{8}$ $P(E_7) = \frac{27}{64}$

2. a) $P(E) = P(\{(\text{schwarz; weiß})\}) + P(\{(\text{weiß; schwarz})\}) = \frac{4}{6} \cdot \frac{2}{6} + \frac{2}{6} \cdot \frac{4}{6} = \frac{4}{9} \approx 0{,}444$

b) $P(E) = 1 - P(\{(\text{weiß; weiß})\}) = 1 - \frac{2}{6} \cdot \frac{2}{6} = \frac{8}{9} \approx 0{,}889$

c) $P(E) = \frac{4}{9}$

3. a) $P(E) = \frac{6}{11} \approx 0{,}545$

b) $P(E) = P(\{\text{rot; schwarz}\}) + P(\{(\text{schwarz; schwarz})\}) = \frac{5}{11} \cdot \frac{6}{10} + \frac{6}{11} \cdot \frac{5}{10} = \frac{6}{11} \approx 0{,}545$

4. a) $P(E) = 0{,}95 \cdot 0{,}9 \cdot 0{,}8 = 0{,}684$
b) $P(E) = 1 - P(\text{„Kein Kopierer funktioniert."}) = 1 - 0{,}05 \cdot 0{,}1 \cdot 0{,}2 = 0{,}999$
c) $P(E) = 0{,}95 \cdot 0{,}9 \cdot 0{,}2 + 0{,}95 \cdot 0{,}1 \cdot 0{,}8 + 0{,}05 \cdot 0{,}9 \cdot 0{,}8 = 0{,}283$

5. a) Die Wahrscheinlichkeit, dass ein Spieler den nächsten (gewerteten) Spieldurchgang gewinnt, ist für beide Spieler 0,5.
M: Der erste Spieler gewinnt das nächste Spiel. T: Der zweite Spieler gewinnt das nächste Spiel.

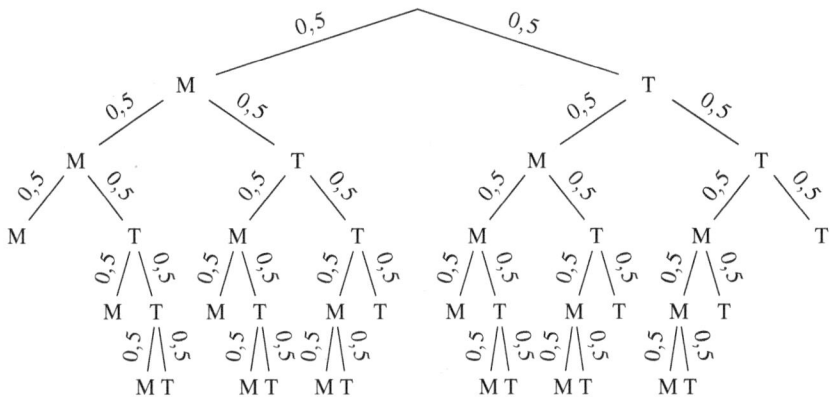

b) $P(E) = P(\text{„MM"}) + P(\text{„MTM"}) + P(\text{„MTTM"}) + P(\text{„TMM"}) + P(\text{„TMTM"}) + P(\text{„TTMM"})$
$= 0{,}5^2 + 0{,}5^3 + 0{,}5^4 + 0{,}5^3 + 0{,}5^4 + 0{,}5^4 = 0{,}6875$

6.

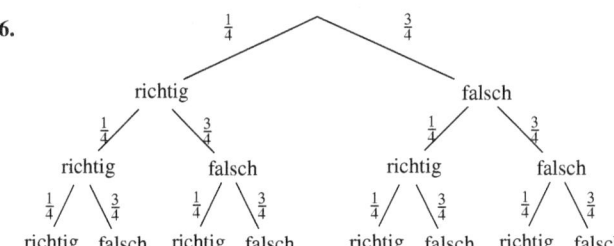

$P(\text{fehlerlos}) = \frac{1}{4} \cdot \frac{1}{4} \cdot \frac{1}{4} = \frac{1}{64} = 0{,}015625$

7. a) z.B.: Eine Urne enthält 3 rote und 2 blaue Kugeln. Es werden zwei Kugeln mit Zurücklegen gezogen.
Wahrscheinlichkeiten von oben nach unten: $\frac{9}{25}$; $\frac{6}{25}$; $\frac{6}{25}$; $\frac{4}{25}$
b) z.B.: Eine Urne enthält 2 blaue und 6 grüne Kugeln. Es werden zwei Kugeln ohne Zurücklegen gezogen.
Wahrscheinlichkeiten von oben nach unten: 0; $\frac{1}{28}$; $\frac{1}{28}$; $\frac{5}{28}$; $\frac{1}{28}$; $\frac{5}{28}$; $\frac{5}{28}$; $\frac{5}{14}$

5.1 Grundlagen der Wahrscheinlichkeitsrechnung

8. a) Individuelle Lösungen
   b) Vorteile: zufallsbasiert, bekannte Wahrscheinlichkeiten beim mehrstufigen Zufallsexperiment;
   Nachteile: Die Zahl 1 (Januar) hat die Wahrscheinlichkeit 0; die Wahrscheinlichkeiten der Monate sind unterschiedlich groß.
   c) Beide Verfahren sind im Groben geeignet, die Auslosung zu simulieren. Die Variante a) ist aufgrund der o. g. Nachteile von b) zu bevorzugen. Um die Realität genauer zu simulieren, müssten Daten über die Häufigkeiten von Geburten in den einzelnen Monaten herangezogen werden. Diese könnten in die Simulation mit Zufallszahlen integriert werden.

Übungen zu 5.1

1. a) $P(\text{ungerade}) = \frac{6}{12}$ **b)** $P(\text{Pasch}) = \frac{12}{144}$ **c)** $P(\text{Summe } 15) = \frac{10}{144}$

2. a) $P(\text{mindestens eine } 6) = 1 - P(\text{keine } 6) = 1 - \left(\frac{5}{6}\right)^3 \approx 0{,}421$
   b) $P(\text{genau eine } 1) = 3 \cdot \left(\frac{1}{6} \cdot \frac{5}{6} \cdot \frac{5}{6}\right) = \frac{75}{216} \approx 0{,}347$

3. 🔒 **Geschlossene Variante**
   a) Dreimaliger Würfelwurf;
   Klara gewinnt, wenn mindestens eine Sechs fällt;
   Alex gewinnt, wenn Klara verliert, also wenn keine Sechs fällt.
   b)

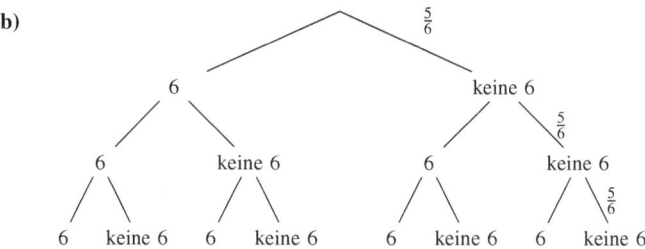

   c) $P(E_1) = \frac{5}{6} \cdot \frac{5}{6} \cdot \frac{5}{6} = \frac{125}{216} \approx 0{,}579$ (erste Pfadregel)
   $P(E_2) = 1 - P(E_1) = 1 - \frac{125}{216} = \frac{91}{216} \approx 0{,}421$
   d) Individuelle Lösungen

4. Individuelle Lösungen

5. Es gibt sechs verschiedene Möglichkeiten, die Augensumme 11 mit 3 Würfeln zu erreichen:
$6+4+1$, $6+3+2$, $5+5+1$, $5+4+2$, $5+3+3$ und $4+4+3$.
Es gibt sechs verschiedene Möglichkeiten, die Augensumme 12 mit 3 Würfeln zu erreichen:
$6+5+1$, $6+4+2$, $6+3+3$, $5+5+2$, $5+4+3$ und $4+4+4$.
Die Möglichkeiten treten aber mit unterschiedlichen Wahrscheinlichkeiten auf (die Reihenfolge der Würfel muss berücksichtigt werden). Die Zerlegung $5+5+1$ kann auf 3 Arten entstehen (jeder der 3 Würfel kann die 1 zeigen). Die Zerlegung $6+3+2$ kann aber auf $3 \cdot 2 = 6$ Arten entstehen. Dies führt – in Summe – zu unterschiedlichen Wahrscheinlichkeiten für die Augensummen 11 und 12.

6. a) $P(E) = \frac{14}{101}$

b) Da 7 eine Primzahl ist, genügt es, die beiden Teilereignisse E_1: „genau einer der beiden Faktoren ist durch 7 teilbar" und E_2: „beide Faktoren sind durch 7 teilbar" zu betrachten und ihre Wahrscheinlichkeiten zu addieren:
$P(E) = P(E_1) + P(E_2) = 2 \cdot \frac{14}{101} \cdot \frac{87}{101} + \frac{14}{101} \cdot \frac{14}{101} = 0,26$

7. a) $P(\text{Summe} > 5) = 1 - P(\text{Summe} \leq 4) = 1 - P(\text{keine 3}) = 1 - \frac{7}{216} \approx 0,968$

b) $P(\text{Summe genau 6}) = 6 \cdot \left(\frac{3}{6} \cdot \frac{2}{6} \cdot \frac{1}{6}\right) + \left(\frac{2}{6}\right)^3 = \frac{36}{216} + \frac{8}{216} = \frac{44}{216} \approx 0,204$

c) $P(\text{alle gleich}) = \left(\frac{3}{6}\right)^3 + \left(\frac{2}{6}\right)^3 + \left(\frac{1}{6}\right)^3 = \frac{36}{216} \approx 0,167$

d) $P(\text{alle verschieden}) = 6 \cdot \left(\frac{3}{6} \cdot \frac{2}{6} \cdot \frac{1}{6}\right) = \frac{36}{216} \approx 0,167$

8. a) – d) Individuelle Lösungen

9. Individuelle Lösungen

Test zu 5.1

1. $P(E) = P(\{3; 4; 5; 6\}) = \frac{4}{6} = \frac{2}{3}$; $P(\overline{E}) = P(\{1; 2\}) = \frac{2}{6} = \frac{1}{3}$

2. a) $P(E_1) = \frac{2}{6} = \frac{1}{3}$ **c)** $P(E_3) = \frac{2}{6} = \frac{1}{3}$ **e)** $P(E_1 \cap E_3) = \frac{0}{6} = 0$ **g)** $P(\overline{E_1}) = \frac{2}{3}$
b) $P(E_2) = \frac{3}{6} = \frac{1}{2}$ **d)** $P(E_2 \cup E_3) = \frac{4}{6} = \frac{2}{3}$ **f)** $P(E_1 \cup E_2) = \frac{5}{6}$

3. a) A: Es regnet am Montag. B: Es regnet am Dienstag. C: Es regnet am Mittwoch.

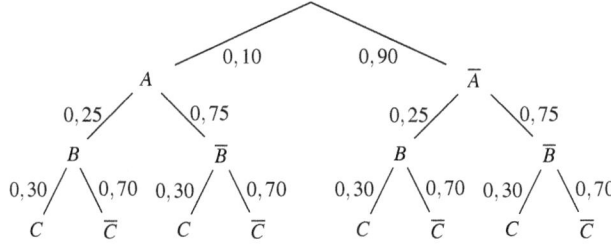

b) $|\Omega| = 8$

c) $E = \{(A; \overline{B}; \overline{C}); (\overline{A}; B; \overline{C}); (\overline{A}; \overline{B}; C); (\overline{A}; \overline{B}; \overline{C})\}$
$P(E) = 0,1 \cdot 0,75 \cdot 0,7 + 0,9 \cdot 0,25 \cdot 0,7 + 0,9 \cdot 0,75 \cdot 0,3 + 0,9 \cdot 0,75 \cdot 0,7$
$= 0,0525 + 0,1575 + 0,2025 + 0,4725 = 0,885$

d) $\overline{E}$ ist das Ereignis, dass es an mindestens zwei von drei Tagen regnet.
$P(\overline{E}) = 1 - P(E) = 0,115$

4. a) $P(\text{„Es wird mindestens ein Fehler festgestellt."}) = 1 - P(\text{„Es wird kein Fehler festgestellt."})$
$= 1 - 0,95 \cdot 0,9 \cdot 0,9 = 1 - 0,7695 = 0,2305$

b) Es ist sinnvoll, einen USB-Stick nicht in den Verkauf zu geben, wenn er bei mehr als einer Prüfung durchfällt. Wenn auch nur einer der drei Fehler auftritt, dann ist das schon ärgerlich genug.
Ein alternatives Verfahren könnte so aussehen, dass man einen USB-Stick immer dann aussortiert, wenn er die Funktionsprüfung nicht besteht. Bei den anderen beiden Fehlern wird eine Kundenreklamation nämlich vermutlich deutlich unwahrscheinlicher sein. Die Wahrscheinlichkeit, dass ein USB-Stick nicht zum Verkauf zugelassen wird, liegt bei diesem Verfahren bei genau 5 %.

5. a) $P(\text{alle grün}) = \left(\frac{8}{10}\right)^5 = 0{,}32768$

b) $P(\text{mindestens eine rot}) = 1 - P(\text{keine rot}) = 1 - \left(\frac{8}{10} \cdot \frac{6}{10}\right) = 0{,}52$

6.

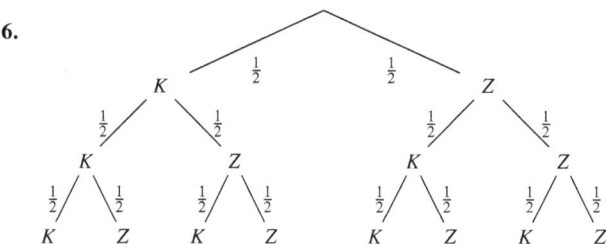

Elementarereignisse: $\{(K; K; K)\}$; $\{(K; K; Z)\}$; $\{(K; Z; K)\}$; $\{(Z; K; K)\}$; $\{(K; Z; Z)\}$; $\{(Z; K; Z)\}$; $\{(Z; Z; K)\}$; $\{(Z; Z; Z)\}$

Nur Kopf: $\{(K; K; K)\}$

Nur Zahl: $\{(Z; Z; Z)\}$

Mindestens einmal Kopf: $\{(K; K; K); (K; K; Z); (K; Z; K); (Z; K; K); (K; Z; Z); (Z; K; Z); (Z; Z; K)\}$

5.2 Zählstrategien

5.2.1 Produktregel

226

1. $3 \cdot 5 \cdot 4 = 60$

2. $4 \cdot 3 \cdot 2 = 24$

3. $5 \cdot 3 \cdot 4 = 60$

5.2.2 Variationen – Geordnete Stichproben

229

1. a) $9 \cdot 9 \cdot 9 \cdot 9 \cdot 9 = 9^5 = 59049$ ▶ Variation mit Wiederholung
   b) $9 \cdot 8 \cdot 7 \cdot 6 \cdot 5 = 15210$ ▶ Variation ohne Wiederholung

2. a) $9 \cdot 10^2 = 900$ ▶ Variation mit Wiederholung
   b) $9 \cdot 9 \cdot 8 = 648$ ▶ Variation ohne Wiederholung

3. $9 \cdot 10^3 = 9000$ ▶ Variation mit Wiederholung

4. $4! = 24$ ▶ Permutation

5. $26 \cdot 26 \cdot 10^4 = 6760000$

6. $6^3 = 216$

7. $\frac{14!}{(14-3)!} = 2184$ ▶ Variation ohne Wiederholung

8. $5^3 = 125$

9. $\frac{24!}{(24-8)!}$ ▶ Variation ohne Wiederholung

10. $8 \cdot 7 = 56$ ▶ Variation ohne Wiederholung

11. $8 \cdot 7 \cdot 6 = 336$ ▶ Variation ohne Wiederholung

12. $15 \cdot 14 \cdot 13 = 2730$ ▶ Variation ohne Wiederholung

5.2.3 Kombinationen – Ungeordnete Stichproben

232

1. $\binom{18}{5} = 8568$

2. $\binom{10}{5} = 252$

3. $\binom{24}{3} = 2024$

5.2 Zählstrategien

4. $\binom{10}{6} = 210$

5. $\binom{7}{2} = 21$

6. $\binom{12}{4} = 495$

7. $\binom{32}{8} = 35\,960$

8. $\binom{23}{5} = 33\,649$

9. $\binom{10}{4} = 210$

10. $\binom{32}{4} = 35\,960$

11. $\binom{9}{2} \cdot \binom{7}{3} \cdot \binom{4}{4} \cdot 3! = 7560$

12. $\binom{5}{1} \cdot \binom{4}{2} + \binom{5}{2} \cdot \binom{4}{1} = 70$

5.2.4 Ermittlung von Wahrscheinlichkeiten

1. a) $\dfrac{\binom{2}{1}\cdot\binom{3}{1}}{\binom{10}{2}} = \dfrac{2}{15}$ c) $\dfrac{\binom{2}{2}}{\binom{10}{2}} = \dfrac{1}{45}$

   b) $\dfrac{\binom{5}{1}\cdot\binom{2}{1}}{\binom{10}{2}} = \dfrac{2}{9}$ d) $\dfrac{\binom{2}{2}+\binom{5}{2}+\binom{3}{2}}{\binom{10}{2}} = \dfrac{14}{45}$

2. a) $\dfrac{\binom{4}{3}\cdot\binom{28}{7}}{\binom{32}{10}} \approx 0{,}0734$ b) $\dfrac{\binom{4}{2}\cdot\binom{28}{8}}{\binom{32}{10}} \approx 0{,}2891$

   c) $\dfrac{\binom{4}{1}\cdot\binom{4}{3}\cdot\binom{24}{6}}{\binom{32}{10}} + \dfrac{\binom{4}{2}\cdot\binom{4}{3}\cdot\binom{24}{5}}{\binom{32}{10}} + \dfrac{\binom{4}{3}\cdot\binom{4}{3}\cdot\binom{24}{4}}{\binom{32}{10}} + \dfrac{\binom{4}{4}\cdot\binom{4}{3}\cdot\binom{24}{3}}{\binom{32}{10}} = \dfrac{3036}{58\,435} \approx 0{,}0519$

3. a) $\dfrac{2\cdot 2}{4!} = \dfrac{1}{6}$ b) $\dfrac{2\cdot 3!}{24} = 0{,}5$ c) $\dfrac{6\cdot 2}{24} = 0{,}5$

234

4. a) $\frac{1}{2^6} = 0{,}0156$ b) $\frac{\binom{6}{2}}{2^6} = 0{,}234$

5. $\frac{\binom{12}{6} \cdot \binom{18}{4}}{\binom{30}{10}} = 0{,}0941$

6. a) $\binom{15}{3} \cdot \binom{12}{3} \cdot \binom{9}{3} \cdot \binom{6}{3} \cdot \binom{3}{3} = 168\,168\,000$

   b) $\frac{1}{\binom{15}{3}} = 0{,}0022$

7. a) $E_1: \frac{\binom{4}{1} \cdot \binom{4}{1}}{7^2} = \frac{16}{49}$ $E_2: \frac{9}{49}$ $E_3: \frac{24}{49}$

   b) $E_1: \frac{12}{42} = \frac{2}{7}$ $E_2: \frac{6}{42} = \frac{1}{7}$ $E_3: \frac{24}{42} = \frac{12}{21}$

8. a) $\frac{4! \cdot (4! \cdot 5! \cdot 3! \cdot 6!)}{18!} = \frac{1}{21\,441\,420}$

   b) $\frac{3! \cdot (4! \cdot 5! \cdot 3! \cdot 6!)}{18!} = \frac{1}{85\,765\,680}$

   c) 1

   d) $\frac{9! \cdot 9! \cdot 2!}{18!} = \frac{1}{24\,310}$

9. a) $\frac{\binom{6}{2} \cdot \binom{8}{1}}{\binom{14}{3}} = 0{,}3297$

   b) $\frac{\binom{6}{3} + \binom{5}{3} + \binom{3}{3}}{\binom{14}{3}} = 0{,}0852$

   c) $\frac{\binom{6}{1} \cdot \binom{5}{1} \cdot \binom{3}{1}}{\binom{14}{3}} = 0{,}2473$

Übungen zu 5.2

235

1. $5 \cdot 8 \cdot 6 \cdot 7 = 1\,680$ ▶ Produktregel

2. $6! = 720$ ▶ Permutation ohne Wiederholung

3. $\binom{9}{4} = \frac{9!}{4! \cdot 5!} = 126$ ▶ Kombination ohne Wiederholung

4. Hinrunde: $\binom{18}{2} = \frac{18!}{16! \cdot 2!} = 153$ Spiele;   Rückrunde: 153 Spiele   ▶ Kombination ohne Wiederholung
   $\Rightarrow$ 306 Spiele werden angesetzt.

5. a) $P(\text{zwei Schrauben länger}) = \frac{\binom{2}{2} \cdot \binom{18}{3}}{\binom{20}{5}} = \frac{1 \cdot 816}{15\,504} \approx 0{,}0526315$

5.2 Zählstrategien

b) $P(\text{keine Schraube länger}) = \frac{\binom{2}{0} \cdot \binom{18}{5}}{\binom{20}{5}} = \frac{1 \cdot 8568}{15504} \approx 0,5526315$

c) $P(\text{genau eine Schraube länger}) = \frac{\binom{2}{1} \cdot \binom{18}{4}}{\binom{20}{5}} = \frac{2 \cdot 3060}{15504} \approx 0,3947368$

6. $9! = 362880$

7. a) $9^7 = 4782969$ **b)** 9 **c)** $9 \cdot 8 \cdot 7 \cdot 6 \cdot 5 \cdot 4 \cdot 3 = 181440$

8. a) genau ein Hauptgewinn $\quad \frac{\binom{10}{1} \cdot \binom{40}{4}}{\binom{50}{50}} = 0,43133 \quad (43,13\,\%)$

b) genau fünf Hauptgewinne $\quad \frac{10}{50} \cdot \frac{9}{49} \cdot \frac{8}{48} \cdot \frac{7}{47} \cdot \frac{6}{46} = 0,000118$

c) kein Hauptgewinn $\quad \frac{\binom{10}{0} \cdot \binom{40}{5}}{\binom{50}{5}} = 0,31056 \quad (31,06\,\%)$

9. $\binom{5}{3} = 10$

10. $\binom{12}{4} = 495$

11. $\binom{18}{4} = 3060$

12. $2 \cdot 5! \cdot 3! = 1440$

13. Julian teilt die Anzahl der für den geforderten Ausgang günstigen Fälle („genau 3 Richtige") durch die Anzahl aller möglichen Ausgänge.

$\binom{6}{3}$ ist die Anzahl der Möglichkeiten, von den 6 Gewinnzahlen genau 3 zu ziehen.

$\binom{43}{3}$ ist die Anzahl der Möglichkeiten, von den 43 Verliererzahlen genau 3 zu ziehen.

$\binom{49}{6}$ ist die Anzahl aller möglichen Tipps.

14. a) $P(\text{genau 3-mal zweite Wahl}) = \frac{\binom{10}{3} \cdot \binom{90}{2}}{\binom{100}{5}} = \frac{10!}{3! \cdot 7!} \cdot \frac{90!}{2! \cdot 88!} \cdot \frac{5! \cdot 95!}{100!} \approx 0,00638$

b) $P(\text{höchstens 4-mal zweite Wahl}) = 1 - P(\text{genau 5-mal zweite Wahl})$
$= 1 - \frac{\binom{10}{5}}{\binom{100}{5}} = 1 - \frac{10!}{5! \cdot 5!} \cdot \frac{5! \cdot 95!}{100!} \approx 1 - 3,347 \cdot 10^{-6} \approx 1$

c) $P(\text{mindestens 2-mal zweite Wahl}) = 1 - P(\text{genau 0-mal zweite Wahl}) - P(\text{genau 1-mal zweite Wahl})$
$= 1 - \frac{\binom{90}{5}}{\binom{100}{5}} - \frac{\binom{10}{1} \cdot \binom{90}{4}}{\binom{100}{5}}$
$= 1 - \frac{90!}{5! \cdot 85!} \cdot \frac{5! \cdot 95!}{100!} - \frac{10!}{9!} \cdot \frac{90!}{4! \cdot 86!} \cdot \frac{5! \cdot 95!}{100!}$
$\approx 1 - 0,58375 - 0,33939 \approx 0,07686$

d) $\frac{90}{100} \cdot \frac{89}{99} \cdot \frac{88}{98} \cdot \frac{87}{97} \cdot \frac{86}{96} \cdot \frac{85}{95} = 0,5223$

e) $P(\text{genau 5-mal zweite Wahl}) = 3,347 \cdot 10^{-6} \approx 0 \quad \blacktriangleright \text{Aufgabe b})$

15. a) Kombination ohne Wiederholung $\binom{15}{4} = 1365$

b) Variation ohne Wiederholung $\frac{15!}{(15-4)!} = 32\,760$

c) Variation mit Wiederholung $15^4 = 50\,625$

d) Kombination mit Wiederholung $\binom{n+4-1}{4} = \binom{15+4-1}{4} = 3060$

16. a) $P(E) = 1 - P(\text{keine Sechs}) = 1 - \frac{5^6}{6^6} \approx 0{,}665$ d) $P(E) = \frac{1}{6}$

b) $P(E) = \frac{5^6}{6^6} \approx 0{,}335$ e) $P(E) = \frac{3^6}{6^6} = \left(\frac{1}{2}\right)^6 \approx 0{,}016$

c) $P(E) = \frac{1}{6}$ f) $P(E) = \frac{6!}{6^6} \approx 0{,}015$

17. a) $P(\text{kein Gewinn}) = \dfrac{\binom{5}{0} \cdot \binom{95}{5}}{\binom{100}{8}} \approx 0{,}0003$

b) $P(\text{genau fünf Gewinne}) = \dfrac{\binom{5}{5} \cdot \binom{95}{0}}{\binom{100}{8}} \approx 5{,}4 \cdot 10^{-10}$

c) $P(\text{„mindestens"}) = 1 - P(\text{kein Gewinn})$
$\approx 1 - 0{,}0003 = 0{,}9997$ ▶ a)

18. a) $5! = 120$ ▶ Permutation ohne Wiederholung

b) $5^5 = 3125$ ▶ Permutation mit Wiederholung

19. $3^{11} = 177\,147$ ▶ Variation mit Wiederholung

20. a) $P(\text{alle sechs Autos defekt}) = 0{,}02^6 \approx 0$

b) $P(\text{höchstens zwei Autos defekt}) = 0{,}98^6 + 6 \cdot 0{,}02^1 \cdot 0{,}98^5 + \binom{6}{2} \cdot 0{,}02^2 \cdot 0{,}98^4 \approx 0{,}999847$

c) $P(\text{genau drei Autos defekt}) = \binom{6}{3} \cdot 0{,}02^3 \cdot 0{,}98^3 \approx 0{,}00015$

21. 🔓 **Offene Variante**

Wenn die Sprache der Bücher berücksichtigt werden soll (beispielsweise gleichsprachige Bücher nebeneinander), dann gibt es deutlich weniger Anordnungsmöglichkeiten, als wenn man das nicht tut. Je stärker man bei den Sprachen differenziert, desto weniger Anordnungsmöglichkeiten gibt es. In der geschlossenen Variante finden Sie drei Beispiele.

🔒 **Geschlossene Variante**

a) $20! = 2\,432\,902\,008\,176\,640\,000 \approx 2{,}43 \cdot 10^{18}$

b) $10! \cdot 10! = 13\,168\,189\,440\,000 \approx 1{,}3 \cdot 10^{13}$

c) $(10! \cdot 5! \cdot 4! \cdot 1!) \cdot 4! = 250\,822\,656\,000 \approx 2{,}508 \cdot 10^{11}$

22. a) Frau Marinos: Permutation $36!$

Frau Schulz: Variation mit Wiederholung 36^{23}

Herr Klopp: Variation ohne Wiederholung $\dfrac{36!}{(36-21)!}$

Yannicks Vater: $\binom{36+3-1}{3}$

Yannick: $\binom{36}{3}$

b) $\left(4 \cdot 6 \cdot \binom{5}{2}\right)^2$

Test zu 5.2

1. a) Kombination ohne Wiederholung: $\binom{8}{4} = 70$

b) Variation mit Wiederholung:
$P(\text{SONNE}) = \frac{1}{4} \cdot \frac{1}{4} \cdot \frac{1}{4} \cdot \frac{1}{4} \cdot \frac{1}{4} = \frac{1}{1024} = 0{,}0009765625$

c) Variation mit Wiederholung
$2^8 = 256$ Möglichkeiten

d) Variation mit Wiederholung und Kombination ohne Wiederholung
Insgesamt $3^8 = 6561$ mögliche Testausgänge
Genau acht richtige Antworten: 1 Möglichkeit
Genau sieben richtige Antworten: $2 \cdot \binom{8}{7} = 16$ Möglichkeiten
Genau sechs richtige Antworten: $2^2 \cdot \binom{8}{6} = 112$ Möglichkeiten

▶ $\binom{8}{7}$ wird mit 2 multipliziert, da es genau zwei Möglichkeiten gibt, die eine Frage falsch zu beantworten. Ähnlich erklärt sich der Faktor 2^2 vor $\binom{8}{6}$.

$P(\text{mindestens sechs richtige Antworten}) = \frac{1+16+112}{6561} = \frac{129}{6561} \approx 1{,}97\,\%$

e) 2^{60}

f) $\frac{\frac{62!}{54!}}{62^8} = 0{,}6244$

2. a) $8! = 40\,320$ Möglichkeiten

b) $4 \cdot 7! = 20\,160$ Möglichkeiten

c) $4! \cdot 4! + 4! \cdot 4! = 1\,152$ Möglichkeiten

3. a) $P(\text{genau fünf Richtige}) = \frac{\binom{6}{5} \cdot \binom{43}{1}}{\binom{49}{6}} = \frac{6 \cdot 43}{13\,983\,816} \approx 0{,}0001844\,\%$

b) $P(\text{sechs Richtige und Superzahl}) = \frac{\binom{6}{6} \cdot \binom{43}{0}}{\binom{49}{6}} \cdot \frac{1}{10} = \frac{1}{13\,983\,816} \cdot \frac{1}{10} \approx 0{,}000000715\,\%$

c) $P(\text{höchstens zwei Richtige}) = \frac{\binom{6}{0} \cdot \binom{43}{6} + \binom{6}{1} \cdot \binom{43}{5} + \binom{6}{2} \cdot \binom{43}{4}}{\binom{49}{6}} = \frac{1 \cdot 6\,096\,454 + 6 \cdot 962\,598 + 15 \cdot 123\,410}{13\,983\,816} = \frac{13\,723\,192}{13\,983\,816}$
$\approx 98{,}14\,\%$

4. a) $18 \cdot 6 = 108$

b) $18 \cdot \binom{6}{2} = 270$

c) $\binom{6}{3} = 20$

d) $\left(18 + \binom{18}{2}\right) \cdot 6 = 1026$

5. $\dfrac{\binom{4}{4} \cdot \binom{36}{6}}{\binom{40}{10}} = 0{,}00229$

5.3 Bedingte Wahrscheinlichkeit

5.3.1 Vierfeldertafel

1. a)

	B	$\overline{B}$	
A	10	80	90
$\overline{A}$	45	5	50
	55	85	140

	B	$\overline{B}$	
A	0,08	0,88	0,96
$\overline{A}$	0,02	0,02	0,04
	0,1	0,9	1

b)

	B	$\overline{B}$	
A	450	385	835
$\overline{A}$	530	35	565
	980	420	1400

	B	$\overline{B}$	
A	0,1	0,4	0,5
$\overline{A}$	0,2	0,3	0,5
	0,3	0,7	1

2.

	A	$\overline{A}$	
B	8	1	9
$\overline{B}$	6	9	15
	14	10	24

A: aus Vollkorn
B: mit Käse belegt

3.

	A	$\overline{A}$	
B	0,6	0,24	0,84
$\overline{B}$	0,04	0,12	0,16
	0,64	0,36	1

A: Das Kind ist ein Mädchen.
B: Das Kind glaubt an den Osterhasen.

4. a)

	R	$\overline{R}$	
E	3	5	8
$\overline{E}$	1	1	2
	4	6	10

b)

	G	$\overline{G}$	
T	1	2	3
$\overline{T}$	4	3	7
	5	5	10

5.

	A	$\overline{A}$	
B	90	15	105
$\overline{B}$	135	60	195
	225	75	300

A: Gast ist ein Jugendlicher.
B: Gast hat den Film bereits gesehen.

6.

	A	$\overline{A}$	
B	0,9	0,06	0,96
$\overline{B}$	0,02	0,02	0,04
	0,92	0,08	1

A: Haushalt mit Fernseher
B: Haushalt mit Radio

7. a) R_1: Ampel A_1 steht auf Rot. R_2: Ampel A_2 steht auf Rot.

	R_1	$\overline{R_1}$	
R_2	0,32	0,04	0,36
$\overline{R_2}$	0,38	0,26	0,64
	0,7	0,3	1

b) $P(B) = P(R_1 \cap \overline{R_2}) = 0,38$

$P(C) = P_{\overline{R_2}}(R_1) = \dfrac{P(R_1 \cap \overline{R_2})}{P(\overline{R_2})} = \dfrac{0,38}{0,64}$
$= 0,59375$

$P(D) = P_{R_1}(\overline{R_2}) = \dfrac{P(R_1 \cap \overline{R_2})}{P(R_1)} = \dfrac{0,38}{0,7} \approx 0,543$

5.3 Bedingte Wahrscheinlichkeit

8. a) M: Person wählt Mathematik.
W: Person ist weiblich.
$P(M \cap W) = P(W) \cdot P_W(M) = 0{,}45 \cdot 0{,}8 = 0{,}36$

	M	$\overline{M}$	
W	0,36	0,09	0,45
$\overline{W}$	0,28	0,27	0,55
	0,64	0,36	1

b)

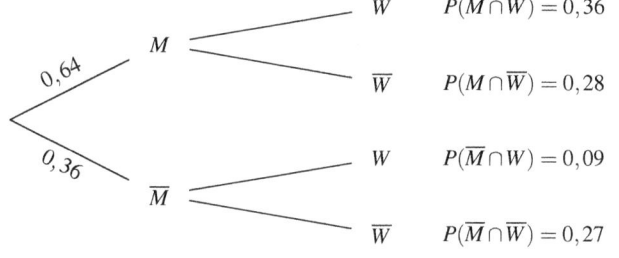

$P(M \cap W) = 0{,}36$
$P(M \cap \overline{W}) = 0{,}28$
$P(\overline{M} \cap W) = 0{,}09$
$P(\overline{M} \cap \overline{W}) = 0{,}27$

c) $P(A) = P(M \cap W) = 0{,}36 \quad P(B) = P_M(W) = \frac{P(M \cap W)}{P(M)} = \frac{0{,}36}{0{,}64} = \frac{9}{16} = 0{,}5625$

9. a) A: Test zeigt eine Schwangerschaft an. B: Testperson ist schwanger.
$P_A(B) = 0{,}985 \quad P_B(\overline{A}) = 0{,}008 \quad P(\overline{A}) = 0{,}75$

b) $P(A \cap B) = P(A) \cdot P_A(B) = 0{,}25 \cdot 0{,}985 = 0{,}24625$
$P(\overline{A} \cap B) = P(B) \cdot P_B(\overline{A})$
$= (0{,}24625 + P(\overline{A} \cap B)) \cdot 0{,}008$
$\rightarrow P(\overline{A} \cap B) = \frac{0{,}24625 \cdot 0{,}008}{0{,}992} \approx 0{,}00199$

	A	$\overline{A}$	
B	0,24625	0,00199	0,24824
$\overline{B}$	0,00375	0,74801	0,75176
	0,25	0,75	1

c)

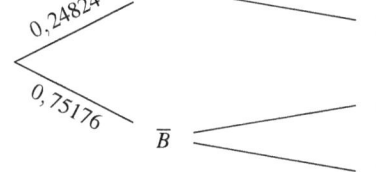

$P(A \cap B) = 0{,}24625$
$P(A \cap \overline{B}) = 0{,}00375$
$P(\overline{A} \cap B) \approx 0{,}00199$
$P(\overline{A} \cap \overline{B}) \approx 0{,}74801$
$P(A \cap B) = 0{,}2465$
$P(\overline{A} \cap B) = 0{,}00199$
$P(A \cap \overline{B}) = 0{,}00375$
$P(\overline{A} \cap \overline{B}) \approx 0{,}74801$

10. S: Sommerurlaub W: Winterurlaub

	S	$\overline{S}$	
W	0,2	0,15	0,35
$\overline{W}$	0,55	0,1	0,65
	0,75	0,25	1

$P(A) = P(\overline{S} \cap \overline{W}) = 0{,}1$
$P(B) = P_S(W) = \frac{P(S \cap W)}{P(S)} = \frac{0{,}2}{0{,}75} \approx 0{,}267$
$P(C) = P_W(\overline{S}) = \frac{P(\overline{S} \cap W)}{P(W)} = \frac{0{,}15}{0{,}35} \approx 0{,}429$

243

11. A: Schüler ist Raucher. B: Schüler joggt.
  a) $P(A \cap B) = P(A) \cdot P_A(B) = 0{,}35 \cdot 0{,}12 = 0{,}042$
  b) $P(\overline{A} \cup \overline{B}) = P(\overline{A}) + P(\overline{B}) - P(\overline{A} \cap \overline{B}) = 0{,}7305 + 0{,}65 - 0{,}4225 = 0{,}958$
  c) $P_A(\overline{B}) = (1 - 0{,}12) = 0{,}88$

12. a) $P(L) = 0{,}68 \qquad P_{\overline{L}}(\overline{M}) = 0{,}75 \qquad P(L \cap M) = 0{,}2$

b)
$\begin{aligned}
P(\overline{L}) &= 1 - P(L) = 0{,}32 &&\blacktriangleright \text{Formel für das Gegenereignis}\\
P(L) &= P(L \cap M) + P(L \cap \overline{M}) &&\blacktriangleright \text{Additionssatz für unvereinbare Ereignisse}\\
&\to P(L \cap \overline{M}) = P(L) - P(L \cap M) = 0{,}68 - 0{,}2 = 0{,}48\\
P_{\overline{L}}(\overline{M}) &= \frac{P(\overline{L} \cap \overline{M})}{P(\overline{L})} &&\blacktriangleright \text{Definition der bedingten Wahrscheinlichkeit}\\
&\to P(\overline{L} \cap \overline{M}) = P(\overline{L}) \cdot P_{\overline{L}}(\overline{M}) = 0{,}32 \cdot 0{,}75 = 0{,}24\\
P(\overline{L}) &= P(\overline{L} \cap M) + P(\overline{L} \cap \overline{M}) &&\blacktriangleright \text{Additionssatz für unvereinbare Ereignisse}\\
&\to P(\overline{L} \cap M) = P(\overline{L}) - P(\overline{L} \cap \overline{M}) = 0{,}32 - 0{,}24 = 0{,}08\\
P(M) &= P(L \cap M) + P(\overline{L} \cap M) &&\blacktriangleright \text{Additionssatz für unvereinbare Ereignisse}\\
&\to P(M) = 0{,}2 + 0{,}08 = 0{,}28\\
P(\overline{M}) &= 1 - P(M) = 0{,}72 &&\blacktriangleright \text{Formel für das Gegenereignis}
\end{aligned}$

	M	$\overline{M}$	
L	0,2	0,48	0,68
$\overline{L}$	0,08	0,24	0,32
	0,28	0,72	1

c)

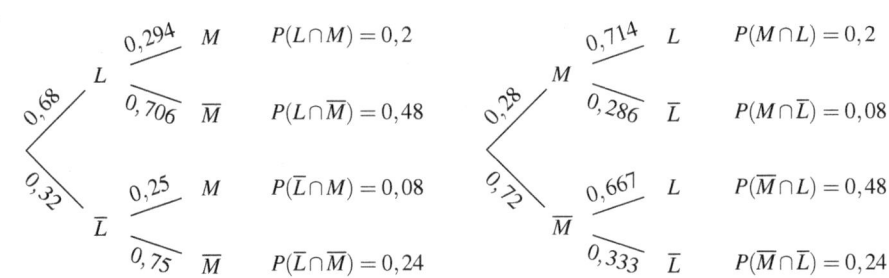

Die Pfadwahrscheinlichkeiten am Ende der Pfade befinden sich bei der Vierfeldertafel in der Mitte. Die Wahrscheinlichkeiten an den Zweigen der 1. Stufe befinden sich bei der Vierfeldertafel in den Randfeldern. Die bedingten Wahrscheinlichkeiten an den Zweigen der 2. Stufe erhält man bei der Vierfeldertafel, indem man eine Wahrscheinlichkeit in der Mitte durch eine zugehörige Wahrscheinlichkeit am Rand dividiert.

$P(A) = P(L \cap M) = 0{,}2 \qquad P(B) = P_{\overline{M}}(L) = \frac{P(L \cap \overline{M})}{P(\overline{M})} = \frac{0{,}48}{0{,}72} = \frac{2}{3} \approx 0{,}667$

5.3.2 Unabhängigkeit von Ereignissen

246

1. a) falsche Aussage   **c)** wahre Aussage   **e)** wahre Aussage
 b) falsche Aussage   **d)** wahre Aussage

2. a) Zu prüfen $P(A \cap B) = P(A) \cdot P(B) \qquad 0{,}25 \neq 0{,}35 \cdot 0{,}8 \qquad$ stochastisch abhängig
 b) $0{,}04 = 0{,}4 \cdot 0{,}1 \qquad$ stochastisch unabhängig

5.3 Bedingte Wahrscheinlichkeit

3. Zu prüfen jeweils $P(A \cap B) = P(A) \cdot P(B)$
   Vollkorn $P(A) = \frac{7}{12}$ $P(B) = \frac{3}{8}$; $P(A \cap B) = \frac{1}{3} \neq \frac{21}{96} = \frac{7}{32}$ nicht stoch. unabhängig
   Kino $P(A) = \frac{3}{4}$ $P(B) = \frac{7}{20}$; $P(A \cap B) = \frac{3}{10} \neq \frac{21}{80}$ nicht stoch. unabhängig
   Fernseher $P(A) = 0,92$ $P(B) = 0,96$; $P(A \cap B) = 0,9 \neq 0,8832$ nicht stoch. unabhängig

4. A: Geschlecht ist weiblich B: technischer Bildungsgang
   $P(A) = \frac{3}{5}$ $P(B) = \frac{1}{3}$ $P(A \cap B) = \frac{1}{15}$
   zu prüfen $P(A \cap B) = P(A) \cdot P(B)$ $\frac{1}{15} \neq \frac{3}{15}$ stochastisch abhängig

5. Folgende Ereignisse seien definiert:
   W: Eine Person, die das Berufskolleg in Datteln besucht, ist weiblich.
   D: Eine Person, die das Berufskolleg in Datteln besucht, ist in einem dualen Bildungsgang.
   Gegeben sind folgende Wahrscheinlichkeiten:
   $P_W(D) = \frac{1}{4}$; $P_D(W) = \frac{1}{6}$; $P(D \cap W) = \frac{1}{16}$
   Nach der 1. Pfadregel gilt: $P_W(D) = \frac{P(D \cap W)}{P(W)} \Leftrightarrow P(W) = \frac{P(D \cap W)}{P_W(D)}$
   Einsetzen der gegebenen Werte ergibt: $P(W) = \frac{\frac{1}{16}}{\frac{1}{4}} = \frac{1}{4}$
   Aus $P(W) = \frac{1}{4}$ und $P_W(D) = \frac{1}{16}$ folgt $P(W) \neq P_D(W)$ und damit stochastische Abhängigkeit der Ereignisse W und D.
   Da der Anteil weiblicher Personen am gesamten Berufskolleg in Datteln ein Viertel beträgt, in den dualen Bildungsgängen jedoch nur ein Sechstel, ist die Frage für das Berufskolleg in Datteln mit Nein zu beantworten.

6. A: Celina ist pünktlich. B: Johannes ist pünktlich.
   $P(A \cap B) = 0,2$ $P(A) = 0,5$ $P(B) = 0,7$
   $0,2 \neq 0,5 \cdot 0,7$ stochastisch abhängig

7. $P(A \cap B) = \frac{1}{4}$ $P(A) = \frac{2}{3}$ $P(B) = \frac{1}{2}$
   $\frac{1}{4} \neq \frac{1}{2} \cdot \frac{2}{3}$ stochastisch abhängig

8. $P(B) = \frac{5}{6}$ $P(A) = \frac{13}{15}$ $P(A \cap B) = \frac{11}{15}$
   $\frac{5}{6} \cdot \frac{13}{15} \neq \frac{11}{15}$ stochastisch abhängig

9. Folgende Ereignisse seien definiert:
   M: Die Tasche hat einen mangelhaften Reißverschluss.
   R: Die Tasche hat einen Reißverschluss der Firma Reißfix
   Gegeben sind folgende Wahrscheinlichkeiten:
   $P(M) = 0,1$; $P(M \cap R) = 0,02$; $P_{\overline{M}}(R) = \frac{13}{15}$
   Gesucht ist $P(R)$, um die Werte $P(M)$ und $P_R(M) = \frac{P(M \cap R)}{P(R)}$ vergleichen zu können.
   Nach der 1. Pfadregel gilt: $P_{\overline{M}}(R) = \frac{P(\overline{M} \cap R)}{P(\overline{M})} \Leftrightarrow P(\overline{M} \cap R) = P(\overline{M}) \cdot P_{\overline{M}}(R)$
   Einsetzen der gegebenen Werte ergibt: $P(\overline{M} \cap R) = (1 - 0,1) \cdot \frac{13}{15} = 0,78$
   Mithilfe der Vierfeldertafel ergibt sich: $P(R) = P(M \cap R) + P(\overline{M} \cap R) = 0,02 + 0,78 = 0,8$
   Aus $P(M) = 0,1$ und $P_R(M) = \frac{P(M \cap R)}{P(R)} = \frac{0,02}{0,8} = 0,025$ folgt $P(M) \neq P_R(M)$ und damit stochastische Abhängigkeit der Ereignisse M und R.
   Da bei der Gesamtheit der geprüften Taschen jede 10. einen mangelhaften Reißverschluss hat, bei den Taschen von Reißfix aber nur jede 40., sollte die Firma Run bevorzugt Reißverschlüsse von Reißfix verarbeiten.

5.3.3 Die Formel von Bayes

249

1. A: Mathematik ist Minderkurs. B: Physik ist Minderkurs.
   $P(A) = 0,35$ $P_A(B) = 0,571$; $P_{\overline{A}}(\overline{B}) = 0,923$, d. h. $P_{\overline{A}}(B) = 0,077$
   $P(\overline{A}) = 0,65$
   a) $P(B) = P(A) \cdot P_A(B) + P(\overline{A}) \cdot P_{\overline{A}}(B)$ ▶ Satz von der totalen Wahrscheinlichkeit
   $P(B) = 0,35 \cdot 0,571 + 0,65 \cdot 0,077 = 0,2499$
   Die Wahrscheinlichkeit, einen Minderkurs in Physik zu bekommen, beträgt ca. 25 %.
   b) $P_{\overline{B}}(\overline{A}) = \frac{0,65 \cdot 0,923}{0,7501} = 0,7998$ ▶ Satz von Bayes
   Die Wahrscheinlichkeit beträgt 80 %, dass er auch in Mathematik keinen Minderkurs hat.

2. **a)** S: Passagier nimmt unerlaubt Steine mit.
   L: Gerät leuchtet auf
   $P(S) = 0,001$ $P_S(L) = 0,98$ $P_{\overline{S}}(L) = 0,01$
   $P(L) = 0,001 \cdot 0,98 + 0,999 \cdot 0,01 = 0,01097$ ▶ Satz von der totalen Wahrscheinlichkeit
   In 1,1 % der Kontrollen leuchtet die Lampe auf.
   b) $P_L(S) = \frac{P(L \cap S)}{P(L)} = \frac{0,001 \cdot 0,98}{0,01097} = 0,08933$
   In 9 % der Fälle transportiert der Passagier Steine, wenn die Lampe leuchtet.

3. *Hinweis:* Fehler im 1. Druck der 1. Auflage! Die Wahrscheinlichkeit, dass in diesem Jahr in Serdals Wohnviertel in sein Auto eingebrochen wird, beträgt 2 %.
   E: Einbruch A: Alarm
   $P_E(A) = 0,98$ $P_{\overline{E}}(A) = 0,005$ $P(E) = 0,02$
   a) gesucht $P_A(\overline{E})$ $P(E) = 0,02$ $P_E(A) = 0,98$ $P_{\overline{E}}(A) = 0,05$
   $P_A(\overline{E}) = \frac{P(A \cap \overline{E})}{P(A)} = \frac{0,005 \cdot 0,98}{0,98 \cdot 0,05 + 0,02 \cdot 0,98} = 0,071$
   b) $P_A(E) = \frac{P(A \cap E)}{P(A)} = \frac{0,02 \cdot 0,98}{0,98 \cdot 0,05 + 0,02 \cdot 0,98} = \frac{2}{7}$
   Mit einer Wahrscheinlichkeit von 29 % hat tatsächlich ein Einbruch stattgefunden.

4. A: Ausschuss B: Chip wird aussortiert.
   $P(A) = 0,03$ $P_A(B) = 0,98$ $P_{\overline{A}}(B) = 0,04$
   A: gesucht $P(B)$
   $P(B) = P(A) \cdot P_A(B) + P(\overline{A}) \cdot P_{\overline{A}}(B)$ ▶ Satz von der totalen Wahrscheinlichkeit
   $P(B) = 0,03 \cdot 0,98 + 0,97 \cdot 0,04 = 0,682$
   B: Aufgabenstellung 4 %
   C: $P_B(A) = \frac{P(A \cap B)}{P(B)} = \frac{0,03 \cdot 0,98}{0,682} = 0,0431$

5. **a)** Die Wahrscheinlichkeit wird sich voraussichtlich nicht verändern.
   b) Individuelle Lösungen

5.3 Bedingte Wahrscheinlichkeit

Übungen zu 5.3

1. a)

	F	$\overline{F}$	
H	0,45	0,2	0,65
$\overline{H}$	0,3	0,05	0,35
	0,75	0,25	1

b) $P(F) = 0,75 \quad P(H) = 0,65 \quad P(\overline{F \cup H}) = 0,05 \quad P(F \cup H) = 1 - P(\overline{F \cup H}) = 0,95$
$P(F \cap H) = P(F) + P(H) - P(F \cup H) = 0,75 + 0,65 - 0,95 = 0,45$
$P(F) \cdot P(H) = 0,75 \cdot 0,65 = 0,4875 \neq 0,45 = P(F \cap H)$
Die Ereignisse F und H sind also nicht stochastisch unabhängig.

2. a)

	E_1	$\overline{E}_1$	
E_2	0,18	0,32	0,5
$\overline{E}_2$	0,077	0,423	0,5
	0,257	0,743	1

b) $P(E_1) \cdot P(E_2) = 0,257 \cdot 0,5 = 0,1285 \neq 0,18 = P(E_1 \cap E_2)$
Die Ereignisse E_1 und E_2 sind nicht unabhängig voneinander.

3. a) A: Probe enthält Schadstoff A. $\quad B$: Probe enthält Schadstoff B.
$P(A) = 0,09 \quad P(B) = 0,1 \quad P(A \cup B) = 0,18$
$P(A \cap B) = P(A) + P(B) - P(A \cup B) = 0,09 + 0,1 - 0,18 = 0,01$
b) $P(A) \cdot P(B) = 0,09 \cdot 0,1 = 0,009 \neq 0,01 = P(A \cap B)$
Die Schadstoffe treten nicht unabhängig voneinander auf.

4. A: Mann hat Diäterfahrung. $\quad B$: Mann trinkt Alkohol.
Nach dem Satz von der totalen Wahrscheinlichkeit gilt:
$P(B) = P(A) \cdot P_A(B) + P(\overline{A}) \cdot P_{\overline{A}}(B) = 0,54 \cdot 0,93 + 0,46 \cdot 0,95 = 0,9392$
$P_A(B) = 0,93 \neq 0,9392 = P(B)$
Die Ereignisse „Diäterfahrung" und „Alkoholkonsum" sind nicht stochastisch unabhängig.

5. G: Zwillinge haben gleiches Geschlecht. $\quad E$: Zwillinge sind eineiig.
$P(G \cap E) = P(E) - P(\overline{G} \cap E) = \frac{1}{3} - 0 = \frac{1}{3}$
Eineiige Zwillinge haben stets das gleiche Geschlecht.
$P_G(E) = \frac{P(G \cap E)}{P(G)} = \frac{\frac{1}{3}}{0,5} = \frac{2}{3}$
$P_G(\overline{E}) = 1 - \frac{2}{3} = \frac{1}{3}$
Kevin und Jerome sind mit einer Wahrscheinlichkeit von $\frac{1}{3} \approx 0,333$ keine eineiigen Zwillinge.

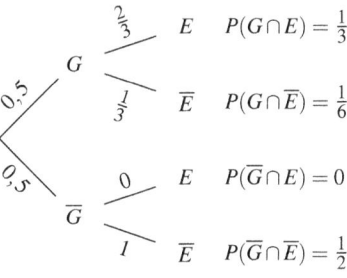

6. a) A: Musiker B: Linkshänder

	A	$\overline{A}$	
B	$\frac{112}{4625}$	$\frac{651}{3256}$	$\frac{3375547}{15059000}$
$\overline{B}$	$\frac{2768}{50875}$	$\frac{2349}{3256}$	$\frac{11683453}{15059000}$
	$\frac{32}{407}$	$\frac{375}{407}$	1

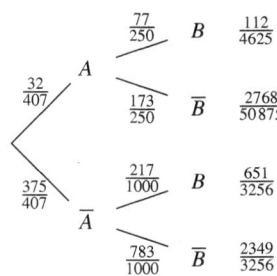

b) $\frac{32}{407} \cdot \frac{3375547}{15059000} \neq \frac{112}{4625}$ also nicht stochastisch unabhängig.

7. A: teure Sorte B: defekter Leuchtkörper

Nach dem Satz von Bayes gilt: $P_B(\overline{A}) = \frac{P(\overline{A}) \cdot P_{\overline{A}}(B)}{P(\overline{A}) \cdot P_{\overline{A}}(B) + P(A) \cdot P_A(B)} = \frac{0{,}6 \cdot 0{,}12}{0{,}6 \cdot 0{,}12 + 0{,}4 \cdot 0{,}05} \approx 0{,}783$

8.

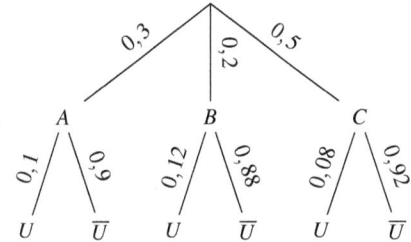

A: Herr Li fährt.
B: Herr Kern fährt.
C: Chef fährt.
U: Fahrer verursacht Unfall mit Beule.

$P_U(C) = \frac{P(C \cap U)}{P(U)} = \frac{0{,}5 \cdot 0{,}08}{0{,}3 \cdot 0{,}1 + 0{,}2 \cdot 0{,}12 + 0{,}5 \cdot 0{,}08} \approx 0{,}426$

9. 🔒 **Geschlossene Variante**

a) A: Veggietag wird gewünscht B: Schülerin/Schüler im Dualen System

$P(\overline{A}) = 1 - P(A) = 1 - 0{,}539 = 0{,}461$
$P(\overline{A} \cap B) = P(\overline{A}) \cdot P_{\overline{A}}(B) = 0{,}461 \cdot 0{,}594 \approx 0{,}274$

b)

	A	$\overline{A}$	
B	0,472	0,274	0,746
$\overline{B}$	0,067	0,187	0,254
	0,539	0,461	1

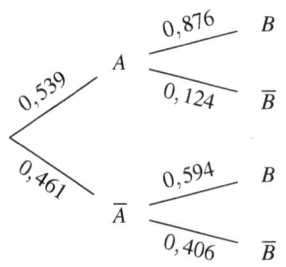

c) $P_B(A) \approx 0{,}633$ **d)** $P_{\overline{B}}(\overline{A}) \approx 0{,}736$ **e)** $P_A(B) \approx 0{,}876$

5.3 Bedingte Wahrscheinlichkeit

Ergänzungen zur offenen Variante

Sinnvoll ist die Berechnung der bedingten Wahrscheinlichkeiten für einen Veggietag je nachdem, ob der Schüler bzw. die Schülerin zum Dualen System gehört oder nicht.
Aus einer Vierfeldertafel können alle relevanten Informationen bestimmt werden. Hilfreich ist auch ein Baumdiagramm, bei dem in der 1. Stufe nach der Schulform unterschieden wird.
Die Wahrscheinlichkeit, dass eine Schülerin oder ein Schüler einen Veggietag wünscht, beträgt im Dualen System ca. 63,3 %, bei Vollzeitklassen ca. 26,4 %.

10. a) D: Darmkrebs $+$: Test positiv

	D	$\overline{D}$	
$+$	0,015	0,02991	0,03141
$-$	0,015	0,96709	0,96859
	0,75	0,25	1

$P_+(D) = \frac{0{,}0015}{0{,}03141} = 0{,}04777$

b) $P_+(HIV) = \frac{0{,}004995}{0{,}004995 + 0{,}000995} = 0{,}8338898164$ (83,3 %)

$$
\begin{array}{l}
\text{HIV} \begin{cases} 0{,}999 \ (+) \quad P(\text{HIV} \cap +) = 0{,}004995 \\ 0{,}001 \ (-) \quad P(\text{HIV} \cap -) = 0{,}000005 \end{cases} \\
\overline{\text{HIV}} \begin{cases} 0{,}001 \ (+) \quad P(\overline{\text{HIV}} \cap +) = 0{,}000995 \\ 0{,}999 \ (-) \quad P(\overline{\text{HIV}} \cap -) = 0{,}994005 \end{cases}
\end{array}
$$

mit $P(\text{HIV}) = 0{,}005$ und $P(\overline{\text{HIV}}) = 0{,}995$.

c) Individuelle Lösungen

Test zu 5.3

1. a)

	B	$\overline{B}$	
A	0,2	0,25	0,45
$\overline{A}$	0,4	0,15	0,55
	0,6	0,4	1

$P(A \cap B) = 0{,}2 \neq 0{,}45 \cdot 0{,}6 = P(A) \cdot P(B)$ stochastisch abhängig

b)

	B	$\overline{B}$	
A	0,4	0,1	0,5
$\overline{A}$	0,4	0,1	0,5
	0,8	0,2	1

$P(A \cap B) = 0{,}4 = 0{,}5 \cdot 0{,}8 = P(A) \cdot P(B)$ stochastisch unabhängig

2. a) $P(E_1) \cdot P(E_2) = \frac{5}{36} \cdot \frac{6}{36} = \frac{5}{216} \neq \frac{1}{36} = P(E_1 \cap E_2)$
Die Ereignisse E_1 und E_2 sind nicht stochastisch unabhängig.

b) $P(E_1) \cdot P(E_2) = \frac{18}{36} \cdot \frac{2}{36} = \frac{1}{36} \neq \frac{2}{36} = P(E_1 \cap E_2)$
Die Ereignisse E_1 und E_2 sind nicht stochastisch unabhängig.

3. $P(A \cap B) = 0{,}08 \neq 0{,}2 \cdot 0{,}72 = P(A) \cdot P(B)$ stochastisch abhängig

4. a)

	B	$\overline{B}$	
A	$\frac{14}{60} = \frac{7}{30}$	$\frac{12}{60} = \frac{1}{5}$	$\frac{26}{60} = \frac{13}{30}$
$\overline{A}$	$\frac{10}{60} = \frac{1}{6}$	$\frac{24}{60} = \frac{2}{5}$	$\frac{34}{60} = \frac{17}{30}$
	$\frac{24}{60} = \frac{2}{5}$	$\frac{36}{60} = \frac{3}{5}$	$\frac{60}{60} = 1$

Baumdiagramme:

$\frac{13}{30}$ → A: $\frac{7}{13}$ B $\frac{7}{30} = P(A \cap B)$; $\frac{6}{13}$ $\overline{B}$ $\frac{1}{5} = P(A \cap \overline{B})$
$\frac{17}{30}$ → $\overline{A}$: $\frac{5}{17}$ B $\frac{1}{6} = P(\overline{A} \cap B)$; $\frac{12}{17}$ $\overline{B}$ $\frac{2}{5} = P(\overline{A} \cap \overline{B})$

$\frac{2}{5}$ → B: A $\frac{7}{30} = P(A \cap B)$; $\overline{A}$ $\frac{1}{6} = P(\overline{A} \cap B)$
$\frac{3}{5}$ → $\overline{B}$: A $\frac{1}{5} = P(A \cap \overline{B})$; $\overline{A}$ $\frac{2}{5} = P(\overline{A} \cap \overline{B})$

b) aus Vierfeldertafel: $P(A \cap \overline{B}) = \frac{1}{5}$

c) $P(\overline{A} \cap \overline{B}) = \frac{1}{6}$

d) $P(A \cap B) = \frac{7}{30} \neq \frac{13}{30} \cdot \frac{2}{5} = P(A) \cdot P(B)$ stochastisch abhängig

e) Schüler, die nicht den Literaturkurs gewählt haben:
$P_{\overline{A}}(\overline{B}) = \frac{P(\overline{A} \cap \overline{B})}{P(\overline{B})} = \frac{P(\overline{A} \cap \overline{B})}{1 - P(B)} = \frac{2}{3}$

5. $P_B(A) = \frac{P_A(B) \cdot P(A)}{P_A(B) \cdot P(A) + P_{\overline{A}}(B) \cdot P(\overline{A})} = \frac{0{,}001 \cdot 0{,}95}{0{,}001 \cdot 0{,}95 + 0{,}999 \cdot 0{,}04} \approx 0{,}02$

5.4 Zufallsgrößen

5.4.1 Zufallsgrößen und ihre Verteilungen

1. a)

x_i	2	3	4	5	6	7	8	9	10	11	12
$P(X=x_i)$	$\frac{1}{36}$	$\frac{2}{36}$	$\frac{3}{36}$	$\frac{4}{36}$	$\frac{5}{36}$	$\frac{6}{36}$	$\frac{5}{36}$	$\frac{4}{36}$	$\frac{3}{36}$	$\frac{2}{36}$	$\frac{1}{36}$

b)

x_i	0	1	2	3	4	5
$P(X=x_i)$	$\frac{6}{36}$	$\frac{10}{36}$	$\frac{8}{36}$	$\frac{6}{36}$	$\frac{4}{36}$	$\frac{2}{36}$

c)

x_i	1	2	3	4	5	6
$P(X=x_i)$	$\frac{1}{36}$	$\frac{3}{36}$	$\frac{5}{36}$	$\frac{7}{36}$	$\frac{9}{36}$	$\frac{11}{36}$

▶ Wenn beide Augenzahlen gleich sind, wurde diese Zahl als „höhere" aufgefasst.

2.

x_i	zweimal Kopf	zweimal Zahl
$P(X=x_i)$	$\frac{1}{4}+\frac{1}{8}+\frac{1}{8}=\frac{1}{2}$	$\frac{1}{4}+\frac{1}{8}+\frac{1}{8}=\frac{1}{2}$

3.

x_i	−1 €	1 €	2 €
$P(X=x_i)$	$\frac{25}{36}$	$\frac{10}{36}$	$\frac{1}{36}$

Ohne Betrachtung des Erwartungswerts: Nein, da die Wahrscheinlichkeit, den Einsatz zu verlieren, relativ hoch ist.

4.
$P(X=0) = \frac{6}{8} \cdot \frac{5}{7} \cdot \frac{4}{6} = \frac{10}{28}$
$P(X=1) = \frac{6}{8} \cdot \frac{5}{7} \cdot \frac{2}{6} + \frac{6}{8} \cdot \frac{2}{7} \cdot \frac{5}{6} + \frac{2}{8} \cdot \frac{6}{7} \cdot \frac{5}{6} = 3 \cdot \frac{60}{336} = \frac{15}{28}$
$P(X=2) = \frac{6}{8} \cdot \frac{2}{7} \cdot \frac{1}{6} + \frac{2}{8} \cdot \frac{6}{7} \cdot \frac{1}{6} + \frac{2}{8} \cdot \frac{1}{7} \cdot \frac{6}{7} = \frac{3}{28}$

X	0	1	2
$P(X)$	$\frac{10}{28}$	$\frac{15}{28}$	$\frac{3}{28}$

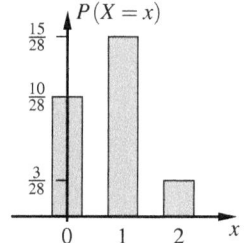

5. a) X misst die Anzahl der Kontrollen.
Lesen Sie aus Ihrem Baumdiagramm die Anzahl der Pfade ab, die zu $X=1$, $X=2$ und $X=3$ gehören.
$P(X=0) = 0{,}2401$
$P(X=1) = 4 \cdot 0{,}7^3 \cdot 0{,}3 = 0{,}4116$
$P(X=2) = 6 \cdot 0{,}7^2 \cdot 0{,}3^2 = 0{,}2646$
$P(X=3) = 4 \cdot 0{,}7 \cdot 0{,}3^3 = 0{,}0756$
$P(X=4) = 0{,}3^4 = 0{,}0081$

Wahrscheinlichkeitsverteilung von X:

X	0	1	2	3	4
$P(X)$	0,2401	0,4116	0,2646	0,0756	0,0081

b) $P(X \geq 2) = P(X=2) + P(X=3) + P(X=4) = 0{,}2646 + 0{,}0756 + 0{,}0081 = 0{,}3483 =$ **34,83 %**
c) $P(1 \leq x \leq 3) = P(X=1) + P(X=2) + P(X=3) = 0{,}7518 =$ **75,18 %**

6. X ist die Anzahl der geheilten Patienten.

x	0	1	2	3
$P(X=x)$	$0{,}6^3 = 0{,}216$	$3 \cdot 0{,}4 \cdot 0{,}6^2 = 0{,}432$	$3 \cdot 0{,}4^2 \cdot 0{,}6 = 0{,}288$	$0{,}4^3 = 0{,}064$

7. X misst die einzelnen Verspätungen (in Minuten).

$P(X=0) = (1-0{,}4)^5 \approx 0{,}0778$
$P(X=3) = 5 \cdot 0{,}6^4 \cdot 0{,}4$
$ = 0{,}2592$
$P(X=6) = 10 \cdot 0{,}6^3 \cdot 0{,}4^2 + 10 \cdot 0{,}6^2 \cdot 0{,}4^3$
$ = 0{,}576$
$P(X=10) = 5 \cdot 0{,}6 \cdot 0{,}4^4 + 0{,}4^5$
$ \approx 0{,}0870$

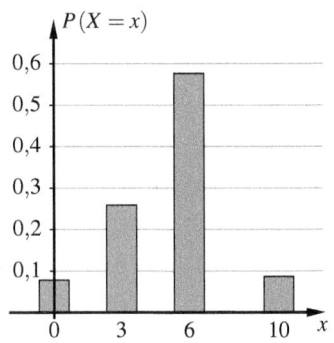

Wahrscheinlichkeitsverteilung von X:

X in min	0	3	6	10
$P(X)$	0,0778	0,2592	0,5760	0,0870

8. a) Keine Wahrscheinlichkeitsverteilung, da die Summe der Einzelwahrscheinlichkeiten größer als 1 ist.
b) Keine Wahrscheinlichkeitsverteilung, da die Summe der Einzelwahrscheinlichkeiten echt kleiner als 1 ist.

9. $a = 0{,}19$

10. a) X ist das Produkt der Augenzahlen zweier 4-seitiger Würfel.

1. Würfel 2. Würfel	1	2	3	4
1	1	2	3	4
2	2	4	6	8
3	3	6	9	12
4	4	8	12	16

$X = \{1; 2; 3; 4; 6; 8; 9; 12; 16\}$

b)

$X = x_i$	1	2	3	4	6	8	9	12	16
$P(X = x_i)$	$\frac{1}{16}$	$\frac{2}{16}$	$\frac{2}{16}$	$\frac{3}{16}$	$\frac{2}{16}$	$\frac{2}{16}$	$\frac{1}{16}$	$\frac{2}{16}$	$\frac{1}{16}$

c₁) $P(X \leq 6) = P(X=1) + P(X=2) + P(X=3) + P(X=4) + P(X=6) = \frac{10}{16} = \frac{5}{8}$
c₂) $P(X \geq 9) = P(X=9) + P(X=12) + P(X=16) = \frac{4}{16} = \frac{1}{4}$
c₃) $P(3 < X < 12) = P(4 \leq X \leq 9) = P(X=4) + P(X=6) + P(X=8) + P(X=9) = \frac{8}{16} = \frac{1}{2}$

5.4.2 Erwartungswert, Varianz und Standardabweichung

1. a) $E(X = x_i) = 0 \cdot \frac{1}{2} + 1 \cdot \frac{1}{4} + 2 \cdot \frac{1}{4} = \frac{3}{4} = \mathbf{0{,}75}$
  $V(X = x_i) = (0 - \frac{3}{4})^2 \cdot \frac{1}{2} + (1 - \frac{3}{4})^2 \cdot \frac{1}{4} + (2 - \frac{3}{4})^2 \cdot \frac{1}{4} = \frac{11}{16} = \mathbf{0{,}6875}$
  $\sigma(X = x_i) = \sqrt{\frac{11}{16}} \approx \mathbf{0{,}83}$

b) $E(X = x_i) = -5 \cdot 0{,}4 + 0 \cdot 0{,}4 + 10 \cdot 0{,}2 = \mathbf{0}$
  $V(X = x_i) = (-5 - 0)^2 \cdot 0{,}4 + (0 - 0)^2 \cdot 0{,}4 + (10 - 0)^2 \cdot 0{,}2 = \mathbf{30}$
  $\sigma(X = x_i) = \sqrt{30} \approx \mathbf{5{,}48}$

c) $E(X = x_i) = -4 \cdot \frac{1}{2} + 7 \cdot \frac{3}{8} + 18 \cdot \frac{1}{8} = \frac{23}{8} = \mathbf{2{,}875}$
  $V(X = x_i) = (-4 - \frac{23}{8})^2 \cdot \frac{1}{2} + (7 - \frac{23}{8})^2 \cdot \frac{3}{8} + (18 - \frac{23}{8})^2 \cdot \frac{1}{8} = 58\frac{39}{64} \approx \mathbf{58{,}61}$
  $\sigma(X = x_i) = \sqrt{58\frac{39}{64}} \approx \mathbf{7{,}66}$

d) $E(X = x_i) = 2 \cdot \frac{1}{6} - 2 \cdot \frac{1}{6} + 1 \cdot 0 - 1 \cdot \frac{2}{3} = -\frac{2}{3}$
  $V(X = x_i) = (2 + \frac{2}{3})^2 \cdot \frac{1}{6} + (-2 + \frac{2}{3})^2 \cdot \frac{1}{6} + (1 + \frac{2}{3})^2 \cdot 0 + (-1 + \frac{2}{3})^2 \cdot \frac{2}{3} = \frac{14}{9} \approx \mathbf{1{,}56}$
  $\sigma(X = x_i) = \sqrt{\frac{14}{9}} \approx \mathbf{1{,}25}$

2. a) Erste Variante: $E(X) = 3\,€ \cdot \frac{2}{3} - 3\,€ \cdot \frac{1}{3} = \mathbf{1\,€}$
  Zweite Variante: $E(Y) = 6\,€ \cdot \frac{2}{3} - 9\,€ \cdot \frac{1}{3} = \mathbf{1\,€}$

b) Erste Variante: $V(X) = (3\,€ - 1\,€)^2 \cdot \frac{2}{3} + (-3\,€ - 1\,€)^2 \cdot \frac{1}{3} = 8\,€^2 \Rightarrow \sigma(X) = \sqrt{8\,€^2} \approx \mathbf{2{,}83\,€}$
  Zweite Variante: $V(Y) = (6\,€ - 1\,€)^2 \cdot \frac{2}{3} + (-9\,€ - 1\,€)^2 \cdot \frac{1}{3} = 50\,€^2 \Rightarrow \sigma(Y) = \sqrt{50\,€^2} \approx \mathbf{7{,}07\,€}$
  Bei beiden Varianten beträgt der erwartete Gewinn 1€. Beim ersten Spiel ist das Risiko für den Gewinn bzw. den Verlust geringer als beim zweiten Spiel. Maria muss sich also entsprechend ihrer Risikobereitschaft für eines der beiden Spiele entscheiden.

3. a)

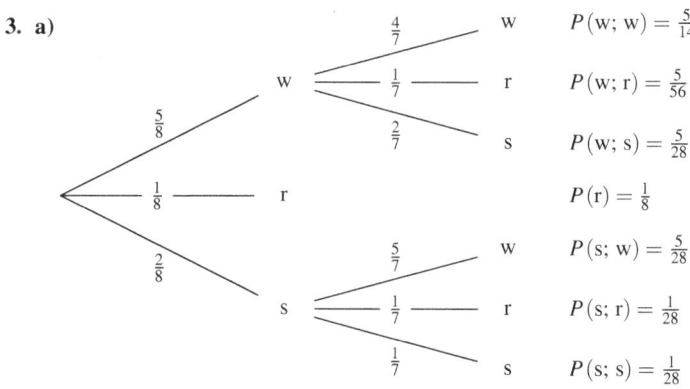

X misst Michaels Gewinn.
$P(X = 1\,€) = \frac{1}{28}$
$P(X = 0{,}30\,€) = \frac{5}{14}$
$P(X = 0{,}20\,€) = \frac{5}{28} + \frac{5}{28} = \frac{5}{14}$
$P(X = -0{,}80\,€) = \frac{5}{56} + \frac{1}{8} + \frac{1}{28} = \frac{1}{4}$

Wahrscheinlichkeitsverteilung von X:

X	1€	0,30€	0,20€	−0,80€
$P(X)$	$\frac{1}{28}$	$\frac{5}{14}$	$\frac{5}{14}$	$\frac{1}{4}$

b) $E(X) = 1\,€ \cdot \frac{1}{28} + 0{,}30\,€ \cdot \frac{5}{14} + 0{,}20\,€ \cdot \frac{5}{14} - 0{,}80\,€ \cdot \frac{1}{4} = \frac{1}{70}\,€ \approx \mathbf{0{,}01\,€}$
Michael müsste ca. einen Cent Einsatz pro Spiel zahlen, damit das Spiel fair wird.

4. a) Gewinnerwartung für „Manque":

X gibt den Gewinn bzw. den Verlust an, wenn auf die Zahlen 1 bis 18 gesetzt wird.

$E(X) = 20 \cdot \frac{18}{37} - 20 \cdot \frac{19}{37} = -\frac{20}{37}$

Gewinnerwartung für „Mittleres Dutzend":

Y gibt den Gewinn bzw. den Verlust an, wenn auf die Zahlen 13 bis 24 gesetzt wird.

$E(Y) = 40 \cdot \frac{12}{37} - 20 \cdot \frac{25}{37} = -\frac{20}{37}$

Gewinnerwartung für gesamten Tipp: $Z = X + Y$

Z gibt den Gewinn bzw. den Verlust an, wenn auf die Zahlen 1 bis 18 **und** 13 bis 24 gesetzt wird.

$E(Z) = -40 \cdot \frac{13}{37} + 0 \cdot \frac{12}{37} + 20 \cdot \frac{6}{37} + 60 \cdot \frac{6}{37} = -\frac{40}{37}$

b) $V(X) = \frac{20\,246\,400}{50\,653}$ $V(Y) = \frac{39\,960\,000}{50\,653}$ $V(Z) = V(X+Y) = \frac{61\,272\,000}{50\,653}$

Anmerkung: Mit $Z = X + Y$ gilt $E(X+Y) = E(X) + E(Y)$, aber $V(X+Y) \neq V(X) + V(Y)$.

Obwohl die Erwartungswerte von „Manque" und dem „Mittleren Dutzend" gleich und demnach halb so groß sind wie der Erwartungswert beider Summen, ist die Schwankungsbreite und damit das Risiko aufgrund des doppelten Gewinns beim „Mittleren Dutzend" fast doppelt so groß wie bei „Manque". Die Schwankungsbreite der Summe beider Spiele ist nur ungefähr so groß wie deren Einzelsumme.

5. a) Variation mit Wiederholung: Es gibt 10^2 Möglichkeiten.

$E(X) = -1 \cdot \frac{90}{100} + 20 \cdot \frac{2}{100} + 5 \cdot \frac{8}{100} = -\frac{1}{10} = \mathbf{-0{,}1\,€}$

b) Der Spieleinsatz müsste um $0{,}10\,€$ auf $0{,}90\,€$ gesenkt werden.

6. a) Der Gewinn entspricht der Augensumme in Euro. X misst den Gewinn des Spielers.

Augenzahl	2	3	4	5	6	7	8	9	10	11	12
Gewinn x_i	2€	3€	4€	5€	6€	−35€	8€	9€	10€	11€	12€
$P(X = x_i)$	$\frac{1}{36}$	$\frac{2}{36}$	$\frac{3}{36}$	$\frac{4}{36}$	$\frac{5}{36}$	$\frac{6}{36}$	$\frac{5}{36}$	$\frac{4}{36}$	$\frac{3}{36}$	$\frac{2}{36}$	$\frac{1}{36}$

$\begin{aligned}E(X) &= 2€ \cdot \tfrac{1}{36} + 3€ \cdot \tfrac{2}{36} + 4€ \cdot \tfrac{3}{36} + 5€ \cdot \tfrac{4}{36} + 6€ \cdot \tfrac{5}{36} + (-35)€ \cdot \tfrac{6}{36} + 8€ \cdot \tfrac{5}{36} + 9€ \cdot \tfrac{4}{36} \\ &\quad + 10€ \cdot \tfrac{3}{36} + 11€ \cdot \tfrac{2}{36} + 12€ \cdot \tfrac{1}{36} \\ &= \tfrac{2+6+12+20+30-210+40+36+30+22+12}{36}\,€ = \mathbf{0\,€}\end{aligned}$

Das Spiel ist fair, weil der Erwartungswert null ist.

b)

Augenzahl	2	3	4	5	6	7	8	9	10	11	12
Gewinn x_i	−1€	0€	1€	2€	3€	−38€	5€	6€	7€	8€	9€
$P(X = x_i)$	$\frac{1}{36}$	$\frac{2}{36}$	$\frac{3}{36}$	$\frac{4}{36}$	$\frac{5}{36}$	$\frac{6}{36}$	$\frac{5}{36}$	$\frac{4}{36}$	$\frac{3}{36}$	$\frac{2}{36}$	$\frac{1}{36}$

$\begin{aligned}E(X) &= -1€ \cdot \tfrac{1}{36} + 0€ \cdot \tfrac{2}{36} + 1€ \cdot \tfrac{3}{36} + 2€ \cdot \tfrac{4}{36} + 3€ \cdot \tfrac{5}{36} + (-38€) \cdot \tfrac{6}{36} + 5€ \cdot \tfrac{5}{36} + 6€ \cdot \tfrac{4}{36} \\ &\quad + 7€ \cdot \tfrac{3}{36} + 8€ \cdot \tfrac{2}{36} + 9€ \cdot \tfrac{1}{36} \\ &= \tfrac{-1+0+3+8+15-228+25+24+21+16+9}{36}\,€ = \mathbf{-3\,€}\end{aligned}$

Das Spiel ist nicht fair, weil der Erwartungswert nicht null ist.

5.4 Zufallsgrößen

c) zu a): $V(X) = (2€-0€)^2 \cdot \frac{1}{36} + (3€-0€)^2 \cdot \frac{2}{36} + (4€-0€)^2 \cdot \frac{3}{36} + (5€-0€)^2 \cdot \frac{4}{36}$
$+ (6€-0€)^2 \cdot \frac{5}{36} + (-35€-0€)^2 \cdot \frac{6}{36} + (8€-0€)^2 \cdot \frac{5}{36}$
$+ (9€-0€)^2 \cdot \frac{4}{36} + (10€-0€)^2 \cdot \frac{3}{36} + (11€-0€)^2 \cdot \frac{2}{36} + (12€-0€)^2 \cdot \frac{1}{36}$
$= \mathbf{250\tfrac{5}{6}\,€^2}$

$\sigma(X) = \sqrt{250\tfrac{5}{6}\,€^2} \approx \mathbf{15{,}84\,€}$

zu b): $V(X) = (-1€+3€)^2 \cdot \frac{1}{36} + (0€+3€)^2 \cdot \frac{2}{36} + (1€+3€)^2 \cdot \frac{3}{36} + (2€+3€)^2 \cdot \frac{4}{36}$
$+ (3€+3€)^2 \cdot \frac{5}{36} + (-38€+3€)^2 \cdot \frac{6}{36} + (5€+3€)^2 \cdot \frac{5}{36}$
$+ (6€+3€)^2 \cdot \frac{4}{36} + (7€+3€)^2 \cdot \frac{3}{36} + (8€+3€)^2 \cdot \frac{2}{36} + (9€+3€)^2 \cdot \frac{1}{36}$
$= \mathbf{250\tfrac{5}{6}\,€^2}$

$\sigma(X) = \sqrt{250\tfrac{5}{6}\,€^2} \approx \mathbf{15{,}84\,€}$

Varianz und Standardabweichung haben in beiden Fällen jeweils den gleichen Betrag. Aufgrund der Einrechnung des Einsatzes von 3€ in den jeweiligen Gewinn x_i ist die Differenz $(x_i - E(X=x_i))$ in allen Fällen identisch.

7. a)

x_i	2	4	6	8	10	12	-3	-5	-7	-9	-11
$P(X=x_i)$	$\frac{1}{36}$	$\frac{3}{36}$	$\frac{5}{36}$	$\frac{5}{36}$	$\frac{3}{36}$	$\frac{1}{36}$	$\frac{2}{36}$	$\frac{4}{36}$	$\frac{6}{36}$	$\frac{4}{36}$	$\frac{2}{36}$

b) Ja, denn $\frac{1}{36}(2 + 4\cdot 3 + 6\cdot 5 + 8\cdot 5 + 10\cdot 3 + 12 - 3\cdot 2 - 5\cdot 4 - 7\cdot 6 - 9\cdot 4 - 11\cdot 2) = 0$.

Übungen zu 5.4

1. a)

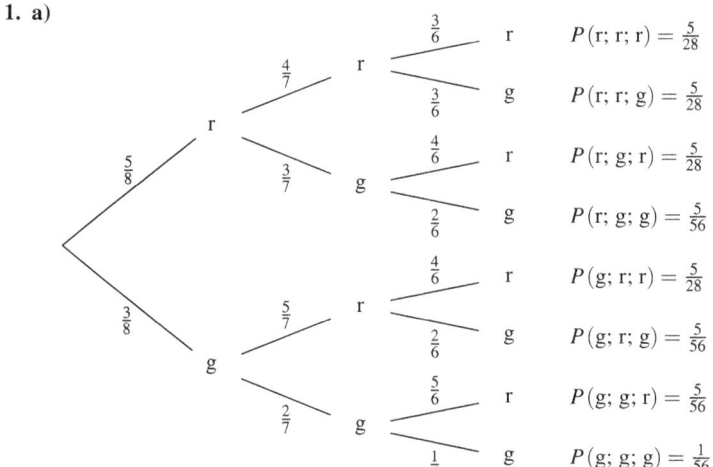

X bezeichnet die Anzahl der grünen Kugeln.

Wahrscheinlichkeitsverteilung von X:

X	0	1	2	3
$P(X)$	$\frac{5}{28}$	$\frac{15}{28}$	$\frac{15}{56}$	$\frac{1}{56}$

263

b)

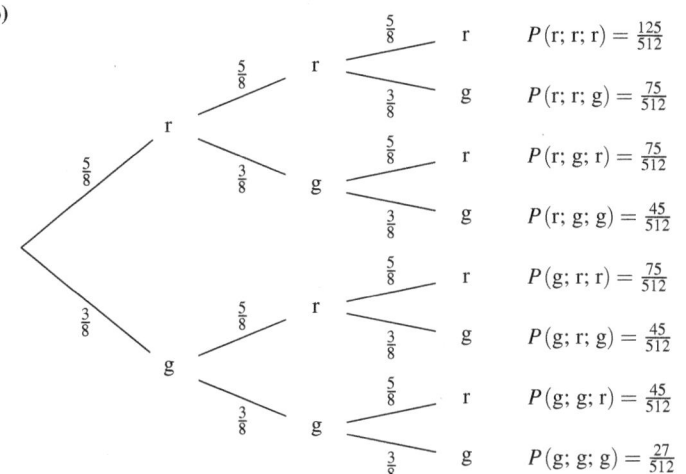

X bezeichnet die Anzahl der grünen Kugeln.

Wahrscheinlichkeitsverteilung von X:

X	0	1	2	3
P(X)	$\frac{125}{512}$	$\frac{225}{512}$	$\frac{135}{512}$	$\frac{27}{512}$

c) zu a): $P(X \leq 2) = 1 - P(X = 3) = 1 - \frac{1}{56} = \frac{55}{56}$

zu b): $P(X \leq 2) = 1 - P(X = 3) = 1 - \frac{27}{512} = \frac{485}{512}$

2. $E(X) = 30 \cdot \frac{1}{6} \cdot \frac{1}{6} \cdot \frac{1}{6} + 9 \cdot (\frac{1}{6} \cdot \frac{1}{6} \cdot \frac{5}{6} + \frac{1}{6} \cdot \frac{5}{6} \cdot \frac{1}{6} + \frac{5}{6} \cdot \frac{1}{6} \cdot \frac{1}{6}) + 5 \cdot (\frac{1}{6} \cdot \frac{5}{6} \cdot \frac{5}{6} + \frac{5}{6} \cdot \frac{1}{6} \cdot \frac{5}{6} + \frac{5}{6} \cdot \frac{5}{6} \cdot \frac{1}{6}) = \mathbf{2{,}50}$

Der Einsatz des Spielers müsste 2,50 € betragen, damit das Spiel fair wird.

3. Der durchschnittliche Gewinn beträgt:

$\frac{1}{36}(1 \cdot (2-2) - 2 \cdot (3+2) + [2 \cdot (4-2) - 1 \cdot (4+2)] + [2 \cdot (5-2) - 2 \cdot (5+2)] + [3 \cdot (6-2) - 2 \cdot (6+2)]$
$+ [4 \cdot (7-2) - 2 \cdot (7+2)] + [3 \cdot (8-2) - 2 \cdot (8+2)] + 4 \cdot (9-2) + 3 \cdot (10-2) + 2 \cdot (11-2) + 1 \cdot (12-2))$
$= \frac{56}{36} \approx 1{,}56 \; [€]$

Somit ist das Spiel nicht fair, aber gut für den Spieler.

4. a) X = Anzahl der Bildkarten unter den drei gezogenen Karten.

Ein Spiel mit 32 Karten hat 12 Bildkarten; es wird ohne Zurücklegen gezogen.

x_i	3	2	1	0
$P(X = x_i)$	$\frac{12}{32} \cdot \frac{11}{31} \cdot \frac{10}{30}$ = 0,044 = 4,4 %	$\frac{12}{32} \cdot \frac{11}{31} \cdot \frac{20}{30} \cdot 3$ = 0,2661 = 26,61 %	$\frac{12}{32} \cdot \frac{20}{31} \cdot \frac{19}{30} \cdot 3$ = 0,4597 = 45,97 %	$\frac{20}{32} \cdot \frac{19}{31} \cdot \frac{18}{30}$ = 0,2298 = 22,98 %

Y = Anzahl der Spielchips.

y_i	5	3	1	−2
$P(Y = y_i)$	0,044	0,2661	0,4597	0,2298
$y_i \cdot P(Y = y_i)$	0,22	0,7983	0,4597	−0,4596

$E(Y) = \sum_{i=1}^{4} y_i \cdot P(Y = y_i) = 1{,}0184$

Auf lange Sicht hat ein Kind bei diesem Spiel 1,0184 Spielchips.

5.4 Zufallsgrößen

b) $\sigma^2 = \text{Var}(Y) = \sum_{i=1}^{4}(y_i - E(Y))^2 \cdot P(Y = y_i)$
$= (5-1,0184)^2 \cdot 0,044 + (3-1,0184)^2 \cdot 0,2661 + (1-1,0184)^2 \cdot 0,4597$
$+(-2-1,0184)^2 \cdot 0,2298 = 3,83625$
$\sigma = \sqrt{3,83625} = 1,9586$

5. Das funktionsfähige Fieberthermometer wird spätestens bei der dritten Entnahme gezogen.
Somit ist $E(X) = 1 \cdot \frac{6}{8} + 2 \cdot \frac{2}{8} \cdot \frac{6}{7} + 3 \cdot \frac{2}{8} \cdot \frac{1}{7} \cdot \frac{6}{6} = \frac{9}{7} \approx 1,29$.

6. a_1)

1. Wurf

2. Wurf

3. Wurf

richtige Treffer x	0	1	2	3
$P(X = x)$	$(\frac{5}{6})^3 = \frac{125}{216}$	$3 \cdot (\frac{1}{6}) \cdot (\frac{5}{6})^2 = \frac{25}{72}$	$3 \cdot (\frac{1}{6})^2 \cdot (\frac{5}{6}) = \frac{5}{72}$	$(\frac{1}{6})^3 = \frac{1}{216}$

a_2) P (mindestens ein Würfel zeigt die gesetzte Zahl) $= P(X \geq 1) = 1 - P(X = 0) = 1 - \frac{125}{216} = \frac{91}{216}$

a_3) $E(X) = 0 \cdot \frac{125}{216} + 1 \cdot \frac{25}{72} + 2 \cdot \frac{5}{72} + 3 \cdot \frac{1}{216} = \frac{1}{2}$

b_1)

y (Gewinn in €)	-2	2	4	6
$P(Y = y)$	$(\frac{5}{6})^3 = \frac{125}{216}$	$3 \cdot (\frac{1}{6}) \cdot (\frac{5}{6})^2 = \frac{25}{72}$	$3 \cdot (\frac{1}{6})^2 \cdot (\frac{5}{6}) = \frac{5}{72}$	$(\frac{1}{6})^3 = \frac{1}{216}$

b_2) $E(Y) = (-2) \cdot \frac{125}{216} + 2 \cdot \frac{25}{72} + 4 \cdot \frac{5}{72} + 6 \cdot \frac{1}{216} = -\frac{17}{108} = -0,16 \text{€}$
Der Spieler erleidet durchschnittlich einen Verlust von 16 ct.

c)

y (Gewinn in €)	$-e$	e	$2e$	$3e$
$P(Y = y)$	$(\frac{5}{6})^3 = \frac{125}{216}$	$3 \cdot (\frac{1}{6}) \cdot (\frac{5}{6})^2 = \frac{25}{72}$	$3 \cdot (\frac{1}{6})^2 \cdot (\frac{5}{6}) = \frac{5}{72}$	$(\frac{1}{6})^3 = \frac{1}{216}$

$E(Y) = (-e) \cdot \frac{125}{216} + e \cdot \frac{25}{72} + 2e \cdot \frac{5}{72} + 3e \cdot \frac{1}{216}$
$= e(-\frac{125}{216} + \frac{25}{72} + 2 \cdot \frac{5}{72} + 3 \cdot \frac{1}{216}) = -\frac{17}{216}e = -0,079e \text{ [€]}$

Der Bankvorteil beträgt 7,9 %, da der Spieler auf lange Sicht $\frac{17}{216}$ seines Einsatzes verliert.

7. a) $P(X \geq 4) = 1 - P(X \leq 3) = 1 - (0,2 + 0,35 + 0,25 + 0,1) = 0,1$
b) $P(X \leq 2) = 0,2 + 0,35 + 0,25 = 0,8$
c) $E(X) = 0,2 \cdot 0 + 0,35 \cdot 1 + 0,25 \cdot 2 + 0,1 \cdot 3 + 0,1 \cdot 4 = 1,55$
$\sigma^2 = (0-1,55)^2 \cdot 0,2 + (1-1,55)^2 \cdot 0,35 + (2-1,55)^2 \cdot 0,25 + (3-1,55)^2 \cdot 0,1$
$+(4-1,55)^2 \cdot 0,1 = 1,45$
$\sigma = \sqrt{1,45} = 1,2$

8. a) $X = \{2; 3; 4; 5; 6\}$

b) Ergebnismenge Ω:

```
   12 13 14 15 16
21    23 24 25 26
31 32    34 35 36
41 42 43    45 46
51 52 53 54    56
61 62 63 64 65
```

x	2	3	4	5	6
$P(X = x)$	$\frac{2}{30}$	$\frac{4}{30}$	$\frac{6}{30}$	$\frac{8}{30}$	$\frac{10}{30}$

c$_1$) $P(X < 5) = \frac{12}{30}$

c$_2$) $P(X \geq 4) = \frac{24}{30}$

c$_3$) $P(3 \leq X < 6) = P(3 \leq X \leq 5) = \frac{18}{30}$

c$_4$) $P(X > 1) = 1$

d) $E(X) = \frac{14}{3} = 4\frac{2}{3} = 4{,}67$

$V(X) = \frac{14}{9}$

$\sigma = 1{,}25$

e) $[E(x) - \sigma;\ E(x) + \sigma] = [3{,}42;\ 5{,}92] = [4;\ 5]$

f) $P(4 \leq X \leq 5) = \frac{14}{30} = 46{,}67\,\%$

9. $E(X^*) = E(a \cdot X) = \sum_{i=1}^{n} P(x_i^*) \cdot x_i^* = \sum_{i=1}^{n} P(x_i) \cdot a \cdot x_i = a \cdot \sum_{i=1}^{n} P(x_i) \cdot x_i = a \cdot E(X)$

$V(X^*) = \sum_{i=1}^{n} (x_i^* - E(X^*))^2 \cdot P(x_i^*) = \sum_{i=1}^{n} (a \cdot x_i - a \cdot E(X))^2 \cdot P(x_i)$

$= \sum_{i=1}^{n} a^2 (x_i - E(X))^2 \cdot P(x_i) = a^2 \cdot \sum_{i=1}^{n} (x_i - E(X))^2 \cdot P(x_i) = a^2 \cdot V(X)$

10. a) $p = 35$

b) X ist die Menge der Rezeptur in ml.

$E(X) = 25{,}7$ ml

$V(X) = 88{,}51$ ml^2

$\sigma = 9{,}41$ ml

c) $[E(x) - \sigma;\ E(x) + \sigma] = [16{,}29;\ 35{,}11] = [20;\ 30]$ unter der Annahme, dass nur in 10-ml-Schritten gemischt werden kann.

$P([E(x) - \sigma;\ E(x) + \sigma]) = P(X = 20) + P(X = 30) = 68\,\%$

d) Y ist der Gewinn oder Verlust der Apotheke in €.

Die Apotheke hat für die Woche 30 ml zubereitet, die 1290 € Kosten verursachen.
Werden nur 10 ml nachgefragt, so nimmt sie nur 610 € ein und hat einen Verlust von 680 €.
Bei 20 ml Nachfrage, beträgt der Verlust 70 €. Werden 30 ml nachgefragt, ist der Gewinn 540 €.
Eine Nachfrage von 40 ml kann nicht geleistet werde, da nur 30 ml hergestellt wurden. Der Anteil der Nachfrage für 40 ml geht jedoch mit in die 30-ml-Nachfrage ein.

X (Nachfragemenge in ml)	10	20	30 + 40
Gewinn in €	−680	−70	540
Anteil pro Woche in %	14	33	53

$E(Y) = -680 \cdot 0{,}14 - 70 \cdot 0{,}33 + 540 \cdot 0{,}53 = 167{,}90$ [€]

11. *Hinweis:* Fehler im 1. Druck der 1. Auflage! Es fehlt der Zusatz: Der Einsatz beträgt 1 € pro Spiel.

a) X = Einkaufskosten in €

	Niete	Blume /Kugelschreiber	Sonne / Kaffeebecher
X	0 €	0,60 €	4,23 €
$P(X)$	$\frac{1}{4}$	$\frac{1}{2}$	$\frac{1}{4}$

$E(X) = 0€ \cdot \frac{1}{4} + 0,60€ \cdot \frac{1}{2} + 4,23€ \cdot \frac{1}{4} = 1,3575€ \approx 1,36€$

Das Spiel ist nicht fair, da die durchschnittlichen Einkaufskosten in € für die Pflegeeinrichtung den Einsatz des Spielers um 36 ct übersteigt.

Bei diesem Einsatz, diesen Einkaufskosten und Gewinnwahrscheinlichkeiten trägt sich das Glücksradspiel nicht selbst. Durchschnittlich wird sich ein Verlust von 36 ct pro Spiel ergeben.

b) Ein Spiel ist fair, wenn gilt: $E(x) = 0$. Beträgt der Einsatz 1,36 €, so ist das Glücksrad-Spiel fair.

c) Die durchschnittlichen Einkaufskosten pro Spiel bleiben bei 1,36 €. Wir nehmen an, dass am Eröffnungstag ca. 50 Personen das Glücksrad-Spiel spielen. Für den Einsatz a ermitteln wir den Betrag von 100 €, der durch den Sponsor verdoppelt wird.

$(a - 1,36€) \cdot 50 = 100 \Rightarrow 3,36€$

Beträgt der Einsatz 3,36 € pro Spiel und spielen mindestens 50 Personen, so kann die Statue gekauft werden.

Test zu 5.4

1. Wahrscheinlichkeitsverteilung von X:

x_i (in €)	-3	2	4	5	10
$P(X = x_i)$	$\frac{84}{216}$	$\frac{90}{216}$	$\frac{24}{216}$	$\frac{12}{216}$	$\frac{6}{216}$

2. Wahrscheinlichkeitsverteilung von X:

x_i (in €)	10	5	1	0
$P(X = x_i)$	0,05	0,1	0,2	0,65

$E(X) = 10€ \cdot 0,05 + 5€ \cdot 0,1 + 1€ \cdot 0,2 + 0€ \cdot 0,65 = 1,20€$

Für ein faires Spiel muss der Verkaufspreis eines Loses 1,20 € betragen, der Veranstalter macht dann weder Gewinn noch Verlust.

3. a) Wahrscheinlichkeitsverteilung von X:

X (in €)	$-1,5$	1	2	3	4	5
$P(X = x_i)$	$\frac{21}{36}$	$\frac{5}{36}$	$\frac{4}{36}$	$\frac{3}{36}$	$\frac{2}{36}$	$\frac{1}{36}$

b) $E(X=x_i) = -1{,}5 \cdot \frac{21}{36} + 1 \cdot \frac{5}{36} + 2 \cdot \frac{4}{36} + 3 \cdot \frac{3}{36} + 4 \cdot \frac{2}{36} + 5 \cdot \frac{1}{36} = \frac{7}{72}$

Das Spiel ist nicht fair.

c) $V(X=x_i) = \left(-1{,}5 - \frac{7}{72}\right)^2 \cdot \frac{21}{36} + \left(1 - \frac{7}{72}\right)^2 \cdot \frac{5}{36} + \left(2 - \frac{7}{72}\right)^2 \cdot \frac{4}{36} + \left(3 - \frac{7}{72}\right)^2 \cdot \frac{3}{36}$
$\quad + \left(4 - \frac{7}{72}\right)^2 \cdot \frac{2}{36} + \left(5 - \frac{7}{72}\right)^2 \cdot \frac{1}{36}$
$\approx 4{,}22$

$\sigma(X=x_i) \approx \sqrt{4{,}22} \approx 2{,}054$

Die Standardabweichung gibt die durchschnittliche Schwankungsbreite um den Erwartungswert $\frac{7}{72}$ an.

d$_1$) $P(X \leq 3\text{€}) = P(X=-1{,}5\text{€}) + P(X=1\text{€}) + P(X=2\text{€}) + P(X=3\text{€}) = \frac{21}{36} + \frac{5}{36} + \frac{4}{36} + \frac{3}{36} = \frac{11}{12}$

d$_2$) $P(X > 2\text{€}) = P(X=3\text{€}) + P(X=4\text{€}) + P(X=5\text{€}) = \frac{3}{36} + \frac{2}{36} + \frac{1}{36} = \frac{1}{6}$ [€]

d$_3$) $P(1\text{€} \leq X \leq 4\text{€}) = P(X=1\text{€}) + P(X=2\text{€}) + P(X=3\text{€}) + P(X=4\text{€})$
$\qquad = \frac{5}{36} + \frac{4}{36} + \frac{3}{36} + \frac{2}{36} = \frac{7}{18}$ [€]

4. a)

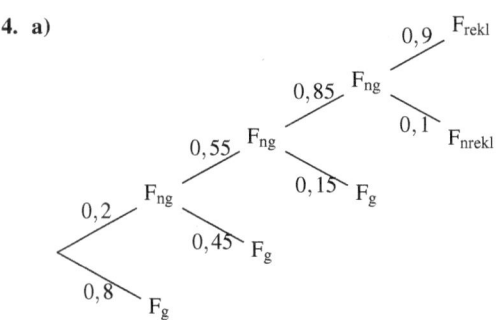

F_g Fehler gefunden.
F_{ng} Fehler nicht gefunden.
F_{rekl} Fehler reklamiert.
F_{nrekl} Fehler nicht reklamiert.

X	2€	5€	10€	150€	0€
P(X)	0,8	0,09	0,0165	0,08415	0,00935

b) $E(X) = 2\text{€} \cdot 0{,}8 + 5\text{€} \cdot 0{,}09 + 10\text{€} \cdot 0{,}0165 + 150\text{€} \cdot 0{,}08415 + 0\text{€} \cdot 0{,}00935 \approx 14{,}84\text{€}$

c) $V(X) = (2\text{€} - 14{,}84\text{€})^2 \cdot 0{,}8 + (5\text{€} - 14{,}84\text{€})^2 \cdot 0{,}09 + (10\text{€} - 14{,}84\text{€})^2 \cdot 0{,}0165$
$\quad + (150\text{€} - 14{,}84\text{€})^2 \cdot 0{,}08415 + (0\text{€} - 14{,}84\text{€})^2 \cdot 0{,}00935$
$\approx 1680{,}32\text{€}^2$

$\sigma(X) = \sqrt{1680{,}32\text{€}^2} \approx 41\text{€}$

Die hohe Standardabweichung entsteht durch die sehr hohen Reklamationskosten im Vergleich zu den niedrigen Testkosten.

5. Zur Beurteilung der Termintreue werden Erwartungswert und Standardabweichung berechnet.

$E(X=A) = 4 \cdot 0{,}05 + 5 \cdot 0{,}1 + 6 \cdot 0{,}6 + 7 \cdot 0{,}2 + 8 \cdot 0{,}05 = 6{,}1$
$E(X=B) = 4 \cdot 0 + 5 \cdot 0{,}15 + 6 \cdot 0{,}65 + 7 \cdot 0{,}15 + 8 \cdot 0{,}05 = 6{,}1$

Beide liefern durchschnittlich nach 6,1 Tagen.

$V(X=A) = (4-6{,}1)^2 \cdot 0{,}05 + (5-6{,}1)^2 \cdot 0{,}1 + (6-6{,}1)^2 \cdot 0{,}6 + (7-6{,}1)^2 \cdot 0{,}2 + (8-6{,}1)^2 \cdot 0{,}05 = 0{,}69$
$\sigma(X=A) = \sqrt{0{,}69} \approx 0{,}83$
$V(X=B) = (4-6{,}1)^2 \cdot 0 + (5-6{,}1)^2 \cdot 0{,}15 + (6-6{,}1)^2 \cdot 0{,}65 + (7-6{,}1)^2 \cdot 0{,}15 + (8-6{,}1)^2 \cdot 0{,}05 = 0{,}49$
$\sigma(X=B) = \sqrt{0{,}49} = 0{,}7$

Die Lieferzeiten von B sind weniger schwankend.

5.5 Binomialverteilung

5.5.1 Vom Bernoulli-Experiment zur Binomialverteilung

1. **a)** Es handelt sich um eine Bernoulli-Kette, denn es gibt nur zwei Möglichkeiten („Kopf" bzw. „Zahl") und $n = 100$ ist ausreichend groß. Je nach Vereinbarung ist entweder „Kopf"oder „Zahl" das Erfolgsereignis mit $p = 0,5$.
   b) Es handelt sich um eine Bernoulli-Kette, denn es gibt nur zwei Möglichkeiten („funktionsfähig" oder „nicht funktionsfähig"). Es müssten jedoch die Prüfungsanzahl n und die Erfolgswahrscheinlichkeit p festgelegt werden.
   c) Es handelt sich nicht um eine Bernoulli-Kette, denn es gibt mehr als zwei Möglichkeiten (sechs mögliche Augenzahlen).
   d) Beim zehnmaligen Ziehen mit Zurücklegen handelt es sich um eine Bernoulli-Kette, denn es gibt nur zwei Möglichkeiten („Ass" und „kein Ass"). Da die Kartenanzahl 32 bleibt, ist $n = 10$ genügend groß. Das Erfolgsereignis ist „Ass", die Erfolgswahrscheinlichkeit beträgt bei 4 Ass-Karten von 32 Karten $p = \frac{1}{8}$.
   Wird jedoch nicht zurückgelegt, handelt es sich nicht um eine Bernoulli-Kette, da sich die Wahrscheinlichkeit, ein Ass zu ziehen, mit jeder Ziehung ändert.
   e) Es handelt sich nicht um eine Bernoulli-Kette, denn es gibt beim Toto drei Möglichkeiten (0: unentschieden, 1: Heimsieg, 2: Auswärtssieg).

2. **a)** $B(10; 0,1; 1) \approx 0,3874$; $B(10; 0,1; 2) \approx 0,1927$; $B(10; 0,1; 3) \approx 0,0574$; $B(10; 0,1; 4) \approx 0,0112$
   b) $B(20; 0,2; 1) \approx 0,0576$; $B(20; 0,2; 2) \approx 0,1369$; $B(20; 0,2; 3) \approx 0,2054$; $B(20; 0,2; 4) \approx 0,2182$
   c) $B(30; 0,3; 5) \approx 0,0464$; $B(30; 0,3; 6) \approx 0,0829$; $B(30; 0,3; 7) \approx 0,1219$; $B(30; 0,3; 8) \approx 0,1501$

3. $P(\text{genau dreimal blau}) = B(4; \frac{3}{5}; 3) = \binom{4}{3} \cdot 0,6^3 \cdot 0,4^1 = 0,3456$

4. $P(\text{genau viermal rot}) = B(8; \frac{1}{3}; 4) = \binom{8}{4} \cdot \left(\frac{1}{3}\right)^4 \cdot \left(\frac{2}{3}\right)^4 \approx 0,1707$

5. **a)** $P(X > 25) = 1 - P(X \leq 24) = 1 - F(50; 0,2; 24) \approx 1 - 1 = 0$
   b) $P(10 \leq X \leq 30) = P(X \leq 30) - P(X \leq 9) = F(50; 0,2; 30) - F(50; 0,2; 9) \approx 1 - 0,4437 = 0,5563$
   c) $P(X \leq 9) = F(50; 0,2; 9) \approx 0,4437$
   d) $P(X > 15) = 1 - P(X \leq 14) = 1 - F(50; 0,2; 14) \approx 1 - 0,9393 = 0,0607$

6. **a)** $P(X \geq 4) = 1 - (P(X \leq 3) = 1 - F(10; \frac{1}{6}; 3) = 6,97\,\%$
   b) $P(2 < X < 6) = P(X \leq 5) - P(X \leq 2)$
   $= F(10; \frac{1}{6}; 5) - F(10; \frac{1}{6}; 2) = 22,24\,\%$
   c) $P(X = 2) = B(10; \frac{1}{6}; 2) = 0,2907 = 29,07\,\%$
   d) $P(X \leq 2) = F(10; \frac{1}{6}; 2) = 0,7752 = 77,52\,\%$

7. $P(X < 8) = P(X \leq 7) = F(10; 0,97; 7)$
   $= 1 - 0,9972 = 0,0028 = 0,28\,\%$
   ▶ Im blauen Bereich der Tabelle1l gilt „$1 -$ abgelesener Wert".

8.
$$P(X \geq 1) > 0{,}97$$
$$\Leftrightarrow \quad 1 - P(X = 0) > 0{,}97$$
$$\Leftrightarrow \quad P(X = 0) < 0{,}03$$
$$\Leftrightarrow \quad \binom{n}{0} \cdot 0{,}15^0 \cdot 0{,}85^n < 0{,}03$$
$$\Leftrightarrow \quad 0{,}85^n < 0{,}03$$
$$\Rightarrow \quad n \cdot \ln(0{,}85) < \ln(0{,}03)$$
$$\Rightarrow \quad n > 21{,}576$$
Es müssen mindestens 22 Thermometer kontrolliert werden.

9. $X \sim B(200; 0{,}09)$

a) $P(X \leq 24) = \sum_{x=0}^{24} \binom{200}{x} \cdot 0{,}09^x \cdot 0{,}91^{200-x} \approx 0{,}9409$

b) $P(X > 30) = \sum_{x=31}^{200} \binom{200}{x} \cdot 0{,}09^x \cdot 0{,}91^{200-x} \approx 0{,}002$

c) $P(73 < X < 96) = \sum_{x=74}^{95} \binom{200}{x} \cdot 0{,}09^x \cdot 0{,}91^{200-x} \approx 0$

10. $X \sim B(1000; 0{,}03)$

$P(X \geq 20) = \sum_{x=20}^{1000} \binom{1000}{x} \cdot 0{,}03^x \cdot 0{,}97^{1000-x} \approx 0{,}9796$

11. $X \sim B(300; 0{,}5)$

a) $P(X = 154) = \binom{300}{154} \cdot 0{,}5^{154} \cdot 0{,}5^{300-154} \approx 0{,}0414$

b) $P(X \geq 154) = \sum_{x=154}^{300} \binom{300}{x} \cdot 0{,}5^x \cdot 0{,}5^{300-x} \approx 0{,}3431$

c) $P(134 < X < 203) = \sum_{x=135}^{202} \binom{300}{x} \cdot 0{,}5^x \cdot 0{,}5^{300-x} \approx 0{,}9633$

d) $P(X < 144) + P(X > 165) = 0{,}2265 + 0{,}0367 = 0{,}2632$

e) $P(X \geq 1) = \sum_{x=1}^{n} \binom{n}{x} \cdot 0{,}5^x \cdot 0{,}5^{n-x} < 0{,}95 \Rightarrow n = 4$

12. Individuelle Lösungen, z.B.

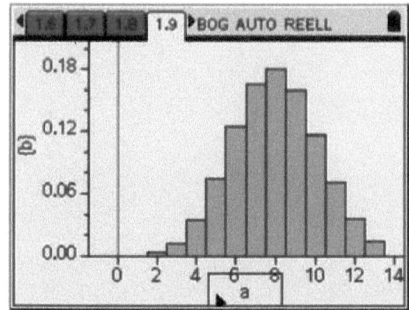

5.5.2 Eigenschaften der Binomialverteilung

1. a) $E(X) = n \cdot p = 50 \cdot 0{,}2 = \mathbf{10}$ $\quad V(X) = n \cdot p \cdot q = 50 \cdot 0{,}2 \cdot 0{,}8 = \mathbf{8}$ $\quad \sigma(X) = \sqrt{n \cdot p \cdot q} = \sqrt{8} \approx \mathbf{2{,}83}$
   b) $E(X) = 26 \cdot \frac{5}{6} = \mathbf{21\frac{2}{3}}$ $\quad V(X) = 26 \cdot \frac{5}{6} \cdot \frac{1}{6} = \mathbf{3\frac{11}{18}}$ $\quad \sigma(X) = \sqrt{3\frac{11}{18}} \approx \mathbf{1{,}90}$
   $E(X) = 21\frac{2}{3}$ ist nicht ganzzahlig, eine binomialverteilte Zufallsgröße kann aber nur ganzzahlig sein.
   Also benachbarte Werte anschauen (nicht runden!!!):
   $P(X = 21) \approx 0{,}1838$ und $P(X = 22) \approx 0{,}2089 > 0{,}1838 \Rightarrow$ Die Zufallsgröße X nimmt am häufigsten den Wert 22 an.

2. $E(X) = n \cdot p = 4200 \cdot 0{,}02 = \mathbf{84}$ $\quad$ Der Händler muss 84 ungenau arbeitende Waagen erwarten.

3. a) Wahrscheinlichkeitsverteilung von X:

X	$-1\,€$	$3\,€$
$P(X)$	0,8	0,2

   Bei 10 Spielen hätte man durchschnittlich 2 € verloren.
   $-1\,€ \cdot 0{,}8 + x\,€ \cdot 0{,}2 = 0\,€ \Leftrightarrow x = \mathbf{4\,€}$
   $x\,€ \cdot 0{,}8 + (4+x)\,€ \cdot 0{,}2 = 0\,€ \Leftrightarrow x = \mathbf{-0{,}8\,€}$
   Entweder müssten die Gewinne 5 € (4 € + 1 € Lospreis) wert sein oder das Los dürfte nur 0,80 € kosten, damit das Spiel fair wird
   b) $E(X) = 10 \cdot 0{,}2 = \mathbf{2}$
   $\sigma(X) = \sqrt{10 \cdot 0{,}2 \cdot 0{,}8} \approx \mathbf{1{,}26}$
   Bei 10 Losen erwartet man 2 Gewinne, wobei die Gewinnerwartung zwischen 1 und 3 Gewinnen schwankt.

4. a) $E(X) = 50 \cdot 0{,}04 = \mathbf{2}$
   $P(X = 2) = F(50;\, 0{,}04;\, 2) - F(50;\, 0{,}04;\, 1) \approx 0{,}2762 = \mathbf{27{,}62\,\%}$
   oder
   $P(X = 2) = \binom{50}{2} \cdot 0{,}04^2 \cdot 0{,}96^{48} \approx 0{,}2762 = \mathbf{27{,}62\,\%}$
   b) $\sigma(X) = \sqrt{50 \cdot 0{,}04 \cdot 0{,}96} = \sqrt{1{,}92} \approx \mathbf{1{,}39}$
   $P(0 < X < 4) = P(X \leq 3) - P(X \leq 0) = F(50;\, 0{,}04;\, 3) - F(50;\, 0{,}04;\, 0) \approx 0{,}8609 - 0{,}1299$
   $= 0{,}7310 = \mathbf{73{,}1\,\%}$
   Die Anzahl der „kaputten" Schaumküsse liegt mit einer Wahrscheinlichkeit von 73,1 % im Bereich der Standardabweichung um den Erwartungswert.

5. a) $P(X > 1) = 1 - P(X \leq 1) = 1 - F(20;\, 0{,}03;\, 1) \approx 1 - 0{,}8802 = 0{,}1198 = \mathbf{11{,}98\,\%}$
   b) $E(X) = 100 \cdot 0{,}03 = \mathbf{3}$
   $\sigma(X) = \sqrt{100 \cdot 0{,}03 \cdot 0{,}97} = \sqrt{2{,}91} \approx \mathbf{1{,}71}$
   $P(1 < X < 5) = P(X \leq 4) - P(X \leq 1) = F(100;\, 0{,}03;\, 4) - F(100;\, 0{,}03;\, 1) \approx 0{,}8179 - 0{,}1946$
   $= 0{,}6233 = \mathbf{62{,}33\,\%}$
   $P(2 \leq X \leq 5) = P(X \leq 5) - P(X \leq 1) = F(100;\, 0{,}03;\, 5) - F(100;\, 0{,}03;\, 1) \approx 0{,}9192 - 0{,}1946$
   $= 0{,}7246 = \mathbf{72{,}46\,\%}$
   Der Mitarbeiter befindet sich mit einer Wahrscheinlichkeit von 72,46 % fast im Schwankungsbereich um den Erwartungswert, der mit einer Wahrscheinlichkeit von 62,33 % eintritt.

279

6. Da die Zufallsgrößen X_i unabhängig voneinander sind, gilt entsprechend für die Varianz:

$$\begin{aligned}
V(X) &= \sum_{i=1}^{n} V(x_i) \\
&= V(X_1 + X_2 + ... + X_n) \\
&= V(X_1) + V(X_2) + ... + V(X_n) \\
&= p \cdot (1-p) + p \cdot (1-p) + ... + p \cdot (1-p) \\
&= p \cdot (1-p) \cdot \sum_{i=1}^{n} 1 \\
&= \boldsymbol{n \cdot p \cdot (1-p)}
\end{aligned}$$

▶ $V(x_i) = (0-p)^2 \cdot (1-p) + (1-p)^2 \cdot p = p \cdot (1-p)$ für $1 \leq i \leq n$

7. $X \sim B(40; 0,1) \Rightarrow \sigma = 1,897 < 3$. Die Laplace-Bedingung ist nicht erfüllt.

8. $E(X) = 100 \cdot 0,5 = \boldsymbol{50}$

$\sigma(X) = \sqrt{100 \cdot 0,5 \cdot 0,5} = \sqrt{25} = \boldsymbol{5} \quad \Rightarrow \quad 2 \cdot \sigma(X) = \boldsymbol{10} \quad 3 \cdot \sigma(X) = \boldsymbol{15}$

$$\begin{aligned}
P(50 - \sigma \leq X \leq 50 + \sigma) = P(45 \leq X \leq 55) &= P(X \leq 55) - P(X \leq 44) \\
&= F(100; 0,5; 55) - F(100; 0,5; 44) \\
&\approx 0,8644 - 0,1356 \\
&= 0,7288 = \boldsymbol{72,88\,\%}
\end{aligned}$$

$$\begin{aligned}
P(50 - 2\sigma \leq X \leq 50 + 2\sigma) = P(40 \leq X \leq 60) &= P(X \leq 60) - P(X \leq 39) \\
&= F(100; 0,5; 60) - F(100; 0,5; 39) \\
&\approx 0,9824 - 0,0176 \\
&= 0,9648 = \boldsymbol{96,48\,\%}
\end{aligned}$$

$$\begin{aligned}
P(50 - 3\sigma \leq X \leq 50 + 3\sigma) = P(35 \leq X \leq 65) &= P(X \leq 65) - P(X \leq 34) \\
&= F(100; 0,5; 65) - F(100; 0,5; 34) \\
&\approx 0,9991 - 0,0009 \\
&= 0,9982 = \boldsymbol{99,82\,\%}
\end{aligned}$$

9. a) $\mu = 0,98 \cdot 1000 = 980$

$\sigma = \sqrt{1000 \cdot 0,98 \cdot 0,02} \approx 4,4 > 3 \quad 980 - 4,4 \leq X \leq 980 + 4,4$

$$\boldsymbol{976 \leq X \leq 984}$$

Auf der Grundlage der σ-Regel liegt der Annahmebereich für $p = 0,98$ zwischen 976 und 984 fehlerfreien Blutdruckmessgeräten.

b) Der Produzent weist die Lieferung zurück, da $970 \notin [976; 984]$.

Der Produzent akzeptiert die Lieferung, da $978 \in [976; 984]$.

10. Für $n = 100$, $p = \frac{6}{60} = 0,1$ und $k = 20$ gilt: $P(X \leq 20) = F(100; 0,1; 20) \approx 0,9992$.
Mit einer Wahrscheinlichkeit von 99,92 % erhält jeder Anrufer eine Beratung ohne Wartezeit.

11. a) X zählt die Patienten, die gleichzeitig das Röntgengerät nutzen möchten. $p = \frac{6}{60} = 0,1$
$X \sim B(15; 0,1)$
$$P(X \geq 2) = \sum_{x=2}^{15} \binom{15}{x} \cdot 0,1^x \cdot 0,9^{15-x} \approx 0,451$$

b) $P(X \geq 3) = \sum_{x=3}^{15} \binom{15}{x} \cdot 0,1^x \cdot 0,9^{15-x} \approx 0,184$
Die Wartewahrscheinlichkeit ist auf ca. 18,4 % gesunken.

c) Hat die Praxisgemeinschaft k Geräte, so müssen die Patienten erst ab $k+1$ Geräten warten:
$$P(X \geq k+1) = \sum_{x=k+1}^{15} \binom{15}{x} \cdot 0,1^x \cdot 0,9^{15-x} < 0,05$$
$P(X \geq 4) = 0,0556$; $P(X \geq 5) = 0,0127 \Rightarrow k+1 = 5$ also $k = 4$ erfüllt die vorgegebene obere Grenze der Wartewahrscheinlichkeit von 5 %.

Übungen zu 5.5

1. a) Gesucht ist die Wahrscheinlichkeit, genau 3 von 5 möglichen Treffern zu erzielen, wobei jeder einzelne Treffer die Wahrscheinlichkeit $p = 0,4$ besitzt.
$P(X = 3) = \binom{5}{3} \cdot 0,4^3 \cdot 0,6^2 \approx 0,2304$

b) Gesucht ist die Wahrscheinlichkeit, höchstens 2 (also 0, 1 oder 2) von 5 möglichen Treffern zu erzielen, wobei jeder einzelne Treffer die Wahrscheinlichkeit $p = 0,7$ besitzt.
$P(X \leq 2) = P(X = 0) + P(X = 1) + P(X = 2)$
$= \binom{5}{0} \cdot 0,7^0 \cdot 0,3^5 + \binom{5}{1} \cdot 0,7^1 \cdot 0,3^4 + \binom{5}{2} \cdot 0,7^2 \cdot 0,3^3 \approx 0,1631$

c) Gesucht ist die Wahrscheinlichkeit, mindestens 9 (also 9 oder 10) von 10 möglichen Treffern zu erzielen, wobei jeder einzelne Treffer die Wahrscheinlichkeit $p = 0,45$ besitzt.
$P(X \geq 9) = P(X = 9) + P(X = 10)$
$= \binom{10}{9} \cdot 0,45^9 \cdot 0,55^1 + \binom{10}{10} \cdot 0,45^{10} \cdot 0,55^0 \approx 0,0045$

d) Gesucht ist die Wahrscheinlichkeit, mehr als 2 und höchstens 7 (also 3, 4, 5, 6 oder 7) von 11 möglichen Treffern zu erzielen, wobei jeder einzelne Treffer die Wahrscheinlichkeit $p = 0,3$ besitzt.
$P(2 < X \leq 7) = P(X = 3) + P(X = 4) + P(X = 5) + P(X = 6) + P(X = 7)$
$= \binom{11}{3} \cdot 0,3^3 \cdot 0,7^8 + \binom{11}{4} \cdot 0,3^4 \cdot 0,7^7 + \binom{11}{5} \cdot 0,3^5 \cdot 0,7^6 + \binom{11}{6} \cdot 0,3^6 \cdot 0,7^5$
$+ \binom{11}{7} \cdot 0,3^7 \cdot 0,7^4 \approx 0,6830$

e) Gesucht ist die Wahrscheinlichkeit, weniger als 5 **oder** mehr als 8 von 11 möglichen Treffern zu erzielen, wobei jeder einzelne Treffer die Wahrscheinlichkeit $p = 0,3$ besitzt.
$P(X < 5) + P(> 8) = P(X = 0) + \cdots + P(X = 4) + P(X = 9) + P(X = 10) + P(X = 11)$
$$= \sum_{x=0}^{4} \binom{11}{x} \cdot 0,3^x \cdot 0,7^{11-x} + \sum_{x=9}^{11} \binom{11}{x} \cdot 0,3^x \cdot 0,7^{11-x}$$
$= 0,7897 + 0,000578 = 0,7903$

2. X misst die Anzahl der roten Kugeln.
Y misst die Anzahl der gelben Kugeln.
Z misst die Anzahl der grünen Kugeln.

a) $P(Z = 2) = \binom{4}{2} \cdot \left(\frac{5}{13}\right)^2 \cdot \left(\frac{8}{13}\right)^2 = \frac{6 \cdot 25 \cdot 64}{28\,561} \approx 0,3361$

280

b) $P(Y \leq 2) = P(Y=0) + P(Y=1) + P(Y=2)$
$= \binom{4}{0} \cdot \left(\frac{4}{13}\right)^0 \cdot \left(\frac{9}{13}\right)^4 + \binom{4}{1} \cdot \left(\frac{4}{13}\right)^1 \cdot \left(\frac{9}{13}\right)^3 + \binom{4}{2} \cdot \left(\frac{4}{13}\right)^2 \cdot \left(\frac{9}{13}\right)^2$
$= \frac{1 \cdot 1 \cdot 6561}{28561} + \frac{4 \cdot 4 \cdot 729}{28561} + \frac{6 \cdot 16 \cdot 81}{28561} \approx 0{,}9104$

c) $P(X \geq 2) = P(X=2) + P(X=3) + P(X=4)$
$= \binom{4}{2} \cdot \left(\frac{4}{13}\right)^2 \cdot \left(\frac{9}{13}\right)^2 + \binom{4}{3} \cdot \left(\frac{4}{13}\right)^3 \cdot \left(\frac{9}{13}\right)^1 + \binom{4}{4} \cdot \left(\frac{4}{13}\right)^4 \cdot \left(\frac{9}{13}\right)^0$
$= \frac{6 \cdot 16 \cdot 81}{28561} + \frac{4 \cdot 64 \cdot 9}{28561} + \frac{1 \cdot 256 \cdot 1}{28561} \approx 0{,}3619$

d) $P(Z > 1) = P(Z \geq 2) = P(Z=2) + P(Z=3) + P(Z=4)$
$= \binom{4}{2} \cdot \left(\frac{5}{13}\right)^2 \cdot \left(\frac{8}{13}\right)^2 + \binom{4}{3} \cdot \left(\frac{5}{13}\right)^3 \cdot \left(\frac{8}{13}\right)^1 + \binom{4}{4} \cdot \left(\frac{5}{13}\right)^4 \cdot \left(\frac{8}{13}\right)^0$
$= \frac{6 \cdot 25 \cdot 64}{28561} + \frac{4 \cdot 125 \cdot 8}{28561} + \frac{1 \cdot 625 \cdot 1}{28561} \approx 0{,}4981$

e) $P(1 < X < 4) = P(2 \leq X \leq 3) = P(X=2) + P(X=3)$
$= \binom{4}{2} \cdot \left(\frac{4}{13}\right)^2 \cdot \left(\frac{9}{13}\right)^2 + \binom{4}{3} \cdot \left(\frac{4}{13}\right)^3 \cdot \left(\frac{9}{13}\right)^1$
$= \frac{6 \cdot 16 \cdot 81}{28561} + \frac{4 \cdot 64 \cdot 9}{28561} \approx 0{,}3529$

f) $P(Y < 4) = P(Y \leq 3) = P(Y=0) + P(Y=1) + P(Y=2) + P(Y=3)$
$= \binom{4}{0} \cdot \left(\frac{4}{13}\right)^0 \cdot \left(\frac{9}{13}\right)^4 + \binom{4}{1} \cdot \left(\frac{4}{13}\right)^1 \cdot \left(\frac{9}{13}\right)^3 + \binom{4}{2} \cdot \left(\frac{4}{13}\right)^2 \cdot \left(\frac{9}{13}\right)^2 + \binom{4}{3} \cdot \left(\frac{4}{13}\right)^3 \cdot \left(\frac{9}{13}\right)^1$
$= \frac{1 \cdot 1 \cdot 6561}{28561} + \frac{4 \cdot 4 \cdot 729}{28561} + \frac{6 \cdot 16 \cdot 81}{28561} + \frac{4 \cdot 64 \cdot 9}{28561} \approx 0{,}9910$

g) $P(X=4) = \binom{4}{4} \cdot \left(\frac{4}{13}\right)^4 \cdot \left(\frac{9}{13}\right)^0 = \frac{1 \cdot 256 \cdot 1}{28561} \approx 0{,}0090$

3. a) $P(X=5) = \binom{20}{5} \cdot 0{,}25^5 \cdot 0{,}75^{15} \approx 0{,}2024$
b) $P(X<7) = P(X \leq 6) = F(20;\ 0{,}25;\ 6) \approx 0{,}7858$
c) $P(X \geq 3) = 1 - P(X \leq 2) = 1 - F(20;\ 0{,}25;\ 2) \approx 1 - 0{,}0913 = 0{,}9087$
d) $P(2 < X \leq 8) = P(3 \leq X \leq 8) = P(X \leq 8) - P(X \leq 2)$
$= F(20;\ 0{,}25;\ 8) - F(20;\ 0{,}25;\ 2) \approx 0{,}9591 - 0{,}0913 = 0{,}8678$
e) „zwischen" bedeutet „echt zwischen".
$P(4 < X < 7) = P(5 \leq X \leq 6) = P(X \leq 6) - P(X \leq 4)$
$= F(20;\ 0{,}25;\ 6) - F(20;\ 0{,}25;\ 4) \approx 0{,}7858 - 0{,}4148 = 0{,}371$
f) $P(6 \leq X < 10) = \sum_{x=6}^{9} \binom{20}{x} \cdot 0{,}25^x \cdot 0{,}75^{20-x} = 0{,}3690$
g) $P(X > 12) = P(X \geq 13) = \sum_{x=13}^{20} \binom{20}{x} \cdot 0{,}25^x \cdot 0{,}75^{20-x} = 1{,}837 \cdot 10^{-4}$

4. Als Hilfsmittel wurden für $n = 100$ und $n = 80$ die Binomialtabellen genutzt, was für $n = 65$ nicht möglich ist. Deshalb wurde Excel verwendet.

Formel zur Berechnung der Punktwahrscheinlichkeit $B(n;\ p;\ k)$:
=BINOMVERT(k; n; p; FALSCH) oder
=BINOM.VERT(k; n; p; FALSCH)

Formel zur Berechnung der summierten Wahrscheinlichkeit $F(n;\ p;\ k)$:
=BINOMVERT(k; n; p; WAHR) oder
=BINOM.VERT(k; n; p; WAHR)

5.5 Binomialverteilung

Zu beachten ist, dass die Reihenfolge der Argumente in der Excel-Formel anders ist, die beiden Formeln sich nur durch einen Wahrheitswert (FALSCH für die Punktwahrscheinlichkeit bzw. WAHR für die summierte Wahrscheinlichkeit) jeweils an der 4. Stelle unterscheiden und dass in der Excel-Formel nicht die Buchstaben, sondern die Zellbezüge für k, n und p stehen.

		$n = 100$	$n = 80$	$n = 65$
a)	$P(X \geq 40)$	$= 1 - P(X \leq 39)$ $= 1 - F(100; 0,5; 39)$ $\approx 1 - 0,0176$ $= 0,9824$ $= \mathbf{98{,}24\,\%}$	$= 1 - P(X \leq 39)$ $= 1 - F(80; 0,5; 39)$ $\approx 1 - 0,4555$ $= 0,5445$ $= \mathbf{54{,}45\,\%}$	$= 1 - P(X \leq 39)$ $= 1 - F(65; 0,5; 39)$ $\approx 1 - 0,9592$ $= 0,0408$ $= \mathbf{4{,}08\,\%}$
b)	$P(X \geq 50)$	$= 1 - P(X \leq 49)$ $= 1 - F(100; 0,5; 49)$ $\approx 1 - 0,4602$ $= 0,5398$ $= \mathbf{53{,}98\,\%}$	$= 1 - P(X \leq 49)$ $= 1 - F(80; 0,5; 49)$ $\approx 1 - 0,9835$ $= 0,0165$ $= \mathbf{1{,}65\,\%}$	$= 1 - P(X \leq 49)$ $= 1 - F(65; 0,5; 49)$ $\approx 1 - 1$ $= 0$ $= \mathbf{0\,\%}$
c)	$P(X \leq 40)$	$= F(100; 0,5; 40)$ $\approx 0,0284$ $= \mathbf{2{,}84\,\%}$	$= F(80; 0,5; 40)$ $\approx 0,5445$ $= \mathbf{54{,}45\,\%}$	$= F(65; 0,5; 40)$ $\approx 0,9768$ $= \mathbf{97{,}68\,\%}$
d)	$P(40 < X < 60)$	$= P(41 \leq X \leq 59)$ $= F(100; 0,5; 59)$ $\quad - F(100; 0,5; 40)$ $\approx 0,9716 - 0,0284$ $= 0,9432$ $= \mathbf{94{,}32\,\%}$	$= P(41 \leq X \leq 59)$ $= F(80; 0,5; 59)$ $\quad - F(80; 0,5; 40)$ $\approx 1 - 0,5445$ $= 0,4555$ $= \mathbf{45{,}55\,\%}$	$= P(41 \leq X \leq 59)$ $= F(65; 0,5; 59)$ $\quad - F(65; 0,5; 40)$ $\approx 1 - 0,9768$ $= 0,0232$ $= \mathbf{2{,}32\,\%}$
e)	$P(X = 40)$	$= F(100; 0,5; 40)$ $\quad - F(100; 0,5; 39)$ $\approx 0,0284 - 0,0176$ $= 0,0108$ $= \mathbf{1{,}08\,\%}$	$= F(80; 0,5; 40)$ $\quad - F(80; 0,5; 39)$ $\approx 0,5445 - 0,4555$ $= 0,0890$ $= \mathbf{8{,}9\,\%}$	$= B(65; 0,5; 40)$ $\approx 0,0177$ $= \mathbf{1{,}77\,\%}$
f)	$P(X \leq 65)$	$= F(100; 0,5; 65)$ $\approx 0,9991$ $= \mathbf{99{,}91\,\%}$	$= F(80; 0,5; 65)$ ≈ 1 $= \mathbf{100\,\%}$	$= F(65; 0,5; 65)$ ≈ 1 $= \mathbf{100\,\%}$

5. a) $X \sim B(30; 0,2)$

$$P(X < k) = \sum_{x=0}^{k-1} \binom{30}{x} \cdot 0,2^x \cdot (1-0,2)^{30-x}$$

b) $X \sim B(45; 0,34)$

$$P(X \leq k) = \sum_{x=0}^{k} \binom{45}{x} \cdot 0,34^x \cdot 0,66^{45-x}$$

c) $X \sim B(356; 0,89)$

$$P(X > k) = \sum_{x=k+1}^{356} \binom{356}{x} \cdot 0,89^x \cdot 0,11^{356-x}$$

d) $X \sim B(1000; 0,7)$

$$P(X \geq k) = \sum_{x=k}^{1000} \binom{1000}{x} \cdot 0,7^x \cdot 0,3^{1000-x}$$

280

6. a) $X \sim B(40; 0{,}25)$

$$P(X \leq k) = \sum_{x=0}^{k} \binom{40}{x} \cdot 0{,}25^x \cdot 0{,}75^{40-x} < 10\,\%$$

k	7	6
$P(X \leq k)$	0,182	0,0962

$\Rightarrow P(X \leq 6) = 0{,}0962 < 10\,\%$ Für $k=6$ ist die Ungleichung erfüllt.

b) $X \sim B(134; 0{,}52)$

$$P(X > k) = \sum_{x=k+1}^{134} \binom{134}{x} \cdot 0{,}52^x \cdot 0{,}48^{134-x} < 15\,\%$$

$\Rightarrow P(X \geq 77) = 0{,}119 < 15\,\% \Rightarrow P(X > 76) = 0{,}119 < 15\,\%$ Für $k=76$ ist die Ungleichung erfüllt.

c) $X \sim B(300; 0{,}65)$

$$P(X \geq k) = \sum_{x=k}^{300} \binom{300}{x} \cdot 0{,}65^x \cdot 0{,}35^{300-x} < 5\,\%$$

$\Rightarrow P(X \geq 209) = 0{,}0499 < 5\,\%$ Für $k=209$ ist die Ungleichung erfüllt.

7.

$$\begin{aligned}
& P(X \geq 1) = a \\
\Leftrightarrow\; & 1 - P(X = 0) = a \\
\Leftrightarrow\; & P(X = 0) = 1 - a \\
\Leftrightarrow\; & \binom{n}{0} \cdot \left(\tfrac{1}{6}\right)^0 \cdot \left(\tfrac{5}{6}\right)^n = 1 - a \\
\Leftrightarrow\; & \left(\tfrac{5}{6}\right)^n = 1 - a \\
\Leftrightarrow\; & n = \tfrac{\lg(1-a)}{\lg\left(\tfrac{5}{6}\right)}
\end{aligned}$$

a) $a = 0{,}5$: $n = \frac{\lg(0{,}5)}{\lg\left(\frac{5}{6}\right)} \approx 3{,}8$ Der Würfel muss 4-mal geworfen werden.

b) $a = 0{,}6$: $n = \frac{\lg(0{,}4)}{\lg\left(\frac{5}{6}\right)} \approx 5{,}03$ Der Würfel muss 6-mal geworfen werden.

c) $a = 0{,}75$: $n = \frac{\lg(0{,}25)}{\lg\left(\frac{5}{6}\right)} \approx 7{,}6$ Der Würfel muss 8-mal geworfen werden.

d) $a = 0{,}8$: $n = \frac{\lg(0{,}2)}{\lg\left(\frac{5}{6}\right)} \approx 8{,}83$ Der Würfel muss 9-mal geworfen werden.

e) $a = 0{,}9$: $n = \frac{\lg(0{,}1)}{\lg\left(\frac{5}{6}\right)} \approx 12{,}63$ Der Würfel muss 13-mal geworfen werden.

f) $a = 0{,}95$: $n = \frac{\lg(0{,}05)}{\lg\left(\frac{5}{6}\right)} \approx 16{,}43$ Der Würfel muss 17-mal geworfen werden.

g) $X \sim B(n; p)$

$$\begin{aligned}
P(X \geq 1) &> a \\
1 - P(X = 0) &> a \\
1 - \binom{n}{0} p^0 (1-p)^{n-0} &> a \\
1 - (1-p)^n &> a \\
-(1-p)^n &> a - 1 \\
(1-p)^n &< 1 - a \quad | \ln \\
n \cdot \ln(1-p) &< \ln(1-a) \quad | : \ln(1-p) < 0 \\
n &> \tfrac{\ln(1-a)}{\ln(1-p)}
\end{aligned}$$

8. Das Diagramm zeigt die Punktwahrscheinlichkeiten, mit denen man bei 10 Versuchen mit je 50%iger Wahrscheinlichkeit 0, 1, 2, ..., 9, 10 Treffer erzielt, z. B. beim 10-fachen Münzwurf ($n = 10$; $p = 0,5$; $k \in [0; 10]$).
Wegen $p = 0,5$ ist die Verteilung symmetrisch.

Diagramm der summierten Wahrscheinlichkeiten:

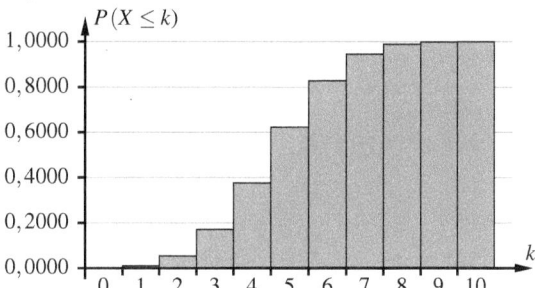

9. Das Diagramm zeigt die summierten Wahrscheinlichkeiten, mit denen man bei 10 Versuchen mit je 10%iger Wahrscheinlichkeit 0,0 oder 1,0 oder 1 oder 2,...,0 oder 1 oder ... oder 10 Treffer, also höchstens 0 Treffer, höchstens 1 Treffer, ..., höchstens 10 Treffer erzielt.

Diagramm der Punktwahrscheinlichkeiten:

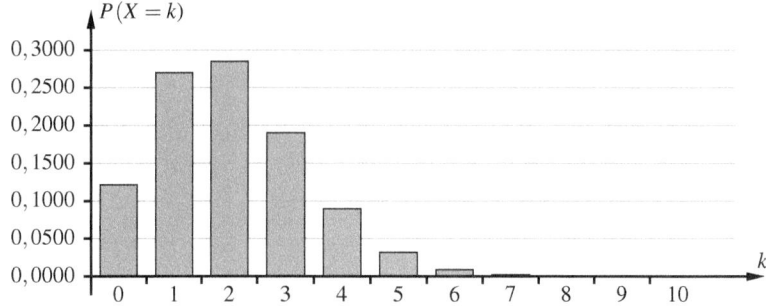

10. Das Diagramm mit den hellblauen Säulen zeigt die summierten Wahrscheinlichkeiten $F(10; 0,3; k)$, mit denen man bei 10 Versuchen mit je 30%iger Wahrscheinlichkeit höchstens 0 Treffer, höchstens 1 Treffer, höchstens 2 Treffer, ..., höchstens 9 Treffer, höchstens 10 Treffer erzielt.
Die dunkelblauen Säulen zeigen die zugehörigen Punktwahrscheinlichkeiten $B(10; 0,3; k)$, mit denen man bei 10 Versuchen mit je 30%iger Wahrscheinlichkeit genau 0, 1, 2, ..., 9, 10 Treffer erzielt.
Addiert man (von links beginnend) jeweils die Wahrscheinlichkeiten, die zu k aufeinanderfolgenden dunkelblauen Säulen gehören, erhält man jeweils die zugehörige summierte Wahrscheinlichkeit $F(10; 0,3; k)$, die durch die k-te hellblaue Säule dargestellt wird.

11.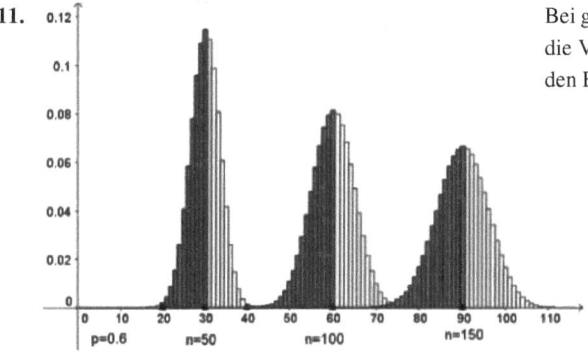

Bei gleichem $p = 0,6$ aber wachsendem n wird die Verteilung flacher und streut deutlicher um den Erwartungswert.

12. a) X zählt die Sportler, die gleichzeitig das Gerät Beinpresse nutzen möchten.
$X \sim B(20; \frac{1}{12})$
$P(X \geq 3) = \sum_{x=3}^{20} \binom{20}{x} \cdot (\frac{1}{12})^x \cdot (\frac{11}{12})^{20-x} = 22,99\,\%$

b) $P(X \geq k+1) = \sum_{x=k+1}^{20} \binom{20}{x} \cdot (\frac{1}{12})^x \cdot (\frac{11}{12})^{20-x} < 0,1$

$P(X \geq 4) = \sum_{x=4}^{20} \binom{20}{x} \cdot (\frac{1}{12})^x \cdot (\frac{11}{12})^{20-x} \approx 0,0796$

Der Fitnessstudiobetreiber müsste 3 Geräte haben, denn ab $3+1$ Wartenden wäre die Wartewahrscheinlichkeit auf unter 10 % gesunken.

c) $P(X \geq 3) = \sum_{x=3}^{20} \binom{20}{x} \cdot (\frac{m}{60})^x \cdot (1 - \frac{m}{60})^{20-x} < 0,1$

Die Verweildauer am Gerät müsste auf 3 Minuten gesenkt werden:
$P(X \geq 3) = \sum_{x=3}^{20} \binom{20}{x} \cdot (\frac{3}{60})^x \cdot (1 - \frac{3}{60})^{20-x} \approx 0,0755$

13. a) $X \sim B(350; 0,92)$
X zählt die Personen, die den Flug antreten.
$P(X = 330) = \binom{350}{330} \cdot (0,92)^{330} \cdot (0,08)^{20} \approx 0,0233 = 2,33\,\%$

b) $E(X) = 350 \cdot 0,92 = 322$ Personen werden auf dem Flug erwartet.

c) Y zählt die Personen, die den Flug nicht antreten unter den 370 Buchungen.
$Y \sim B(370; 0,08)$
$P(Y \geq 20) = \sum_{x=20}^{370} \binom{370}{x} \cdot (0,08)^x \cdot (9,92)^{370-x} \approx 0,9786$

In 97,86 % der Fälle reichen die 350 Plätze der Maschine aus, obwohl 370 Personen gebucht haben.

14. a) A: X_1 zählt die geraden Zahlen unter 15 Drehungen.
$X \sim B(15; 0,5)$
$P(A) = P(X_1 \leq 5) = \sum_{x=0}^{5} \binom{15}{x} \cdot 0,5^x \cdot 0,5^{15-x} \approx 15,09\,\%$

B: X_2 zählt die durch drei teilbaren Zahlen.
$X \sim B(15; \frac{1}{3})$
$P(B) = P(X_2 \geq 3) = \sum_{x=3}^{15} \binom{15}{x} \cdot (\frac{1}{3})^x \cdot (\frac{2}{3})^{15-x} \approx 92,06\,\%$

C: X_3 zählt die Anzahl der Zwölfen.
$X \sim B(15; \frac{1}{12})$
$P(C) = P(3 < X_3 < 9) = P(4 \leq X_3 \leq 8) = \sum_{x=4}^{8} \binom{15}{x} \cdot (\frac{1}{12})^x \cdot (\frac{11}{12})^{15-x} \approx 3,12\,\%$

D: X_4 zählt die Anzahl der Siebenen. X_4 ist nicht binomialverteilt. $p = \frac{1}{12}$
Es wird nur der eine Pfad betrachtet, in dem zuerst eine Sieben fällt, und danach an 14 Positionen keine Sieben.
$P(D) = \frac{1}{12} \cdot (\frac{11}{12})^{14} \approx 2,46\,\%$

5.5 Binomialverteilung

b) X_5 zählt die durch vier teilbaren Zahlen.
$X_5 \sim B(200; \frac{1}{4})$
$E(x) = 200 \cdot \frac{1}{4} = 50$

c) X_6 zählt die Anzahl der Neunen.
$X_6 \sim B(n; \frac{1}{12})$
$P(X \geq 1) \geq 0,95$
$P(X \geq 1) = \sum_{x=1}^{n} \binom{n}{x} \cdot (\frac{1}{12})^x \cdot (\frac{11}{12})^{n-x} \geq 0,95$ probieren im TR liefert: $n = 35$

d) Y ist der Gewinn in €.

y	-10 €	140 €	60 €
$P(Y=y)$	$\frac{59}{72}$	$(\frac{1}{12})^2$	$(\frac{5}{12})^2$

$E(Y) = -10 \cdot \frac{59}{72} + 140 \cdot \frac{1}{144} + 60 \cdot \frac{25}{144} = 3,1944$ [€]
Langfristig gewinnt der Spieler ca. 3,20 €.

15. a) Für $n = 20$; $p = \frac{6}{60} = 0,1$ und $k = 2$ bzw. $k = 3$ gilt:
$P(X \leq 2) = F(20; 0,1; 2) \approx 0,6769 = \textbf{67,69 \%}$
$P(X \leq 3) = F(20; 0,1; 3) \approx 0,8670 = \textbf{86,70 \%}$

b) Für $n = 20$ und $p = 0,1$ muss $P(X \leq k) \geq 0,95$ gelten.
Laut Tabelle ist $F(20; 0,1; 3) \approx 0,8670$ und $F(20; 0,1; 4) \approx 0,9568$.
Mit einer Wahrscheinlichkeit von $95,68\%$ reichen 4 Drucker aus, ohne dass jemand warten muss.

16. a) X zählt die defekten Fahrräder des Montagebandes.
$X \sim B(20; 0,1)$
$P(X = 1) = \binom{20}{1} \cdot 0,1 \cdot 0,9^{19} \approx 27,02\%$

b) $E(X) = 2 \qquad \sigma = 1,34$

c) $[E(X) - \sigma; E(X) + \sigma] = [0,66; 3,34] = [1; 3]$

d) Ein Stichprobenergebnis außerhalb des 2-σ-Intervalls gibt es nur in $4,5\%$ der Fälle, in denen dennoch die Trefferwahrscheinlichkeit von 10% gilt.

e) Bei 20 getesteten Fahrrädern und einer Wahrscheinlichkeit von 10% für defekte Räder würde man 2 defekte Räder in der Stichprobe erwarten. Aber das Ereignis, nur ein defektes Rad zu finden, ist nicht ungewöhnlich, auch wenn die 10%ige Wahrscheinlichkeit für defekte Räder richtig ist. Sie beträgt 27%. Erst Stichprobenwerte außerhalb des 2-σ-Intervalls wären ungewöhnlich. Aufgrund dieser Stichprobe sollte in ein neues Montageband investiert werden.

17. $P(X \geq 3) = \sum_{x=3}^{n} \binom{n}{x} \cdot (0,05)^x \cdot (0,95)^{n-x} > 0,9$
Durch Probieren zu lösen oder mit einem CAS mit solve-Befehl.
$P(X \geq 3) = \sum_{x=3}^{104} \binom{104}{x} \cdot (0,05)^x \cdot (0,95)^{104-x} \approx 0,8972$
$P(X \geq 3) = \sum_{x=3}^{105} \binom{105}{x} \cdot (0,05)^x \cdot (0,95)^{105-x} \approx 0,9008$
Der Kontrolleur muss mindestens 105 Fahrgäste kontrollieren, um mit 90%iger Sicherheit mindestens 3 Schwarzfahrer zu finden.

282

18. X entspricht der Anzahl der funktionierenden Bauteile.
$X \sim B(5;\ p)$
$P(X \geq 5) = p^5 > 0{,}95 \Rightarrow p > 0{,}9898$

19. X zählt die funktionierenden Motoren.
$X \sim B(2;\ p)$ mit $p \in [0;\ 1]$
$P(X \geq 1) = \sum_{x=1}^{2} \binom{2}{x} \cdot p^x \cdot (1-p)^{2-x} = 0{,}999$
$1 - P(X=0) = 1 - (1-p)^2 = 0{,}999 \Rightarrow p_1 \approx 1{,}03 \notin \mathbb{D}$ oder $p_2 \approx 0{,}968$.
Die Wahrscheinlichkeit p, mit der die Motoren funktionieren, beträgt $p_2 \approx 0{,}968$.

20. X entspricht der Anzahl der Agenten im Innendienst.
$X \sim B(30;\ 0{,}2)$
$P(X \leq k) \geq 0{,}9$
mit dem Taschenrechner probieren:
$P(X \leq 8) \approx 0{,}8713$
$P(X \leq 9) \approx 0{,}9389$
Bei 9 Schreibtischen hat jeder Agent, der im Innendienst arbeitet, zu 90 % einen freien Schreibtisch.

21. a) X zählt die Gebäckstücke mit eingebackener Figur unter 20 Kindern auf der Bühne.
$X \sim B(20;\ 0{,}25)$
$P(X \geq 1) = 1 - P(X = 0) = 1 - (1 - 0{,}25)^{20} = 99{,}68\ \%$
Für die Erzieherin ist die Gefahr einer Blamage tatsächlich sehr gering.
b) $P(X \geq 3) > 0{,}99$
$P(X \geq 3) = \sum_{x=3}^{n} \binom{n}{x} \cdot 0{,}25^x \cdot 0{,}75^{n-x} > 0{,}99 \Rightarrow n \geq 31$.
▶ GTR/WTR ausprobieren oder SOLVE-Befehl bei CAS

Test zu 5.5

284

1. a) $P(X = 3) = B(10;\ 0{,}4;\ 3) = F(10;\ 0{,}4;\ 3) - F(10;\ 0{,}4;\ 2) \approx 0{,}3823 - 0{,}1673 = 0{,}2150 = \mathbf{21{,}5\ \%}$
Alternative: $P(X = 3) = \binom{10}{3} \cdot 0{,}4^3 \cdot 0{,}6^7 \approx 0{,}2150 = \mathbf{21{,}5\ \%}$
b) $P(Y = 3) = B(10;\ 0{,}6;\ 3) = F(10;\ 0{,}6;\ 3) - F(10;\ 0{,}6;\ 2) \approx 1 - 0{,}9452 - (1 - 0{,}9877)$
$= 0{,}0425 = \mathbf{4{,}25\ \%}$

c)

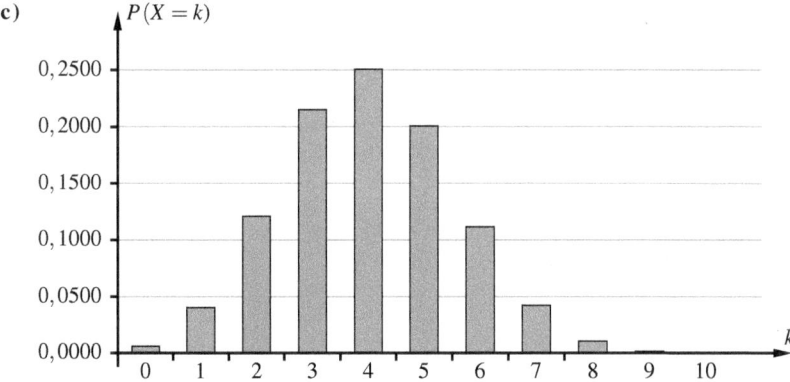

5.5 Binomialverteilung

d) Der Erwartungswert E ist $n \cdot p$ und somit für das Ziehen roter Kugeln $5 \cdot 0,6 = 3$ und für das Ziehen grüner Kugeln $5 \cdot 0,4 = 2$.

e) Beim 10-maligen Ziehen ohne Zurücklegen werden alle Kugeln, also genau 6 rote und genau 4 grüne Kugeln gezogen. Die Wahrscheinlichkeit, genau 3 rote Kugeln zu ziehen, ist somit 0.

2. **a)** **Richtig**, dies kann dem Diagramm für $P(X \leq 1)$ entnommen werden.
   b) **Richtig**, denn dies gilt anhand des Diagramms für $P(X \leq 1) - P(X \leq 0)$.
   c) **Falsch**, denn man berechnet:
   $P(2 < X \leq 6) = P(3 \leq X \leq 6) = P(X \leq 6) - P(X \leq 2) \approx 1 - 0,7$
   Man erhält 0,3 und nicht 0,6.
   d) **Falsch**, denn die Differenz $P(X \leq 5) - P(X \leq 4) = P(X = 5)$ ist mit weniger als 5 % erheblich kleiner als die Differenz $P(X \leq 2) - P(X \leq 1) = P(X = 2)$, die (laut Diagramm) knapp 30 % beträgt.
   e) **Falsch**, denn die Differenz $1 - P(X \leq 2) = P(X \geq 3)$ ist mit gut 30 % erheblich kleiner als 95 %.

3. **a)** X ist die Anzahl der fehlerhaften Smartphones.
   $X \sim B(200; 0,04)$
   Y ist die Anzahl der fehlerfreien Smartphones.
   $Y \sim B(200; 0,96)$

   a$_1$) $P(X = 11) = \binom{200}{11} \cdot 0,04^{11} \cdot 0,96^{189} \approx 0,0725 = 7,25\,\%$

   a$_2$) $P(X < 10) = P(X \leq 9) = \sum_{x=0}^{9} \binom{200}{x} \cdot 0,04^x \cdot 0,96^{200-x} \approx 0,7192 = 71,92\,\%$

   a$_3$) $P(Y \leq 185) = \sum_{y=0}^{185} \binom{200}{y} \cdot 0,96^y \cdot 0,04^{200-y} \approx 0,0152 = 1,52\,\%$

   $P(X \geq 15) = \sum_{x=15}^{200} \binom{200}{x} \cdot 0,04^x \cdot 0,96^{200-x}$

   a$_4$) $P(5 < X \leq 15) = \sum_{x=6}^{15} \binom{200}{x} \cdot 0,04^x \cdot 0,96^{200-x} \approx 0,8073 = 80,73\,\%$

   b) $E(X) = 8$; $\sigma(x) = 2,77$
   $P(6 \leq X \leq 10) = \sum_{x=6}^{10} \binom{200}{x} \cdot 0,04^x \cdot 0,96^{200-x} \approx 0,6343 = 63,43\,\%$

   c)
   $\quad P(X \geq 1) \geq 0,95$
   $\Leftrightarrow \quad 1 - P(X = 0) \geq 0,95$
   $\Leftrightarrow \quad P(X = 0) \leq 0,05$
   $\Leftrightarrow \quad \binom{n}{0} \cdot 0,04^0 \cdot 0,96^n \leq 0,05$
   $\Leftrightarrow \quad 0,96^n \leq 0,05$
   $\Leftrightarrow \quad n \geq \frac{\lg(0,05)}{\lg(0,96)} \approx \mathbf{73{,}39}$

   Es müssen mindestens 74 Smartphones kontrolliert werden.

5.6 Testen von Hypothesen

5.6.1 Alternativtest

292

1. **a)** H_0: $p = 0,2$ H_1: $p = 0,05$

   Entscheidet man sich für H_1, also einen 5%igen Ausschuss, und haben die Geräte tatsächlich einen Ausschussanteil von 20 %, so wird die Palette zu einem höheren Preis verkauft. Der Käufer verlässt sich auf die hochwertige Ware, obwohl die Geräte vielleicht nicht einwandfrei funktionieren. Dies ist der α-Fehler.

   Entscheidet man sich für die Gültigkeit von H_0, also einen Anteil von 20% Ausschuss, obwohl die Ware tatsächlich nur einen 5%igen Anteil an Ausschuss besitzt, so bietet der Verkäufer die Geräte dieser Palette vermutlich zu einem niedrigeren Wert an und macht einen Verlust, weil die Ware höherwertig ist. Die Anwender der Geräte, also die Patienten, haben eher einen Vorteil, denn die Ware ist ja höherwertig als erwartet.

   b) X zählt die Ausschussgeräte in der Stichprobe.
   Verteilung: $X \sim B(100; 0,2)$ unter H_0
   Entscheidungsregel bei $p_0 > p_1$:
   $X > k \rightarrow$ Entscheidung für H_0
   $X \leq k \rightarrow$ Entscheidung für H_1

   $\alpha = P$ (Entscheidung für $H_1 | H_0$ richtig) $= P(X \leq k | p = 0,2) = \sum_{x=0}^{k} \binom{100}{x} \cdot 0,2^x \cdot 0,8^{100-x} \leq 5\%$

   $\Rightarrow k = 13$

   Entscheidungsregel:
   $X > 13 \rightarrow$ Entscheidung für H_0: $p = 0,2$
   $X \leq 13 \rightarrow$ Entscheidung für H_1: $p = 0,05$

   c) $\beta = P$ (Entscheidung für $H_0 | H_1$ richtig)
   $= P(X > 13 | p = 0,05) = \sum_{x=14}^{100} \binom{100}{x} \cdot 0,05^x \cdot 0,95^{100-x} = 0,0005$

2. **a)** P (Fehler 1. Art) $= F(20; 0,5; 7) = 13,16\%$
   P (Fehler 2. Art) $= 1 - F(20; 0,25; 7) = 10,18\%$
   b) $F(20; 0,5; k) \leq 0,05 \Rightarrow k = 5$

3. **a)** H_0: 75 % Gewinnlose, falls mindestens 55 Gewinne unter 80 Losen
   $\alpha = P(X \leq 54) = F(80; 0,75; 54) \approx 0,0805 = 8,05\%$
   b) $\alpha \leq 0,05 \Leftrightarrow F(80; 0,75; k) \leq 0,05 \Rightarrow k = 53$
   H_0: 75 % Gewinnlose, falls **mindestens 54** Gewinne unter 80 Losen sind.

5.6 Testen von Hypothesen

4. a) $H_0: p = 0,1 \quad H_1: p = 0,4$
Entscheidungsregel bei $p_0 < p_1$:
$X < k \rightarrow$ Entscheidung für H_0
$X \geq k \rightarrow$ Entscheidung für H_1

b) $H_0: p = 0,4 \quad H_1: p = 0,9$
Entscheidungsregel bei $p_0 < p_1$:
$X < k \rightarrow$ Entscheidung für H_0
$X \geq k \rightarrow$ Entscheidung für H_1

c) $H_0: p = 0,65 \quad H_1: p = 0,33$
Entscheidungsregel bei $p_0 > p_1$:
$X > k \rightarrow$ Entscheidung für H_0
$X \leq k \rightarrow$ Entscheidung für H_1

5. a) $H_0: p = 0,04$ gegen $H_1: p = 0,08$
Verteilung: $X \sim B(300; 0,04)$ unter H_0
Entscheidungsregel:
$X \leq 20 \rightarrow$ Entscheidung für H_0
$X > 20 \rightarrow$ Entscheidung für H_1

$\alpha = P$ (Entscheidung für $H_1 | H_0$ richtig) $= P(X \geq 21 | p = 0,04) = \sum_{x=21}^{300} \binom{300}{x} \cdot 0,04^x \cdot 0,96^{300-x}$

$= 1 - \sum_{x=0}^{20} \binom{300}{x} \cdot 0,04^x \cdot 0,96^{300-x} \approx 0,01$

b) Entscheidungsregel:
$X < k \rightarrow$ Entscheidung für H_0
$X \geq k \rightarrow$ Entscheidung für H_1

$\alpha = P$ (Entscheidung für $H_1 | H_0$ richtig) $= P(X \geq k | p = 0,04) = \sum_{x=k}^{300} \binom{300}{x} \cdot 0,04^x \cdot 0,96^{300-x} \leq 5\%$

$\Rightarrow k = 19$
Entscheidungsregel:
$X < 19 \rightarrow$ Entscheidung für H_0
$X \geq k \rightarrow$ Entscheidung für H_1

6. a) $H_0: p = 0,2$ gegen $H_1: p = 0,1$
Verteilung: $X \sim B(20; 0,2)$ unter H_0
Entscheidungsregel bei $p_0 > p_1$:
$X > 4 \rightarrow$ Entscheidung für H_0
$X \leq 4 \rightarrow$ Entscheidung für H_1

$\alpha = P$ (Entscheidung für $H_1 | H_0$ richtig) $= P(X \leq 4 | p = 0,2) = \sum_{x=0}^{4} \binom{20}{x} \cdot 0,2^x \cdot 0,8^{20-x} \approx 0,6296$

$\beta = P$ (Entscheidung für $H_0 | H_1$ richtig) $= P(X > 4 | p = 0,1) = \sum_{x=5}^{20} \binom{20}{x} \cdot 0,1^x \cdot 0,9^{20-x} \approx 0,0432$

b) Entscheidungsregel:
$X > k \rightarrow$ Entscheidung für H_0
$X \leq k \rightarrow$ Entscheidung für H_1

$\alpha = P(\text{Entscheidung für } H_1 | H_0 \text{ richtig}) = P(X \leq k | p = 0,2) = \sum_{x=0}^{k} \binom{20}{x} \cdot 0,2^x \cdot 0,8^{20-x} \leq 10\%$

$\Rightarrow k = 1$

Entscheidungsregel:
$X > 1 \rightarrow$ Entscheidung für H_0
$X \leq 1 \rightarrow$ Entscheidung für H_1

$\beta = P(\text{Entscheidung für } H_0 | H_1 \text{ richtig}) = P(X > 1 | p = 0,1) = \sum_{x=2}^{20} \binom{20}{x} \cdot 0,1^x \cdot 0,9^{20-x} \approx 0,6083$

7. $H_0: p = 0,14 \quad H_1: p = 0,18$

Fällt die Entscheidung nach der Stichprobenziehung zugunsten des auf der Packung angegebenen 18-%-Anteils, obwohl nur 14% Nüsse in den Pralinen sind, so wird die berechtigte Kritik des Instituts fälschlicherweise abgelehnt und die Firma Albatros kann weiterhin 18% Nussanteil auf ihrer Packung angeben. Diesen Fehler (erster Art) möchte das Institut gerne vermeiden und wählt deshalb diese Hypothesen.

$H_0: p = 0,18 \quad H_1: p = 0,14$

Die Entscheidung auf Grund der Stichprobe für den 14-%-Anteil, obwohl die angegebnen 18% korrekt sind, wäre für die Firma Albatros mit ungerechtfertigten Vorwürfen und Imageverlust in der Öffentlichkeit verbunden. Diesen Fehler würde die Firma Albatros gering halten wollen und somit diese Hypothesen wählen.

X zählt die Pralinen mit Nüssen in der Stichprobe.

Sicht des Instituts
$H_0: p = 0,14$ gegen $H_1: p = 0,18$
Verteilung: $X \sim B(500; 0,14)$ unter H_0
Entscheidungsregel:
$X < k \rightarrow$ Entscheidung für H_0
$X \geq k \rightarrow$ Entscheidung für H_1

$\alpha = P(\text{Entscheidung für } H_1 | H_0 \text{ richtig}) = P(X \geq k | p = 0,14) = \sum_{x=k}^{500} \binom{500}{x} \cdot 0,14^x \cdot 0,86^{500-x} \leq 5\%$

$\Rightarrow k = 84$

Entscheidungsregel:
$X < 84 \rightarrow$ Entscheidung für H_0
$X \geq 84 \rightarrow$ Entscheidung für H_1

Sicht der Herstellungsfirma Albatros
$H_0: p = 0,18$ gegen $H_1: p = 0,14$
Verteilung: $X \sim B(500; 0,18)$ unter H_0
Entscheidungsregel:
$X > k \rightarrow$ Entscheidung für H_0
$X \leq k \rightarrow$ Entscheidung für H_1

5.6 Testen von Hypothesen

$\alpha = P$ (Entscheidung für $H_1|H_0$ richtig) $= P(X \leq k|p=0,18) = \sum_{x=0}^{k} \binom{500}{x} \cdot 0,18^x \cdot 0,82^{500-x} \leq 5\%$

$\Rightarrow k = 75$

Entscheidungsregel:
$X > 75 \rightarrow$ Entscheidung für H_0
$X \leq 75 \rightarrow$ Entscheidung für H_1

8. H_0: $p = 0,3$ gegen H_1: $p = 0,55$
   X ist die Anzahl der „4" unter den Würfen mit dem roten Würfel.
   Verteilung: $X \sim B(30; 0,3)$ unter H_0
   Entscheidungsregel:
   $X < k \rightarrow$ Entscheidung für H_0: $p = 0,3$
   $X \geq k \rightarrow$ Entscheidung für H_1: $p = 0,55$

   $\alpha = P$ (Entscheidung für $H_1|H_0$ richtig) $= P(X \geq k|p=0,3) = \sum_{x=k}^{30} \binom{30}{x} \cdot 0,3^x \cdot 0,7^{30-x} \leq 1\%$

   $\Rightarrow k = 16$

   Entscheidungsregel:
   $X < 16 \rightarrow$ Entscheidung für H_0: $p = 0,3$
   $X \geq 16 \rightarrow$ Entscheidung für H_1: $p = 0,55$

5.6.2 Signifikanztest

1. a) H_0: $p = 0,1$ H_1: $p > 0,1$
      Entscheidungsregel:
      $X < k \rightarrow$ Entscheidung für H_0
      $X \geq k \rightarrow$ Entscheidung für H_1

   b) H_0: $p = 0,4$ H_1: $p < 0,4$
      Entscheidungsregel:
      $X > k \rightarrow$ Entscheidung für H_0
      $X \leq k \rightarrow$ Entscheidung für H_1

   c) H_0: $p = 0,65$ H_1: $p \neq 0,65$
      Entscheidungsregel:
      $k_1 < X < k_2 \rightarrow$ Entscheidung für H_0
      $X \leq k_1$ oder $X \geq k_2 \rightarrow$ Entscheidung für H_1

298

2. a) H_0: $p = 0{,}6$ H_1: $p > 0{,}6$
b) X zählt die Kinder, die die Farben richtig zuordnen.
Verteilung: $X \sim B(100;\, 0{,}6)$ unter H_0
Entscheidungsregel:
$X < k \to$ Entscheidung für H_0
$X \geq k \to$ Entscheidung für H_1
$\alpha = P(\text{Entscheidung für } H_1 | H_0 \text{ richtig}) = P(X \geq k | p = 0{,}6) = \sum_{x=k}^{100} \binom{100}{x} \cdot 0{,}6^x \cdot 0{,}4^{100-x} \leq 5\,\%$
$\Rightarrow k = 69$
Entscheidungsregel:
$X < 69 \to$ Entscheidung für H_0
$X \geq 69 \to$ Entscheidung für H_1

3. H_0: $p = 0{,}5$
$\alpha = P(X \leq 2) + P(X \geq 8) = P(X \leq 2) + 1 - P(X \leq 7) = 0{,}1094$
$\beta = P(3 \leq X \leq 7) = P(X \leq 7) - P(X \leq 2) = 0{,}8906$

4. a) H_0: $p_0 = 75\,\%$ (Das neue Mittel ist genauso gut wie das alte.)
H_1: $p > 0{,}75$ (Das neue Mittel ist besser als das alte.)
b) Irrtumswahrscheinlichkeit $= 1 - F(100;\, 0{,}75;\, 79) = 0{,}1488 = 14{,}88\,\%$
c) $1 - F(100;\, 0{,}75;\, k) \leq 5\,\% \Rightarrow k = 82$
Mindestens 83 Personen müssen auf das neue Mittel ansprechen.

5. a) H_0: $p = 0{,}5$ H_1: $p < 0{,}5$
X zählt die Anzahl der Senioren mit Smartphone in der Stichprobe.
Verteilung: $X \sim B(50;\, 0{,}5)$ unter H_0-Entscheidungsregel:
$X > 15 \to$ Entscheidung für H_0
$X \leq 15 \to$ Entscheidung für H_1
$\alpha = P(\text{Entscheidung für } H_1 | H_0 \text{ richtig})$
$= P(X \leq 15 | p = 0{,}5) = \sum_{x=0}^{15} \binom{50}{x} \cdot 0{,}5^x \cdot 0{,}5^{100-x} \approx 0{,}0033$
b) Eine Stichprobe im Bekanntenkreis ist nicht repräsentativ für die Senioren in Deutschland. Larissa müsste eine zufällige Stichprobe aus allen Senioren in Deutschland ziehen.

6. H_0: $p = 0{,}1$; $n = 100$
a) $\alpha = P(x \leq 7) + P(X \geq 13) = F(100;\, 0{,}1;\, 7) + 1 - F(100;\, 0{,}1;\, 12) \approx 40{,}43\,\%$
b) $P(X \leq k_l) = F(100;\, 0{,}1;\, k_l) \leq \frac{\alpha}{2} = 0{,}025 \Rightarrow k_l = 4$
$P(X \geq k_r) = 1 - P(X \leq k_r - 1) = 1 - F(100;\, 0{,}1;\, k_r - 1) \leq 0{,}025 \Rightarrow k_r = 17$
Annahmebereich $= [5;\, 16]$

7. H_0: $p = 0,9$ H_1: $p < 0,9$
Verteilung: $X \sim B(150; 0,9)$ unter H_0
Entscheidungsregel:
$X > k \to$ Entscheidung für H_0
$X < k \to$ Entscheidung für H_1
$\alpha = P$ (Entscheidung für $H_1 | H_0$ richtig) $= P(X \leq k | p = 0,9) = \sum_{x=0}^{k} \binom{150}{x} \cdot 0,9^x \cdot 0,1^{150-x} \leq 1\%$
$\Rightarrow k = 125$
Entscheidungsregel:
$X > 125 \to$ Entscheidung für H_0
$X \leq 125 \to$ Entscheidung für H_1

Übungen zu 5.6

1. a) Fehler erster Art: Man entscheidet sich aufgrund des Stichprobenergebnisses für einen Anteil von 15 % Trauben mit Kernen, obwohl in der Lieferung nur ein Anteil von 3 % Kerne enthält. Dies bedeutet, dass der Lieferant fälschlicherweise einen Preisnachlass gewährt.
   b) H_0: $p = 0,03$ gegen H_1: $p = 0,15$
   X zählt die Trauben mit Kernen in der Stichprobe.
   Verteilung: $X \sim B(100; 0,03)$ unter H_0
   Entscheidungsregel:
   $X < 9 \to$ Entscheidung für H_0
   $X \geq 9 \to$ Entscheidung für H_1
   P (Fehler erster Art) $= P$ (Entscheidung für $H_1 | H_0$ richtig) $= P(X \geq 9 | p = 0,03)$
   $= \sum_{x=9}^{100} \binom{100}{x} \cdot 0,03^x \cdot 0,97^{100-x} \approx 0,0032 = 0,32\%$

2. a) H_0: $p = 0,13$ H_1: $p > 0,13$
   X zählt die Kinder, die Linkshänder sind.
   b) Verteilung: $X \sim B(200; 0,13)$ unter H_0
   Entscheidungsregel:
   $X < k \to$ Entscheidung für H_0
   $X \geq k \to$ Entscheidung für H_1
   $\alpha = P$ (Entscheidung für $H_1 | H_0$ richtig)
   $= P(X \geq k | p = 0,13) = \sum_{x=k}^{200} \binom{200}{x} \cdot 0,13^x \cdot 0,87^{200-x} \leq 10\%$
   $\Rightarrow k = 33$
   Entscheidungsregel:
   $X < 33 \to$ Entscheidung für H_0
   $X \geq 33 \to$ Entscheidung für H_1

299

3. a) H_0: $p = 0,11$ gegen H_1: $p \neq 0,11$
X zählt die Senioren mit depressiver Erkrankung in der Stichprobe.
Verteilung: $X \sim B(65; 0,11)$ unter H_0
Entscheidungsregel:
$k_1 < X < k_2 \rightarrow$ Entscheidung für H_0
$X \leq k_1$ oder $X \geq k_2 \rightarrow$ Entscheidung für H_1
$\alpha = P$ (Entscheidung für $H_1 | H_0$ richtig) $= P(X \leq k_1 | p = 0,11) + P(X \geq k_2 | p = 0,11) < 5\%$
$\Rightarrow \sum_{x=0}^{k_1} \binom{65}{x} \cdot 0,11^x \cdot 0,89^{65-x} < 2,5\%$

$\sum_{x=k_2}^{65} \binom{65}{x} \cdot 0,11^x \cdot 0,89^{65-x} < 2,5\%$

$\Rightarrow k_1 = 2$ und $k_2 = 13$
Entscheidungsregel:
$2 < X < 13 \rightarrow$ Entscheidung für H_0
$X \leq 2$ oder $X \geq 13 \rightarrow$ Entscheidung für H_1

b) H_0: $p = 0,11$ gegen H_1: $p = 0,2$
$\beta = P$ (Entscheidung für $H_0 | H_1$ richtig) $= P(2 < X < 13 | p = 0,2)$
$= \sum_{x=3}^{12} \binom{65}{x} \cdot 0,2^x \cdot 0,8^{65-x} \approx 0,4506$

4. H_0: $p = 0,25$ gegen H_1: $p \neq 0,25$
X zählt die „3" in der Stichprobe.
Verteilung: $X \sim B(75; 0,25)$ unter H_0
Entscheidungsregel:
$k_1 < X < k_2 \rightarrow$ Entscheidung für H_0
$X \leq k_1$ oder $X \geq k_2 \rightarrow$ Entscheidung für H_1
$\alpha = P$ (Entscheidung für $H_1 | H_0$ richtig) $= P(X \leq k_1 | p = 0,25) + P(X \geq k_2 | p = 0,25) < 5\%$
$\Rightarrow \sum_{x=0}^{k_1} \binom{75}{x} \cdot 0,25^x \cdot 0,75^{75-x} < 2,5\%$

$\sum_{x=k_2}^{75} \binom{75}{x} \cdot 0,25^x \cdot 0,75^{75-x} < 2,5\%$

$\Rightarrow k_1 = 11$ und $k_2 = 27$
Entscheidungsregel:
$11 < X < 27 \rightarrow$ Entscheidung für H_0
$X \leq 11$ oder $X \geq 27 \rightarrow$ Entscheidung für H_1

5. a), b) $\alpha = P$ (Entscheidung für $H_1 | H_0$ richtig) $= P(X \leq k_1 | p = 0,63) + P(X \geq k_2 | p = 0,63)$
$\Rightarrow \sum_{x=0}^{k_1} \binom{45}{x} \cdot \mathbf{0,63}^x \cdot \mathbf{0,37}^{45-x} < \mathbf{2,5\%} \Rightarrow k_1 = 21$

$\sum_{x=\mathbf{k_2}}^{\mathbf{45}} \binom{45}{x} \cdot \mathbf{0,63}^x \cdot \mathbf{0,37}^{45-x} < \mathbf{2,5\%} \Rightarrow k_2 = 36$

5.6 Testen von Hypothesen

6. a) Es gilt: Die Werte einer binomialverteilten Zufallsgröße liegen mit einer Wahrscheinlichkeit von ungefähr 95,5 % im 2-σ-Intervall: $[\mu - 2\sigma; \mu + 2\sigma]$. Werte der Zufallsgröße außerhalb dieses Intervalls erscheinen nur mit einer Wahrscheinlichkeit von 4,5 %. Dass die Entscheidung aufgrund der Stichprobe gegen die Nullhypothese fällt, obwohl sie stimmt, geschieht also nur in 4,5 % der Fälle. $\alpha = 4,5\%$

b) $X \in [73 - 2 \cdot 4,44; 73 + 2 \cdot 4,44] = [64,12; 81,88] = [65, 81]$
Entscheidungsregel:
$65 \leq X \leq 81 \to$ Entscheidung für H_0
$X < 65$ oder $X > 81 \to$ Entscheidung für H_1

c) Für die Sigmaregeln sollte die Laplace-Bedingung $\sigma < 3$ erfüllt sein. Sonst sind die Grenzen für kleine Stichprobenumfänge nicht zuverlässig.

7. Individuelle Lösungen
Die 7 Stichpunkte unter Aufgabe 8 sollten in der Lösung vorhanden sein. Nachdem die Schülerinnen und Schüler (möglichst) verschiedene Testverfahren entwickelt haben, kann dieser Test tatsächlich mit 2 Schokoladentafeln in Gruppen durchgeführt werden.

8. Die Schülerinnen und Schüler werden zwar durch diese Aufgabe geleitet, müssen jedoch den Stichprobenumfang selbst festlegen und überlegen, ob sie sich den kritischen Wert oder das Signifikanzniveau vorgeben. Deshalb ist diese Lösung nur beispielhaft. Individuelle Lösungen der Schüler.

(1) Stichprobenumfang: beispielsweise: $n = 20$
(2) Zufallsgröße: X zählt die Pflaumen mit Wurm.
(3) Verteilung der Zufallsgröße: X ist binomialverteilt, da es nur zwei Ausgänge gibt (Wurm ja/nein) und die Annahme getroffen wird, dass die Würmer unabhängig voneinander in den Pflaumen zu finden sind. $X \sim B(20; 0,1)$ unter H_0.
(4) Hypothesen: $H_0: p = 0,1$ $H_1: p > 0,1$. Aus Sicht des Lieferanten soll der Fehler klein gehalten werden, sich für einen höheren Anteil an Wurmpflaumen zu entscheiden, obwohl die Angaben des Lieferanten mit 10 % stimmen. Der Lieferant würde dann unnötigerweise einen Preisnachlass gewähren. Möchten die Schüler aus Sicht der Großküche testen, so benötigen sie eine konkrete Angabe zur höheren Trefferwahrscheinlichkeit für Würmer in Pflaumen für die Gegenhypothese.
(5) **Vorgabe der kritischen Grenze:** z.B. $k = 3$
(6) Entscheidungsregel:
$X \leq 3 \to$ Entscheidung für H_0
$X > 3 \to$ Entscheidung für H_1
$\alpha = P(\text{Entscheidung für } H_1 | H_0 \text{ richtig}) = P(X > 3 | p = 0,1) = \sum_{x=4}^{20} \binom{20}{x} \cdot 0,1^x \cdot 0,9^{20-x} \approx 13,3\%$

Alternatives Vorgehen ab Schritt (5)
(5) **Vorgabe des Signifikanzniveaus:** z.B. $\alpha = 0,05$
(6) Entscheidungsregel:
$X \leq k \to$ Entscheidung für H_0
$X > k \to$ Entscheidung für H_1
$\alpha = P(\text{Entscheidung für } H_1 | H_0 \text{ richtig}) = P(X > k | p = 0,1) = \sum_{x=k+1}^{20} \binom{20}{x} \cdot 0,1^x \cdot 0,9^{20-x} \leq 5\%$
$\Rightarrow k + 1 = 5$

(7) Entscheidungsregel:
$X \leq 4 \rightarrow$ Entscheidung für H_0
$X > 4 \rightarrow$ Entscheidung für H_1

9. a) Falsche Aussage. Es kann ein Fehler zweiter Art entstehen.
  b) Falsche Aussage. Das Signifikanzniveau wird unabhängig vom Stichprobenumfang festgelegt, um den Fehler erster Art zu begrenzen.
  c) Korrekte Aussage. Sie berücksichtigt den Fehler erster Art.
  d) Korrekte Aussage. Der statistische Test legt die kritische Grenze fest, die die Anzahl der An- und Ausschaltungen angibt, z.B. bis zum Defekt der Maschine, sodass von einer guten Qualität gesprochen werden kann.
  e) Falsche Aussage. Das Signifikanzniveau gibt die obere Grenze der Irrtumswahrscheinlichkeit für den Fehler erster Art an.

10. H_0: $p = 0{,}35$ H_1: $p < 0{,}35$
Verteilung: $X \sim B(100; 0{,}35)$ unter H_0
$\alpha = P$ (Entscheidung für $H_1 | H_0$ richtig) $= P(X \leq k | p = 0{,}35) = \sum_{x=0}^{k} \binom{100}{x} \cdot 0{,}35^x \cdot 0{,}65^{100-x} \leq 0{,}08$
$\Rightarrow k = 27$
Entscheidungsregel:
$X > 27 \rightarrow$ Entscheidung für H_0
$X \leq 27 \rightarrow$ Entscheidung für H_1

11. a) H_0: $p = \frac{1}{6}$ gegen H_1: $p = \frac{1}{12}$
  Bei dieser Wahl der Hypothesen ist die Wahrscheinlichkeit für den Fehler erster Art:
  P (Entscheidung für H_1: $p = \frac{1}{12} | H_0$: $p = \frac{1}{6}$ richtig), wie in der Aufgabe gefordert.
  b) X zählt die Sechsen unter 30 Würfen.
  $X \sim B(30; \frac{1}{6})$ unter H_0
  Entscheidungsregel:
  $X > k \rightarrow$ Entscheidung für H_0: $p = \frac{1}{6}$
  $X \leq k \rightarrow$ Entscheidung für H_1: $p = \frac{1}{12}$
  $\alpha = P$ (Entscheidung für $H_1 | H_0$ richtig) $= P(X \leq k | p = \frac{1}{6}) = \sum_{x=0}^{k} \binom{30}{x} \cdot (\frac{1}{6})^x \cdot (\frac{5}{6})^{30-x} \leq 15\%$
  $\Rightarrow k = 2$
  Entscheidungsregel:
  $X > 2 \rightarrow$ Entscheidung für H_0: $p = \frac{1}{6}$
  $X \leq 2 \rightarrow$ Entscheidung für H_1: $p = \frac{1}{12}$
  c) Erscheinen unter 30 Würfen fünf Sechsen, so entscheiden wir uns für die Nullhypothese, denn die Ergebnisse $X > 2$ passen zum Signifikanzniveau von 15 % für den idealen Würfel.
  d) $\beta = P$ (Entscheidung für $H_0 | H_1$ richtig) $= P(X > 2 | p = \frac{1}{12}) = \sum_{x=3}^{30} \binom{30}{x} \cdot (\frac{1}{12})^x \cdot (\frac{11}{12})^{30-x} \approx 46{,}2\%$

5.6 Testen von Hypothesen

12. a) H_0: $p = 0,8$ H_1: $p < 0,8$

b) X zählt die Geschwister mit ähnlichem Einkommen in der Stichprobe.
Verteilung: $X \sim B(2000; 0,8)$ unter H_0

c) Entscheidungsregel:
$X > k \to$ Entscheidung für H_0
$X \leq k \to$ Entscheidung für H_1

$\alpha = P(\text{Entscheidung für } H_1 | H_0 \text{ richtig}) = P(X \leq k | p = 0,8) = \sum_{x=0}^{k} \binom{2000}{x} \cdot 0,8^x \cdot 0,2^{2000-x} \leq 1\%$

$\Rightarrow k = 1557$

Entscheidungsregel:
$X > 1557 \to$ Entscheidung für H_0
$X \leq 1557 \to$ Entscheidung für H_1

d) $\beta = P(\text{Entscheidung für } H_0 | H_1 \text{ richtig})$

$= P(X > 1557 | p = 0,75) = \sum_{x=1558}^{2000} \binom{2000}{x} \cdot 0,75^x \cdot 0,25^{2000-x} \approx 0,0013$

Test zu 5.6

1. a) H_0: $p = 0,65$ H_1: $p > 0,65$

b) Fehler erster Art: Aufgrund der Stichprobe glauben wir dem Verlag, dass sein Test besser ist, obwohl er nicht besser als der andere Test ist. Dieser Fehler ist für den Verlag vorteilhaft, da sein neuer Test vielfach genutzt wird und die Kunden anschließend vielleicht die angebotenen Materialien zum Üben kaufen. Für die Kunden kann die Entscheidung für die Gegenhypothese bedeuten, dass sie einen nicht besseren Test anwenden und deshalb Werbung erhalten.

Fehler zweiter Art: Fällt aufgrund der Stichprobe die Entscheidung für die Nullhypothese $p = 0,65$, obwohl der neue Test eigentlich besser ist, so verliert der Verlag potenzielle neue Kunden und die Kunden erhalten auch keinen besseren Test, um LRS zu erkennen.

2. a) H_0: $p = 0,6$ gegen H_1: $p = 0,4$

b) X zählt die Gewinnlose in der Stichprobe.
Verteilung: $X \sim B(20; 0,6)$ unter H_0
Entscheidungsregel:
$X > 9 \to$ Entscheidung für H_0
$X \leq 9 \to$ Entscheidung für H_1

$\alpha = P(\text{Entscheidung für } H_1 | H_0 \text{ richtig}) = P(X \leq 9 | p = 0,6) = \sum_{x=0}^{9} \binom{20}{x} \cdot 0,6^x \cdot 0,4^{20-x} \approx 12,75\%$

c) $\beta = P(\text{Entscheidung für } H_0 | H_1 \text{ richtig})$

$= P(X > 9 | p = 0,4) = \sum_{x=10}^{20} \binom{20}{x} \cdot 0,4^x \cdot 0,6^{20-x} \approx 24,47\%$

d) Sowohl der Fehler erster Art als auch der zweiter Art ist sehr hoch. Es handelt sich nicht um einen guten Test.

302

e) Entscheidungsregel:

$X > 7 \to$ Entscheidung für H_0

$X \leq 7 \to$ Entscheidung für H_1

$\alpha = P$ (Entscheidung für $H_1 | H_0$ richtig) $= P(X \leq 7 | p = 0,6) = \sum_{x=0}^{7} \binom{20}{x} \cdot 0,6^x \cdot 0,4^{20-x} \approx 2,1\,\%$

$\beta = P$ (Entscheidung für $H_0 | H_1$ richtig)

$= P(X > 7 | p = 0,4) = \sum_{x=8}^{20} \binom{20}{x} \cdot 0,4^x \cdot 0,6^{20-x} \approx 58,41\,\%$

Der α-Fehler ist durch die Absenkung der kritischen Grenze auf 2,1 % gesunken und damit wird eine deutliche Verbesserung des Tests erreicht. Der β-Fehler hingegen ist angestiegen, welches bei der Beurteilung einer möglichen Entscheidung für H_0 berücksichtigt werden muss.

f) Eine weitere Verbesserung des Tests ist möglich, wenn man den Stichprobenumfang erhöht. Allerdings ist dies oft mit Kosten verbunden. Hier würde man mehr Lose „zerstören", die anschließend nicht mehr verkauft werden können.

3. $H_0: p = 0,73 \quad H_1: p > 0,73$

X zählt die Anzahl der Seniorinnen und Senioren, die den Hausnotruf des Sicherheitsunternehmens kennen.

Verteilung: $X \sim B(300; 0,73)$ unter H_0

Entscheidungsregel:

$X < k \to$ Entscheidung für H_0

$X \geq k \to$ Entscheidung für H_1

$\alpha = P$ (Entscheidung für $H_1 | H_0$ richtig) $= P(X \geq k | p = 0,73) = \sum_{x=k}^{300} \binom{300}{x} \cdot 0,73^x \cdot 0,27^{300-x} \leq 1\,\%$

$\Rightarrow k = 238$

Entscheidungsregel:

$X < 238 \to$ Entscheidung für H_0

$X \geq 238 \to$ Entscheidung für H_1

4. $H_0: p = \frac{1}{16}$ gegen $H_1: p \neq \frac{1}{16}$

X zählt die „1" in der Stichprobe.

Verteilung: $X \sim B(150; \frac{1}{16})$ unter H_0

Entscheidungsregel:

$k_1 < X < k_2 \to$ Entscheidung für H_0

$X \leq k_1$ oder $X \geq k_2 \to$ Entscheidung für H_1

$\alpha = P$ (Entscheidung für $H_1 | H_0$ richtig) $= P(X \leq k_1 | p = \frac{1}{16}) + P(X \geq k_2 | p = \frac{1}{16}) < 5\,\%$

$\Rightarrow \sum_{x=0}^{k_1} \binom{150}{x} \cdot (\frac{1}{16})^x \cdot (\frac{15}{16})^{150-x} < 2,5\,\%$

$\sum_{x=k_2}^{150} \binom{150}{x} \cdot (\frac{1}{16})^x \cdot (\frac{15}{16})^{150-x} < 2,5\,\%$

$\Rightarrow k_1 = 3$ und $k_2 = 17$

Entscheidungsregel:

$3 < X < 17 \to$ Entscheidung für H_0

$X \leq 3$ oder $X \geq 17 \to$ Entscheidung für H_1

Erscheint die „1" höchstens 3-mal oder mindestens 17-mal, so ist das Glücksrad nicht mehr fair und muss erneut geeicht werden.

6 Vernetzende und vermischte Übungen

6.2 Komplexe Übungen

6.2.1 Vernetzende Übungen

1. a) A: $P(X=5) = \binom{50}{5} \cdot 0,05^5 \cdot 0,95^{45} \approx 0,0658 = \mathbf{6{,}58\,\%}$
 B: $P(X<3) = P(X \leq 2) = F(50;\,0{,}05;\,2) \approx 0,5405 = \mathbf{54{,}05\,\%}$
 C: $P(X=0) = F(50;\,0{,}05;\,0) \approx 0,0769 = \mathbf{7{,}69\,\%}$
 D: $E(X) = 50 \cdot 0,05 = 2,5$
 1 % von 50 ist 0,5.
 $\Rightarrow\ P(2 \leq X \leq 3) = P(X \leq 3) - P(X \leq 1)$
 $\qquad = F(50;\,0{,}05;\,3) - F(50;\,0{,}05;\,1)$
 $\qquad = 0,7604 - 0,2794 = 0,481 = \mathbf{48{,}1\,\%}$

 b) $P(X=5) = F(50;\,0{,}02;\,5) - F(50;\,0{,}02;\,4) = 0,9995 - 0,9968 = \binom{50}{5} \cdot 0,02^5 \cdot 0,98^{45} \approx 0,0027$
 $\qquad = \mathbf{0{,}27\,\%}$

 2 Möglichkeiten:
 1. Die Aussage stimmt, weil die Aussage des Herstellers falsch ist und das neue Röntgenkontrollgerät weniger wirksam als angegeben ist.
 2. Die Aussage stimmt nicht, da die Wahrscheinlichkeit, 5 verunreinigte Becher zu finden, nur noch bei 0,27 % liegt, falls die Aussage des Herstellers korrekt ist.

 $c_1)\ RE = RZ \cdot ZE = \begin{pmatrix} 4 & 5 & 2 \\ 2 & 4 & 1 \\ 1 & 1 & 0 \\ 3 & 0 & 3 \\ 0 & 0 & 4 \end{pmatrix} \cdot \begin{pmatrix} 4 & 8 & 8 \\ 8 & 8 & 4 \\ 8 & 4 & 8 \end{pmatrix} = \begin{pmatrix} 72 & 80 & 68 \\ 48 & 52 & 40 \\ 12 & 16 & 12 \\ 36 & 36 & 48 \\ 32 & 16 & 32 \end{pmatrix}$

 $c_2)\ r = RE \cdot \begin{pmatrix} 200 \\ 250 \\ 300 \end{pmatrix} = \begin{pmatrix} 54\,800 \\ 34\,600 \\ 10\,000 \\ 30\,600 \\ 20\,000 \end{pmatrix}\qquad \blacktriangleright\ 1\,\text{ME} \triangleq 5\,\text{g}$

 Es werden 274 kg Erdbeeren, 173 kg Himbeeren, 50 kg Kirschen, 153 kg Johannisbeeren und 100 kg Blaubeeren benötigt.

 $c_3)\ \begin{array}{ccc|c} 4 & 8 & 8 & 280 \\ 8 & 8 & 4 & 360 \\ 8 & 4 & 8 & 340 \end{array} \ \Rightarrow\ \begin{array}{ccc|c} 1 & 0 & 0 & 28 \\ 0 & 1 & 0 & 13 \\ 0 & 0 & 1 & 9 \end{array}$

 Es können 28 Paletten 1, 13 Paletten 2 und 8 Paletten 3 zusammengestellt werden.

 $c_4)\ K = ((1\ 3\ 2\ 2\ 4) \cdot RE + (2\ 3\ 2) \cdot ZE + (12\ 14\ 11)) \cdot \begin{pmatrix} 10 \\ 15 \\ 7 \end{pmatrix} = (500\ 466\ 491) \cdot \begin{pmatrix} 10 \\ 15 \\ 7 \end{pmatrix}$
 $\qquad = \mathbf{15\,427}$

310 2. **a)** $f(x) = -0{,}1x^3 + 0{,}3x^2 + 1{,}3x - 1{,}5$
$f'(x) = -0{,}3x^2 + 0{,}6x + 1{,}3$
$f''(x) = -0{,}6x + 0{,}6$
$f'''(x) = -0{,}6$
Es liegt weder Punktsymmetrie zum Ursprung noch Achsensymmetrie zur y-Achse vor.
$\lim_{x\to-\infty} f(x) = +\infty$; $\lim_{x\to+\infty} f(x) = -\infty$.
$x_{N_1} = -3$; $x_{N_2} = 1$; $x_{N_3} = 5$; $S_y(0|-1{,}5)$
$T(-1{,}31|-2{,}46)$; $H(3{,}31|2{,}46)$; $W(1|0)$
$M_1 =]-\infty; -1{,}31[: f'(-2) = -1{,}1 < 0$
$\Rightarrow G_f$ ist in M_1 streng monoton fallend.
$M_2 =]-1{,}31; 3{,}31[: f'(2) = 1{,}3 > 0$
$\Rightarrow G_f$ ist in M_2 streng monoton steigend.
$M_3 =]3{,}31; \infty[: f'(4) = -1{,}1 < 0$
$\Rightarrow G_f$ ist in M_3 streng monoton fallend.
$K_1 =]-\infty; 1[: f''(0) = 0{,}6 > 0$
$\Rightarrow G_f$ ist in K_1 linksgekrümmt.
$K_2 =]1; \infty[: f''(2) = -0{,}6 < 0$
$\Rightarrow G_f$ ist in K_2 rechtsgekrümmt.

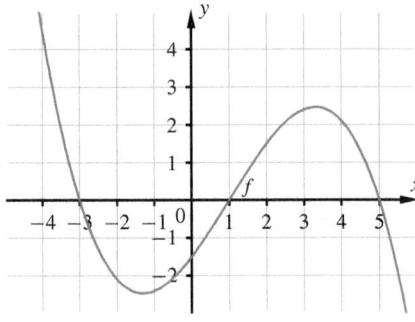

b) Über den Startpunkt werden keine Angaben gemacht, aber für das Ziel erhält man die Angabe der Steigung. Also muss man erst die Stelle des Ziels herausfinden und dann den Startpunkt berechnen.
Ziel: $m = -1{,}1$ und $f'(x) = m \Rightarrow -1{,}1 = -0{,}3x^2 + 0{,}6x + 1{,}3$
$\Rightarrow x_1 = -2$ und $x_2 = 4 \Rightarrow$ Ziel bei $x_2 = 4$.
Startstelle: 800 Meter vor dem Ziel heißt: $\frac{800\text{m}}{800\text{m/LE}} = 8\,\text{LE}$.
8 LE links vom Ziel liegt die Stelle $x = -4$. Dort ist die Stelle, an der das Rennen beginnt.

c) Die steilste Stelle zwischen Senke (Tiefpunkt) und Kuppe (Hochpunkt) ist die Wendestelle $f''(x) = 0$.
$\Rightarrow x = 1$
$f'(1) = 1{,}6$, also $m = 1{,}6$.

d) Für die Höhendifferenz benötigt man die y-Werte des Start- und Zielpunktes.
$f(-4) = 4{,}5$; $f(4) = 2{,}1$; $4{,}5 - 2{,}1 = 2{,}4$
Umrechnung mit 1 LE = 10 m: Das Ziel liegt 24 m tiefer als der Start.

e) $m = \frac{y_2-y_1}{x_2-x_1}$; Einsetzen von $(1|3)$ und $(-1|3{,}6)$ ergibt eine Steigung von $m = \frac{3{,}6-3}{-1-1} = -0{,}3$.
Punkt $(1|3)$ und m einsetzen in $y = mx + n$ führt zu $n = 3{,}3 \Rightarrow g(x) = -0{,}3x + 3{,}3$

f) $D(x) = g(x) - f(x)$, die Nebenbedingungen sind die beiden Funktionen:
$f(x) = -0{,}1x^3 + 0{,}3x^2 + 1{,}3x - 1{,}5$; $g(x) = -0{,}3x + 3{,}3$
Der Definitionsbereich ergibt sind aus „von Start bis Ziel", also $D = [-4; 4]$.
Zielfunktion: $D(x) = 0{,}1x^3 - 0{,}3x^2 - 1{,}6x + 4{,}8$
$D'(x) = 0{,}3x^2 - 0{,}6x - 1{,}6$
$D''(x) = 0{,}6x - 0{,}6$
$D'(x_E) = 0$, $x_{E_1} \approx -1{,}52$ und $x_{E_2} \approx 3{,}52$
$D''(-1{,}52) = -1{,}51 < 0 \to$ Maximalstelle
$D''(3{,}52) = 1{,}51 > 0 \to$ Minimalstelle
$D(-1{,}52) \approx 6{,}19$.
Randwerte: $D(-4) = D(4) = 0 \Rightarrow 6{,}19$ ist absolutes Maximum;
1 LE = 10 m, also 61,9 m.

6.2 Komplexe Übungen

g) In der Zeichnung sieht man, dass es zwischen Start und Ziel noch den Schnittpunkt S gibt.
$f(x) = g(x) \Rightarrow x_1 = -4, x_2 = 3$ und $x_3 = 4$
Schnittpunkt $S(3|2,4)$
$A_1 = \left| \int_{-4}^{3} (g(x) - f(x))\, dx \right|$
$A_1 = \left| \int_{-4}^{3} (0,1x^3 - 0,3x^2 - 1,6x + 4,8)\, dx \right|$
$A_1 = \left| \left[\frac{1}{40}x^4 - 0,1x^3 - 0,8x^2 + 4,8x \right]_{-4}^{3} \right|$
$A_1 = 25,725$ [FE]
$A_2 = \int_{3}^{4} (0,1x^3 - 0,3x^2 - 1,6x + 4,8)\, dx$
$A_2 = \left[\frac{1}{40}x^4 - 0,1x^3 - 0,8x^2 + 4,8x \right]_{3}^{4}$
$A_2 = 0,125$ [FE]
$A = A_1 + A_2 = 25,85$ [FE], das entspricht $25\,850\,m^2$

h)

	Helmpflicht	keine Helmpflicht	
Profiskifahrer	**98**	**22**	120
Freizeitskifahrer	89	**334**	423
	187	356	543

$P(P \cap \bar{H}) = \frac{22}{543} \approx 0,04$

i) $P(H) = \frac{187}{543} \approx 0,34$

j) X = Anzahl der Skifahrer, die für die Helmpflicht sind.
X ist binomialverteilt mit $n = 10$ und $p = 0,34$.
$P(X = 7) = \binom{10}{7} \cdot 0,34^7 \cdot 0,66^3 \approx 0,0181$

3. a) Als Rohstoffe werden nur die Farbpigmente angesehen, die weiße Knetmasse bleibt unberücksichtigt.

a₁) Die Rohstoff-Endprodukt-Matrix des einstufigen Produktionsprozesses lautet

$M = \begin{pmatrix} 20 & 0 & 0 \\ 0 & 15 & 0 \\ 0 & 0 & 18 \end{pmatrix}$. Der Bestellvektor lautet $\vec{b} = \begin{pmatrix} 200 \\ 100 \\ 400 \end{pmatrix}$.

Der Input beträgt $M \cdot \vec{b} = \begin{pmatrix} 4000 \\ 1500 \\ 7200 \end{pmatrix}$, d. h., für die Herstellung von 200 Dosen gelber, 100 Dosen roter und 400 Dosen blauer Knete werden 4 kg gelbe, 1,5 kg rote und 7,2 kg blaue Farbpigmente benötigt.

a₂) Der Preisvektor lautet $\vec{p} = (0,05 \quad 0,04 \quad 0,002)$.

Die Rohstoffkosten betragen $\vec{p} \cdot M \cdot \frac{1}{10}\vec{b} = (0,05 \quad 0,04 \quad 0,002) \cdot \begin{pmatrix} 400 \\ 150 \\ 720 \end{pmatrix} = 27,44$ [€].

311

b₁)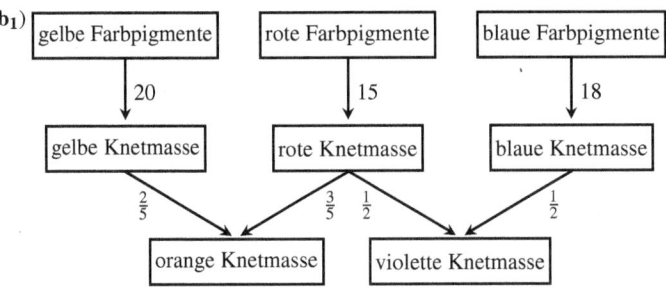

Die Rohstoff-Endprodukt-Matrix lautet $M = \begin{pmatrix} 20 & 0 & 0 & 8 & 0 \\ 0 & 15 & 0 & 9 & 7{,}5 \\ 0 & 0 & 18 & 0 & 9 \end{pmatrix}$.

b₂) Der Input für je 100 Dosen berechnet sich als $M \cdot \begin{pmatrix} 100 \\ 100 \\ 100 \\ 100 \\ 100 \end{pmatrix} = \begin{pmatrix} 2800 \\ 3150 \\ 2700 \end{pmatrix}$.

c₁) Die Rohstoff-Zwischenprodukt-Matrix lautet $M_{RZ} = \begin{pmatrix} 2 & 2 \\ 2 & 1 \\ 0 & 3 \end{pmatrix}$.

Die Zwischenprodukt-Endprodukt-Matrix lautet $M_{ZE} = \begin{pmatrix} 8 & 4 & 3 \\ 0 & 1 & 2 \end{pmatrix}$.

Die Rohstoff-Endprodukt-Matrix ist das Produkt $M_{RE} = M_{RZ} \cdot M_{ZE} = \begin{pmatrix} 16 & 10 & 10 \\ 16 & 9 & 8 \\ 0 & 3 & 6 \end{pmatrix}$.

c₂) Die Auftragsmatrix lautet $A = \begin{pmatrix} 200 & 160 & 370 \\ 150 & 500 & 140 \\ 380 & 270 & 300 \end{pmatrix}$.

Der Gesamtbedarf an Rohstoffen wird bestimmt durch $M_{RE} \cdot A = \begin{pmatrix} 8500 & 10260 & 10320 \\ 7590 & 9220 & 9580 \\ 2730 & 3120 & 2220 \end{pmatrix}$.

Insgesamt werden $8500 + 10260 + 10320 = 29080$ [ME] rote Knete, 26 390 ME violette Knete und 8070 ME Strasssteine benötigt.

c₃) Der Preisvektor lautet $\vec{p} = (0{,}2 \quad 0{,}2 \quad 1)$. Der Bestellvektor lautet $\vec{b} = \begin{pmatrix} 29080 \\ 26390 \\ 8070 \end{pmatrix}$.

Der Einkaufspreis der Bestellung beträgt $\vec{p} \cdot \vec{b} = (0{,}2 \quad 0{,}2 \quad 1) \cdot \begin{pmatrix} 29080 \\ 26390 \\ 8070 \end{pmatrix} = 19164$ [€].

Der Gesamtverkaufspreis beträgt $(1 + 250\%) \cdot 19164 = 3{,}5 \cdot 19162 = 67074$ [€].

Die Beurteilung sollte in einem logischen Zusammenhang stehen und mathematisch z.B. über die durchschnittlichen Einkaufs- und Verkaufspreise begründet werden.

d$_1$) Die Nullstelle lautet $t_N = 1 \to$ Schnittpunkt $N(1|0)$. Nur für $t > 1$ ist $f(t) > 0$.

d$_2$) Die Aussage ist korrekt. Für $t \to \infty$ gilt: $f(t) \to 0$.

d$_3$) $f(2) \approx 94,73$ und $f(5) \approx 18,87$. [Sinnvoll begründet können auch $f(3)$ und $f(6)$ bestimmt werden.]

d$_4$) $\int_1^5 f(t)dt$ [bzw. $\int_2^6 f(t)dt$].

6.2.2 Vermischte Übungen

1. a) Funktion f:

mit quadratischer Ergänzung:
$f(x) = -0,5x^2 + 1,5x + 5 = -0,5(x^2 - 3x - 10) = -0,5(x^2 - 3x + 2,25 - 2,25 - 10)$
$= -0,5(x - 1,5)^2 + 6,125$

mit Differenzialrechnung:
$f'(x) = -x + 1,5$; $f'(x_E) = 0 \Leftrightarrow x_E = 1,5$; $f(1,5) = 6,125$
Scheitelpunkt von f: $S(1,5 | 6,125)$

Funktion g:
Der Scheitelpunkt lässt sich direkt ablesen: $S(0 | -1)$.

b) Funktion f:
$f(0) = 5$; $S_y(0|5)$
$f(x_N) = 0 \Leftrightarrow x_N^2 - 3x_N - 10 = 0$
$x_{N_1} = -2$; $x_{N_2} = 5$; $N_1(-2|0)$; $N_2(5|0)$

Funktion g:
$g(0) = -1$; $S_y(0|-1)$
$g(x_N) = 0 \Leftrightarrow 0,25x_N^2 = 1$
$\Leftrightarrow x_N = -2 \vee x_N = 2$
$N_1(-2|0)$; $N_2(2|0)$

c)

d) $d(x) = f(x) - g(x) = -0,75x^2 + 1,5x + 6$
$d(x_N) = 0 \Leftrightarrow x_N^2 - 2x_N - 8 = 0$; $x_{N_1} = -2$; $x_{N_2} = 4$
$A = \int_{-2}^{4} (-0,75x^2 + 1,5x + 6)\, dx = \left[-\frac{1}{4}x^3 + \frac{3}{4}x^2 + 6x\right]_{-2}^{4} = 27$ [FE]

e) Die Schnittstellen von f und g sind die Nullstellen von d.
$g(-2) = 0$; $g(4) = 3$; $S_1(-2|0)$; $S_2(4|3)$
Gerade G: $h(x) = mx + n$
$m = \frac{3-0}{4-(-2)} = 0,5$; z.B. Einsetzen von S_1: $0 = 0,5 \cdot (-2) + n \Leftrightarrow n = 1$; $h(x) = 0,5x + 1$

f) Fläche zwischen den Graphen von g und h:
$A_1 = \int_{-2}^{4} (h(x) - g(x))\, dx$

$= \int_{-2}^{4} (-0,25x^2 + 0,5x + 2)\, dx$
$= \left[-\frac{1}{12}x^3 + \frac{1}{4}x^2 + 2x\right]_{-2}^{4} = 9$
$\frac{A_1}{A - A_1} = \frac{9}{27-9} = \frac{1}{2}$. Die Gerade G teilt die Fläche im Verhältnis 1 : 2.

2. *Hinweis:* Fehler im 1. Druck der 1. Auflage! Die Gleichung der Funktion f lautet:
$f(x) = 0,2x^3 - 1,2x^2 + 6,4$.

a) Nullstellen/x-Achsenschnittpunkte
Bedingung: $f(x_N) = 0$
$0,2x_N^3 - 1,2x_N^2 + 6,4 = 0$
$\Leftrightarrow (x_N + 2)(x_N^2 - 8x_N + 16) = 0$ ▶ Nullstelle $x_N = -2$ mit Taschenrechner ermittelt, dann Polynomdivsion durch $(x_N + 2)$
$\Leftrightarrow x_N + 2 = 0 \lor x_N^2 - 8x_N + 16 = 0$
$\Leftrightarrow x_N = -2 \lor (x_N - 4)^2 = 0$
$\Leftrightarrow x_N = -2 \lor x_N = 4 \lor x_N = 4$

f hat bei -2 eine einfache und bei 4 eine doppelte Nullstelle.
$\to N_1(-2|0); N_{2,3}(4|0)$ (Berührpunkt)

Extrempunkte
Ableitungen: $f'(x) = 0,6x^2 - 2,4x$; $f''(x) = 1,2x - 2,4$

Notwendige Bedingung für Extrempunkte: $f'(x_E) = 0$
$0,6x_E^2 - 2,4x_E = 0$
$\Leftrightarrow 0,6x_E(x_E - 4) = 0$
$\Leftrightarrow 0,6x_E = 0 \lor x_E - 4 = 0$
$\Leftrightarrow x_E = 0 \lor x_E = 4$

Hinreichende Bedingung für Extrempunkte: $f'(x_E) = 0 \land f''(x_E) \neq 0$
$x_E = 0$: $f'(0) = 0 \land f''(0) = -2,4 \to$ Maximalstelle
$x_E = 4$: $f'(4) = 0 \land f''(4) = 2,4 \to$ Minimalstelle
$f(0) = 6,4 \to H(0|6,4)$
$f(4) = 0 \to T(4|0)$

Wendepunkte
Ableitungen: $f''(x) = 1,2x - 2,4$; $f'''(x) = 1,2$

Notwendige Bedingung für Wendestellen:
$f''(x_W) = 0$
$1,2x_W - 2,4 = 0$
$\Leftrightarrow x_W = 2$

Hinreichende Bedingung für Wendestellen:
$f''(x_W) = 0 \land f'''(x_W) \neq 0$
$f''(2) = 0 \land f'''(2) = 1,2 \to$ Wendestelle,
R-L-Übergang
$f(2) = 3,2 \to W(2|3,2)$

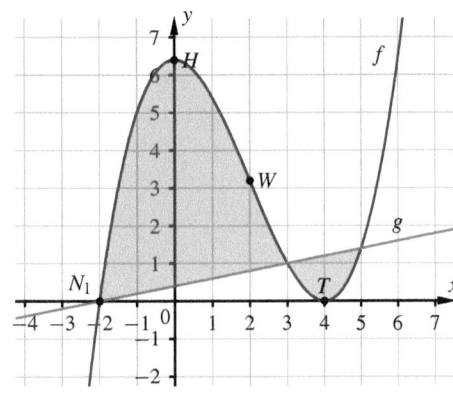

b) Integrationsgrenzen

Setze $d(x) = f(x) - g(x) = 0,2x^3 - 1,2x^2 - 0,2x + 6$

Bedingung: $d(x_N) = 0$

$0,2x_N^3 - 1,2x_N^2 - 0,2x_N + 6 = 0$

$\Leftrightarrow x_N^3 - 6x_N^2 - x_N + 30 = 0$

$\Leftrightarrow (x_N + 2)(x_N^2 - 8x_N + 15) = 0$ ▶ Nullstelle $x_N = -2$ mit Taschenrechner ermittelt, dann Polynomdivsion durch $(x_N + 2)$

$\Leftrightarrow x_N + 2 = 0 \lor x_N^2 - 8x_N + 15 = 0$

$\Leftrightarrow x_N = -2 \lor x_N = 3 \lor x_N = 5$ ▶ p-q-Formel oder quadratische Ergänzung

Flächenberechnung

$$A = \int_{-2}^{3} d(x)dx + \left|\int_{3}^{5} d(x)dx\right|$$

$$= \int_{-2}^{3} (0,2x^3 - 1,2x^2 - 0,2x + 6)dx + \left|\int_{3}^{5} (0,2x^3 - 1,2x^2 - 0,2x + 6)dx\right|$$

$$= [0,05x^4 - 0,4x^3 - 0,1x^2 + 6x]_{-2}^{3} + \left|[0,05x^4 - 0,4x^3 - 0,1x^2 + 6x]_{3}^{5}\right|$$

$$= 18,75 + |-1,6| = 20,35 \text{ [FE]}$$

3. a) Individuelle Lösungen

b) $f'(x) = -\frac{15}{8}x^2 + 2$; $f''(x) = -\frac{15}{4}x$; $f'''(x) = -\frac{15}{4}$

$f''(x_W) = 0 \Leftrightarrow x_W = 0$

$f'''(0) < 0 \rightarrow 0$ ist L-R-Wendestelle. $W(0|0)$

Wendetangente $t(x) = mx + n$; $m = f'(0) = 2$; $n = 0$; $t(x) = 2x$

c)

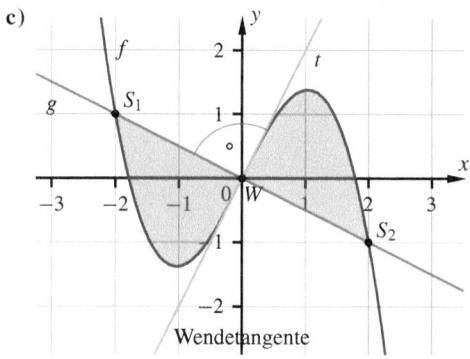

d) $g(x) = mx + n$; $m = -\frac{1}{2}$; ▶ Orthogonalitätsbedingung: $m_2 = -\frac{1}{m_1}$

$n = 0$; $g(x) = -\frac{1}{2}x$

e) $d(x) = f(x) - g(x) = -\frac{5}{8}x^3 + \frac{5}{2}x$

$d(x_N) = 0 \Leftrightarrow -\frac{5}{8}x_N(x_N^2 - 4) = 0 \Leftrightarrow x_N = -2 \lor x_N = 0 \lor x_N = 2$

$$A = \left|\int_{-2}^{0} \left(-\frac{5}{8}x^3 + \frac{5}{2}x\right) dx\right| + \left|\int_{0}^{2} \left(-\frac{5}{8}x^3 + \frac{5}{2}x\right) dx\right|$$

$$= 2 \cdot \left|\int_{0}^{2} \left(-\frac{5}{8}x^3 + \frac{5}{2}x\right) dx\right| = 2 \cdot \left|\left[-\frac{5}{32}x^4 + \frac{5}{4}x^2\right]_{0}^{2}\right| = 2 \cdot 2,5 = 5 \text{ [FE]}$$

Die Graphen von f und g sind punktsymmetrisch zum Ursprung.

4. a) Globale Eigenschaften:
Der Graph ist symmetrisch zur y-Achse, da f eine gerade Funktion ist.
Wegen des positiven Leitkoeffizienten verläuft der Graph vom II. in den I. Quadranten.
Sowohl für $x \to -\infty$ als auch für $x \to +\infty$ gilt: $f(x) \to +\infty$.

Lokale Eigenschaften:
Achsenschnittpunkte: $S_y(0|0)$; $N_1(-2\sqrt{6}|0)$; $N_{2,3}(0|0)$; $N_4(2\sqrt{6}|0)$
Extrempunkte: $T_1(-2\sqrt{3}|-7,2)$; $H(0|0)$; $T_2(2\sqrt{3}|-7,2)$
Wendepunkte: $W_1(-2|-4)$; $W_2(2|-4)$

b)

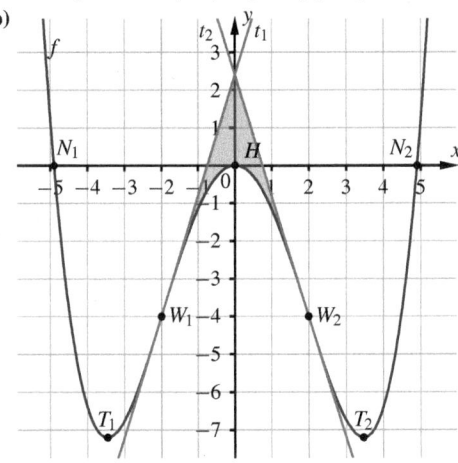

c) Wendetangente in $W_1(-2|-4)$: $t_1(x) = 3,2x + 2,4$
Wendetangente in $W_2(2|-4)$: $t_2(x) = -3,2x + 2,4$

d) Wegen der Symmetrie gilt:
$$A = 2\int_0^2 (t_2(x) - f(x))dx$$
$$= 2\int_0^2 (-3,2x + 2,4 - 0,05x^4 + 1,2x^2)dx$$
$$= 2[-1,6x^2 + 2,4x - 0,01x^5 + 0,4x^3]_0^2$$
$$= 2,56 \text{ [FE]}$$

5. a) $f'(x) = -1,5x^2 - 9x - 11,5$; $f''(x) = -3x - 9$
$f'(x_E) = 0 \Leftrightarrow x_E^2 + 6x_E + \frac{23}{3} = 0 \Leftrightarrow x_E = -3 - \sqrt{\frac{4}{3}} \ (\approx -4,15) \lor x_E = -3 + \sqrt{\frac{4}{3}} \ (\approx 1,85)$
$f''(-3 - \sqrt{\frac{4}{3}}) > 0 \to$ bei $-3 - \sqrt{\frac{4}{3}} \approx -4,15$ Minimalstelle
$f''(-3 + \sqrt{\frac{4}{3}}) < 0 \to$ bei $-3 + \sqrt{\frac{4}{3}} \approx 1,85$ Maximalstelle
Da $f(x) \to \infty$ für $x \to -\infty$ und $f(x) \to -\infty$ für $x \to \infty$ gilt, liegen nur lokale Extremwerte vor.

b) Die Steigung des Graphen von f ist maximal bei L-R-Wendestellen.
$f''(x_W) = 0 \Leftrightarrow x_W = -3$
$f'''(x) = -3$; $f'''(-3) < 0 \to -3$ ist L-R-Wendestelle.
$f(-3) = 0 \to W(-3|0)$
In $W(-3|0)$ steigt der Graph am stärksten.

c) $f'(x) = 2 \Leftrightarrow -1{,}5x^2 - 9x - 11{,}5 = 2 \Leftrightarrow x^2 + 6x + 9 = 0 \Leftrightarrow (x+3)^2 = 0 \Leftrightarrow x = -3$

Die Steigung 2 hat der Graph nur im Punkt $W(-3|0)$.

Tangente: $t(x) = mx + n$

Einsetzen von $m = 2$ und W: $0 = 2 \cdot (-3) + n \Leftrightarrow n = 6$; $\quad t(x) = 2x + 6$

d)

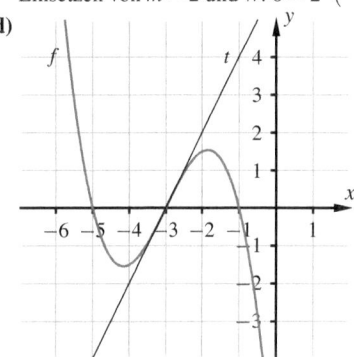

6. a) Symmetrieeigenschaften

In der Funktionsgleichung haben alle x-Potenzen nur gerade Exponenten.
Also ist der Graph f achsensymmetrisch zur y-Achse.

Globalverlauf

Summand mit der höchsten x-Potenz: $6x^4$
Also gilt: $f(x) \to \infty$ sowohl für $x \to -\infty$ als auch für $x \to \infty$.
Der Graph verläuft vom II. in den I. Quadranten.

Achsenschnittpunkte

$f(0) = 0$; $\quad S_y(0|0)$
$f(x_N) = 0 \Leftrightarrow 6x_N^2(x_N^2 - 1) = 0 \Leftrightarrow x_N = -1 \vee x_N = 0 \text{ (doppelt)} \vee x_N = 1$
$N_1(-1|0)$; $N_{2,3}(0|0)$; $N_4(1|0)$

Ableitungen

$f'(x) = 24x^3 - 12x$; $\quad f''(x) = 72x^2 - 12$; $\quad f'''(x) = 144x$

Extrempunkte

$f'(x_E) = 0 \Leftrightarrow 24x_E(x_E^2 - \frac{1}{2}) = 0 \Leftrightarrow x_E = -\frac{1}{\sqrt{2}} (\approx -0{,}71) \vee x_E = 0 \vee x_E = \frac{1}{\sqrt{2}} (\approx 0{,}71)$
$f''(-\frac{1}{\sqrt{2}}) > 0 \to T_1(\approx -0{,}71 | -1{,}5)$
Wegen der Symmetrie zur y-Achse: $T_2(\approx 0{,}71 | -1{,}5)$
$f''(0) < 0 \to H(0|0)$

Wendepunkte

$f''(x_W) = 0 \Leftrightarrow 72x_W^2 = 12 \Leftrightarrow x_W = -\frac{1}{\sqrt{6}} (\approx -0{,}41) \vee x_W = \frac{1}{\sqrt{6}} (\approx 0{,}41)$
$f'''(-\frac{1}{\sqrt{6}}) < 0 \to -\frac{1}{\sqrt{6}}$ ist L-R-Wendestelle.
$f(-\frac{1}{\sqrt{6}}) = -\frac{5}{6} \approx -0{,}83$; $\quad W_1(\approx -0{,}41 | \approx -0{,}83)$
$f'''(\frac{1}{\sqrt{6}}) > 0 \to \frac{1}{\sqrt{6}}$ ist R-L-Wendestelle.
$f(\frac{1}{\sqrt{6}}) = -\frac{5}{6} \approx -0{,}83$; $\quad W_2(\approx 0{,}41 | \approx -0{,}83)$

312

b)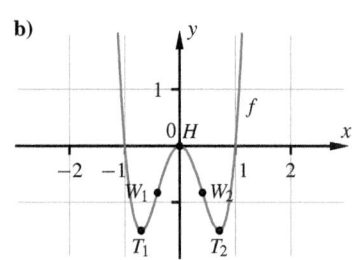

c) $t(x) = mx + n$
$m = f'(1) = 12;\quad f(1) = 0$
Einsetzen des Steigungswerts und der Koordinaten von P: $0 = 12 \cdot 1 + n \Leftrightarrow n = -12$
$t(x) = 12x - 12$

d) $d(x) = f(x) - t(x) = 6x^4 - 6x^2 - 12x + 12$
$d(x_N) = 0 \Leftrightarrow x_N^4 - x_N^2 - 2x_N + 2 = 0$
$\Leftrightarrow (x_N - 1)^2(x_N^2 + 2x_N + 2) = 0$ ▶ zweifache Polynomdivision durch den Term $(x_N - 1)$
$\Leftrightarrow x_N = 1$ (doppelt)

Es wird keine Fläche eingeschlossen, da es nur einen Berührpunkt der Graphen von f und t bei $x = 1$ gibt.

313

7. a) Bei $x = 2$ liegt eine doppelte Nullstelle vor, d. h., die x-Achse wird an der Stelle $x = 2$ berührt, der Graph hat dort einen Extrempunkt.
$f(x) = a(x^3 - 5x^2 + 8x - 4);\quad f'(x) = a(3x^2 - 10x + 8);\quad f''(x) = a(6x - 10)$
$f'(2) = 0 \wedge f''(2) = 2a \neq 0 \to 2$ ist Extremstelle. ($a \neq 0$, da a Leitkoeffizient)

b) $f(3) = 4 \Leftrightarrow a(3-1)(3-2)^2 = 4 \Leftrightarrow a = 2$

c)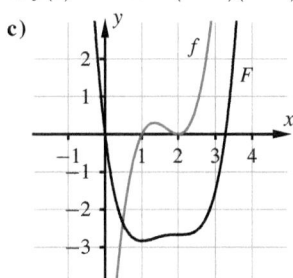

d) $d(x) = f(x) - g(x) = 2x^3 - 10x^2 + 12x$
$d(x_N) = 0 \Leftrightarrow 2x_N(x_N^2 - 5x_N + 6) = 0$
$x_{N_1} = 0;\ x_{N_2} = 2;\ x_{N_3} = 3$
$A = \left|\int_0^2 (2x^3 - 10x^2 + 12x)\,dx\right| + \left|\int_2^3 (2x^3 - 10x^2 + 12x)\,dx\right|$
$= \left|\left[\tfrac{1}{2}x^4 - \tfrac{10}{3}x^3 + 6x^2\right]_0^2\right| + \left|\left[\tfrac{1}{2}x^4 - \tfrac{10}{3}x^3 + 6x^2\right]_2^3\right|$
$= \tfrac{16}{3} + \left|-\tfrac{5}{6}\right| = \tfrac{37}{6} \approx 6{,}17$ [FE]

8. a) $f(x) = ax^4 + bx^3 + cx^2 + dx + e$
Symmetrie zur y-Achse $\to b = 0;\ d = 0$
$f(x) = ax^4 + cx^2 + e;\quad f'(x) = 4ax^3 + 2cx;\quad f''(x) = 12ax^2 + 2c$
(I) $f(0) = 2{,}5 \Leftrightarrow \hspace{3em} e = 2{,}5$
(II) $f(1) = 0 \Leftrightarrow \hspace{2em} a + c + e = 0$
(III) $f''(1) = 0 \Leftrightarrow 12a + 2c\ \ = 0 \quad f(x) = 0{,}5x^4 - 3x^2 + 2{,}5$

b) Achsenschnittpunkte
$f(0) = 2{,}5;\ S_y(0\,|\,2{,}5)$
$f(x_N) = 0 \Leftrightarrow x_N^4 - 6x_N^2 + 5 = 0;\quad x_{N_1} = -\sqrt{5} \approx -2{,}24;\ x_{N_2} = -1;\ x_{N_3} = 1;\ x_{N_4} = \sqrt{5} \approx 2{,}24$
$N_1(\approx -2{,}24\,|\,0);\ N_2(-1\,|\,0);\ N_3(1\,|\,0);\ N_4(\approx 2{,}24\,|\,0)$

Ableitungen
$f'(x) = 2x^3 - 6x;\quad f''(x) = 6x^2 - 6;\quad f'''(x) = 12x$

Extrempunkte

$f'(x_E) = 0 \Leftrightarrow 2x_E(x_E^2 - 3) = 0 \Leftrightarrow x_E = -\sqrt{3} \,(\approx -1{,}73) \lor x_E = 0 \lor x_E = \sqrt{3} \,(\approx 1{,}73)$

$f'(-\sqrt{3}) = 0 \land f''(-\sqrt{3}) > 0 \to$ Minimalstelle

$f(-\sqrt{3}) = -2 \to T_1(-\sqrt{3} \mid -2)$

Wegen der Symmetrie zur y-Achse: $T_2(\sqrt{3} \mid -2)$

$f'(0) = 0 \land f''(0) < 0 \to$ Maximalstelle

$f(0) = 2{,}5 \to H(0 \mid 2{,}5)$

Wendepunkte

$f''(x_W) = 0 \Leftrightarrow 6x_W^2 = 6 \Leftrightarrow x_W = -1 \lor x_W = 1$

$f'''(-1) < 0 \to -1$ ist L-R-Wendestelle; $\quad W_1(-1 \mid 0)$

$f'''(1) > 0 \to 1$ ist R-L-Wendestelle; $\quad W_2(1 \mid 0)$

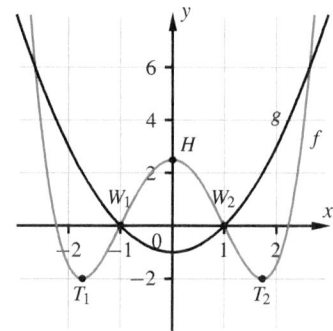

c) Parabel: $g(x) = x^2 - 1; \quad d(x) = f(x) - g(x) = 0{,}5x^4 - 4x^2 + 3{,}5$

$d(x_N) = 0 \Leftrightarrow x_N^4 - 8x_N^2 + 7 = 0; \quad x_{N_1} = -\sqrt{7} \approx -2{,}65; \, x_{N_2} = -1; \, x_{N_3} = 1; \, x_{N_4} = \sqrt{7} \approx 2{,}65$

$A = \left| \int_{-\sqrt{7}}^{-1} (0{,}5x^4 - 4x^2 + 3{,}5)\, dx \right| + \left| \int_{-1}^{1} (0{,}5x^4 - 4x^2 + 3{,}5)\, dx \right| + \left| \int_{1}^{\sqrt{7}} (0{,}5x^4 - 4x^2 + 3{,}5)\, dx \right|$

$= 2 \cdot \left| \int_{0}^{1} (0{,}5x^4 - 4x^2 + 3{,}5)\, dx \right| + 2 \cdot \left| \int_{1}^{\sqrt{7}} (0{,}5x^4 - 4x^2 + 3{,}5)\, dx \right| \quad \blacktriangleright$ wegen Symmetrie zur y-Achse

$= 2 \cdot \left| \left[\tfrac{1}{10}x^5 - \tfrac{4}{3}x^3 + \tfrac{7}{2}x \right]_0^1 \right| + 2 \cdot \left| \left[\tfrac{1}{10}x^5 - \tfrac{4}{3}x^3 + \tfrac{7}{2}x \right]_1^{\sqrt{7}} \right| \approx 2 \cdot 2{,}267 + 2 \cdot |{-4{,}736}| \approx 14{,}01$ [FE]

d) Eckpunkt: $P(x \mid y)$

Hauptbedingung: $A(x, y) = x \cdot y$

Nebenbedingung: $y = f(x) = 0{,}5x^4 - 3x^2 + 2{,}5$

Zielfunktion: $A(x) = x \cdot (0{,}5x^4 - 3x^2 + 2{,}5) = 0{,}5x^5 - 3x^3 + 2{,}5x; \quad D_A = [0;\, 1]$

$A'(x) = 2{,}5x^4 - 9x^2 + 2{,}5; \quad A''(x) = 10x^3 - 18x$

Extremstellen: $A'(x_E) = 0 \Leftrightarrow x_E^4 - 3{,}6 x_E^2 + 1 = 0$

$x_{E_1} \approx -1{,}816 \,(\notin D_A); \, x_{E_2} \approx -0{,}551 \,(\notin D_A); \, x_{E_3} \approx 0{,}551; \, x_{E_4} \approx 1{,}816 \,(\notin D_A)$

$A''(0{,}551) < 0 \to 0{,}551$ ist Maximalstelle.

Randwerte: $A(0) = 0; \, A(1) = 0$

$A(0{,}551) \approx 0{,}0901$ ist globales Maximum von A in D_A.

$y = f(0{,}551) \approx 1{,}64$

Das Rechteck ist ca. 0,55 LE breit und ca. 1,64 LE hoch.

e) $A_f = \int_0^1 (0{,}5x^4 - 3x^2 + 2{,}5)\, dx = \left[\tfrac{1}{10}x^5 - x^3 + 2{,}5x \right]_0^1 = 1{,}6$ [FE]

$A_{\text{Rechteck}} : A_f \approx 0{,}901 : 1{,}6 \approx 0{,}563$. $\quad$ Das Rechteck deckt ca. 56,3 % der Fläche ab.

9. a) $f(x) = ax^4 + bx^3 + cx^2 + dx + e$
Symmetrie zur y-Achse $\rightarrow b = 0; d = 0;$ $f(x) = ax^4 + cx^2 + e;$ $f'(x) = 4ax^3 + 2cx$
(I) $f(3) = 0 \Leftrightarrow 81a + 9c + e = 0$
(II) $f(1) = 4 \Leftrightarrow a + c + e = 4$
(III) $f'(1) = 3 \Leftrightarrow 4a + 2c = 3$ $f(x) = -0{,}25x^4 + 2x^2 + 2{,}25$

b) Achsenschnittpunkte
$f(0) = 2{,}25;$ $S_y(0|2{,}25)$
$f(x_N) = 0 \Leftrightarrow x_N^4 - 8x_N^2 - 9 = 0$
$x_{N_1} = -3; x_{N_2} = 3;$ $N_1(-3|0); N_2(3|0)$

Ableitungen
$f'(x) = -x^3 + 4x;$ $f''(x) = -3x^2 + 4;$ $f'''(x) = -6x$

Extrempunkte
$f'(x_E) = 0 \Leftrightarrow -x_E(x_E^2 - 4) = 0$
$\Leftrightarrow x_E = -2 \vee x_E = 0 \vee x_E = 2$
$f''(-2) < 0 \rightarrow -2$ ist Maximalstelle; $H_1(-2|6{,}25)$
Wegen der Symmetrie zur y-Achse: $H_2(2|6{,}25)$
$f''(0) > 0 \rightarrow 0$ ist Minimalstelle; $T(0|2{,}25)$

Wendepunkte
$f''(x_W) = 0 \Leftrightarrow 3x_W^2 = 4 \Leftrightarrow x_W = -\frac{2}{\sqrt{3}} (\approx -1{,}15) \vee x_W = \frac{2}{\sqrt{3}} (\approx 1{,}15)$
$f'''(-\frac{2}{\sqrt{3}}) > 0 \rightarrow -\frac{2}{\sqrt{3}}$ ist R-L-Wendestelle. $W_1(\approx -1{,}15| \approx 4{,}47)$
$f'''(\frac{2}{\sqrt{3}}) < 0 \rightarrow \frac{2}{\sqrt{3}}$ ist L-R-Wendestelle. $W_2(\approx 1{,}15| \approx 4{,}47)$

d) $d(x) = f(x) - g(x) = -0{,}25x^4 + 2{,}5x^2 - 2{,}25$
$d(x_N) = 0 \Leftrightarrow x_N^4 - 10x_N^2 + 9 = 0;$ $x_{N_1} = -3; x_{N_2} = -1; x_{N_3} = 1; x_{N_4} = 3$

$A = \left|\int_{-3}^{-1}(-0{,}25x^4 + 2{,}5x^2 - 2{,}25)\,dx\right| + \left|\int_{-1}^{1}(-0{,}25x^4 + 2{,}5x^2 - 2{,}25)\,dx\right|$
$+ \left|\int_{1}^{3}(-0{,}25x^4 + 2{,}5x^2 - 2{,}25)\,dx\right|$

$= 2 \cdot \left|\int_{0}^{1}(-0{,}25x^4 + 2{,}5x^2 - 2{,}25)\,dx\right| + 2 \cdot \left|\int_{1}^{3}(-0{,}25x^4 + 2{,}5x^2 - 2{,}25)\,dx\right|$ ▶ wegen Symmetrie zur y-Achse

$= 2 \cdot \left|\left[-\frac{1}{20}x^5 + \frac{5}{6}x^3 - 2{,}25x\right]_0^1\right| + 2 \cdot \left|\left[-\frac{1}{20}x^5 + \frac{5}{6}x^3 - 2{,}25x\right]_1^3\right|$
$= 2 \cdot \left|-\frac{22}{15}\right| + 2 \cdot \frac{76}{15} = \frac{196}{15} \approx 13{,}07$ [FE]

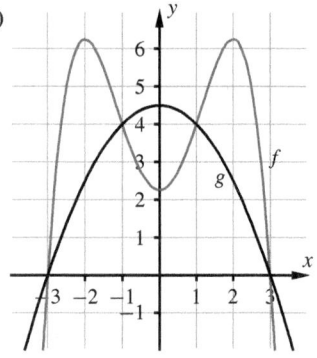

10. a) $f'(x) = 0,375x^2 - 1,5x + c$
$f(x) = 0,125x^3 - 0,75x^2 + cx + d$
(I) $f(2) = 2 \Leftrightarrow -2 + 2c + d = 2$
(II) $f'(2) = 0 \Leftrightarrow -1,5 + c = 0$
$f(x) = 0,125x^3 - 0,75x^2 + 1,5x + 1$

c) $g(x) = 1,5x - 3$

d) $d(x) = f(x) - g(x) = 0,125x^3 - 0,75x^2 + 4$
$d(x_N) = 0 \Leftrightarrow x_N^3 - 6x_N^2 + 32 = 0$
$x_{N_1} = -2; x_{N_2} = 4$ (doppelt)
$A = \left| \int_{-2}^{4} (0,125x^3 - 0,75x^2 + 4)\, dx \right|$
$= \left| \left[\tfrac{1}{32}x^4 - \tfrac{1}{4}x^3 + 4x \right]_{-2}^{4} \right| = 13,5$ [FE]

b)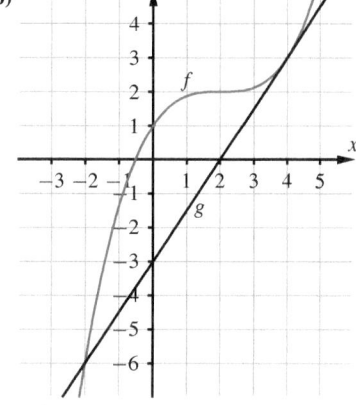

e) Zielfunktion: $d(x) = f(x) - g(x) = 0,125x^3 - 0,75x^2 + 4$; $D_d = [-2; 4]$
$d'(x) = 0,375x^2 - 1,5x$; $d''(x) = 0,75x - 1,5$

Extremstellen:
$d'(x_E) = 0 \Leftrightarrow 0,375x_E(x_E - 4) = 0 \Leftrightarrow x_E = 0 \lor x_E = 4$ (Randstelle)
$d''(0) < 0 \to 0$ ist Maximalstelle.
$d''(4) = 1,5 > 0 \to 4$ ist Minimalstelle, also Randminimum bei 4.
Randwerte: $d(-2) = 0;\ d(4) = 0$
$d(0) = 4 \to 4$ ist globales Maximum von d in D_d.
Der maximale senkrechte Abstand der Graphen von f und g im Intervall $[-2; 4]$ beträgt 4 LE.

11. a) $f(t) = at^3 + bt^2 + ct + d;\ f'(t) = 3at^2 + 2bt + c$
(I) $f(0) = 300$
(II) $f(12) = 0$
(III) $f(4) = 500$
(IV) $f'(4) = 0$
$f(t) = 0,390625t^3 - 15,625t^2 + 106,25t + 300$

b) $f(6) \approx 459\ [\text{m}^3]$

12. a) Bei $x = 1$ hat der Graph der Stammfunktion einen Tiefpunkt, bei $x = 2$ einen L-R-Wendepunkt und bei $x = 4$ einen Sattelpunkt. Der Graph fällt für $x < 1$ und steigt für $x > 1$ (bei $x = 4$ ist die Steigung 0). Die Stammfunktion ist eine Funktion 4. Grades, ihr Graph verläuft vom II. in den I. Quadranten.

b) Ableitungen
$$F'(x) = 0{,}5x^3 - 4{,}5x^2 + 12x - 8$$
$$F''(x) = 1{,}5x^2 - 9x + 12; \quad F'''(x) = 3x - 9$$

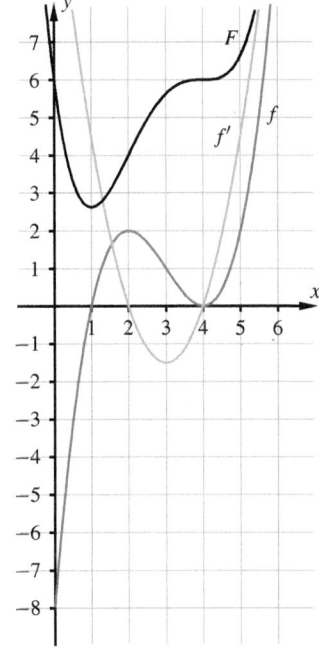

Extrempunkte
$F'(x_E) = 0 \Leftrightarrow x_E^3 - 9x_E^2 + 24x_E - 16 = 0$
$x_{E_1} = 1; \; x_{E_2} = 4$ (doppelt)
$F''(1) > 0 \rightarrow 1$ ist Minimalstelle; $T(1 | 2{,}625)$
f hat bei $x = 1$ eine Nullstelle.
$F'(4) = 0 \wedge F''(4) = 0 \rightarrow$ hinreichende Bedingung für Extremstellen nicht erfüllt
Aus $F''(4) = 0 \wedge F'''(4) \neq 0$ folgt, dass 4 nicht Extremstelle, sondern Wendestelle von F ist.

Wendepunkte
$F''(x_W) = 0 \Leftrightarrow x_W^2 - 6x_W + 8 = 0$
$x_{W_1} = 2; \; x_{W_2} = 4$
$F'''(2) < 0 \rightarrow 2$ ist L-R-Wendestelle von F. $W_1(2|4)$
f hat bei $x = 2$ ein Maximum.
$F'''(4) > 0 \rightarrow 4$ ist R-L-Wendestelle von F.
Sattelpunkt $W_2(4|6)$ wegen $F'(4) = 0$
f hat bei $x = 4$ eine Nullstelle und ein Minimum.

c) siehe Zeichnung

d) $f(x) = 0{,}5x^3 - 4{,}5x^2 + 12x - 8; \quad f'(x) = 1{,}5x^2 - 9x + 12$
$d(x) = f(x) - f'(x) = 0{,}5x^3 - 6x^2 + 21x - 20$
$d(x_N) = 0 \Leftrightarrow x_N^3 - 12x_N^2 + 42x_N - 40 = 0; \quad x_{N_1} = 4 - \sqrt{6} \approx 1{,}55; \; x_{N_2} = 4; \; x_{N_3} = 4 + \sqrt{6} \approx 6{,}45$

$$A = \left| \int_{4-\sqrt{6}}^{4} (0{,}5x^3 - 6x^2 + 21x - 20)\, dx \right| + \left| \int_{4}^{4+\sqrt{6}} (0{,}5x^3 - 6x^2 + 21x - 20)\, dx \right|$$
$$= \left| \left[0{,}125x^4 - 2x^3 + 10{,}5x^2 - 20x\right]_{4-\sqrt{6}}^{4} \right| + \left| \left[0{,}125x^4 - 2x^3 + 10{,}5x^2 - 20x\right]_{4}^{4+\sqrt{6}} \right|$$
$$= 4{,}5 + |-4{,}5| = 9 \text{ [FE]}$$

6.2 Komplexe Übungen

13. Ansatz:
- Erster Besucher / Öffnung und letzter Besucher: Nullstellen bei $x_{N_1} = 9$ und $x_{N_2} = 18$
- Zuerst dürftiger Andrang: doppelte Nullstelle bei 9, also ist der Graph keine Parabel 2. Ordnung.
- Ansatz: ganzrationale Funktion 3. Grades: $f(x) = a \cdot (x - 18) \cdot (x - 9)^2$
- Definitionsbereich: $[9; 18]$
- 11 200 Besucher um 11 Uhr: $f(11) = a \cdot (11 - 18) \cdot (11 - 9)^2 = -28a = 11\,200 \quad \Rightarrow a = -400$
  $\Rightarrow f(x) = -400 \cdot (x - 18) \cdot (x - 9)^2 = -400x^3 + 14400x^2 - 162000x + 583200$

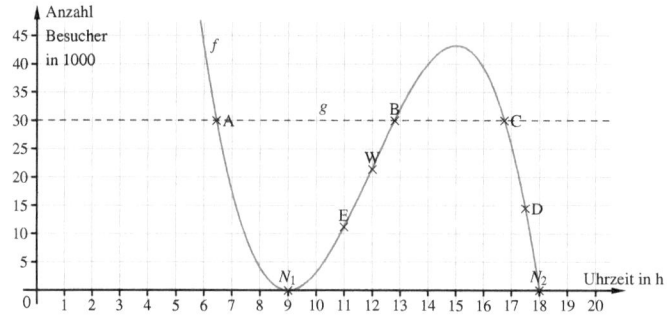

a) Extremwerte: $f'(x) = -1200x^2 + 28800x - 162000 \qquad f''(x) = -2400x + 28800$
$f'(x_E) = 0 \Leftrightarrow x_E = 9 \vee x_E = 15$
$f'(9) = 0 \wedge f''(9) > 0 \to 9$ ist Minimalstelle (für Fragestellung nicht relevant).
$f'(15) = 0 \wedge f''(15) < 0 \to 15$ ist Maximalstelle.
$f(15) = 43\,200$
$\to$ Um 15:00 Uhr ist mit 43 200 die maximale Besucherzahl erreicht.

b) 17:30 Uhr entspricht 17,5. $f(17,5) = 14\,450$ Besucher sind zum Messeende noch in der Halle.

c) Aus a) folgt: Der Graph steigt streng monoton für $12,8 < x < 15$ und fällt streng monoton für $15 < x < 16,75$. Also sind die Funktionswerte für $12,8 < x < 15$ größer als 30 000. Folglich waren zwischen 12:48 Uhr und 16:45 Uhr mehr als 30 000 Besucher in der Halle.

d) Im L-R-Wendepunkt größter Anstieg des Graphen: $f''(x_W) = 0 \quad \Leftrightarrow \quad x_W = 12$
$f'''(12) = -2400 < 0 \to 12$ ist L-R-Wendestelle.
Um 12:00 Uhr war der Besucherandrang am größten.

14. $f_t(x) = x^2(x^2 - 2tx + t^2)$

a) $S_y(0|0)$ für alle $t \in \mathbb{R}$
$N_{1,2}(0|0)$ gemeinsamer Berührpunkt; $N_{3,4;t}(t|0)$ von t abhängiger Berührpunkt mit der x-Achse

b) $f_t(x) = x^2(x^2 - 2tx + t^2) = x^4 - 2tx^3 + t^2x^2$
Ableitungen: $f_t'(x) = 4x^3 - 6tx^2 + 2t^2x$; $f_t''(x) = 12x^2 - 12tx + 2t^2$

Fall 1: $t \neq 0$

$f_t'(0) = 0 \quad \wedge \quad f_t''(0) = 2t^2 > 0 \quad \to \quad 0$ ist Minimalstelle.
$f_t'(\tfrac{1}{2}t) = 0 \quad \wedge \quad f_t''(\tfrac{1}{2}t) = -t^2 < 0 \quad \to \quad \tfrac{1}{2}t$ ist Maximalstelle.
$f_t'(t) = 0 \quad \wedge \quad f_t''(t) = 2t^2 > 0 \quad \to \quad t$ ist Minimalstelle.

$f_t(0) = 0 \quad \to \quad T_1(0|0)$ gemeinsamer Tiefpunkt
$f_t(\tfrac{1}{2}t) = \tfrac{1}{16}t^4 \quad \to \quad H_t(\tfrac{1}{2}t | \tfrac{1}{16}t^4)$
$f_t(t) = 0 \quad \to \quad T_{2;t}(t|0)$

Fall 2: $t = 0$

Die Scharparabel mit der Gleichung $f_0(x) = x^4$ hat nur den Tiefpunkt $T(0|0)$.

c)

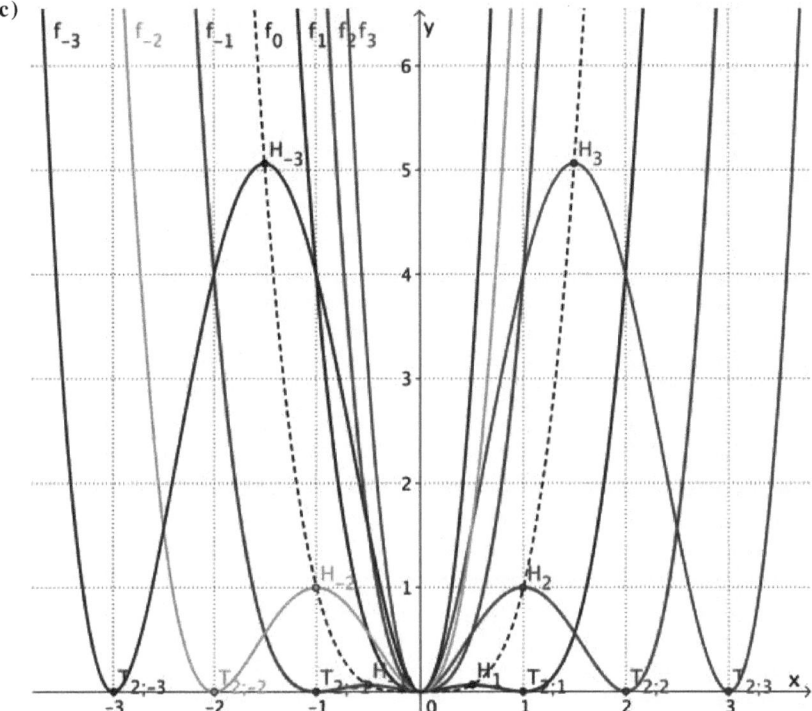

d) $H_t(\frac{1}{2}t | \frac{1}{16}t^4)$: Setze in der x-Koordinate $\frac{1}{2}t = u$, löse die Gleichung nach t auf.

Setze in der y-Koordinate $t = 2u$:

$\frac{1}{16}t^4 = \frac{1}{16}(2u)^4 = u^4$

In der Variablen u erfüllen die Koordinaten der Hochpunkte die Zuordnungsvorschrift $u \mapsto u^4$

Die Ortslinie hat die Gleichung $p(u) = u^4$ und stimmt überein mit dem Graphen der Scharfunktion f_0.

e) Schnittstellenbedingung für zwei beliebige Scharfunktionen f_{t_1} und f_{t_2} mit $(t_1 \neq t_2)$

$\; f_{t_1}(x_S) = f_{t_2}(x_S)$

$\Leftrightarrow\; x_S^2(x_S - t_1)^2 = x_S^2(x_S - t_2)^2$

$\Leftrightarrow\; x_S^2[(x_S - t_1)^2 - (x_S - t_2)^2] = 0$

$\Leftrightarrow\; x_S^2 = 0 \lor (x_S - t_1)^2 - (x_S - t_2)^2 = 0$

$\Leftrightarrow\; x_S = 0 \lor x_S = 0 \lor x_S^2 - 2x_S t_1 + t_1^2 - x_S^2 + 2x_S t_2 - t_2^2 = 0$

$\Leftrightarrow\; x_S = 0 \lor x_S = 0 \lor -2x_S t_1 + 2x_S t_2 = t_2^2 - t_1^2$

$\Leftrightarrow\; x_S = 0 \lor x_S = 0 \lor 2x_S(t_2 - t_1) = (t_2 + t_1)(t_2 - t_1)$

$\Leftrightarrow\; x_S = 0 \lor x_S = 0 \lor 2x_S = t_2 + t_1$ ▶ da $t_1 \neq t_2$ nach Voraussetzung

$\Leftrightarrow\; x_S = 0 \lor x_S = 0 \lor x_S = \frac{1}{2}(t_2 + t_1)$

$S(0|0)$ ist gemeinsamer Berührpunkt aller Scharparabeln (siehe a) und b)).

$f_{t_1}(\frac{1}{2}(t_2 + t_1)) = \frac{1}{8}(t_2 + t_1)(t_2^2 - t_1^2) \to S_{t_1;t_2}(\frac{1}{2}(t_2 + t_1) | \frac{1}{8}(t_2 + t_1)(t_2^2 - t_1^2))$ ist Schnittpunkt der Scharparabeln für die Parameterwerte t_1 und t_2.

f) Fall 1: $t > 0$
$A_t = \int_0^t (x^4 - 2tx^3 + t^2x^2)dx = [\frac{1}{5}x^5 - \frac{1}{2}tx^4 + \frac{1}{3}t^2x^3]_0^t = \frac{1}{30}t^5$ [FE]

Fall 2: $t = 0$
$\to A_0 = 0$

Fall 3: $t < 0$
$A_t = \int_t^0 (x^4 - 2tx^3 + t^2x^2)dx = [\frac{1}{5}x^5 - \frac{1}{2}tx^4 + \frac{1}{3}t^2x^3]_t^0 = -\frac{1}{30}t^5$ [FE]

Gesucht ist t, sodass gilt $A_t = 8,1$.
Die Bedingung $\frac{1}{30}t^5 = 8,1$ ist erfüllt für $t = 3$.
Die Bedingung $-\frac{1}{30}t^5 = 8,1$ ist erfüllt für $t = -3$.

15. a) y-Achse: $S_t(0|t^2 + 2t)$

x-Achse:
- Fall 1: $t > 0 \to$ keine Nullstellen, also keine x-Achsenschnittpunkte
- Fall 2: $t = 0 \to$ 0 als doppelte Nullstelle (Berührpunkt im Ursprung)
- Fall 3: $t < 0 \to x_{N_1;t} = t - \sqrt{-2t}$; $x_{N_2;t} = t + \sqrt{-2t}$
  $\to N_{1;t}(t - \sqrt{-2t}|0)$; $N_{2;t}(t + \sqrt{-2t}|0)$

b) Da die Parabeln nach oben geöffnet sind, sind die Scheitelpunkte Tiefpunkte.
$f_t(x) = x^2 - 2tx + t^2 + 2t = (x-t)^2 + 2t \to T_t(t|2t)$

Ortslinie: Alle Tiefpunkte liegen auf der Geraden mit der Gleichung $g(t) = 2t$.

c)

$t = 1$	$t = -1$	$t = -3$
$f_1(x) = x^2 - 2x + 3$	$f_{-1}(x) = x^2 + 2x - 1$	$f_{-3}(x) = x^2 + 6x + 3$
$S_{y;1}(0|3)$	$S_{y;-1}(0|-1)$	$S_{y;-3}(0|3)$
---	$N_{1;-1}(-1-\sqrt{2}|0)$	$N_{1;-3}(-3-\sqrt{6}|0)$
---	$N_{2;-1}(-1+\sqrt{2}|0)$	$N_{2;-3}(-3+\sqrt{6}|0)$
$T_1(1|2)$	$T_{-1}(-1|-2)$	$T_{-3}(-3|-6)$

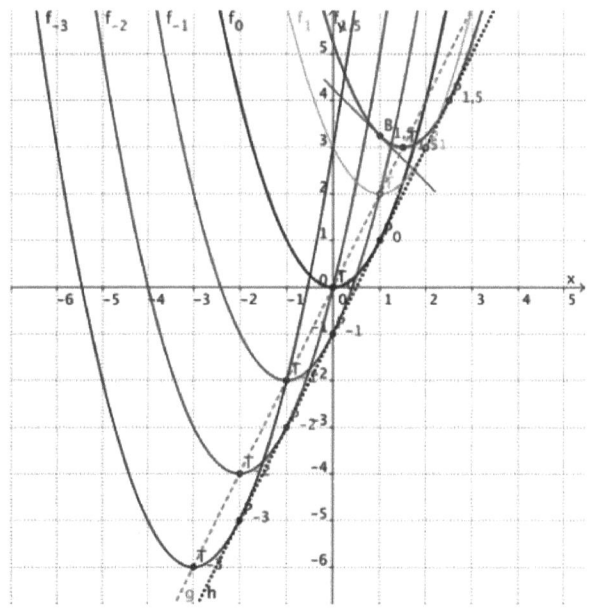

315

d) Gesucht t, sodass gilt: $t^2 + 2t = 0$.
Bedingung ist erfüllt für $t = 0$ und $t = -2$.
Die Scharparabeln mit den Gleichungen $f_0(x) = x^2$ und $f_{-2}(x) = x^2 + 4x$ gehen durch den Ursprung.

e) Berührpunkt: $f_t(1) = 1 + t^2 \to B_t(1|1+t^2)$
Ableitung: $f_t'(x) = 2x - 2t$
Gesucht t, sodass gilt: $f_t'(1) = -1$.
Bedingung ist erfüllt für $t = 1,5$.
Die Scharparabel mit der Gleichung $f_{1,5}(x) = x^2 - 3x + 5,25$ hat im Punkt $B_{1,5}(1|3,25)$ die Steigung -1.

f) Gesucht x_P, sodass gilt: $f_t'(x_P) = 2$.
$2x_P - 2t = 2 \Leftrightarrow x_P = t + 1$
$f_t(t+1) = 2t + 1 \to P_t(t+1|2t+1)$
Für jedes t ist P_t der Punkt des Graphen von f_t, in dem die Steigung gleich 2 ist.
Zu zeigen bleibt, dass der Punkt P_t auf der Geraden mit der Gleichung $h(x) = 2x - 1$ liegt.
Punktprobe: $2t + 1 = 2(t+1) - 1 \Leftrightarrow 0 = 0$ (wahr)
Alle Scharparabeln haben im Punkt $P_t(t+1|2t+1)$ die Gerade mit der Gleichung $h(x) = 2x - 1$ als Tangente.

16. a) Hauptbedingung: $A(a,b) = a \cdot b$
Nebenbedingung: $4b + 2a = 24 \Leftrightarrow b = 6 - \frac{1}{2}a$
Zielfunktion: $A(a) = a \cdot (6 - \frac{1}{2}a) = -\frac{1}{2}a^2 + 6a$
Definitionsbereich: $D_A = [0; 12]$
Ableitungen: $A'(a) = -a + 6$; $A''(a) = -1$
Extremstelle: $A'(6) = 0 \wedge A''(6) = -1 < 0 \to 6$ ist Maximalstelle.
Extremwert: $A(6) = 18$
Randwerte: $A(0) = 0$; $A(12) = 0 \to 18$ ist globales Maximum in D_A.
Übrige Größe: $b = 3$
Für $a = 6$ [cm] und $b = 3$ [cm] wird die Größe der Grundfläche maximal und beträgt 18 cm².

b) Hauptbedingung: $A(a,b) = a \cdot b$
Nebenbedingung:
(I) $3b + c + 2a = 24 \Leftrightarrow b = 8 - \frac{2}{3}a - \frac{1}{3}c$
(II) $A_1 = A_2 \quad | A_1 = \frac{1}{2}b \cdot c; A_2 = b \cdot (a-c)$
$\Leftrightarrow \frac{1}{2}b \cdot c = b \cdot (a-c) \Leftrightarrow c = \frac{2}{3}a$
Einsetzen in (I) ergibt: $b = 8 - \frac{2}{3}a - \frac{1}{3} \cdot \frac{2}{3}a = 8 - \frac{8}{9}a$
Zielfunktion: $A(a) = a \cdot (8 - \frac{8}{9}a) = -\frac{8}{9}a^2 + 8a$
Definitionsbereich: $D_A = [0; 9]$
Ableitungen: $A'(a) = -\frac{16}{9}a + 8$; $A''(a) = -\frac{16}{9}$
Extremstelle: $A'(4,5) = 0 \wedge A''(4,5) = -\frac{16}{9} < 0 \to 4,5$ ist Maximalstelle.
Extremwert: $A(4,5) = 18$
Randwerte: $A(0) = 0$; $A(9) = 0 \to 18$ ist globales Maximum in D_A.
Übrige Größen: $c = 3$; $b = 4$
Für $a = 4,5$ [cm], $b = 4$ [cm] und $c = 3$ [cm] wird die Größe der Grundfläche maximal und beträgt 18 cm².

Bei beiden Entwürfen kann eine maximale Grundfläche von 18 cm² erreicht werden.

17. a) Skizze: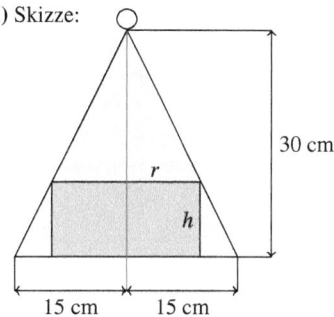

d)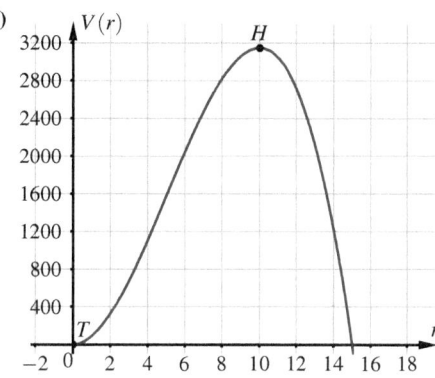

b) Hauptbedingung: $V(r,h) = \pi \cdot r^2 \cdot h$

Nebenbedingung: $\frac{30}{15} = \frac{30-h}{r}$ ▶ 2. Strahlensatz
$\Leftrightarrow h = 30 - 2r$

Zielfunktion: $V(r) = \pi \cdot r^2 \cdot (30 - 2r) = -2\pi \cdot r^3 + 30\pi \cdot r^2$

Definitionsbereich: $D_V = [0; 15]$

c) Ableitungen: $V'(r) = -6\pi \cdot r^2 + 60\pi \cdot r$; $V''(r) = -12\pi \cdot r + 60\pi$

Extremstellen: $V'(0) = 0 \wedge V''(0) = 60\pi > 0$ → 0 ist Minimalstelle.
$V'(10) = 0 \wedge V''(10) = -60\pi < 0$ → 10 ist Maximalstelle.

Extremwerte: $V(0) = 0$ (Randminimum); $V(10) = 1000\pi$

Randwerte: $V(0) = 0$; $V(15) = 0$ → $V(10) = 1000\pi$ ist globales Maximum von V in D_V.

Übrige Größe: $h = 30 - 2 \cdot 10 = 10$

Für $r = 10$ [cm] und $h = 10$ [cm] ist das Volumen des Käsestücks maximal und beträgt $1000\pi \approx 3141,6$ cm³.

18. a) $f(10) \approx 40,7$ Nach 10 Tagen beträgt das Fieber ca. 40,7 °C.

b) $f(14) \approx 39,7$ Nach 14 Tagen hat Dominique noch Fieber.

c) $f'(t) = (2 - 0,4t) \cdot e^{-0,2t}$; $f''(t) = (-0,8 + 0,08t) \cdot e^{-0,2t}$
$f'(t_E) = 0 \Leftrightarrow 2 - 0,4 t_E = 0 \Leftrightarrow t_E = 5$; $f''(5) < 0 \rightarrow 5$ ist Maximalstelle.
Bis zum 5. Tag steigt das Fieber, danach fällt es.

19. a) t: Zeit in Tagen; $J(t)$: Jodmenge in mg; $J(0) = 50 \cdot e^{-0,06 \cdot 0} = 50$; $J(2) = 50 \cdot e^{-0,06 \cdot 2} \approx 44,3$

b) $J(10) \approx 27,4$ Nach 10 Tagen sind noch ca. 27,4 mg Jod vorhanden.

c) $J(t) = 25 \Leftrightarrow 50 \cdot e^{-0,06t} = 25 \Leftrightarrow e^{-0,06t} = 0,5 \Leftrightarrow t = -\frac{\ln(0,5)}{0,06} \approx 11,55$

Die Halbwertszeit von Jod beträgt ca. 11,55 Tage.

20. a) Über das Einsetzen sehr großer Werte für x erkennen wir: $\lim\limits_{x \to \infty} f(x) = \infty$; $\lim\limits_{x \to -\infty} f(x) = 0$

b) Im Intervall $]-\infty; 4[$ unterhalb der x-Achse; im Intervall $]4, \infty[$ oberhalb der x-Achse.

c) $f'(x) = e^{0.25x} \cdot \frac{x}{4}$
$f''(x) = e^{0.25x} \cdot \frac{x+4}{16}$; $f'''(x) = e^{0.25x} \cdot \frac{x+8}{64}$

Extrempunkte
$f'(x_E) = 0 \Leftrightarrow x_E = 0$
$f''(0) > 0 \rightarrow T(0|-4)$

Wendepunkte
$f''(x_W) = 0 \Leftrightarrow x_W = -4$
$f'''(-4) > 0 \rightarrow -4$ ist R-L-Wendestelle. $W(-4|-2{,}94)$

e) $F'(x) = 4 \cdot e^{0.25x} + 4 \cdot (x-8) \cdot e^{0.25x} \cdot 0{,}25 = e^{0.25x} \cdot (4+x-8) = e^{0.25x} \cdot (x-4) = f(x)$

f) $A = \left| \int\limits_{-4}^{4} f(x)\,dx \right| = \left| \left[4 \cdot (x-8) \cdot e^{0.25x} \right]_{-4}^{4} \right| \approx 25{,}83$

d)

21. a) x: Plattendicke in mm; $f(x)$: Strahlungsintensität in %
$f(x) = 100 \cdot (1-0{,}05)^x = 100 \cdot 0{,}95^x = 100 \cdot e^{\ln(0{,}95) \cdot x} \approx 100 \cdot e^{-0{,}0513x}$

b) $f(3) \approx 85{,}7$ Es sind noch ca. 85,7 % der Anfangsstrahlung vorhanden.

c) $f(x) = 50 \Leftrightarrow 100 \cdot e^{-0{,}0513x} = 50 \Leftrightarrow e^{-0{,}0513x} = 0{,}5 \Leftrightarrow x = -\frac{\ln(0{,}5)}{0{,}0513} \approx 13{,}5$
Die Bleiplatte muss ca. 13,5 mm dick sein.

22. a) $f(0) = 20$
Zu Beobachtungsbeginn waren 20 Fruchtfliegen im Gewächshaus.

b) $f(7) \approx 731\,149$.

c) Da $\lim\limits_{x \to \infty} e^{-x} = 0$ ist, gilt: $\lim\limits_{x \to \infty} f(x) = 900\,000$.
Die Sättigungsgrenze beträgt 900 000 Fruchtfliegen laut Modell.

e) $f(x) = \frac{900\,000}{1+44\,999e^{-1{,}74x}} = 100\,000$
$9 = 1 + 44\,999e^{-1{,}74x}$
$\frac{8}{44\,999} = e^{-1{,}74x}$
$x = \frac{1}{-1{,}74} \ln\left(\frac{8}{44\,999}\right) \approx 4{,}963$

d)

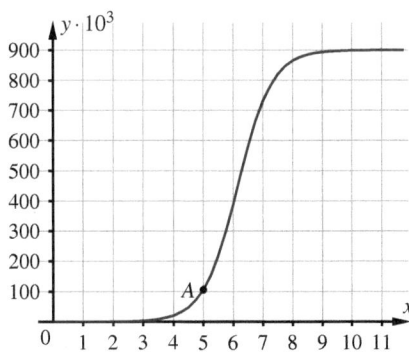

Das Aufstellen der Fliegenfallen ist bis vor Ende des 5. Tages sinnvoll.

6.2 Komplexe Übungen

23. a) $p_A(x) = mx + n \quad P(2|2,1);\ Q(6|3,3)$
$m = \frac{3,3-2,1}{6-2} = 0,3$
z.B. Einsetzen von P: $2,1 = 0,3 \cdot 2 + n \Leftrightarrow n = 1,5$
$p_A(x) = 0,3x + 1,5$

b)

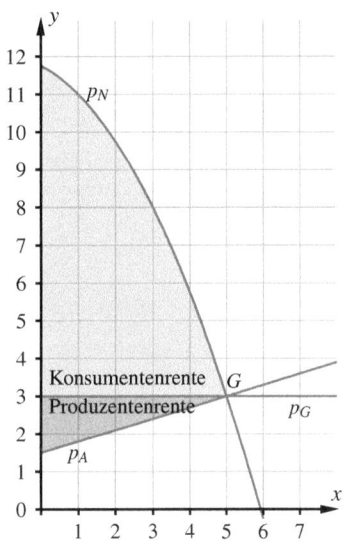

c) $p_N(5) = -0,25(5+1)^2 + 12 = 3$;
$p_A(5) = 0,3 \cdot 5 + 1,5 = 3 \rightarrow p_N(5) = p_A(5)$
Der Gleichgewichtspreis beträgt 3 GE.

d) Gleichgewichtsfunktion: $p_G(x) = 3$
$K_R = \int_0^5 (p_N(x) - p_G(x))\,dx$
$= \int_0^5 (-0,25x^2 - 0,5x + 8,75)\,dx$
$= \left[-\tfrac{1}{12}x^3 - 0,25x^2 + 8,75x\right]_0^5 = \tfrac{325}{12} = 27,08\overline{3}$
$P_R = \int_0^5 (p_G(x) - p_A(x))\,dx$
$= \int_0^5 (-0,3x + 1,5)\,dx$
$= \left[-0,15x^2 + 1,5x\right]_0^5 = 3,75$

e₁) $p_N^*(x) = ax^2 + bx + c$
zu (II) und (III):
$p_N^*(4) = p_A(4) = 2,7 \rightarrow p_G^*(x) = 2,7$
$K_R^* = \int_0^4 (p_N^*(x) - p_G^*(x))\,dx = \int_0^4 (ax^2 + bx + c - 2,7)\,dx = \left[\tfrac{1}{3}ax^3 + \tfrac{1}{2}bx^2 + cx - 2,7x\right]_0^4$
$= \tfrac{64}{3}a + 8b + 4c - 10,8$
(I) $p_N^*(5) = 0 \Leftrightarrow 25a + 5b + c = 0$
(II) $p_N^*(4) = 2,7 \Leftrightarrow 16a + 4b + c = 2,7$
(III) $K_R^* = 12,8 \Leftrightarrow \tfrac{64}{3}a + 8b + 4c = 23,6 \quad p_N^*(x) = -0,3x^2 + 7,5$

e₂) $P_R^* = \int_0^4 (p_G^*(x) - p_A(x))\,dx = \int_0^4 (-0,3x + 1,2)\,dx = \left[-0,15x^2 + 1,2x\right]_0^4 = 2,4$

$\frac{K_R}{P_R} = \frac{27,08\overline{3}}{3,75} = \frac{65}{9} \approx 7,22 \qquad \frac{K_R^*}{P_R^*} = \frac{12,8}{2,4} = \frac{16}{3} \approx 5,33$
Das Verhältnis hat sich zu Gunsten des Produzenten verändert.

24. a) $f(x) = a \cdot e^{k \cdot x}$
$f(0) = 10 \rightarrow a = 10$
$f(4) = 35 \Leftrightarrow 10 \cdot e^{4k} = 35$
$\Leftrightarrow e^{4k} = 3,5$
$\Leftrightarrow 4k = \ln(3,5)$
$\Leftrightarrow k = \ln\left(\sqrt[4]{3,5}\right)$
$\Rightarrow k \approx 0,3132$
Einsetzen ergibt: $f(x) = 10 \cdot e^{0,3132x}$

b) $f(6) \approx 65,48$
$f'(x) = 3,132 \cdot e^{0,3132 \cdot x}$
$f'(6) \approx 20,5$ [Fische pro Woche]

c)

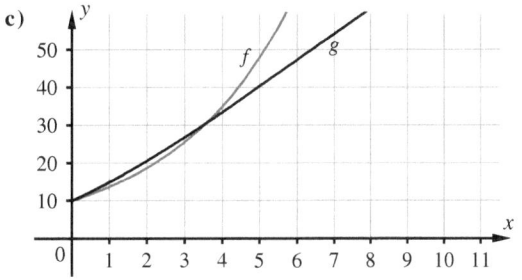

d) $f(12) = 10 \cdot e^{0{,}3132 \cdot 12} = 428{,}79$ [Fische]

e) $g(0) = 10$, $g(4) = 33{,}6 \approx 35$, $g(12) = 83{,}2 \approx 80$

f) $g'(15{,}33) = 0$ und $g(15{,}33) = 90{,}3$
Nach 15 Wochen wird die maximale Anzahl von ca. 90 Fischen erreicht.

g) Sollte Julian nicht in die Entwicklung in seinem Aquarium eingreifen, so kann es anfangs zwar zu einem exponentiellen Wachstum kommen, aber wenn die maximale Anzahl an Fischen erreicht ist, sterben die Fische ab und im Extremfall gäbe es keine Fische mehr, welches durch die Nullstelle der ganzrationalen Funktion beschrieben würde.

25. a) Bedingung: $f(x) = w(x)$
$-\frac{1}{3}x^2 + 6 = x$
$-\frac{1}{3}x^2 - x + 6 = 0 \quad | \cdot (-3)$
$x^2 + 3x - 18 = 0; \; x_{1,2} = -1{,}5 \pm \sqrt{2{,}25 + 18}$
$x_1 = 3; \; x_2 = -6$
$S_1(3|3); \quad S_2(-6|-6)$

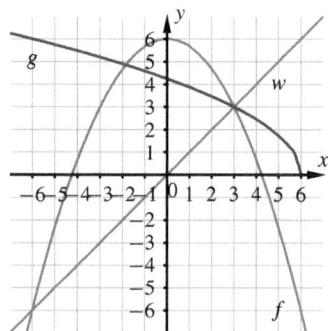

b) $A = \int\limits_{-6}^{3} (f(x) - w(x))\,dx = \left[-\frac{1}{9}x^3 - \frac{1}{2}x^2 + 6x\right]_{-6}^{3} = 40{,}5$ FE

c₁)

x	0	1	2	3	4	5	6
$g(x)$	4,24	3,87	3,46	3	2,45	1,73	0

c₂) Der Graph von g ist durch Spiegelung des rechten Astes des Graphen der quadratischen Funktion f für $0 \leq x \leq \sqrt{18}$ an der ersten Winkelhalbierenden entstanden. Wenn man bei den Punkten des Graphen von f die Koordinaten vertauscht, erhält man die Punkte auf dem Graphen von g.
$y = -\frac{1}{3}x^2 + 6$
$\rightarrow \quad x = -\frac{1}{3}y^2 + 6 \quad |(-6)$
$\Leftrightarrow \quad x - 6 = -\frac{1}{3}y^2 \quad |\cdot(-3)$
$\Leftrightarrow \quad -3x + 18 = y^2$
$\rightarrow \quad y = \sqrt{18 - 3x} = g(x)$

c₃) $V_x = \pi \int_0^6 \left(\sqrt{-3x+18}\right)^2 dx = \pi \int_0^6 (-3x + 18)\, dx = \pi \left[-1{,}5x^2 + 18x\right]_0^6 = 54\pi \approx 169{,}65$ [VE]

d) Der Graph der Funktion $v(x) = 2x$, $0{,}5 \leq x \leq 3$, wird an der Winkelhalbierenden gespiegelt:
$v^*(x) = 0{,}5x$, $1 \leq x \leq 6$.
$V_x = \pi \int_1^6 [0{,}5x]^2 dx = \pi \int_1^6 0{,}25x^2\, dx = \pi \left[\frac{1}{12}x^3\right]_1^6 = 17{,}92\pi = 56{,}29$ [VE]
Es handelt sich bei dem entstehenden Rotationskörper um einen Kegelstumpf mit Volumen
$V = \frac{1}{3}\pi h(R^2 + Rr + r^2)$.
$r = 0{,}5; \; R = 3; \; h = 5$
$V = \frac{1}{3}\pi \cdot 5 \cdot (9 + 1{,}5 + 0{,}25) = 17{,}92\pi$

26. a) $K(x) = ax^3 + bx^2 + cx + d \quad K'(x) = 3ax^2 + 2bx + c$
(I) $K(0) = 38,4 \Leftrightarrow \quad\quad\quad\quad\quad\quad d = 38,4$
(II) $K'(2) = 7,6 \Leftrightarrow 12a + 4b + c \quad\quad = 7,6$
(III) $K'(3) = 4,9 \Leftrightarrow 27a + 6b + c \quad\quad = 4,9$
(IV) $K(4) = 92,8 \Leftrightarrow 64a + 16b + 4c + d = 92,8 \quad K(x) = 1,5x^3 - 12,6x^2 + 40x + 38,4$

b) $K'(x) = 4,5x^2 - 25,2x + 40 \quad K''(x) = 9x - 25,2$
$K'(x_E) = 0 \Leftrightarrow x_E^2 - 5,6x_E + \frac{80}{9} = 0$
Die Gleichung hat keine Lösung, also hat der Graph von K keine Extrempunkte.

c) $K''(x_W) = 0 \Leftrightarrow x_W = 2,8$
$K'''(x) = 9$
$K'''(2,8) > 0 \to 2,8$ ist R-L-Wendestelle.
$K(2,8) = 85,544 \quad W(2,8|85,544)$
Im Wendepunkt ist die Steigung des Graphen und somit der Kostenanstieg minimal.

d) Siehe Zeichnung

e) $G(x) = E(x) - K(x) = -1,5x^3 + 12,6x^2 - 38,4$
$G(x_N) = 0 \Leftrightarrow x_N^3 - 8,4x_N^2 + 25,6 = 0$
$x_{N_1} = -1,6 \,(\notin D_G); \, x_{N_2} = 2; \, x_{N_3} = 8$
Die Gewinnzone liegt zwischen 2 ME und 8 ME.

f) $G'(x) = -4,5x^2 + 25,2x$
$G''(x) = -9x + 25,2$
$G'(x_E) = 0 \Leftrightarrow -4,5x_E(x_E - 5,6) = 0$
$\quad\quad\quad \Leftrightarrow x_E = 0 \lor x_E = 5,6$
$G''(5,6) < 0 \to 5,6$ ist Maximalstelle.
$G(5,6) = 93,312$
Der Gewinn wird für 5,6 ME maximal, der maximale Gewinn beträgt 93,312 GE.

g) Siehe Zeichnung

h) $\overline{m} = \frac{1}{8-2} \cdot \int_2^8 (1,5x^3 - 12,6x^2 + 40x + 38,4)\,dx$
$= \frac{1}{6} \cdot [0,375x^4 - 4,2x^3 + 20x^2 + 38,4x]_2^8 = 140,6$
Die durchschnittlichen Gesamtkosten in der Gewinnzone betragen 140,6 GE.

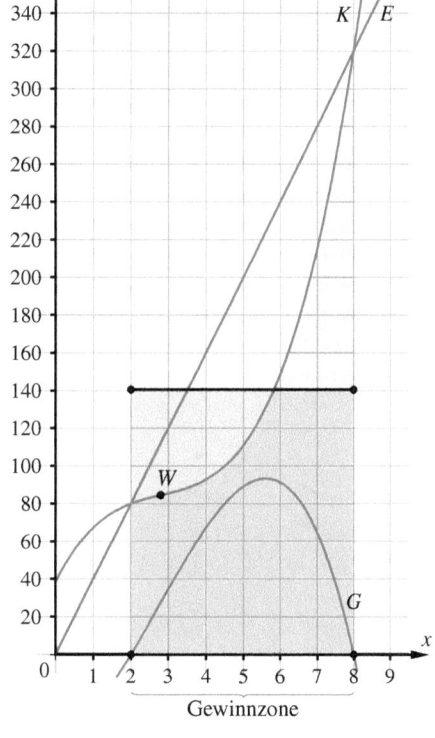

27. a) Um das Verflechtungsdiagramm zu vervollständigen, nutzen wir den Zusammenhang: $RZ \cdot ZE = RE$
und lösen die entstehenden Gleichungen:
$$\begin{pmatrix} 2 & 4 \\ 0 & 3 \\ 5 & 2 \end{pmatrix} \cdot \begin{pmatrix} 6 & 4 & 2 \\ ?_{21} & ?_{22} & ?_{23} \end{pmatrix} = \begin{pmatrix} 28 & 32 & 24 \\ 12 & 18 & 15 \\ 38 & 32 & 20 \end{pmatrix}$$
$2 \cdot 6 + 4 \cdot ?_{21} = 28 \to ?_{21} = 4$
$2 \cdot 4 + 4 \cdot ?_{22} = 32 \to ?_{22} = 6$
$2 \cdot 2 + 4 \cdot ?_{23} = 24 \to ?_{23} = 5$

$RE \cdot m_E = m_R, \quad \begin{pmatrix} 28 & 32 & 24 \\ 12 & 18 & 15 \\ 38 & 32 & 20 \end{pmatrix} \cdot \begin{pmatrix} 10 \\ 5 \\ 8 \end{pmatrix} = \begin{pmatrix} 632 \\ 330 \\ 700 \end{pmatrix}$

318

b) $\begin{pmatrix} 28 & 32 & 24 \\ 12 & 18 & 15 \\ 38 & 32 & 20 \end{pmatrix} \cdot \begin{pmatrix} 5 \\ 5 \\ 5 \end{pmatrix} = \begin{pmatrix} 420 \\ 225 \\ 450 \end{pmatrix}$

Für die Aufträge am Montag und Dienstag werden insgesamt 1052 ME, 555 ME und 1150 ME von R_1, R_2 und R_3 benötigt. Im Lager befinden sich noch 1332 ME von R_1, 675 ME von R_2 und 1089 ME von R_3.

Zwar ist nach den beiden Aufträgen für R_1 und R_2 die geforderte Reserve von 100 ME weiterhin vorhanden, aber für R_3 sind nicht genügend ME für den Dienstagmorgenauftrag vorrätig. Herr Hoppe muss umgehend nachbestellen.

319

28. *Hinweis:* Fehler im 1. Druck der 1. Auflage! Im Aufgabenteil c) lautet die Lösungsmenge:
$L = \{(\frac{13z-3}{23}; \frac{26-36z}{23}; z) | z \in \mathbb{R}\}$

a) $a+b+c = 1$
$66a + 43b + 30c = 50$
$16a + 10b + 22c = 15$
$\Rightarrow L = \{(0,4209; 0,3729; 0,2062)\}$

b) Das verlangte LGS steht bereits in Aufgabenteil a), wobei a der Anteil von A ist, etc. Die erste Zeile des LGS verlangt, dass die Summe der drei Anteile 1 ist, somit 100 %. Die zweite Zeile summiert die Prozentzahlen der Kohlenhydrate der einzelnen Komponenten gewichtet mit ihren Anteilen. In der dritten Zeile geschieht dies ebenso für die Proteine.

$c_1)$ $L = \{(\frac{13z-3}{23}; \frac{26-36z}{23}; z | z \in \mathbb{R}|)\}$
$c = z = 0,3 \Rightarrow a = \frac{9}{230} \approx 0,039;\quad b = \frac{76}{115} \approx 0,66$

$c_2)$ $b = \frac{26-36z}{23} = 0,2 \Rightarrow z = \frac{107}{180}$

29. Punkte $Q(x,y)$ im Koordinatensystem
x-Achse: Ergebnis des ersten Würfelwurfs
y-Achse: Ergebnis des zweiten Würfelwurfs

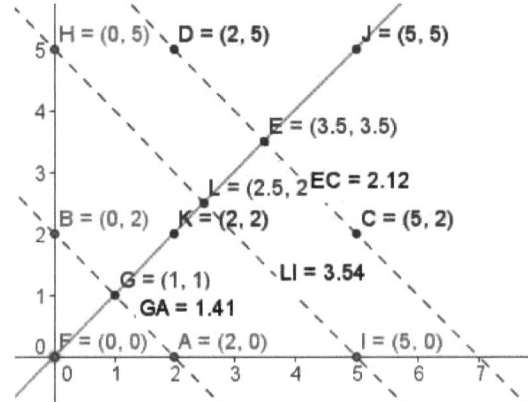

Baumdiagramm des zweifachen Würfelwurfs

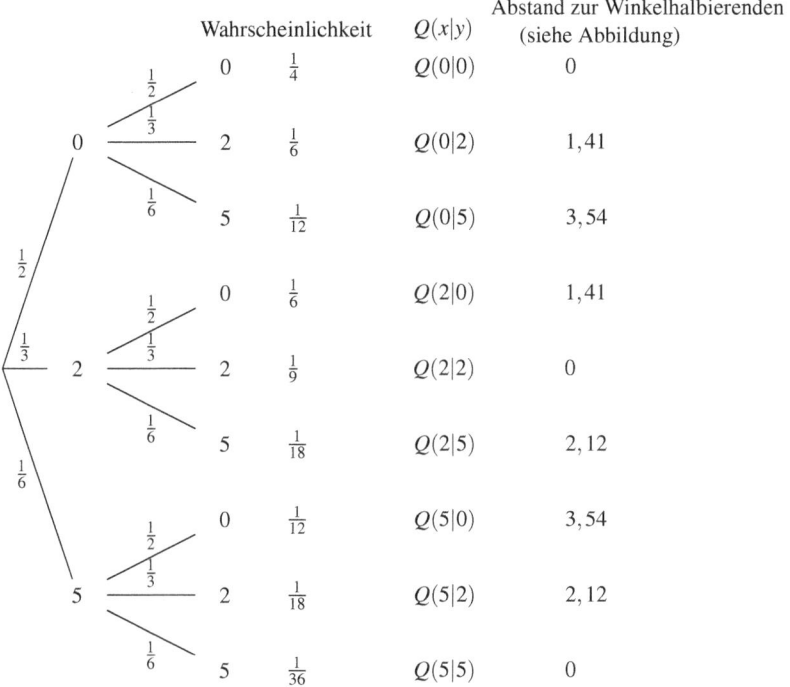

X beschreibt den Abstand des Punktes $Q(x|y)$ von der Winkelhalbierenden im 1. Quadranten.
$E(X) = 0 \cdot (\frac{1}{4} + \frac{1}{9} + \frac{1}{36}) + 1{,}41 \cdot (2 \cdot \frac{1}{6}) + 2{,}12 \cdot (2 \cdot \frac{1}{18}) + 3{,}54 \cdot (2 \cdot \frac{1}{12}) \doteq 1{,}2956$

30. a) $P(R) = 0{,}32 \quad P_R(\overline{M}) = 0{,}25 \quad P(M \cap \overline{R}) = 0{,}4$

b) $P(\overline{R}) = 1 - P(R) = 0{,}68$ ▶ Formel für das Gegenereignis

$P_R(\overline{M}) = \frac{P(\overline{M} \cap R)}{P(R)}$ ▶ Definition der bedingten Wahrscheinlichkeit

$\rightarrow P(\overline{M} \cap R) = P(R) \cdot P_R(\overline{M}) = 0{,}32 \cdot 0{,}25 = 0{,}08$

$P(R) = P(M \cap R) + P(\overline{M} \cap R)$ ▶ Additionssatz für unvereinbare Ereignisse

$\rightarrow P(M \cap R) = P(R) - P(\overline{M} \cap R) = 0{,}32 - 0{,}08 = 0{,}24$

$P(\overline{R}) = P(M \cap \overline{R}) + P(\overline{M} \cap \overline{R})$ ▶ Additionssatz für unvereinbare Ereignisse

$\rightarrow P(\overline{M} \cap \overline{R}) = P(\overline{R}) - P(M \cap \overline{R}) = 0{,}68 - 0{,}4 = 0{,}28$

$P(M) = P(M \cap R) + P(M \cap \overline{R})$ ▶ Additionssatz für unvereinbare Ereignisse

$\rightarrow P(M) = 0{,}24 + 0{,}4 = 0{,}64$

$P(\overline{M}) = 1 - P(M) = 0{,}36$ ▶ Formel für das Gegenereignis

	M	$\overline{M}$	
R	0,24	0,08	0,32
$\overline{R}$	0,4	0,28	0,68
	0,64	0,36	1

319

c)

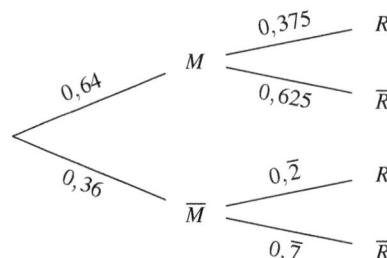

d) • $P(M \cup \overline{R}) = P(M) + P(\overline{R}) - P(M \cap \overline{R})$ ▶ Additionssatz
$= 0{,}64 + 0{,}68 - 0{,}4 = 0{,}92$

• $P_{\overline{M}}(R) = \dfrac{P(R \cap \overline{M})}{P(\overline{M})}$ ▶ Definition der bedingten Wahrscheinlichkeit
$= \dfrac{0{,}08}{0{,}36} \approx 0{,}\overline{2}$

e) • $P_{\overline{R}}(\overline{M})$: Wahrscheinlichkeit, dass ein Fahrzeug, das nicht zu schnell fuhr, von einer Frau gelenkt wurde.
$P_{\overline{R}}(\overline{M}) = \dfrac{P(\overline{M} \cap \overline{R})}{P(\overline{R})}$ ▶ Definition der bedingten Wahrscheinlichkeit
$= \dfrac{0{,}28}{0{,}68} \approx 0{,}412$

• $P(R \cup M)$: Wahrscheinlichkeit, dass ein Fahrzeug zu schnell fuhr und/oder von einem Mann gelenkt wurde.
$P(R \cup M) = P(R) + P(M) - P(R \cap M)$ ▶ Additionssatz
$= 0{,}32 + 0{,}64 - 0{,}24 = 0{,}72$

f) Aus $P(M \cap R) = 0{,}24$ und $P(M) \cdot P(R) = 0{,}64 \cdot 0{,}32 = 0{,}2048$ folgt $P(M \cap R) \neq P(M) \cdot P(R)$. Nach dem Multiplikationssatz sind die Ereignisse folglich nicht stochastisch unabhängig. Wenn ein Mann das Auto fuhr, war die Wahrscheinlichkeit, dass es zu schnell fuhr ($P_M(R) = 0{,}375$), größer als wenn eine Frau das Auto fuhr ($P_{\overline{M}}(R) \approx 0{,}222$).

g_1) H_0: $p = 0{,}23$ H_1: $p < 0{,}23$
Verteilung: $X \sim B(2000; 0{,}23)$ unter H_0
GTR/CAS: $\alpha = P(\text{Entscheidung für } H_1 | H_0 \text{ richtig})$
$= P(X \leq k | p = 0{,}23) = \sum_{x=0}^{k} \binom{2000}{x} \cdot 0{,}23^x \cdot 0{,}77^{2000-x} \leq 5\,\%$
$\Rightarrow k = 428$

Entscheidungsregel:
$X > 428 \rightarrow$ Entscheidung für H_0
$X \leq 428 \rightarrow$ Entscheidung für H_1

WTR: $\alpha = P(\text{Entscheidung für } H_1 | H_0 \text{ richtig})$
$= P(X \leq k | p = 0{,}23) = \sum_{x=0}^{k} \binom{200}{x} \cdot 0{,}23^x \cdot 0{,}77^{200-x} \leq 5\,\%$
$\Rightarrow k = 35$

Entscheidungsregel:
$X > 35 \rightarrow$ Entscheidung für H_0
$X \leq 35 \rightarrow$ Entscheidung für H_1

g₂) WTR: $\beta = P$ (Entscheidung für $H_0|H_1$ richtig)

$$= P(X > 35|p = 0{,}19) = \sum_{x=35}^{200} \binom{200}{x} \cdot 0{,}19^x \cdot 0{,}81^{200-x} \approx 0{,}6684$$

GTR/CAS: $\beta = P$ (Entscheidung für $H_0|H_1$ richtig)

$$= P(X > 428|p = 0{,}19) = \sum_{x=428}^{2000} \binom{2000}{x} \cdot 0{,}19^x \cdot 0{,}81^{2000-x} \approx 0{,}0032$$

31. a) Die Aussage ist wahr.   90 % von 200 sind 180.
b) Die Aussage ist falsch.   10 % von 200 sind 20.   Es sind 20 Befragte.
c) Die Aussage ist falsch $0{,}9 \cdot 0{,}8 + 0{,}1 \cdot 0{,}1 = 0{,}73$ Es sind 73 %.
d) Die Aussage ist falsch. $0{,}1 \cdot 0{,}9 = 0{,}09$ Es sind 9 %.
e) Die Aussage ist falsch.   20 % von 180 sind 36.   Es sind 36 Befragte.
f) Die Aussage ist falsch. $0{,}1 \cdot 0{,}1 = 0{,}01$ Es sind 1 %.

32. a) 10 % sind 4 Millionen $\to$ 100 % sind 40 Millionen.
40 Millionen Menschen in der Bundesrepublik sind an Diabetes Typ 2 erkrankt.

b) A: „Bei einer erkrankten Person ist die Krankheit diagnostiziert."
B: „Eine erkrankte Person ist unter 18."
$P(A) = 0{,}9 \qquad P(\overline{A}) = 1 - 0{,}9 = 0{,}1 \qquad P_A(B) = 0{,}05 \qquad P_{\overline{A}}(B) = 0{,}12$

c)

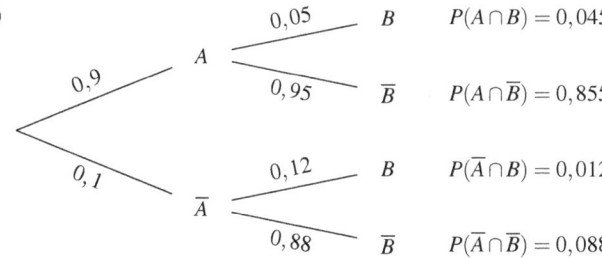

d)

	A	$\overline{A}$	
B	0,045	0,012	0,057
$\overline{B}$	0,855	0,088	0,943
	0,9	0,1	1

Die Pfadwahrscheinlichkeiten am Ende der Pfade befinden sich bei der Vierfeldertafel in der Mitte. Die Wahrscheinlichkeiten an den Zweigen der 1. Stufe befinden sich bei der Vierfeldertafel in den Randfeldern. Die bedingten Wahrscheinlichkeiten an den Zweigen der 2. Stufe erhält man bei der Vierfeldertafel, indem man eine Wahrscheinlichkeit in der Mitte durch eine zugehörige Wahrscheinlichkeit am Rand dividiert.

e) $P_A(B) = \dfrac{P(A \cap B)}{P(A)}$ ▶ Definition der bedingten Wahrscheinlichkeit
$\to P(A \cap B) = P(A) \cdot P_A(B) = 0{,}9 \cdot 0{,}05 = 0{,}045$

$P_{\overline{A}}(B) = \dfrac{P(\overline{A} \cap B)}{P(\overline{A})}$ ▶ Definition der bedingten Wahrscheinlichkeit
$\to P(\overline{A} \cap B) = P(\overline{A}) \cdot P_{\overline{A}}(B) = 0{,}1 \cdot 0{,}12 = 0{,}012$

$P(B) = P(A \cap B) + P(\overline{A} \cap B)$ ▶ Additionssatz für unvereinbare Ereignisse
$\to P(B) = 0{,}045 + 0{,}012 = 0{,}057$

$P(E_1) = P(B) = 0{,}057$
$P(E_2) = P(\overline{B}) = 1 - P(B) = 0{,}943$ ▶ Formel für das Gegenereignis

Von den an Typ-2-Diabetes erkrankten Personen sind 5,7 % minderjährig und 94,3 % volljährig.

320

f_1) X zählt die Schwangeren mit Schwangerschaftsdiabetes.

$X \sim B(20; 0,04)$

$P(A) = P(X \leq 1) = \sum_{x=0}^{1} \binom{20}{x} \cdot 0,04^x \cdot 0,96^{20-x} = 0,8103$

$X \sim B(100; 0,04)$

$P(B) = P(X = 8) = \binom{100}{8} \cdot 0,04^8 \cdot 0,96^{92} = 0,0285$

$X \sim B(500; 0,04)$

$P(C) = P(5 \leq X \leq 15) = \sum_{x=5}^{15} \binom{500}{x} \cdot 0,04^x \cdot 0,96^{500-x} = 0,1513$

f_2) $X \sim B(n; 0,04)$

$n \geq 96 \Rightarrow P(X \geq 1) \geq 0,98$

$\Leftrightarrow 1 - P(X = 0) \geq 0,98$ ▶ Gegenereignis

$\Leftrightarrow -P(X = 0) \geq -0,02$

$\Leftrightarrow P(X = 0) \leq 0,02$

$\Leftrightarrow \binom{n}{0} \cdot 0,04^0 \cdot 0,96^n \leq 0,02$

$\Leftrightarrow 1 \cdot 1 \cdot 0,96^n \leq 0,02$

$\Leftrightarrow n \cdot \log(0,96) \leq \log(0,02)$

$\Leftrightarrow n \geq \frac{\log(0,02)}{\log(0,96)}$

$\Rightarrow n \geq 96$

f_3) X zählt die teilnehmenden Schwangeren, deshalb Trefferwahrscheinlichkeit $p = 0,9$;

$X \sim B(n; 0,9)$

$P(X \geq 50) = \sum_{x=0}^{n} \binom{n}{x} \cdot 0,9^x \cdot 0,1^{n-x} \geq 0,85$

n	54	53
$P(X \geq 50)$	0,8015	0,9102

Es sollten maximal 53 Reservierungen angenommen werden, damit mit mindestens 85 %iger Wahrscheinlichkeit 50 Plätze ausreichen.

6.3 Vorbereitung auf die mündliche Prüfung

6.3.1 Mögliche Aufgabenstellungen für einen Schülervortrag

1. **a₁)** (I) $f(2) = 8$ ▶ S ist Punkt des Graphen.
   (II) $f''(2) = 0$ ▶ S ist Wendepunkt.
   (III) $f'(2) = 0$ ▶ S ist Sattelpunkt, also ist die Tangente waagerecht.
   (IV) $f'(3,5) = 0$ ▶ H ist Extrempunkt, also ist die Tangente waagerecht.
   (V) $f(0) = 0$ ▶ Graph geht durch den Ursprung.

   a₂) Auf der x-Achse sind die Tage dargestellt, auf der y-Achse die Zahl der Neuerkrankungen.
   An den ersten 1,5 Tagen der Krankheitswelle steigt die Anzahl der Neuerkrankungen besonders steil an.
   Nach 2 Tagen scheint die Zahl der Neuerkrankungen zu stagnieren.
   Die Zahl der Neuerkrankungen steigt aber nochmals an und erreicht ihren höchsten Wert mit 17 Kindern am Vormittag des 3. Tages.
   Dann geht die Zahl der neuen Krankheitsfälle stark zurück.
   5 Tage nach der ersten Krankmeldung gibt es keine Neuerkrankungen mehr.

   a₃)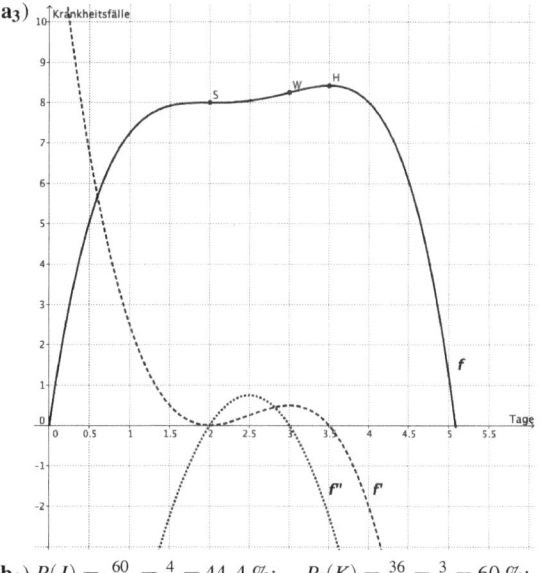

   a₄) Der Graph von f ändert zweimal seine Krümmung. Im Punkt S geht er von einer Rechtskurve in eine Linkskurve über. Hier hat die 2. Ableitung eine Nullstelle und einen Vorzeichenwechsel von minus nach plus. Im Punkt W wechselt der Graph von der Linkskurve wieder in eine Rechtskurve. Die 2. Ableitung hat hier eine Nullstelle und einen Vorzeichenwechsel von plus nach minus.

   b₁) $P(J) = \frac{60}{135} = \frac{4}{9} = 44,4\%$; $P_J(K) = \frac{36}{60} = \frac{3}{5} = 60\%$; $P(K) = \frac{54}{135} = \frac{2}{5} = 40\%$

   b₂) Von den jüngeren Kindern erkranken 60% an dem Virus, während, bezogen auf die Gesamtheit der Kinder, nur 40% Krankheitsfälle vorliegen. Damit ist die Behauptung der Gruppenleiterin bestätigt.

   b₃)

	K	$\overline{K}$	
J	$P(J \cap K) = \frac{4}{15}$	$P(J \cap \overline{K}) = \frac{8}{45}$	$P(J) = \frac{4}{9}$
$\overline{J}$	$P(\overline{J} \cap K) = \frac{2}{15}$	$P(\overline{J} \cap \overline{K}) = \frac{19}{45}$	$P(\overline{J}) = \frac{5}{9}$
	$P(K) = \frac{2}{5}$	$P(\overline{K}) = \frac{3}{5}$	1

321

2. a) Dargestellt ist die Funktion f. Klammern wir im Funktionsterm von f ein weiteres x aus, so ist die Produktdarstellung $f(x) = -x^2(x-3)$. Daraus lässt sich ablesen, dass die Funktion f eine doppelte Nullstelle bei 0 (Berührstelle) und eine einfache Nullstelle bei 3 hat. Das ist für den abgebildeten Graphen erfüllt. Der Graph von g hätte je eine einfache Nullstelle bei $x = 0$, $x = 3$ und $x = -2$.

b$_1$) $f(x) = -x^3 + 3x^2 \Rightarrow f'(x) = -3x^2 + 6x$
Mit $m_t = f'(1) = 3$ und $W(1|2)$ erhält man:
$2 = 3 \cdot 1 + n \Leftrightarrow n = -1$
Wendetangente: $t(x) = 3 \cdot x - 1$

b$_2$) Die Fläche liegt im ersten Quadranten und wird von der x-Achse, dem Graphen von f und der Tangente begrenzt. Die Tangente schneidet die x-Achse bei $x = \frac{1}{3}$.

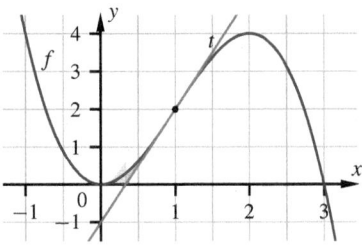

$A = \int_0^{\frac{1}{3}} (-x^3 + 3x^2) dx + \int_{\frac{1}{3}}^{1} (-x^3 + 3x^2 - (3x-1)) dx$

c)

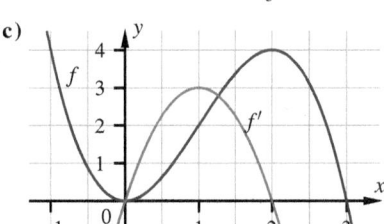

322

3. a$_1$) Die Strecke beginnt auf einer Höhe von 200 m und steigt zunächst an. Nach ca. 6 km ist der höchste Punkt erreicht, der auf einer Höhe von ca. 680 m liegt. Danach geht es nur noch bergab. Nach etwa 22 km verläuft die Strecke auf etwa 4 km nahezu eben, bevor wieder ein leichtes Gefälle beginnt. Nach etwa 29 km ist die Etappe geschafft.

a$_2$) Gesucht sind die Wendestellen.
Ableitungen: $f'(x) = -\frac{1}{18}x^3 + 3x^2 - 48x + 192$; $f''(x) = -\frac{1}{6}x^2 + 6x - 48$; $f'''(x) = -\frac{1}{3}x + 6$
Notwendige Bedingung für Wendestellen: $f''(x_W) = 0$
$$-\frac{1}{6}x_W^2 + 6x_W - 48 = 0$$
$\Leftrightarrow \quad x_W^2 - 36x_W + 288 = 0$
$\Leftrightarrow \quad x_W^2 - 36x_W = -288$
$\Leftrightarrow \quad x_W^2 - 36x_W + 18^2 = -288 + 18^2$
$\Leftrightarrow \quad (x_W - 18)^2 = 36$
$\Rightarrow \quad x_W - 18 = -6 \vee x_W - 18 = 6$
$\Rightarrow \quad x_W = 12 \vee x_W = 24$

Hinreichende Bedingung für Wendestellen: $f''(x_W) = 0 \wedge f'''(x_W) \neq 0$
$x_W = 12$: $\quad f''(12) = 0 \wedge f'''(12) = 2 \quad \rightarrow \quad$ Wendestelle mit R-L-Übergang
$x_W = 24$: $\quad f''(24) = 0 \wedge f'''(12) = -2 \quad \rightarrow \quad$ Wendestelle mit L-R-Übergang

Antwort: Nach 12 Streckenkilometern liegt das größte und nach 24 km das geringste Gefälle vor.

a$_3$) Aus der Gleichung $f'(x) = -\frac{1}{18}(x-6)(x-24)^2$ lässt sich ablesen, dass f' die Nullstellen 6 (einfach) und 24 (doppelt) hat.
Diese sind auch mögliche Extremstellen der Funktion f.
Bei $x = 24$ liegt nach Teilaufgabe a_2) eine Wendestelle vor.

6.3 Vorbereitung auf die mündliche Prüfung

Aufgrund des Globalverlaufs des Graphen ist H auch der absolut höchste Punkt.

Aus $H(6|688)$, $f(0) = 200$ und $f(30) = 100$ folgt: Beim Anstieg sind 486 Höhenmeter zu bewältigen. Der Abstieg umfasst 576 Höhenmeter.

b$_1$) Neuwert 1000 € → $c = 1000$;   Wertminderung 20 %, d. h. Restwert 80 % → $a = 0,8$

b$_2$) Der Zeitwert des Rades nach 5 Jahren entspricht dem Funktionswert an der Stelle 5:
$f(5) = 1000 \cdot 0,8^5 = 327,68$

b$_3$) Da der Zeitwert nach 5 Jahren nur noch bei 327,68 € liegt, kann man nicht davon ausgehen, dass man noch 500 € für das Rad bekommt.

b$_4$) Gegeben: $c = 784,5$ (Anfangswert); $g(5) = 348$ (Restwert nach 5 Jahren)

Gesucht: a für $g(x) = c \cdot a^x$

Einsetzen ergibt:

$348 = 784,5 \cdot a^5$

$\Leftrightarrow \quad \frac{348}{784,5} = a^5$

$\Leftrightarrow \quad \sqrt[5]{\frac{348}{784,5}} = a$

$\rightarrow a \approx 0,85$

Gesuchte Gleichung: $g(x) = 748,5 \cdot 0,85^x$

4. a) $x_1 = 0$; $x_{2,3} = 3$

Zeichnung zu **b), d)**

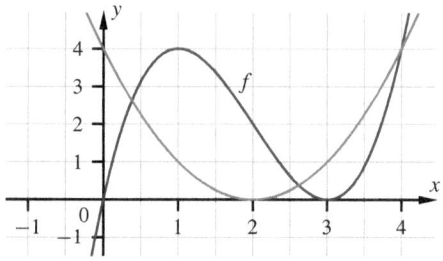

c) $F(x) = \frac{1}{4}x^4 - 2x^3 + \frac{9}{2}x^2 + c$ und $P(1|2)$ → $c = -\frac{3}{4}$

d) Die Schnittstellen der beiden Funktionen sind die Grenzen für die Integration. Es werden zwei Flächen eingeschlossen. Integriert wird über die Differenzfunktion von f und g.

e) $f(x) = x^3 - 6x^2 + 9x = 3 \cdot (\frac{1}{3}x^3 - 2x^2 + 3x) \Rightarrow t = 3$

f) Der Parameter t verursacht eine Streckung oder Stauchung des Graphen. Dabei bleiben sowohl die Achsenschnittpunkte als auch die x-Werte der Extrem- und Wendepunkte gleich. Also ist die Ortskurve jeweils eine Parallele zu y-Achse: $x = 1$ und $x = 3$ für die Extrempunkte und $x = 2$ für die Wendepunkte.

5. a) Aus $f(1) = 0$; $f'(1) = 0$ und $f''(1) = -4 < 0$ folgt, dass f bei 1 eine Maximalstelle und der Graph einen Hochpunkt hat. Da bei f' zwischen -2 und -1 ein Vorzeichenwechsel von „$-$" nach „$+$" stattfindet, hat der Graph dort einen Tiefpunkt.

Aufgrund des Vorzeichenwechsels von „$+$" nach „$-$" bei f'' zwischen -1 und 0 liegt hier ein L-R-Wendepunkt des Graphen von f. Der Vorzeichenwechsel bei f'' von „$-$" nach „$+$" zwischen 1 und 2 zeigt einen R-L-Wendepunkt in diesem Bereich an.

322

b) $f(x) = a(x-1)^2(x-2)(x+3)$
$12 = a(3-1)^2 \cdot 1 \cdot 6$
$12 = 24a$
$a = 0{,}5$

$f(x) = 0{,}5(x-1)^2(x-2)(x+3)$
$= 0{,}5(x^4 - x^3 - 7x^2 + 13x - 6)$
$= 0{,}5x^4 - 0{,}5x^3 - 3{,}5x^2 + 6{,}5x - 3$
$f'(x) = 2x^3 - 1{,}5x^2 - 7x + 6{,}5$
$f''(x) = 6x^2 - 3x - 7$

Die Extremstellen von f sind Nullstellen von f'. Die Wendestelle von f ist gleich der Extremstelle von f'.

c) Individuelle Lösungen

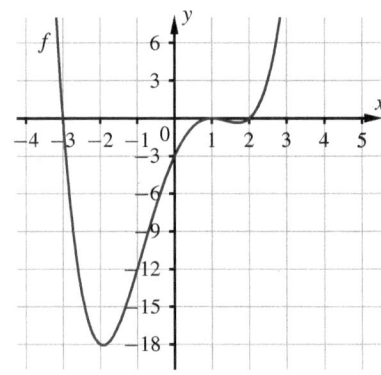

323

6. a)

$f(x)$	Bild 3
$g(x)$	Bild 1
$h(x)$	Bild 2

b)

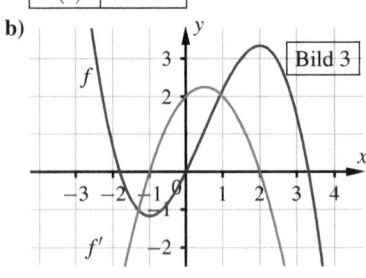

c$_1$) $h(x) = a \cdot e^{k \cdot x}$
mit $h(0) = a = 60$ ▶ Anfangswert
$k < 0$ ▶ Zerfallsprozess
$h(2) = 60 \cdot e^{-0{,}223 \cdot 2} = 38{,}4$

c$_2$) $h'(x) = -0{,}223 \cdot 60 \cdot e^{-0{,}223 \cdot x}$
$= -13{,}38 \cdot e^{-0{,}223 \cdot x}$
$h'(5) = -4{,}39$

Die momentane Änderung (der Zerfall) am 5. Tag beträgt $-4{,}39 \frac{g}{Tag}$.

c$_3$) Gesucht ist der Mittelwert der Funktion h im Intervall $[0; 10]$.
$\frac{1}{10} \int_0^{10} 60 \cdot e^{-0{,}223 \cdot x} dx = \frac{1}{10} \cdot \left[\frac{60}{-0{,}223} e^{-0{,}223 \cdot x} \right]_0^{10}$
$= 24{,}013 \text{ g}$

7. a) Schnittpunkte mit den Koordinatenachsen
y-Achsenabschnitt $f(0) = (60 - 10 \cdot 0) \cdot e^0 = 60$
Nullstelle: $(60 - 0x) \cdot e^{0{,}5x} = 0$
mit dem Satz vom Nullprodukt und $e^{0{,}5x} \neq 0 \Rightarrow 60 - 10x = 0 \Leftrightarrow x = 6$

Extrempunkte und Wendepunkt:
$f(x) = (60 - 10x) \cdot e^{0{,}5x}$

Anwendung der Produktregel:
$f'(x) = -10 \cdot e^{0{,}5x} + (60 - 10x) \cdot 0{,}5 e^{0{,}5x} = e^{0{,}5x} \cdot (20 - 5x)$
$f''(x) = -5 \cdot e^{0{,}5x} + (20 - 5x) \cdot 0{,}5 e^{0{,}5x} = e^{0{,}5x} \cdot (5 - 2{,}5x)$
$f'''(x) = -2{,}5 \cdot e^{0{,}5x} + (5 - 2{,}5x) \cdot 0{,}5 e^{0{,}5x} = e^{0{,}5x} \cdot (-1{,}25x)$
$f'(x) = 0 \Leftrightarrow x = 4$
$f'(4) = 0 \wedge f''(4) \approx -36{,}9 < 0 \Rightarrow 4$ ist Maximalstelle.
$f(4) \approx 147{,}8 \quad H(4|147{,}8)$
$f''(x) = 0 \Leftrightarrow x = 2$
$f''(2) = 0 \wedge f'''(2) \approx -6{,}8 \neq 0 \Rightarrow 2$ ist L-R-Wendestelle.
$f(2) \approx 108{,}7 \quad W(2|108{,}7)$

6.3 Vorbereitung auf die mündliche Prüfung

b) Zur Buffeteröffnung warteten bereits 60 Personen. Nach einer Stunde kommen die meisten Menschen hinzu. Um 22 Uhr stehen die meisten Menschen am Buffet. Und um 23 Uhr wird das Buffet abgeräumt.

c) Mögliche Antworten:
- Es warten schon viele vor der Eröffnung.
- In der Regel gehen die meisten in der ersten halben Stunde zum Buffet. Ist ja auch schon spät.
- Es sind sehr viele, sehr spät noch am Buffet. D. h., es ist entweder schlecht organisiert oder wirklich gut.
- Wenn um 22 Uhr noch Menschen am Buffet stehen, sind sie wahrscheinlich da, um sich Nachtisch zu holen.

8. a) $f(1) = 72;\ f(2) = 112;\ f(4) = 180;\ f(8) = 100$
Berechnung mit dem Gauß'schen Algorhithmus

b) Es sollen die Schnittpunkte mit den Koordinatenachsen, die Extrempunkte und der Wendepunkt bestimmt werden.
Schnittpunkte mit den Koordinatenachsen:
$f(x_N) = 0;\ x_{N_{1,2}} = -2;\ x_{N_3} = 9$ ▶ Berechnung mit Horner-Schema oder Polynomdivision
$\to N_{1,2}(-2|0);\ N_3(9|0)$
$f(0) = 36 \to S_y(0|36)$
Extrempunkte und Wendepunkt:
$f'(x) = -3x^2 + 10x + 32$
$f''(x) = -6x + 10$
$f'''(x) = -6$
$f'(x_E) = 0 \Rightarrow -3x_E^2 + 10x_E + 32 = 0 \Rightarrow x_{E_1} = -2;\ x_{E_2} = \frac{16}{3}$
$f'(-2) = 0 \wedge f''(-2) = 22 > 0 \to -2$ ist Minimalstelle (doppelte Nullstelle von f). $\to T(-2|0)$
$f'(\frac{16}{3}) = 0 \wedge f''(\frac{16}{3}) = -22 < 0 \to \frac{16}{3}$ ist Maximalstelle.
$f(\frac{16}{3}) = 197\frac{5}{27} \to H(5,\overline{3}|197,\overline{185})$
$f''(x_W) = 0 \Rightarrow x_W = \frac{5}{3}$
$f''(\frac{5}{3}) = 0 \wedge f'''(\frac{5}{3}) = -6 < 0 \to \frac{5}{3}$ ist L-R-Wendestelle.
$f(\frac{5}{3}) = \frac{2667}{27} \to W(1,\overline{6}|98,\overline{592})$

c) y-Achsenabschnitt: Zeigt die Bakterienanzahl zu Beginn des Experimentes. Wendestelle nach einer Stunde und 30 Minuten: Ab hier verlangsamt sich das Bakterienwachstum.
Hochpunkt nach 5 Stunden und 20 Minuten: Hier wurde die höchste Bakterienzahl erreicht.
Nullstellen: $x_{1,2} = -2$ liegt außerhalb des Definitionsbereiches der Anwendung;
$x_3 = 9$: Nach 9 Stunden waren keine Bakterien mehr nachweisbar.

9. a) Prüfe $M \cdot M^{-1} = E$

$M \cdot A = \begin{pmatrix} 10 & 9 \\ 8 & 7 \end{pmatrix} \cdot \begin{pmatrix} 3 & c \\ -4 & d \end{pmatrix} = \begin{pmatrix} 10 \cdot 3 - 9 \cdot 4 & \cdots \\ 8 \cdot 3 - 7 \cdot 4 & \cdots \end{pmatrix} = \begin{pmatrix} -6 & \cdots \\ -4 & \cdots \end{pmatrix} \neq \begin{pmatrix} 1 & \cdots \\ 0 & \cdots \end{pmatrix} \neq E$

$M \cdot B = \begin{pmatrix} 10 & 9 \\ 8 & 7 \end{pmatrix} \cdot \begin{pmatrix} a & 4{,}5 \\ b & -5 \end{pmatrix} = \begin{pmatrix} 10a + 9b & 10 \cdot 4{,}5 + 9 \cdot (-5) \\ 8a + 7b & 8 \cdot 4{,}5 + 7 \cdot (-5) \end{pmatrix} = \begin{pmatrix} 10a + 9b & 0 \\ 8a + 7b & 1 \end{pmatrix}$

Matrix B kann inverse Matrix zu M sein.

324

b) $10a + 9b = 1$
$8a + 7b = 0 \Rightarrow a = -3{,}5$ und $b = 4$

$$B = \begin{pmatrix} -3{,}5 & 4{,}5 \\ 4 & -5 \end{pmatrix}$$

c) $(k_{r_1} \quad k_{r_2}) \cdot M = (186 \quad 165)$
$(k_{r_1} \quad k_{r_2}) \cdot M \cdot M^{-1} = (186 \quad 165) \cdot M^{-1}$. Mit $M^{-1} = B$ folgt:

$(k_{r_1} \quad k_{r_2}) \cdot E = (186 \quad 165) \cdot \begin{pmatrix} -3{,}5 & 4{,}5 \\ 4 & -5 \end{pmatrix} = (9 \quad 12)$

Die Kosten für die Rohstoffe R_1 je ME betragen 9 GE und für R_2 je ME 12 GE.
Alternativ kann das LGS $(k_{r_1} \quad k_{r_2}) \cdot M = (186 \quad 165)$ gelöst werden.

10. a) Das Diagramm stellt die drei Zustände B, T und M und ihre Übergangswahrscheinlichkeiten dar. Befindet sich ein Kind z.B. heute im Bau-Raum (B), so ist es mit einer Wahrscheinlichkeit von 0,7 morgen wiederum im Bau-Raum, mit einer Wahrscheinlichkeit von 0,2 wechselt es morgen in den Tobe-Raum (T) und mit einer Wahrscheinlichkeit von 0,1 in den Mal-Raum (M).
Die Übergangsmatrix lautet:

$$\ddot{U} = \begin{pmatrix} 0{,}7 & 0{,}2 & 0{,}1 \\ 0{,}4 & 0{,}4 & 0{,}2 \\ 0{,}15 & 0{,}25 & 0{,}6 \end{pmatrix}$$

b) $\vec{b_0} = (15 \quad 23 \quad 25)$

$\vec{b_1} = \vec{b_0} \cdot \ddot{U} = (15 \quad 23 \quad 25) \cdot \begin{pmatrix} 0{,}7 & 0{,}2 & 0{,}1 \\ 0{,}4 & 0{,}4 & 0{,}2 \\ 0{,}15 & 0{,}25 & 0{,}6 \end{pmatrix} = (23{,}45 \quad 18{,}45 \quad 21{,}1)$

c) Zwei Wochen entsprechen 10 Kindergartentagen:

$$\ddot{U}^{10} = \begin{pmatrix} 0{,}4815 & 0{,}2657 & 0{,}2527 \\ 0{,}481 & 0{,}2658 & 0{,}2531 \\ 0{,}48 & 0{,}2659 & 0{,}254 \end{pmatrix}$$

$$\ddot{U}^{40} = \begin{pmatrix} 0{,}481 & 0{,}2658 & 0{,}2531 \\ 0{,}481 & 0{,}2658 & 0{,}2531 \\ 0{,}481 & 0{,}2658 & 0{,}2531 \end{pmatrix}$$

Voraussetzung für diese Berechnungen ist, dass sich das Übergangsverhalten nicht verändert. Bereits nach 10 Tagen ist die langfristige Verteilung erreicht: $(30{,}30 \quad 16{,}75 \quad 15{,}95)$.

d) Voraussetzungen

Hypothesen: H_0: $p = 0{,}33$ gegen H_1: $p > 0{,}33$ (rechtsseitiger Test)
Führt die Erziehungswissenschaftlerin eine Untersuchung im genannten Kindergarten durch, so hätte sie dort insgesamt 63 Kinder (siehe Aufgabenteil b), wenn keines krank ist.

X ist die Anzahl der Mädchen im Bau-Raum.
$X \sim B(63;\, 0{,}33)$
Entscheidungsregel:
$X < k \rightarrow$ Entscheidung für H_0: $p = 0{,}33$
$X \geq k \rightarrow$ Entscheidung für H_1: $p > 0{,}33$

Erläuterung der Rechnung und Interpretation
P (Entscheidung für $H_1 | H_0$ richtig) $\leq 0,01$

Die Wahrscheinlichkeit für den Fehler 1. Art wird ermittelt.

$P(X \geq k | p = 0,33) \leq 0,01$

Findet die Wissenschaftlerin „viele" Mädchen im Bau-Raum in der Stichprobe von 63 Kindern, so lehnt sie die Hypothese, dass der Anteil gleich geblieben sei, ab. Das Signifikanzniveau beträgt $\alpha = 1\%$.

$\Leftrightarrow \sum_{x=k}^{63} \binom{63}{x} \cdot 0,33^x \cdot (1-0,33)^{63-x} \leq 0,01$

Es werden die Wahrscheinlichkeiten $P(X=k) + P(X=k+1) + \ldots + P(X=63)$ addiert, sodass die Summe unter einem Prozent bleibt.

$\Rightarrow k = 31$

Entscheidungsregel:

$X < 31 \rightarrow$ Entscheidung für H_0: $p = 0,33$

$X \geq 31 \rightarrow$ Entscheidung für H_1: $p > 0,33$

Sind in der Stichprobe von 63 Kindern weniger als 31 im Bau-Raum, so kann die Wissenschaftlerin die Hypothese, dass der Anteil der Mädchen im Bau-Raum gleich geblieben sei, nicht ablehnen.

Sind 31 oder mehr Mädchen unter den 63 Kindern im Bau-Raum, geht die Wissenschaftlerin davon aus, dass sich der Anteil der Mädchen im Bau-Raum erhöht hat. Diese Entscheidung hat nur ein Risiko von 1 %.

11. a) Weder die linke noch die rechte Abbildung kann eine Wahrscheinlichkeitsverteilung sein, da beide nicht die Summe 1 ergeben:

$0,1 + 0,25 + 0,35 + 0,2 = 0,9$

$0,2 + 0,4 + 0,3 + 0,2 = 1,1$

b) Es sei $P(Y=2) = p_2$ und $P(Y=3) = p_3$:

$0,1 + 0,2 + p_2 + p_3 = 1 \Rightarrow p_2 + p_3 = 0,7$

$0 \cdot 0,1 + 1 \cdot 0,2 + 2 \cdot p_2 + 3 \cdot p_3 = 1,9 \Rightarrow 2 \cdot p_2 + 3 \cdot p_3 = 1,7$

LGS lösen, z.B. mit TR oder GTR:

$p_2 = 0,4$

$p_3 = 0,3$

6.3.2 Multiple-Choice-Aufgaben zur Vorbereitung auf das Prüfungsgespräch

Analysis

1. Aussage a) ist falsch: f' ist für $x < -2$ positiv, somit ist f hier monoton wachsend.

Aussage b) ist korrekt: Es gilt: $f'(2) = 0$ und f' wechselt das Vorzeichen in $x = 2$ von minus nach plus, somit wechselt f in $x = 2$ von monoton fallend zu monoton steigend.

Aussage c) ist falsch: Die Extremstellen von f' sind Wendestellen von f.

325

2. Aussage a) ist falsch. Der Graph der Funktion ist nicht achsensymmetrisch zur y-Achse, da es ungerade Exponenten im Funktionsterm gibt.
   Aussage b) ist korrekt: Der Graph von f ist punktsymmetrisch und -2; 0 und 2 sind Nullstellen von f
   Die Fläche zwischen Graph und x-Achse zwischen den Nullstellen ist rechts und links des Ursprungs gleich groß.
   Aussage c) ist falsch. Ist der Graph einer ganzrationalen Funktion punktsymmetrisch zum Ursprung, so ist der Ursprung der Wendepunkt.

3. Aussage a) ist falsch: Es befindet sich eine weitere waagerechte Tangente im Sattelpunkt.
   Aussage b) ist korrekt. $\lim\limits_{x \to \pm\infty} f(x) = +\infty$
   Aussage c) ist falsch: Für die 5 Koeffizienten einer ganzrationalen Funktion 4. Grades gibt es 5 Bedingungsgleichungen: $f(0) = 0$; $f'(0) = 0$; $f''(0) = 0$; $f(-1) = -1$; $f'(-1) = 0$.

4. Aussage a) ist falsch. Siehe c).
   Aussage b) ist falsch: Die Erklärung unter c) verdeutlicht den Widerspruch von b).
   Aussage c) ist korrekt. Durch Einsetzen in das Integral bestätigt man beide Werte. Eine Skizze verdeutlicht, dass sich die Fläche zwischen der Geraden und der x-Achse in den Grenzen 2 und 3 aufhebt mit der Fläche zwischen der Geraden und der x-Achse in den Grenzen 3 und 4.

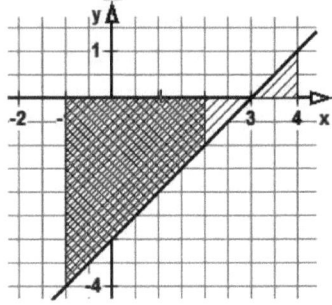

5. Aussage a) ist falsch. Da es sich bei f um eine ganzrationale Funktion 3. Grades handelt, ist die einzige Nullstelle von f'' stets die Wendestelle. Also widerlegt die Bedingung $f''(5) = 0$ den Extrempunkt und damit die doppelte Nullstelle.
   Aussage b) ist falsch, da im Fall einer Funktion 3. Grades für eine Extremstelle bei 5 die Bedingung $f''(5) \neq 0$ erfüllt sein müsste.
   Aussage c) ist korrekt. Es liegt zwar bei $x = 5$ eine waagerechte Tangente vor, jedoch gilt auch: $f''(5) = 0$ und somit ist $W(5|0)$ der Wendepunkt des Graphen. (Eine Funktion 3. Grades hat stets genau eine Wendestelle. Ein Nachweis mit f''' ist nicht erforderlich.) Wegen $f'(5) = 0$ handelt es sich hier sogar um einen Sattelpunkt. Damit ist das Vorliegen von Extrempunkten ausgeschlossen.

326

6. Graph a) ist falsch, da der Graph von f bei $x = 3$ einen Tiefpunkt hat, also müsste das Vorzeichen der 1. Ableitung in $x = 3$ von minus nach plus wechseln.
   Graph b) ist falsch, weil $x = 3$ keine Nullstelle von f' ist, der Graph von f dort aber einen Extrempunkt hat.
   Graph c) ist korrekt, da $x = 0$ doppelte Nullstelle von f' ist und die Funktionswerte von f' in $]-\infty; 3[$ negativ sind, der Graph von f also monoton fällt. Weiterhin hat f' bei $x = 3$ einen Vorzeichenwechsel von „$-$" nach „$+$", der Graph von f also einen Tiefpunkt.

7. Aussage a) ist korrekt: Hätte der Graph von f genau einen Sattelpunkt, so müsste dieser wegen der Symmetrie auf der y-Achse liegen. Das Steigungsverhalten rechts und links von einem Sattelpunkt ist jedoch mit der Symmetrie nicht vereinbar.
Hätte der Graph zwei Sattelpunkte, so müsste f' zwei doppelte, also 4 Nullstellen haben, da ja an beiden Stellen kein Vorzeichenwechsel bei f' vorläge. Das wiederum ist nicht möglich, da f' eine Funktion 3. Grades ist, die höchstens 3 Nullstellen hat.
Aussage b) ist falsch. $f(x) = a \cdot x^4 + b \cdot x^2 + c$.
Für $a > 0$, gilt $\lim_{x \to -\infty} f(x) = +\infty$ und $\lim_{x \to +\infty} f(x) = +\infty$, also gibt es kein globales Maximum.
Für $a < 0$ und $b > 0$ hat f zwei lokale Maxima mit demselben Funktionswert, also kein globales Maximum.
Für $a < 0$ und $b < 0$ hat f nur eine Extremstelle, die aufgrund des Globalverlaufs eine Maximalstelle ist. (Man kann auch mit der 2. Ableitung argumentieren, die in diesem Fall nur negative Funktionswerte hat.) Ebenfalls aufgrund des Globalverlaufs liegt hier ein globales Maximum vor.
Aussage c) ist falsch. Gegenbeispiel: $f(x) = x^4 - x^2$.

8. Aussage a) ist falsch.
Aussage b) ist falsch.
Die Funktion $f(x) = \frac{1}{24}x^4 - \frac{1}{2}x^3 + \frac{9}{4}x^2 - \frac{9}{2}x + \frac{27}{8}$ ist ein Gegenbeispiel für die Allgemeingültigkeit der beiden Aussagen a) und b). Siehe Abbildung.
Aussage c) ist korrekt. Jede Funktion 4. Grades, die die angegebenen Bedingungen erfüllt, hat die Nullstelle $x = 3$, und der Graph hat in $N(3|0)$ eine waagerechte Tangente.

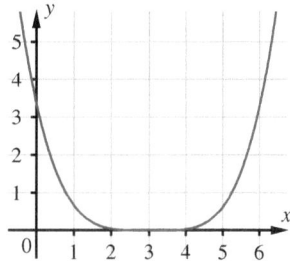

9. *Hinweis:* Fehler im 1. Druck! Teilaufgabe b) lautet: Die Ortslinie der Extrempunkte hat die Gleichung $p(u) = -0,5u^2$.
Aussage a) ist falsch für $t \neq 0$: $f_t(0) = (2t)^2 - 2t^2 = 4t^2 - 2t^2 = 2t^2 \neq -2t^2$.
Aussage b) ist korrekt. $S(-2t|-2t^2)$ ist der Scheitelpunkt.
$u = -2t \Rightarrow t = -0,5u \Rightarrow p(u) = -2 \cdot (-0,5u)^2 = -0,5u^2$.
Aussage c) ist falsch. $f_t(0) = 2t^2 \neq 0$.

10. Aussage a) ist falsch. Für parallele Tangenten müsste die Steigung in $x = 0$ stets dieselbe sein. Aber: $f'_a(x) = 3x^2 - 2(a+4)x + 4a \Rightarrow f'_a(0) = 4a$. Somit ist die Steigung von a abhängig.
Aussage b) ist korrekt. $f_a(0) = 0$ und $f_a(4) = 0$ ist für alle $a \in \mathbb{R}$ erfüllt.
Aussage c) ist falsch. $f_{-4}(x) = x(x^2 - 16)$. Da f_{-4} bei $x = 0$ keine doppelte Nullstelle hat, kann hier keine Extremstelle vorliegen.

11. Aussage a) ist falsch. Der Graph von f_a hat für $a > 0$ bei $x = 0$ einen Tiefpunkt.
Aussage b) ist falsch. Für $a < 0$ hat der Graph von f_a keine Wendepunkte.
Aussage c) ist korrekt. Die 1. Ableitung hat wegen $f'_a(x) = -4x^3 + 2ax = x(-4x^2 + 2a)$ bei $x = 0$ unabhängig von a eine Nullstelle, also hat der Graph von f_a dort eine waagerechte Tangente.

326

12. Aussage a) ist falsch. Die Hauptbedingung $V = \pi r^2 h$ ist nur von 2 Variablen abhängig.
    Aussage b) ist korrekt. Nebenbedingung Oberflächeninhalt: $O = 2\pi r^2 + 2\pi r h \Rightarrow h = \frac{O}{2\pi r} - r$
    $\Rightarrow V(r) = \frac{O \cdot r}{2} - \pi r^3$.
    Aussage c) ist falsch. Je nach Wahl für die Oberfläche ändert sich der Bereich, in dem die Volumenfunktion positiv ist.

13. Aussage a) ist falsch. $S(t| -t^2)$ ist der Scheitelpunkt aller Scharparabeln. $p(u) = -u^2$ ist die Gleichung für die Ortslinie der Tiefpunkte. Also liegen nicht alle Tiefpunkte auf derselben Höhe.
    Aussage b) ist korrekt. Die Ortslinie hat bei $x = 0$ ihren Hochpunkt.
    Aussage c) ist falsch. Siehe Ortslinie bei a).

327

14. Aussage a) ist falsch: $f(0) = 0{,}5 \mathrm{e}^{2 \cdot 0 - 1} + 2 = \frac{0{,}5}{\mathrm{e}} + 2 \neq 2$.
    Aussage b) ist korrekt: $\lim\limits_{x \to -\infty} 0{,}5 \mathrm{e}^{2x-1} + 2 = 2$, da $\lim\limits_{x \to -\infty} \mathrm{e}^x = 0$ gilt.
    Aussage c) ist falsch: $f'(x) = 2 \cdot \mathrm{e}^{2x-1} \neq \mathrm{e}^{2x-1} + 2$. ▶ Konstantenregel

15. Aussage a) ist falsch: $f(0) = 3013$ Besucher im Zoo.
    Aussage b) ist falsch: Nach ca. einer halben Stunde nach Beobachtungsbeginn hat die Funktion nur ein lokales Maximum von ca. $f(0{,}5) = 4273$ Besuchern. Ab ca. 2 Stunden steigen die Funktionswerte wiederum und bereits nach 2,5 Stunden sind $f(2{,}5) = 6003$ Besucher erreicht.
    Aussage c) ist korrekt: $\frac{f(2)-f(1)}{2-1} = \frac{3891-4114}{2-1} = -223$.

Lineare Algebra

16. Aussage a) ist falsch: Das LGS ist zwar unterbestimmt, das bedeutet aber nicht, dass es kein Tripel gäbe, welches beide Gleichungen löst.
    Aussage b) ist korrekt: $2(-\frac{1}{2} + y) - y + 1 - y = 0$ und $y + 1 - y = 1$.
    Aussage ist falsch: Das Zahlentripel $(2; 4; 0)$ löst zwar die erste Gleichung: $2 \cdot 2 - 4 + 0 = 0$, aber nicht die zweite: $4 + 0 = 1$.

17. Aussage a) ist falsch. Es liegt in der 3. Zeile keine wahre Aussage vor.
    Aussage b) ist korrekt. Die Lösungsmenge ist leer.
    Aussage c) ist falsch. Das System wäre unterbestimmt, wenn die 3. Zeile eine Nullzeile wäre.

18. Aussage a) ist falsch. Matrizen können nur addiert werden, wenn die Zeilen- und Spaltenanzahl übereinstimmen.
    Aussage b) ist falsch. Zwar ist die Matrixmultiplikation nicht kommutativ, aber die Produkte zweier Matrizen können gebildet werden, wenn die Anzahl der Zeilen der ersten Matrix mit der Anzahl der Spalten der zweiten Matrix übereinstimmen; dies liegt hier vor.
    Aussage c) ist korrekt, wie sich leicht nachrechnen lässt.

19. Aussage a) ist falsch. $\vec{v} \cdot A$ kann nicht gebildet werden, $\vec{v}$ müsste zuvor transponiert werden.
    Aussage b) ist korrekt, wie sich leicht nachrechnen lässt.
    Aussage c) ist falsch. $\vec{x} = A^{-1} \cdot \vec{v}$, mit der Inversen zu A.

20. Aussage a) ist falsch. Im $\mathbb{R}^2$ können höchstens zwei Vektoren linear unabhängig sein.
    Aussage b) ist korrekt. Erzeugen drei Vektoren im $\mathbb{R}^3$ den Nullvektor nur mit der trivialen Lösung für r, s und t, so sind sie linear unabhängig.
    Aussage c) ist falsch. Gibt es eine Linearkombination der drei Vektoren, um den Nullvektor zu erzeugen, so sind sie linear abhängig.

6.3 Vorbereitung auf die mündliche Prüfung

21. Aussage a) ist falsch. Da $\vec{h}$ die Höhe der Pyramide ist, steht $\vec{h}$ senkrecht auf $\vec{a}$, somit ist das Skalarprodukt 0.

Aussage b) ist korrekt. $V = \frac{1}{3} \cdot G \cdot \vec{h} = \frac{1}{3} \cdot 5 \cdot 5 \cdot 5 = 41{,}67$ VE.

Aussage c) ist falsch. Der korrekte Spaltenvektor lautet $\vec{c} = \begin{pmatrix} -2{,}5 \\ 2{,}5 \\ -5 \end{pmatrix}$.

Stochastik

22. a) $\binom{10}{6} \cdot 0{,}72^6 \cdot 0{,}28^4$ und **d)** $\binom{10}{4} \cdot 0{,}28^4 \cdot 0{,}72^6$ sind richtig.

Ein Pfad für 4 Personen mit diesen Abschlüssen muss die Trefferwahrscheinlichkeit $p = 0{,}28$ viermal enthalten und sechsmal die Gegenwahrscheinlichkeit $(1 - 0{,}28) = 0{,}72$. Es gibt $\binom{10}{4}$ Pfade dafür. Es gilt: $\binom{10}{6} = \binom{10}{4}$.

23. Aussage a) ist falsch. In der Formel werden nur genau k Treffer berücksichtigt.

Aussage b) ist falsch. Das 2σ-Intervall hat eine Wahrscheinlichkeit von 95,5 %.

Aussage c) ist korrekt, denn der Erwartungswert einer binomialverteilten Zufallsgröße berechnet sich mit $E(X) = n \cdot p$.

24. Aussage a) ist korrekt, siehe Baumdiagramm:

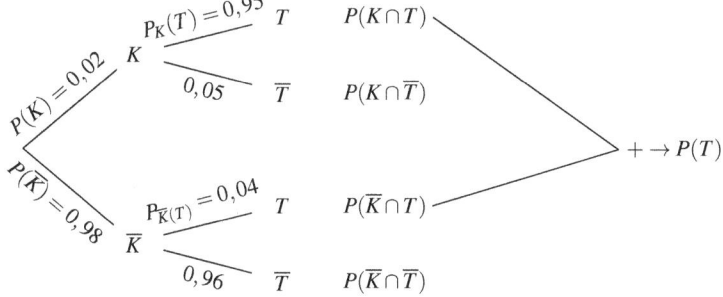

Aussage b) ist falsch, da in der bedingten Wahrscheinlichkeit $P_T(K)$ der Term $\frac{P(T \cap K)}{P(T)}$ lauten muss.

Aussage c) ist falsch. Die Beschreibung ist der erste Pfad im Baumdiagramm, siehe Abbildung: $P(K \cap T) = P(K) \cdot P_K(T)$.

25. Aussagen a) und c) sind falsch. Die Entscheidungsregel muss lauten:

$X < k \rightarrow$ Entscheidung für H_0: $p = 0{,}2$

$X \geq k \rightarrow$ Entscheidung für H_1: $p > 0{,}2$

Daraus resultiert die Wahrscheinlichkeit für den Fehler erster Art:

$P(\text{Entscheidung für } H_1 | H_0 \text{ richtig}) = \sum_{x=k}^{n} \binom{n}{x} \cdot 0{,}2^x \cdot 0{,}8^{n-x}$

Aussage b) ist korrekt, da die Wahrscheinlichkeit für den Fehler zweiter Art nur ermittelt werden kann, wenn wir eine konkrete Annahme über eine Trefferwahrscheinlichkeit unter H_1 treffen.

328

26. Aussage a) ist falsch. Die Maßeinheit der Varianz ist „Kinder²". Erst die Standardabweichung σ hat die Maßeinheit „Kinder".

Aussage b) ist korrekt. Das 2σ-Intervall $[\mu - 2\sigma;\ \mu + 2\sigma]$ gibt die Werte von X an, die mit 95,5%iger Wahrscheinlichkeit eintreten: $[23,68;\ 36,32] = [24;\ 36]$.

Aussage c) ist falsch, da die Laplace-Bedingung $\sigma > 3$ lautet und hier mit $\sigma = \sqrt{10}$ (knapp) erfüllt ist.